丛书主编：梅强

税法与企业战略

SHUIFA YU QIYE ZHANLUE

编著　朱乃平　房彩荣　张　华

江苏大学出版社
JIANGSU UNIVERSITY PRESS
镇江

图书在版编目(CIP)数据

税法与企业战略 / 朱乃平,房彩荣,张华编著. —
镇江 :江苏大学出版社,2014.12
ISBN 978-7-81130-904-1

Ⅰ. ①税… Ⅱ. ①朱… ②房… ③张… Ⅲ. ①税法—
研究—中国②企业管理—税收管理—研究—中国 Ⅳ.
①D922.22②F812.423

中国版本图书馆 CIP 数据核字(2014)第 310911 号

税法与企业战略

编　　著/朱乃平　房彩荣　张　华
责任编辑/张小琴　李经晶
出版发行/江苏大学出版社
地　　址/江苏省镇江市梦溪园巷 30 号(邮编:212003)
电　　话/0511-84446464(传真)
网　　址/http://press.ujs.edu.cn
排　　版/镇江新民洲印刷有限公司
印　　刷/丹阳市兴华印刷厂
经　　销/江苏省新华书店
开　　本/787 mm×1 092 mm　1/16
印　　张/25.75
字　　数/569 千字
版　　次/2014 年 12 月第 1 版　2014 年 12 月第 1 次印刷
书　　号/ISBN 978-7-81130-904-1
定　　价/52.00 元

如有印装质量问题请与本社营销部联系(电话:0511-84440882)

序

　　自 20 世纪末以来,中国乃至世界都进入了一个前所未有的、新的高速发展阶段。科学技术,尤其是计算机技术和网络技术突飞猛进的发展,带给人们的不仅仅是便利、舒适的日常生活,更重要的是带来了经济结构、生产方式和经营理念革命性的转变。在进入 21 世纪的十余年里,网络技术又有了新的突破,固定网络向移动网络拓展,有线网络向无线网络延伸,互联网变身为物联网,这些都为网上交易平台的建立和物流业实现全覆盖打下了坚实、完备的技术基础和物质基础,为个人创业提供了难得的契机。与此同时,随着中国改革开放的不断深入,经济全球化步伐的加快,中国经济社会发生了翻天覆地的变化。中国经济社会在取得令世界瞩目成就的同时,也面临着可持续发展的瓶颈。时代呼唤千百万创业者,社会需要比尔·盖茨、乔布斯那样的企业家。中国经济社会要走出发展的瓶颈,步入良性发展的轨道,必然离不开无数充满智慧、富有创造力和活力的创业者、企业家。

　　2013 年 11 月,中共十八届三中全会召开,对我国今后 10 年乃至更长时期的改革方针、政策进行了全面部署,会议通过的《中共中央关于全面深化改革若干重大问题的决定》则成为我国全面深化改革,推动政治、经济、文化、社会等方面发展的纲领性文件。《决定》明确指出,要"使市场在资源配置中起决定性作用","必须毫不动摇鼓励、支持、引导非公有制经济发展,激发非公有制经济活力和创造力"。可以预见,这必将拉开各级政府进一步拆除不利于民营企业发展政策门槛的大幕,激发起全社会的创业积极性,促进民营企业的大发展。

　　担负着为现代社会培养高层次人才重任的高等教育,特别是应用型的高等教育,毫无疑问应该密切关注现实经济社会的发展,围绕其发展动态开展教学改革和科研活动。知识只有与现实经济社会相衔接,接上现实世界的"地气",才有可能获得生命力,知识之树才能够常青。

　　江苏大学工商管理专业类,是江苏省高校重点专业类,包括工商管理、会计学、市场营销、人力资源管理专业,一批专业教师长期从事创业管理的教学科研活动,取得了较丰硕的成果,2011年出版了《管理学——创业视角》教材,将创业概念引入管理学原理的教学中,这一尝试取得了很好的效果。现在,江苏大学工商管理专业类教师与江苏大学出版社合作出版《创业会计学》《公司理财与创业》《税法与企业战略》等融入创业活动的管理系列教材,力图将创业教育全面引入相关管理专业教育的平台,将创业教育、创新教育、管理教育和专业教育有机结合起来,在向学生传授专业知识、技能的同时,培养他们管理、创新、创业的意识和能力。未来社会对于高素质人才的定义绝不会是指那些"学富五车"单纯拥有知识的人,而是如联合国教科文组织亚太办事处在"提高青少年创业能力的教育联合革新项目"东京会议报告中指出的"具有开创性的个人"和具有"首创、冒险精神、创业能力、独立工作能力以及技术、社交和管理技能"的人。管理、创新、创业和专业知识及技能将构成未来高素质人才不可或缺的基本因素。江苏大学工商管理专业类同仁努力的方向正是联合国教科文组织所倡导的,相信通过大家脚踏实地不懈的追求,一定能够培养出更多适应经济社会发展的高层次创业人才,促成他们成功地把握时代和社会所提供的契机,成为我国经济发展大潮的弄潮儿,从而为我国经济结构的转型升级和社会的可持续发展做出自己应有的贡献。

江苏大学工商管理专业类负责人

2014 年 2 月

前　言

改革开放三十多年来,中国税收环境出现了重大变化,税收风险逐渐取代经营风险而成为企业面临的重大问题。税法的变动作为一种重要的外部环境变化,它对企业的影响是深远的,税法调整是影响企业战略选择、导致企业战略调整的主要动因之一。企业战略是对企业整体性、长期性、基本性问题的谋划,以税法为依据的纳税筹划是企业提升战略竞争力的重要手段,是企业战略的重要组成部分,也是企业作为纳税人的一项基本权利。纳税筹划在不违反国家有关法律法规和国际公认准则的前提下,为实现纳税人财务目标而进行旨在减少税收负担的某种税务谋划、对策或安排,具有必然性、合理性。企业纳税筹划服从于企业战略、反作用于企业战略并促进企业制定和实施战略。如果在制定企业战略的过程中没有考虑纳税筹划,那么涉税风险将很有可能伴随企业的各项经济活动,对企业发展造成不良影响。

本书在系统介绍现行税收法律各税种的基本规定和特点的基础上,依据企业的经济活动,结合实际案例分析企业在纳税筹划方面的经营战略决策,遵循学习规律,更加强调把理论运用于实践的可操作性。本书第一章为总论,对全书的内容和结构进行说明。其余各章由两部分组成:第一部分为第二章至第八章,属于税法的内容。本书所依据税收法规资料为截至 2014 年底我国正式颁布的税收法律文件,并按照现行税法涉及的税种进行介绍分析。第二部分为第九章至第十三章,是企业战略纳税筹划的内容。根据企业的经济活动进行介绍和分析,使相关专业知识体系更为系统、完整,使读者能够更顺利地理解、领会本书的知识体系。在完整体现企业纳税筹划内容的同时,也引入"创业"元素,在教材中适当融入了创业企业纳税筹划的理论和案例,以满足经济管理类专业创业型、应用型人才培养的需要。

与其他税法、纳税筹划以及企业战略相关书籍相比,本书的特色在于:

(1)视角新颖独特。企业战略是企业管理的重要环节,而纳税筹划又是企业战略的重要内容,掌握这些知识,是企业决策层、管理人员以及财务人员的必修课。《税法与企业战略》站在企业战略的全局视角,以税法为基础,结合实际案例,探讨纳税筹划的技巧,是编者结合多年的税务相关课程的教学经验,整理编者所开设税务相关课程教案的基础上编写而成的。

（2）内容全面。与那些只介绍税法或只介绍纳税筹划部分内容的书籍不同,本书包含了税法与企业战略纳税筹划两部分的内容,知识结构更加合理,逻辑框架更加严密。同时密切关注国家税收法律法规的最新动态,在相关内容上及时做了更新和调整。

（3）深入浅出。本书每章先给出本章的学习要点,明确本章的重点内容和需要掌握的知识;然后结合例题和案例进行深入浅出的讲解;最后通过练习题的训练强化本章内容。

（4）注重实用。实用性,是工商管理类课程教学必须重视的问题。本书通过来源于现实经济活动的案例来解释说明枯燥的法条和乏味的纳税筹划理论知识,加深读者对本书理论知识的理解,引导读者深入思考问题并提出解决问题的方案。

（5）通俗易懂。传统的税务相关学科的教材往往只侧重税法知识的整合或纳税筹划的解读,并未将税法基础的巩固与纳税筹划技巧的提高相结合。本书从企业战略的大局出发,在巩固税法条文内容的基础上,根据税法的相关规定和企业的经济活动向读者讲解纳税筹划的技巧和方案,并利用大量案例和练习题来帮助读者理解各章知识。

全书共分十三章,参加编写的人员分工如下:第一章由朱乃平编写;第二章由房彩荣、张雨婷编写;第三章、第四章由房彩荣、王谈斌、赵奇编写;第五章、第六章由朱乃平、张青、沙颖萍编写;第七章、第八章由房彩荣、沙颖萍、唐永编写;第九章由房彩荣、张华、张青编写;第十章由朱乃平、赵奇编写;第十一章由房彩荣、韩文娟编写;第十二章由朱乃平、蒋丹编写;第十三章由房彩荣、沈阳、王谈斌编写。全书由朱乃平、房彩荣统稿。

本书整合了税法相关规定和纳税筹划理论体系,以税法为基础、以纳税筹划为切入点分析企业战略,适用于高等院校经济管理相关本科专业、MBA 和 MPAcc 的教学,也可以作为政府财税部门、企业、各类经济实体的培训教材以及企业决策层、管理人员、财务人员和社会人士的参考用书。

本书的写作借鉴、吸收了国内外许多专家、学者的研究成果,在此谨对这些文献的作者表示诚挚的谢意。本书在编写过程中,得到了张华副教授的大力支持和协助,她为最终完稿提供了许多帮助。在本书的出版过程中,江苏大学出版社编辑杨海濒、张小琴也提出了建设性建议,在此表示由衷的感谢。

鉴于本书内容综合性、实践性、动态性极强,也限于编者水平,虽然付出了很大的努力,但难免有许多遗憾和不足,恳请各位读者批评指正,以便及时修订。

编者

2014 年 12 月

目　录

第1章 总 论

本章学习要点

　　本章基于企业纳税活动对企业战略实施的重要性,从企业税负的产生过程到企业税务的具体内容,概述了企业税务框架体系,简述了纳税人违反法律法规将面临的法律责任,以及纳税人对税务机关做出的决议存在争议或不服时,可选取的解决方法。本章要求了解企业税负的产生过程,掌握纳税筹划与企业战略的关系,熟悉企业涉税违法行为的法律责任和行政法制。

1.1　企业税务与战略概述

　　改革30多年来,中国的企业不断壮大,在市场竞争中逐步成长起来,具备了一定的风险控制能力。但是,有人预计将来中国企业面临的最大风险不是经营风险,而是税收风险。因为随着时间的流逝,税法总是在不断变革,而税法的改革作为一种重要的外部环境变化,它对企业的影响是深远的。税法是影响企业战略选择,导致企业战略变革的主要动因。

　　税法,尤其是企业所得税相关政策,会影响企业的经营行为,导致企业对发展战略进行调整,也会为企业进行有效的纳税筹划提供新的思路。但很多中国企业对企业税务的认识仍停留在表层,只知道缴税,不进行纳税筹划,不知道税收是怎样产生的。因为表面上看仅是企业财务在与税务机关打交道,所以理所当然地认为税务处理就是财务的事,这是中国企业在税收问题上的重大失误。有媒体统计说中国企业的平均“寿命”是2.9年,其“短命”的原因恐怕在很大程度上与企业税收问题有着千丝万缕的关系。目前企业在纳税上总是存在这样或那样的问题:企业想依法纳税可还是在纳税上出现问题;税务机关每次查企业也总是查出问题;财务人员做账尽职尽责却总是得不到老板的赞许⋯⋯

这些税收问题困扰着公司老板、财务人员和税务人员。为什么企业总是无法脱离涉税问题的阴影？到底企业该怎样发展才能成为"星级"诚信纳税单位？本书认为，这些问题都是因为企业在做业务时没考虑到税收，却在业务做完后把涉税问题交给财务去解决而造成的。一旦把涉税的问题交给财务去解决，企业必然会出现偷税漏税的情形。但是偷税漏税给公司带来的"利益"永远大大低于"成本"，企业想在其中谋求发展是不可能得以实现的。实际上，企业税负是从业务过程中产生而不是从财务做账过程中产生。也就是说，企业做业务时签的什么合同、业务过程如何就已经决定了税负。

企业税务与企业战略的关系是相辅相成的，可以概括为三个层次。首先，企业纳税筹划服从于企业战略。企业进行战略决策时更多考虑的是行业利润率以及行业准入障碍，在这种情况下，企业纳税筹划即使作为事前的预见性行为，都很难左右战略决策，企业纳税筹划作为企业日常财务活动的一部分，更多的是服从于企业的全局战略。其次，企业纳税筹划反作用于企业战略。若税收政策发生重大调整，打破行业的竞争格局，当获利能力、现金流量、其他重要财务指标以至于企业价值受到严重影响时，企业为适应税收政策调整带来的变化而必须进行战略调整。在税收政策带有明显的政策导向时，企业在进行战略决策时，必须充分关注这种导向，使企业的发展尽可能符合国家的产业政策，充分享受税收带来的直接优惠。最后，企业纳税筹划促进企业制定和实施战略。企业的每一项战略决策都会考虑很多方面的因素，有时也会遇到若干方案评价结果处于伯仲之间的情况，这时多一个税负评价指标都会降低选择方案的难度。

1.1.1　税收产生于业务

很多中国企业认为税收和业务是毫不相干的。实际上税收是伴随着做业务、签合同产生的，正是因为有了经营行为，才有了税收。任何事物有因必有果，有果必有因，因此有了经营行为才会产生税。

目前，很多企业都认为税收有两个过程，一个是企业纳税的过程，另外一个是税务机关征收的过程，税收就像一杆秤，一边是企业，另一边是税务局。但是企业都忽略了税收还有一个过程，就是税收产生的过程。企业要缴税，是因为其有了经营行为。例如，销售产品要缴增值税，提供劳务要缴营业税。不同的经营行为产生了不同的税收，没有经营行为就没有税。企业经营行为的载体是企业的账。税务机关通过查账了解企业的业务过程（经营行为），但无论怎样查账，税务机关都永远不会相信企业的账，因为账是人为造出来的。税务机关只会相信公司的合同或相关的证明，因为业务是按合同发生的，是受法律保护的。因此，合同决定业务过程，业务过程产生税收。但是公司的合同没有一份是财务部门签订的，都是公司业务部门签的。如：采购部门签订采购合同，销售部门签订销售合同等。从上述叙述可以看出，公司的税收是从业务部门在做业务、签合同开始就产生了。

因此做业务、签合同时应时刻警惕，不然会给企业带来不必要的税负。例如：南京某水泥厂对外销售水泥，委托当地个体运输户承运，并与之签订运输合同，但是这些个体运输户都是挂靠在当地运输公司的，所以要开发票就要将税和管理费交给运输公司，而税务机关在稽查时认定合同、结算方式、业务承运与发票开具单位不符,使开出的运输发票的进项税不得抵扣,给南京水泥厂造成了 23 万元的损失。假如水泥厂不是与个体运输户签订运输合同,而是与运输公司签订,运费也是与运输公司结算的,这时运输公司开具的发票就合法了,水泥厂就可以抵扣 17% 的进项税。而后运输公司再与个体运输户签订合同,与个体进行结算。这样整个业务过程就是合法的,就可以规避风险。

现在有不少企业不注重业务过程的纳税筹划,只知道让财务人员在账目上做文章,甚至把偷税当成考核财务能力的标准,这种违法行为是非常危险的。应该明确,只有遵守税法,才能使企业长足发展;唯有进行合理有效的纳税筹划,才能减轻企业税负。一切违反法律的税务行为,都将给企业和投资者带来巨大的风险,违规的成本反而远大于暂时的利益。

【例 1-1】 哪个部门决定公司的税收?

某化妆品生产企业 A 销售人员将企业的产品销售给客户 B,根据客户 B 的要求,此次 A 企业的产品应为"套装产品","套装产品"包括:香水、护肤品、化装工具。销售人员将不同的化妆品包装在一起销售,并与 B 公司签订销售合同,合同规定:B 公司购买 A 公司"套装产品"100 套,单价为 120 元,货到付款。

【解析】 根据合同的规定,A 公司组织包装"套装产品",并将"套装产品"发送到 B 公司,B 公司与 A 公司进行货款结算。

根据税法的规定:成套的化妆品税率为 30%,香水税率为 30%,护肤品税率为 8%,化妆工具不缴消费税。由于销售人员不了解税收政策,盲目与 B 公司签订销售合同,导致 A 公司全额按 30% 的税率缴纳消费税。

应缴消费税 $=100\times120\times30\%=3600$(元)。

假如销售人员了解税收政策,他就不会签订"套装产品"合同,完全可以将"套装"分解为单一产品销售。如合同规定:销售香水 100 瓶,单价 50 元;护肤品 100 瓶,单价 60 元;化妆工具 100 个,单价 8 元;包装盒 100 个,单价 2 元等。通过分解产品、分解价格来达到分别缴税的目的,实现合理缴税。

应缴消费税 $=100\times50\times30\%+100\times60\times8\%=1500+480=1980$(元)。

从而可以为企业节省消费税 $3600-1980=1620$(元)。但这种多缴税并不是财务人员能决定的,合同是销售人员签订的。因此,真正的纳税筹划应是销售人员所做的工作,销售人员应在销售产品时,就应该知道税收政策对产品的影响。换句话说,纳税筹划并不是财务的主要工作,应是销售部门、采购部门、生产部门等业务部门所做的工作。

1.1.2 财务在账上反映税收

在日常的工作中,财务人员经常和税务机关打交道,他们每个月都要到税务机关报税。仔细分析,财务在税收上做的工作,只不过是将业务部门产生的税收在账务上反映出来,然后缴到税务局。因此,财务人员所做的工作只是一个缴税的过程。

目前企业的纳税状况是由公司财务人员的能力决定的,大家都认为处理税务问题的能力是一名财务人员的工作素质高低、业务能力优劣的体现。公司领导常常有这样的观念:业务部门做好业务即可签合同,税上有问题找财务。受这种观念的影响,国内企业往往忽视了税收的产生过程,在纳税上走入了一个很大的误区。这些老板们将税负过重归罪于财务,其根本原因是其不明白税收的产生过程。

实际上,真正产生税收的是业务部门,财务部门只是履行核算与缴税的职责。但是目前大多数企业都认为公司的税收问题就应该是财务部门去解决,并理所当然地认为税务出现问题就应该追究财务的责任。业务部门可以随意做业务、签合同,税收有问题财务处理。那么财务解决税收问题会有什么结果?当业务部门做完业务后,财务发现有多缴税问题,或者出现税收风险。这时财务只能通过账来解决,即在账上造假来遮盖业务过程中出现的问题,设计出另外一种业务过程来达到少缴税、规避风险的目的。这其实是《中华人民共和国税收征收管理法》(以下简称《征管法》)中提到的伪造、编造,是一种偷税行为,从而企业就出现了这样那样的涉税问题。而这都是因为企业把税收问题放到财务来解决而造成的。中国企业的这种纳税观念使企业走入税收误区,产生公司的税收风险。因此,企业要发展,首先要转变这种纳税观念,走出影响公司发展的重大误区。

【例1-2】 为什么税怎么缴不是看账怎么做,而是看业务怎么做呢?

【解析】 近年全球的油价不断上涨,节源已成为每一个国家的首要任务。我国对汽车消费税进行了调整,排气量在2.5～3.0升(含3.0升)的消费税为12%,排气量在3.0～4.0升(含4.0升),按25%缴纳消费税。假定上海通用某款别克商务车排气量是3.2升,公司财务就应该按25%缴纳消费税。但是,商务车的说明书里标明的排气量为3.0升,因此,财务就应该按12%缴纳消费税。财务按什么缴12%的税,又按什么缴25%的税?这是按照业务部门所做的业务过程来判断的。所以说,"税怎么缴,不是看账怎么做,而是看业务怎么做"。假设业务部门生产的汽车排气量就是3.2升,公司想让财务按12%缴纳消费税,财务通过在账面上处理以达到按12%缴税的目的,这就是偷税。

因此,税收是由业务部门产生,由财务部门缴纳的。如果想让财务在事后改变业务的结果,那就是偷税。但若让业务部门生产排气量为2.98升的汽车,财务缴12%的税就是合法的,这就是所谓的纳税筹划。

所以,是否合法要看在哪个环节解决税收问题。企业要发展,必须对业务过程加以控制,能按照税法的规定去做,就可以更大程度地控制风险,同时减轻税收负担,避免一些多缴税或少缴税的情况发生,避免税务机关的处罚。

1.1.3 纳税筹划需要企业各部门配合

纳税筹划的目的是降低纳税成本、减轻税收负担。目前很多企业的财务人员开始学习相关的税收法律、法规,对企业自身的业务进行纳税筹划,但在操作过程中,大部分没有得到好的效果,反而造成企业偷税逃税,受到税务部门的处罚。这些问题的主要原因不是因为财务人员的素质不高,没有掌握筹划方法和技巧,而是没有得到其他部门的配合。因为企业在经营过程中,每一个环节都存在税收问题。比如:企业在设立过程中,性质不同,税收政策不同;经营地址不同,税收政策也不同。企业在采购过程中,购进渠道不同,税收政策不同;采购方式不同,税收政策也不同。企业在销售过程中,销售方式不同,税收政策也不同;等等。而且财务是对企业经营成果进行核算与反映,企业很多具体业务不是财务能操作的。比如:企业签订购销合同是由采购部门和销售部门实施的。但是,由于他们不了解税收政策,没有按照税收法规进行操作,往往给财务部门的核算工作带来很大麻烦。目前很多企业在销售产品或商品时,为了达到销售目的,制定了很多促销方式(如打折销售、买一送一等)。但税法规定,打折销售是根据打折后的金额做销售,而买一送一是根据买一价格加上送一价格合计金额做销售(送一为视同销售)。对送一价格还要代扣代缴 20％ 的个人所得税。因为销售人员不了解税收政策,无意中增加了企业的税收负担,给财务部门带来麻烦。

企业想减轻税收负担,光靠财务是不够的,应与企业的其他部门共同配合,共同学习税收政策。只有具备了税收法律意识,才能为企业降低纳税成本,企业才能更好地发展。

【例 1-3】 纳税筹划需要业务部门和财务部门的配合吗?

【解析】 某公司一员工在某电信公司交了两年 5000 元的电话费,免费获得了一部 CDMA 手机。原来,该公司为了促进手机的销售,推出了"交话费,送手机"的业务。即在该公司缴 5000 元的电话费,送一部新手机。这看起来是一种很好的促销方式,但是其中也涉及纳税筹划问题,企业在不知不觉中多缴了税。

分析:① 该公司收取的 5000 元电话费要按 11％ 征收增值税 $5000 \times 11\% = 550$(元)。② 对于赠送的手机要视同销售,也要缴纳 11％ 的增值税,假设手机价值为 2000 元,那么公司应负担的增值税为 $2000 \times 11\% = 220$(元)。这样,企业一笔业务要负担 $550 + 220 = 770$(元) 的税。

如果将电话费和手机捆绑销售,即:卖"手机＋两年的电话费＝5000 元",那么该公司就可以按 5000 元来缴纳 11％ 增值税 550 元,每部手机节约 220 元。如果该公司一年销售 50 万部,那么一年可节省税收 11000 万元。

由此可见,业务过程中的纳税筹划可以为企业带来巨大的经济利益,要做好企业纳税筹划工作,还需要企业各部门的紧密配合。不然,只有企业的财务人员在搞纳税筹划,而其他部门不做相应的配合,许多筹划就将变成一句空话。所以,不论是企业的财务人员还是企业的营销人员都要懂得纳税筹划,必须让每个业务部门的领导具备纳税筹划的意识,并将这些观念和知识灌输到每一名员工的头脑中,才能提高企业整体的纳税筹划水平,降低企业税收成本,增强企业的竞争力。

1.1.4 纳税筹划是一种经营战略

企业成本控制的高低直接影响企业经济效益的大小。税收作为企业成本之一,可在合法的前提下通过事先筹划,对纳税业务进行安排、选择和策划,达到为企业减轻税负、降低成本的目的,使企业获得最大的经济效益。可以说,纳税筹划也是一种经营战略。

【例 1-4】 为什么纳税筹划也是经营战略?

【解析】 A 企业因经营困难,将厂房、设备一起出租给 B 企业,双方签订一年租金共计 1000 万元的租赁合同。A 企业应缴房产税为 $1000 \times 12\% = 120$(万元),应缴营业税为 $1000 \times 5\% = 50$(万元),共计 170 万元。

假设 A 企业将一份合同改为两份：总金额不变，一份 300 万元的厂房租赁合同，一份 700 万元的设备出租合同。那么 A 企业应缴房产税为 $300 \times 12\% = 36$（万元），应缴营业税为 $(700 + 300) \times 5\% = 50$（万元），共计 86 万元。因厂房作为不动产出租，A 企业要全额缴纳房产税，且税率为 12%，比较高；改为两份合同后，缴纳营业税不变，但由不动产出租改为设备出租，直接节税 84 万元，达到原先税收的 49.41%，节税效果非常明显。

可见，科学合理的纳税筹划，能使企业的资源达到最优组合，成为企业经济效益增长的一种战略安排。当然，不是任何纳税筹划都能成为经营战略，纳税筹划成为经营战略的前提，首先是它的合法性。就目前我国经济领域，特别是企业而言，要想使纳税筹划成为真正的经营战略，有三点需要特别注意：

第一，要重视对纳税筹划的投入。纳税筹划受制于筹划者对财税、法律、审计等知识的掌握程度，有较强的专业性、系统性。在国外，纳税筹划早已是企业经营整体策划中不可或缺的最重要策划之一。如以生产日用品而驰名的尤丽华公司，其子公司遍及世界各地。面对不同国家的复杂税制，母公司聘用 45 名税务专家进行纳税筹划，每年节税数百万美元。随着我国市场经济日益完善，市场主体不断成熟，企业越来越重视纳税筹划。经税务专家测算，大部分企业有 15%～20% 的节税空间。由于纳税筹划是一门综合学科，需要复合型人才，这就需要企业对纳税筹划进行投入，培养或聘请纳税筹划专家。在企业不能实现自筹的情况下，要聘请注册会计师、注册税务师、律师为企业进行纳税筹划，使企业投入小、收益大。但需注意，不同专业人员优势不同，企业应根据自身条件选择。

第二，纳税筹划是企业决策不可或缺的环节。科学的战略决策是企业成功的前提。如上述案例中的企业，因未对税收进行事先筹划而多缴税款 84 万元。事实证明，纳税筹划可产生乘数效应；否则，将增加成本，造成资源浪费。因此，企业在决策过程中，纳税筹划不到位或失误，难以达到最佳效益；善于纳税筹划，就会创造奇迹。高质量的纳税筹划是取得经济效益的直接得分手。要实现企业最终追求的目标，需将纳税筹划行为置于企业决策的一项不可或缺的环节。相反，没有纳税筹划的经营决策，则可能是风险最大的决策。

第三，切勿急功近利。纳税筹划不是万能的，却是十分重要的。企业达到目的的道路可能有一百条，但最近的路只有一条，纳税筹划的目的就是要找到这条路。任何优秀的筹划方案，都需要一个必需的执行过程，才能显出它的效果。对筹划结果急功近利，可能会使真正优秀的筹划方案蒙受不白之冤。只有扎扎实实地执行已经确定的决策，纳税筹划才能成为经营战略，成为企业飞翔的翅膀。

此外，纳税筹划能帮助企业更加科学地制定和实施战略。一个经营有方、管理完善的企业会把纳税筹划视为企业日常财务活动的重要组成部分，从内部规范核算，充分利用税法的弹性，尽可能享受税法设定的优惠政策。在大到如行业的进入或者退出、企业和产品的定位，小到如材料采购、产品或服务定价、交易方式或者企业事业部设置等战略决策的过程中，企业纳税筹划就是提升企业经济效益的直接方式，能促进企业战略的制定、战略目标的实施和实现。

1.2 企业税务的内容

1.2.1 税务登记

税务登记是整个税收征收管理的首要环节,是税务机关对纳税人的基本情况及生产经营项目进行登记管理的一项基本制度,也是纳税人已经纳入税务机关监督管理的一项证明。根据法律、法规规定,具有应税收入、应税财产或应税行为的各类纳税人,都应依照有关规定办理税务登记。它可分为一般的税务登记和特别的税务登记。一般的税务登记是指开业登记、变更登记、注销登记和停业复业登记;特别的税务登记是指增值税纳税人的认定登记。

1.2.1.1 开业税务登记

企业及企业在外地设立的分支机构和从事生产、经营的场所,个体工商户以及从事生产、经营的事业单位,应当自领取营业执照之日起 30 日内,持有关证件向税务机关申报办理税务登记。

非从事生产、经营的纳税人,除临时取得应税收入或发生应税行为以及只缴纳个人所得税、车船税外,均应自有关部门批准之日起 30 日内或自依照法律、行政法规的规定成为法定纳税人之日起 30 日内,按照《征管法》向税务机关申报办理税务登记。

不实行独立经济核算的分支机构,不单独办理税务登记,由其主管部门办理税务登记时一并注明。

跨地区成立的分支机构,实行独立经济核算的,在当地税务机关办理税务登记;不实行独立经济核算的,除由其总机构统一办理税务登记外,分支机构还应在当地税务机关申报办理注册税务登记。

1.2.1.2 变更税务登记

纳税人办理税务登记后,如发生下列情况之一,应当办理变更税务登记:发生改变名称、改变法定代表人、改变经济性质或经济类型、改变住所和经营地点、改变生产经营或经营方式、增减注册资本、改变隶属关系、改变生产经营期限以及改变其他税务登记内容的。

纳税人税务登记内容发生变化的,应当自工商行政管理机关或者其他机关办理变更登记之日起 30 日内,持有关证件向原税务登记机关申报办理变更税务登记。

纳税人税务登记内容发生变化,不需要到工商行政管理机关或者其他机关办理变更登记的,应当自发生变化之日起 30 日内,持有关证件向原税务登记机关申报办理变更税务登记。

1.2.1.3 注销税务登记

纳税人因经营期限届满而自动解散,企业由于改组、分立、合并等原因而被撤销,企业资不抵债而破产,纳税人住所、经营地址迁移而涉及改变原主管税务机关的,纳税人被工商行政管理部门吊销营业执照,以及纳税人依法终止履行纳税义务的其他情况需办理注销税务登记。

纳税人发生解散、破产、撤销以及其他情形,依法终止纳税义务的,应当在向工商行政管理机关或者其他机关办理注销登记前,持有关证件向原税务登记机关申报办理注销税务登记;按照规定不需要在工商行政管理机关或者其他机关办理注销登记的,应当自有关机关批准或者宣告终止之日起15日内,持有关证件向原税务登记机关申报办理注销税务登记。

纳税人因住所、经营地点变动,涉及改变税务登记机关的,应当在向工商行政管理机关或者其他机关申请办理变更、注销登记前,或者住所、经营地点变动前,持有关证件和资料,向原税务登记机关申报办理注销税务登记。

纳税人被工商行政管理机关吊销营业执照或者被其他机关予以撤销登记的,应当自营业执照被吊销或者被撤销登记之日起15日内,向原税务登记机关申报办理注销税务登记。

1.2.2 纳税申报

纳税申报的总体要求是:纳税人、扣缴义务人必须在法律、行政法规规定或者税务机关依据法律、行政法规的规定确定的申报期限内,办理纳税申报,并同时报送纳税申报表、财务报表、代扣代缴或代收代缴报告表,以及税务机关根据需要要求纳税人、扣缴义务人提供的其他纳税资料。

关于纳税申报的期限的规定:

纳税人、扣缴义务人应按照规定的期限办理纳税申报。如确有困难,不能如期报送纳税申报表或代扣代缴、代收代缴税款报告表的,应事先向税务机关提出书面申请,经税务机关核准,可在规定期限内办理。纳税人到税务机关办理纳税申报有困难的,经税务机关批准,可邮寄申报,邮寄申报以寄出地的邮戳日期为实际申报日期。

纳税人遇有不可抗拒的因素,可延期办理纳税申报表或报送代扣代缴、代收代缴税款报告表。不可抗拒的因素一旦消除,应立即向税务机关报告。

纳税人办理纳税申报期限的最后一日遇有法定公休假日的,可顺延纳税期限。

纳税人发生纳税义务30日,或超过税务机关核定的期限,仍不申报纳税的,税务机关有权确定应纳税额,并限期缴纳。

1.2.3 税款缴纳

税款缴纳是指纳税人、扣缴义务人依照国家法律、行政法规的规定实现的税款依法通过不同方式缴纳入库的过程。纳税人、扣缴义务人应按税法规定的期限及时足额缴纳应纳税款,以完全彻底地履行应尽的纳税义务。

纳税人缴纳税款的方式是由国税局或地税局根据税法规定,结合纳税人的具体情况确定的,主要有以下几种:

1.2.3.1 查账缴纳

按照纳税人提供的账表所反映的经营情况,依照适用的税率计算缴纳税款的方法。

其具体程序如下：先由纳税人在规定的纳税期限内，以纳税申报表的形式向国税局或地税局办理纳税申报，经国税局或地税局审查核实后，填写缴款书缴纳税款。这种缴纳方式适用于账簿、凭证、财务会计制度比较健全，能够据以如实核算，反映生产经营成果，正确计算应纳税款的纳税人。

1.2.3.2　查定缴纳

根据纳税人的生产设备、生产能力、从业人员的数量和正常条件下的生产销售情况，对其生产的应税产品或销售量实行查定产量、销售量或销售额，依率计征的一种缴纳方法。这种缴纳方法适用于生产不固定、账册不健全的纳税人。

1.2.3.3　查验缴纳

按照税务机关制定的报验商品的范围（如纺织、服装、鞋帽等），在购进商品后，持进货凭证和扣税证连同商品一起到税务机关报验，向税务机关申报登记，由税务机关在商品的适当部分印（粘）标记，据以计算缴纳税款。这种缴纳方法适用于经营小百货和单项品种的纳税人。

1.2.3.4　定期定额

这是税务机关对一些营业额难以准确计算的纳税人（如某些个体工商业户），采用由纳税人自报，经税务机关调查核实一定期限内的营业额、利润额，税务机关按照核定的营业额、利润额一并付缴款项的一种缴纳方法。

依照《征管法》的规定，纳税人有下列情形之一的，税务机关有权核定其应纳税额：

① 依照法律、行政法规的规定可以不设置账簿的；

② 依照法律、行政法规的规定应当设置但未设置账簿的；

③ 擅自销毁账簿或者拒不提供纳税资料的；

④ 虽设置账簿，但账目混乱或者成本资料、收入凭证、费用凭证残缺不全，难以查账的；

⑤ 发生纳税义务，未按照规定的期限办理纳税申报，经税务机关责令限期申报，逾期仍不申报的；

⑥ 纳税人申报的计税依据明显偏低，又无正当理由的。

1.2.3.5　代扣代缴

代扣代缴是由负有扣缴税款义务的单位和个人，按照税法的有关规定，负责代扣纳税人应纳的税款，同时由代扣义务人代缴国库的一种计缴方式。纳税人对已被代扣缴的税款，要妥善保存扣缴凭证，持已扣税款的凭证，可由所在地税务机关抵扣已被代扣税款的营业收入所应缴纳的该种税款。

1.2.3.6　代征税款

代征税款是某些单位代理税务机关按照税收法规办理税款计缴的一种缴税方式。代理人必须按照税收法规和代征税款证书的规定，履行代征、代缴税款义务，并办理代征、代缴税款手续，税务机关应按照规定付给代征人手续费。

1.2.4　纳税筹划

纳税筹划是由英文 Tax Planning 意译而来的，从字面理解也可以称之为"税收计划"。但是由于我国将税务部门对于税收征收任务的安排叫作"税收计划",为避免与之混淆,在从国外文献中引进这一术语之初,将其译为"纳税筹划",以体现纳税筹划所具有的事先策划安排的特点。

纳税筹划是指在纳税行为发生之前,在不违反法律、法规(税法及其他相关法律、法规)的前提下,通过对纳税主体(法人或自然人)的经营活动或投资行为等涉税事项做出事先安排,以达到少缴税或递延纳税目标的一系列谋划活动。

进行纳税筹划的方法主要有利用税收优惠政策、减免税、延期纳税、税率差异和会计政策选择等。此知识点将在本书第 9 章展开讨论。

纳税筹划是利用税法客观存在的政策空间来进行的,这些空间体现在不同的税种、不同的税收优惠政策、不同的纳税人身份及影响纳税数额的基本税制要素上。在进行纳税筹划时,应以这些税法客观存在的空间作为切入点,可以选择纳税筹划空间大的税种为切入点,也可以以税收优惠政策、纳税人构成等为纳税筹划的切入点,或者结合财务工作,以不同的财务管理环节和阶段为切入点。企业的财务管理包括筹资管理、投资管理、资金营运管理和收益分配管理,每个管理过程都可以有纳税筹划的工作可做。

【例 1-5】 某集成电路生产企业于 2009 年成立,投资额为 100 亿元,经营期限为 20年。税法规定对生产线宽小于 0.8 微米(含)的集成电路生产企业,经认定后,自获利年度起,第一年至第二年免征企业所得税,第三年至第五年减半征收企业所得税。2011 年该企业开始获利,企业拟对 2012－2022 年内购置的固定资产进行纳税筹划。财务部门给予的下列建议中,可以被采纳的是(　　)。

A. 选择年数总和法计提折旧　　　　　B. 选择较长的固定资产使用年限

C. 选择双倍余额递减法计提折旧　　　D. 将购置资产的相关费用在当期直接扣除

【答案】 B

【解析】 对于该集成电路企业,从纳税筹划来看,企业应尽量在前五年减少企业成本费用,待免税和减半征税以后的年度,加大企业的成本费用,以达到以后年度在没有税收优惠的情况下少缴纳企业所得税。选项 A 和选项 C 为加速折旧法,后期计提折旧少,利润相对增加,而后期不享受税收优惠,不会起到节税效果。对于选项 D,2009 年购置用于生产经营的固定资产支出为 100 亿元,不符合当期能一次性扣除的条件。

1.3　税务法律责任与行政法制

1.3.1　法律责任

1.3.1.1　违反税务管理基本规定行为的处罚

根据《征管法》第六十条及其《实施细则》第九十条规定,纳税人有下列行为之一的,由税务机关责令限期改正,可以处 2000 元以下的罚款;情节严重的,处 2000 元以上

10000 元以下的罚款：

　　① 未按照规定的期限申报办理税务登记、变更或者注销登记的；

　　② 未按照规定设置、保管账簿或者保管记账凭证和有关资料的；

　　③ 未按照规定将财务、会计制度或者财务、会计处理办法和会计核算软件报送税务机关备查的；

　　④ 未按照规定将其全部银行账号向税务机关报告的；

　　⑤ 未按照规定安装、使用税控装置，或者损毁或擅自改动税控装置的；

　　⑥ 未按照规定办理税务登记证件验证或者换证手续的。

1.3.1.2　对扣缴义务人税务违章的处罚

税务违章的处罚分类见表 1-1。

表 1-1　扣缴义务人税务违章处罚表

违章行为	违章处理规定
不按规定设账	扣缴义务人未按照规定设置、保管代扣代缴、代收代缴税款账簿或者保管代扣代缴、代收代缴税款记账凭证及有关资料的，由税务机关责令限期改正，可以处 2000 元以下的罚款；情节严重的，处 2000 元以上 5000 元以下的罚款
不按期申报纳税	扣缴义务人未按照规定的期限向税务机关报送代扣代缴、代收代缴税款报告表和有关资料的，由税务机关责令限期改正，可以处 2000 元以下的罚款；情节严重的，可以处 2000 元以上 10000 元以下的罚款
不履行扣缴职责	扣缴义务人应扣未扣、应收未收税款的，由税务机关向纳税人追缴税款，对扣缴义务人处应扣未扣、应收未收税款 50％以上 3 倍以下的罚款
偷税行为扣而不缴	扣缴义务人伪造、变造、隐匿、擅自销毁账簿、记账凭证，不缴或者少缴代扣、已收税款的，是偷税行为。税务机关将追缴其不缴或少缴的税款、滞纳金，并处不缴或少缴税款 50％以上 5 倍以下的罚款；构成犯罪的，依法追究刑事责任。扣缴义务人采取前款所列手段，不缴或者少缴已扣、已收税款，数额较大的，依照规定处罚。对多次实施前两款行为，未经处理的，按照累计数额计算

　　【例 1-6】　根据《征管法》规定，扣缴义务人应扣未扣、应收未收税款的，由税务机关向纳税人追缴税款，对扣缴义务人处一定数额的罚款。其罚款限额是（　　）。

　　A. 2000 元以下

　　B. 2000 元以上 5000 元以下

　　C. 应扣未扣、应收未收税款 50％以上 3 倍以下

　　D. 应扣未扣、应收未收税款 50％以上 5 倍以下

　　【答案】　C

　　【解析】　扣缴义务人应扣未扣、应收未收税款的，由税务机关向纳税人追缴税款，对扣缴义务人处应扣未扣、应收未收税款 50％以上 3 倍以下的罚款。

1.3.1.3　对纳税人税务违章的处罚

对纳税人偷税、骗税、抗税、欠税、编造虚假计税依据、不申报的认定及其法律责任等的处罚见表 1-2。

表 1-2　纳税人税务违章处罚表

种类	行为特征	处罚规定
偷税	《征管法》规定:纳税人伪造、变造、隐匿、擅自销毁账簿、记账凭证,在账簿上多列支出或者不列、少列收入,或者经税务机关通知申报而拒不申报或者进行虚假的纳税申报的手段,不缴或者少缴应纳税款的,是偷税行为。《税法》规定:逃避缴纳税款数额较大并且占应纳税额10%以上的,属于逃避缴纳税款罪	① 对于偷税行为,税务机关将追缴其不缴或少缴的税款、滞纳金,并处不缴或少缴税款50%以上5倍以下的罚款;构成犯罪的,依法追究刑事责任 ② 对于逃避缴纳税款罪,依《刑法》追究刑事责任;纳税人采取欺骗、隐瞒手段进行虚假纳税申报或者不申报,逃避缴纳税款数额较大并且占应纳税额10%以上的,处3年以下有期徒刑或者拘役,并处罚金;数额巨大并且占应纳税额30%以上的,处3年以上7年以下有期徒刑,并处罚金 ③ 对多次实施前两款行为,未经处理的,按照累计数计算 ④ 由第一款行为,经税务机关依法下达追缴通知后,补缴应纳税款,缴纳滞纳金,已受行政处罚的,不予追究刑事责任;但是,5年内因逃避缴纳税款受过刑事处罚或者被税务机关给予两次以上行政处罚的除外
骗税	以假报出口等欺骗手段,骗取国家出口退税款的	① 由税务机关追缴其骗取的退税款,并处骗取税款1倍以上5倍以下的罚款;构成犯罪的,由司法机关追究刑事责任 ② 骗取国家出口退税款的,税务机关可在规定期间内停止为其办理出口退税
抗税	以暴力、威胁方法拒不缴纳税款的	除由税务机关追缴其拒缴的税款、滞纳金外,由司法机关追究刑事责任;情节轻微,未构成犯罪的,由税务机关追缴其拒缴的税款、滞纳金,处以拒缴税款1倍以上5倍以下的罚款。触及刑法的,处3年以下有期徒刑或者拘役,并处拒缴税款1倍以上5倍以下罚金;情节严重的,处3年以上7年以下有期徒刑,并处拒缴税款1倍以上5倍以下罚金
欠税	① 纳税人在规定期限内不缴或者少缴税款(这里涉及税务机关未批准延期纳税的情况下,纳税人在规定期限内不缴或者少缴税款,税务机关责令限期缴纳,但纳税人逾期未缴的情况) ② 纳税人采取欺骗、隐瞒等手段提供担保,造成应缴税款损失的	税务机关责令限期缴纳,逾期未缴的,除采用强制措施追缴以外,可处不缴或少缴税款50%以上5倍以下的罚款
虚假申报	纳税人编造虚假计税依据的	由税务机关责令限期改正,并处50000元以下的罚款
不进行申报	纳税人不申报,不缴或少缴应纳税款的	由税务机关追缴其不缴或少缴的税款、滞纳金,并处不缴或少缴税款50%以上5倍以下的罚款

【例 1-7】　依据《刑法》规定,以暴力、威胁方法拒不缴纳罚款的,处3年以下有期徒刑或者拘役,并处拒缴税款1倍以上5倍以下罚金;情节严重的,处3年以上7年以下有期徒刑,并处罚金,数额为拒缴税款的(　　　)。

A. 1倍以上10倍以下　　　　　　B. 2倍以上10倍以下

C. 1倍以上5倍以下　　　　　　　D. 2倍以上10倍以下

【答案】　C

【解析】　抗税情况严重的,有期徒刑期限加长为3年以上7年以下,但罚金金额仍然是拒缴税款的 1 倍以上 5 倍以下。

1.3.2 税务行政处罚

税务行政处罚是指公民、法人或者其他组织有违反税收征收管理秩序的违法行为,尚未构成犯罪,依法应当承担行政责任的,由税务机关给予行政处罚。行政处罚种类有罚款、没收非法所得、停止出口退税权三种。

1.3.2.1 税务行政处罚的设定

我国税收法制的原则是税权集中、税法统一,税收的立法权主要集中在中央。

① 全国人民代表大会及其常务委员会可以通过法律的形式设定各种税务行政处罚。

② 国务院可以通过行政法规的形式设定除限制人身自由以外的税务行政处罚。

③ 国家税务总局可以通过规章的形式设定警告和罚款,行政规章对非经营活动中的违法行为设定罚款不得超过 1000 元。

对经营活动中违法行为的行政处罚的设定包括:① 有违法所得的,设定罚款不得超过违法所得的 3 倍,且最高不得超过 30000 元。② 没有违法所得的,设定罚款不得超过10000 元;超过限额的,应当报国务院批准。

【例 1-8】 下列关于税务行政处罚设定的表述中,正确的有( )。

A. 国家税务总局对非经营活动中的违法行为,设定罚款不得超过 1000 元

B. 国家税务总局对非经营活动中有违法所得的违法行为,设定罚款不得超过5000 元

C. 国家税务总局对经营活动中没有违法所得的违法行为,设定罚款不得超过10000 元

D. 国家税务总局对经营活动中有违法所得的违法行为,设定罚款不得超过违法所得的 3 倍且最高不得超过 30000 元

【答案】 ACD

【解析】 税务行政规章对非经营活动中的违法行为设定罚款不得超过 1000 元;对经营活动中的违法行为,有违法所得的,设定罚款不得超过违法所得的 3 倍,且最高不得超过 30000 元;没有违法所得的,设定罚款不得超过 10000 元,超过限额的,应当报国务院批准。

1.3.2.2 税务行政处罚的程序和执行

1. 简易程序

简易程序适用条件:一是案情简单、事实清楚、违法后果比较轻微且有法定依据应当给予处罚的违法行为;二是给予的处罚较轻,仅适用于对公民处以 50 元以下和对法人或其他组织处以 1000 元以下罚款的违法案件。

2. 一般程序

一般程序为调查与审查、听证、决定。听证的范围是对公民做出 2000 元以上或者对法人或其他组织做出 10000 元以上罚款的案件。除涉及国家秘密、商业秘密或者个人隐私的不公开听证的以外,对于公开听证的案件,应当先期公告案情和听证的时间、地点并

允许公众旁听。

【例1-9】 下列案件中,属于税务行政处罚听证范围的是(　　)。

A. 对法人做出10000元以上罚款的案件

B. 对公民做出1000元以上罚款的案件

C. 对法人做出没收非法所得处罚的案件

D. 对法人做出停止出口退税权处罚的案件

【答案】 A

【解析】 听证的范围是对公民做出2000元以上或者对法人或其他组织做出10000元以上罚款的案件。

3. 行政处罚执行

税务机关对当事人做出罚款行政处罚决定的,当事人应当在收到行政处罚决定书之日起15日内缴纳罚款;到期不缴纳的,税务机关可以对当事人每日按罚款数额的3%加处罚款。

1.3.3 税务行政复议

税务行政复议是指当事人不服税务机关及其工作人员做出的税务具体行政行为,依法向上一级税务机关(复议机关)提出申请,复议机关经审理对原税务机关具体行政行为依法做出维持、变更、撤销等决定的活动。

1.3.3.1 行政复议的特点

我国税务行政复议具有以下特点:

① 税务行政复议以当事人不服税务机关及其工作人员做出的税务具体行政行为作为前提。

② 税务行政复议因当事人的申请而产生。

③ 税务行政复议案件审理一般由原处理税务机关的上一级税务机关进行。

④ 税务行政复议与行政诉讼相衔接。

1.3.3.2 税务行政复议的申请

申请人可以在知道税务机关做出具体行政行为之日起60日内提出行政复议申请。申请人对"征税行为"的行为不服的,应当先向行政复议机关申请行政复议;对行政复议决定不服的,可以向人民法院提起行政诉讼。

申请人对"征税行为"以外的其他具体行政行为不服,可以申请行政复议,也可以直接向人民法院提起行政诉讼。

1.3.3.3 税务行政复议的前提

申请人按照前款规定申请行政复议的,必须依照税务机关根据法律、法规确定的税额、期限,先行缴纳或者解缴税款和滞纳金,或者提供相应的担保,才可以在缴清税款和滞纳金以后或者所提供的担保得到做出具体行政行为的税务机关确认之日起60日内提出行政复议申请。

申请人对税务机关做出逾期不缴纳罚款加处罚款的决定不服的,应当先缴纳罚款和加处罚款,再申请行政复议。

1.3.3.4 税务行政复议审查和决定

复议机关应当自受理申请之日起 60 日内做出行政复议决定。情况复杂,不能在规定期限内做出行政复议决定的,经复议机关负责人批准,可以适当延长,并告知申请人和被申请人;但延长期限最多不超过 30 日。行政复议决定书一经送达,即发生法律效力。

申请人和被申请人在行政复议机关做出行政复议决定以前可以达成和解,行政复议机关也可以调解。

【例 1-10】 下列关于税务行政复议的说法错误的是( )。

A. 申请人可以在知道税务机关做出具体行政行为之日起 30 日内提出行政复议申请

B. 申请人对税务机关做出逾期不缴纳罚款加处罚款的决定不服的,可直接申请行政复议

C. 申请人对"征税行为"以外的其他具体行政行为不服的,可直接向人民法院提起行政诉讼

D. 行政复议决定书一经送达,即发生法律效力

【答案】 AB

【解析】 行政复议申请期限为知道之日起 60 日内,选项 A 错误;申请人对税务机关做出逾期不缴纳罚款加处罚款的决定不服的,应先缴纳罚款和加处罚款,选项 B 错误。

1.3.4 税务行政诉讼

税务行政诉讼是指公民、法人和其他组织认为税务机关及其工作人员的具体税务行政行为违法或者不当,侵犯了其合法权益,依法向人民法院提起行政诉讼,由人民法院对具体税务行政行为的合法性和适当性进行审理并做出裁决的司法活动。

1.3.4.1 税务行政诉讼的原则

税务行政诉讼的原则如下:人民法院特定主管原则;合法性审查原则;不适用调解原则;起诉不停止执行原则;税务机关负举证责任原则;由税务机关负责赔偿的原则。

1.3.4.2 税务行政诉讼的范围

税务行政诉讼的范围包括:

① 税务机关做出的征税行为——复议前置;

② 税务机关做出的责令纳税人提缴纳税保证金或者纳税担保行为;

③ 税务机关做出的行政处罚行为;

④ 税务机关做出的通知出境管理机关阻止出境行为;

⑤ 税务机关做出的税收保全措施;

⑥ 税务机关做出的税收强制执行措施;

⑦ 认为符合法定条件申请税务机关颁发税务登记证和发售发票,税务机关拒绝颁发、发售或者不予答复的行为;

⑧ 税务机关的复议行为。

1.3.4.3　税务行政诉讼的起诉和受理

税务行政诉讼等行政诉讼中,起诉权是单向性的权利,税务机关不享有起诉权,只有应诉权,即税务机关只能作为被告;与民事诉讼不同,作为被告的税务机关不能反诉。

对税务机关的征税行为提起诉讼,必须先经过复议;对复议决定不服的,可以在接到复议决定书之日起15日内向人民法院起诉。

》》练习题

一、问答题

1. 简述企业税负的产生过程或者原因。

2. 税务行政诉讼的原则有哪些?

3. 简述哪些信息发生改变需要变更税务登记。

4. 简述纳税人存在何种情况,适合定期定额缴纳税款。

5. 简述进行纳税筹划的切入点。

6. 列举纳税人违反税务管理基本规定行为的处罚。

7. 税务行政处罚的一般程序中听证的规定主要有哪些?

8. 简述我国进行税务行政复议的前提。

二、选择题

1. 纳税人经营小型百货适用的税款缴纳方式为(　　)。

A. 查账缴纳　　　　B. 查定缴纳　　　　C. 查验缴纳　　　　D. 定期定额

2. 纳税人为个体工商户,其营业额难以准确计算,适用的税款缴纳方式为(　　)。

A. 查账缴纳　　　　B. 查定缴纳　　　　C. 查验缴纳　　　　D. 定期定额

3. 下列关于企业税务的观点不恰当的是(　　)。

A. 在企业税收中财务部门只是履行核算与缴税的职责

B. 企业想减轻税收负担需要企业各部门共同配合

C. 企业税负主要与财务人员专业能力相关

D. 公司的税收由业务部门在做业务签合同时开始

4. 纳税人被工商行政管理机关吊销营业执照或者被其他机关予以撤销登记的,应当自营业执照被吊销或者被撤销登记之日起(　　)内,向原税务登记机关申报办理注销税务登记。

A. 5 日　　　　B. 10 日　　　　C. 15 日　　　　D. 30 日

5. 纳税人发生纳税义务(　　),或超过税务机关核定的期限仍不申报纳税的,税务机关有权确定应纳税额,并限期缴纳。

A. 5 日　　　　B. 10 日　　　　C. 15 日　　　　D. 30 日

6. 扣缴义务人应扣未扣、应收不收税款的，由税务机关向（　　）追缴税款。对（　　）处应扣未扣、应收未收税款50%以上3倍以下的罚款。

    A. 纳税人、扣缴义务人　　　　　　　B. 纳税人、纳税人

    C. 扣缴义务人、纳税人　　　　　　　D. 扣缴义务人、扣缴义务人

7. 复议机关应当自受理申请之日起60日内做出行政复议决定。情况复杂的，可以适当延长，但延长期限最多不超过（　　）。

    A. 15 日　　　　　B. 20 日　　　　　C. 30 日　　　　　D. 45 日

8. 对公民处以50元以下和对法人或其他组织处以（　　）元以下罚款的违法案件，适用于简易程序。

    A. 1000　　　　　B. 1500　　　　　C. 2000　　　　　D. 3000

9. 纳税人欠缴应纳税款，采取转移或者隐匿财产手段，妨碍税务机关追缴欠缴的税款的，由税务机关追缴欠缴的税款、滞纳金，并处欠缴税款（　　）的罚款。

    A. 50%以上3倍以下　　　　　　　　B. 50%以上5倍以下

    C. 3倍以上　　　　　　　　　　　　D. 5倍以上

10. 对于逃避缴纳税款罪，依《刑法》追究刑事责任：纳税人采取欺骗、隐瞒手段进行虚假纳税申报或者不申报，数额巨大并且占应纳税额30%以上的，处（　　）有期徒刑，并处罚金。

    A. 3年以下　　　　　　　　　　　　B. 3年以上5年以下

    C. 3年以上7年以下　　　　　　　　D. 5年以上

11. 某国有企业因有违反税收征收管理法的行为，被税务机关处以8000元的罚款。假定该企业收到税务行政处罚决定书的时间为2013年3月1日，则该企业4月5日缴纳罚款时的总金额为（　　）。

    A. 8000元　　　　B. 9200元　　　　C. 13040元　　　　D. 16640元

第2章 税法基本理论

本章学习要点

　　本章是关于税法的基础知识，包括税法的基本理论、税收法律关系、税法的理论和实施的相关规范、我国现行税法体系以及税收管理体制概况。本章理论性较强，内容直接影响对以后章节内容的理解和掌握。通过学习，了解税法的概念、税收法律关系、我国的税务机构设置和纳税服务平台等；熟悉税收实体法与税收程序法的区别和我国现行税法体系；掌握税法的原则和税收实体法的构成要素。

2.1 税法的概念

2.1.1 税收与税法的概念

　　税收是政府为了满足社会公共需要，凭借政治权力，强制、无偿地取得财政收入的一种形式。税收的本质特征具体体现为税收制度，而税法则是税收制度的法律表现形式。税收和税收法律是不可分割的，有税必有法，无法不成税。因此，把握税法的概念必须在深入了解税收的基础上进行。

2.1.1.1 税收的概念

1. 税收的内涵

　　理解税收的内涵需要从税收的分配关系本质、国家税权和税收的目的三个方面来把握。

　　① 税收是国家取得财政收入的一种重要工具，其本质是一种分配关系。国家要行使职能必须有一定的财政收入作为保障。取得财政收入的手段有多种多样，如征税、发行货币、发行国债等，其中税收是大部分国家取得财政收入的主要形式。我国自1994年税制改革以来，税收收入占财政收入的比重大多数年份都维持在90%以上。税收解决的是

分配问题,是国家参与社会产品价值分配的法定形式,处于社会再生产的分配环节,因而它体现的是一种分配关系。

② 国家征税的依据是政治权利。税收是凭借政治权力进行的分配,是我国税收理论界长期以来的主流认识。正如马克思所指出的"赋税是政府机器的经济基础,而不是其他任何东西"。

③ 国家课征税款的目的是满足社会公共需要。国家在履行其公共职能的过程中必然要有一定的公共支出。公共产品提供的特殊性决定了公共支出一般情况下不可能由公民个人、企业采取自愿出价的方式,而只能采用国家(政府)强制征税的方式,由经济组织、单位和个人来负担。国家征税的目的是满足提供社会公共产品的需要,以及弥补市场失灵,促进公平分配的需要。同时,国家征税也要受到所提供公共产品规模和质量的制约。

2. 税收在现代国家治理中的作用

随着现代国家治理复杂性越来越高,税收需要在其中发挥更大的作用。税收已经不仅仅纯粹是经济领域的问题,而是政治领域、社会领域的大问题。税收在现代国家治理中的作用主要包括:

① 税收为国家治理提供最基本的财力保障。

② 税收是确保经济效益、政治稳定、政权稳固、不同层次政府正常运行的重要工具。

③ 税收是促进现代市场体系构建,促进社会公平正义的重要手段。

④ 税收是促进依法治国,促进法治社会建立,促进社会和谐的重要载体。

⑤ 税收是国际经济和政治交往中的重要政策工具,也是维护国家权益的重要手段。

3. 税收的基本特征

税收作为政府满足社会公共需要,凭借政治权力,强制、无偿地取得财政收入的一种形式,有以下显著特征:

① 强制性。国家以社会管理者的身份,用法律、法规等形式对征收捐税加以规定,并依照法律强制征税。

② 无偿性。无偿性主要指国家征税后,税款即成为财政收入,不再归还纳税人,也不支付任何报酬。

③ 固定性。固定性主要指在征税之前,以法的形式预先规定了课税对象、课税额度和课税方法等。

税收的三个特性是一个完整的统一体,它们相辅相成、缺一不可。无偿性是核心,强制性是保障,固定性是对无偿性和强制性的一种规范和约束。

2.1.1.2 税法的概念

1. 税法的定义

税法是国家制定的用以调整国家与纳税人之间在征纳税方面的权利与义务关系的法律规范的总称。

税法具体定义为国家凭借其权力,利用税收工具的强制性、无偿性、固定性的特征参与社会产品和国民收入分配的法律规范的总称。

税法构建了国家及纳税人之间在依法征税、依法纳税方面的行为准则体系,其目的是保障国家利益和纳税人的合法权益,维护正常的税收秩序,保证国家的财政收入。

2. 税法的特点

税法具有义务性法规和综合性法规的特点。

① 从法律性质上说,税法属于义务性法规,以规定纳税人的义务为主。税法属于义务性法规,并不是指税法没有规定纳税人的权利,而是其权利是建立在其纳税义务的基础之上,属于从属地位。税法属于义务性法规这一特点是由税收的无偿性和强制性特点所决定的。

② 税法的另一个特点是综合性,它是由一系列单行税收法律法规及行政规章制度组成的体系,其内容涉及课税的基本原则、征纳双方的权利和义务、税收管理规则、法律责任、解决税务争议的法律规范等。税收的综合性特点是由税收制度所调整的税收分配关系的复杂性所决定的。

税法的本质是正确处理国家与纳税人之间因税收而产生的税收法律关系和社会关系,既要保证国家税收收入,也要保护纳税人的权利,两者缺一不可。片面地强调国家税收收入或纳税人权利都不利于社会的和谐发展。如果国家征收不到充足的税款,就无法履行其公共服务的职能,无法提供公共产品,最终也不利于保障纳税人的利益。从这个意义上讲,税收的核心在于兼顾和平衡纳税人权利,在保障国家税收收入稳步增长的同时,也保证对纳税人权利的有效保护,这是税法的核心要义。

税法与税收密不可分,税法是税收的法律表现形式,税收则是税法所确定的具体内容。

【例 2-1】 以下关于税法概念的理解不正确的是( )。

A. 税法是税收制度的法律表现形式　　B. 税法是税收制度的核心内容

C. 税法属于权力性法规　　　　　　　D. 税法属于综合性法规

【答案】 C

【解析】 作为税收制度的法律表现形式,税法所确定的具体内容就是税收制度;税法是税收制度的核心内容;税法属于义务性法规这一特点是由税收的无偿性、强制性特点决定的;税法的另一特点是具有综合性。C 选项错误,ABD 选项正确。

2.1.2 税法的分类

税法体系中各税法按立法目的、征税对象、权限划分、适用范围、职能作用的不同,可分为不同类型。

2.1.2.1 按照税法的基本内容和效力分

① 税收基本法。税收基本法也称税收通则,是税法体系的主体和核心,在税法体系中起着税收母法的作用。其基本内容包括一般税收制度的性质、税务管理机构、税收立法与管理权限、纳税人的基本权利与义务等。我国目前还没有制定统一的税收基本法,随着我国税收法制建设的发展和完善,将研究制定税收基本法。

② 税收普通法。税收普通法是根据税收基本法的原则，对税收基本法规定的事项分别立法实施的法律，如个人所得税法、税收征收管理法等。

2.1.2.2 按照税法的职能作用分

① 税收实体法。税收实体法是指确定税种立法，具体规定各税种的征收对象、征收范围、税目、税率、纳税地点等。例如《中华人民共和国企业所得税法》《中华人民共和国个人所得税法》就属于税收实体法。

② 税收程序法。税收程序法是指税务管理方面的法律，主要包括税收管理法、纳税程序法、发票管理法、税务争议处理法等。

2.1.2.3 按照税法征收对象分

① 商品和劳务法。这类税法主要包括增值税法、消费税法等。其特点是与商品生产、流通、消费有密切联系。对什么商品征税，税率是多少，对商品经济活动都有直接的影响，易于发挥对经济的宏观调控作用。

② 所得税税法。这类税法主要包括企业所得税法、个人所得税法等。其特点是可以直接调节纳税人收入，发挥其公平赋税、调节分配关系的作用。

③ 财产、行为税税法。这类税法主要是对财产的价值或某种行为课税，包括房产税、印花税等税法。

④ 资源税税法。这类税法主要是为保护和合理使用国家自然资源而课征的税。我国现行的资源税、城镇土地使用税等税种均属于资源课税的范畴。

⑤ 特定目的税税法。这类税法包括城市建设税、烟叶税等。其目的是对某些特定对象和特定行为发挥特定的调节作用。

2.1.2.4 按照主权国家行使税收管辖权分

按照主权国家行使税收管辖权的不同，税法可分为国内税法、国际税法、外国税法等。

以上对税种的分类不具有法定性，但将各具体税种按一定方法分类，在税收理论研究和税制建设方面用途相当广泛，作用非常大。例如，商品和劳务税也称为间接税，是由于这些税种都是按照商品和劳务收入计算征收的，而这些税种虽然是由纳税人负责缴纳，但最终是由商品和劳务的购买者即消费者负担的，所以称为间接税；而所得税类税种的纳税人本身就是负税人，一般不存在税负转移或转嫁的问题，所以称为直接税。

【例 2-2】 下列各项中，属于我国现行税法的有（　　　　）。

A. 税收基本法 　　　　　　　　　　　B. 企业所得税法

C. 进出口关税条例 　　　　　　　　　D. 中央与地方共享税条例

【答案】 BC

【解析】 企业所得税和进出口关税条例都是构成我国现行税法体系的组成部分。我国目前没有税收基本法，也不存在中央与地方共享税条例。

2.1.3 税法的原则

税法的原则反映税收活动的根本属性，是税收法律制度建立的基础。税法原则包括税法基本原则和税法适用原则。

2.1.3.1　税法基本原则

税法基本原则是统领所有税收规范的根本准则,为包括税收立法、执法、司法在内的一切税收活动所必须遵守。

1. 税收法定原则

税收法定原则又称为税收法定主义,是指税法主体的权利义务必须由法律加以规定,税法的各类构成要素皆必须且只能由法律予以明确。税收法定主义贯穿税收立法和执法的全部领域,其内容包括税收要件法定原则和税务合法性原则。税收要件法定主义是指有关纳税人、课税对象、课税标准等税收要件必须以法律形式做出规定,凡有关课税要素的规定必须尽量明确。税务合法性原则是指税务机关按法定程序依法征税,不得随意减征、停征或免征,无法律依据不征税。

【例2-3】　税法基本原则的核心是(　　)。

A. 税收法定原则　　　　　　　　　　B. 税收公平原则

C. 税收效率原则　　　　　　　　　　D. 实质课税原则

【答案】　A

【解析】　税收法定原则是税收基本原则的核心。

2. 税法公平原则

一般认为,税收公平原则包括税收横向公平和纵向公平,即税收负担必须根据纳税人的负担能力分配。负担能力相等,税负相同;负担能力不等,税负不同。税收公平原则源于法律上的平等性原则,所以许多国家的税法在贯彻税收公平原则时,都特别强调“禁止不平等对待”的法理,禁止对特定纳税人给予歧视性对待,也禁止在没有正当理由的情况下对特定纳税人给予特别优惠。

3. 税收效率原则

税收效率原则包含两方面,一是指经济效率,二是指行政效率。前者要求税法的制定要有利于资源的有效配置和经济体制的有效运行,后者要求提高税收行政效率,节约税收征管成本。

【例2-4】　税法基本原则中,要求税法制定要有利于资源的有效配置和经济体制的有效运行的原则有(　　)。

A. 税收法定原则　　　　　　　　　　B. 税收公平原则

C. 税收效率原则　　　　　　　　　　D. 实质课税原则

【答案】　C

【解析】　税收效率原则包括两个方面,一是指经济效率,二是指行政效率。前者要求税法的制定要有利于资源的有效配置和经济体制的有效运行,后者要求提高税收行政效率,节约税收征管成本。

4. 实质课税原则

实质课税原则是指应根据客观事实确定是否符合课税要件,并根据纳税人的真实负担能力决定纳税人的税负,而不能仅考虑相关外观和形式。

2.1.3.2 税法的适用原则

税法适用原则是指税务行政机关和司法机关运用税收法律规范解决具体问题所必须遵循的准则。税法适用原则并不违背税法基本原则,而且在一定程度上体现税法基本原则。但是与其相比,税法适用原则含有更多的法律技术性准则,更为具体化。

1. 法律优位原则

其基本含义为法律的效力高于行政立法的效力。法律优位原则在税法中的作用主要体现在处理不同等级税法的关系上。法律优位原则明确了税收法律的效力高于税收行政法规的效力,对此还可以进一步推论为税收行政法规的效力优于税收行政规章的效力。效力低的税法与效力高的税法发生冲突,效力低的税法即是无效的。

【例 2-5】 以下不符合法律优位原则的说法是( )。

A. 法律的效力高于行政立法的效力

B. 我国税收法律与行政法规具有同等效力

C. 税收行政法规的效力优于税收行政规章的效力

D. 效力低的税法与效力高的税法发生冲突,效力低的税法即是无效的

【答案】 B

【解析】 法律优位的基本含义为法律的效力高于行政立法的效力。

2. 法律不溯及既往原则

法律不溯及既往原则是绝大多数国家所遵循的法律程序技术原则。其基本含义为,一部新法实施后,对新法实施之前人们的行为不得适用新法,而只能沿用旧法。在税法领域内坚持这一原则,目的在于维护税法的稳定性和可预测性,使纳税人能在知道纳税结果的前提下做出相应的经济决策,税收的调节作用才会较为有效。

【例 2-6】 从 1999 年 11 月 1 日起,对个人在中国境内储蓄机构取得的人民币、外币存款利息,按 20% 税率征收个人所得税,但对 1999 年 10 月 31 日前孳生的利息不征税。这样规定符合税法适用原则中的( )。

A. 程序优于实体原则   B. 新法优于旧法原则

C. 法律优位原则   D. 法律不溯及既往原则

【答案】 D

【解析】 在新法实施前孳生的利息,适用于旧法的规定,体现的是法律不溯及既往原则。

3. 新法优于旧法原则

新法优于旧法原则也称后法优于先法原则,其含义为,新法、旧法对同一事项有不同规定时,新法的效力优于旧法。其作用在于避免因法律修订带来新法、旧法对同一事项有不同的规定而引起法律适用上的混乱,为法律的更新与完善提供法律适用上的保障。新法优于旧法原则在税法中普遍适用,但是当新税法与旧税法处于普通法与特别法的关系时,以及某些程序性税法引用"实体从旧、程序从新原则"时,可以例外。

4. 特别法优于普通法的原则

其含义为两部法律对同一事项分别制订了一般和特别规定时,特别规定的效力高于一般规定的效力。特别法优于普通法原则打破了税法效力等级的限制,即居于特别法地位的级别较低的税法,其效力可以高于作为普通法的级别较高的税法。

5. 实体从旧、程序从新原则

这一原则的含义包括两个方面:一是实体税法不具备溯及力。即在纳税义务的确定上,以纳税义务发生时的税法规定为准,实体性的税法规则不具有向前的溯及力。二是程序性税法在特定条件下具备一定的溯及力。即对于新税法公布实施之前发生,却在新税法公布实施之后进入税款征收程序的纳税义务,原则上新税法具有约束力。

6. 程序优于实体原则

程序优于实体原则是关于税收争讼法的原则,其基本含义为,在诉讼发生时税收程序法优于税收实体法。适用这一原则,是为了确保国家课税权的实现,不因争议的发生而影响税款的及时、足额入库。

【例2-7】 纳税人必须在缴纳有争议的税款后,税务行政复议机关才能受理纳税人的复议申请,这体现了税法适用原则中的( )。

A. 新法优于旧法原则　　　　　　　B. 特别法优于普通法原则

C. 程序优于实体原则　　　　　　　D. 实体从旧、程序从新原则

【答案】 C

【解析】 程序优于实体原则规定发生争议时,纳税人应先缴纳有争议的税款,之后再进行复议。

【例2-8】 税法适用原则是指税务行政机关或司法机关运用税收法律规范解决具体问题所必须遵循的准则,具体包括下列项目中的( )。

A. 法律优位原则　　　　　　　　　B. 税收法定主义原则

C. 法律不溯及既往原则　　　　　　D. 程序优于实体原则

【答案】 ACD

【解析】 B属于税法基本原则。

2.2　税收法律关系

税收法律关系是税法所确认和调整的国家与纳税人之间、国家与国家之间以及各级政府之间在税收分配过程中形成的权利和义务关系。它在总体上与其他法律关系一样,都是由税收法律关系的主体、客体和内容三方面构成的,但在三方面的内涵上,税收法律关系又具有一定的特殊性。

2.2.1　税收法律关系的主体

法律关系的主体是指法律关系的参与者。在我国,税收法律关系的主体包括征纳双方,一方是代表国家行使征税职责的国家税务机关,包括国家各级税务机关、海关和财政机关;另一方是纳税义务人,包括法人、自然人和其他组织,在华的外国企业、组织、外籍人、无国籍人,以及在华虽然没有机构但有来源于中国境内所得的外国企业或组织。另外,值得注意的是,这种对税收法律关系中权利主体另一方的确定,在我国采取的是属地兼属人的原则。

2.2.2　税收法律关系的客体

税收法律关系的客体即税收法律关系主体的权利、义务共同指向的对象,也就是征税对象。例如,所得税法律关系的客体就是生产经营所得和其他所得,财产税法律关系的客体即是财产,流转税法律关系的客体就是货物销售收入或者劳务收入。税收法律关系的客体也是国家利用税收杠杆调整和控制的目标,国家在一定时期根据客观经济形势发展的需要,通过扩大或缩小征税范围调整征税对象,以达到限制或鼓励国民经济中某些产业、行业发展的目的。

2.2.3　税收法律关系的内容

税收法律关系的内容就是主体所享有的权利和所应承担的义务,这是税收法律关系中最实质的东西,也是税法的灵魂。它规定权利主体可以有什么行为,不可以有什么行为,若违反了这些规定,须承担什么责任。

税务机关的权利主要表现在依法进行征税、税务检查以及对违章者进行处罚。其义务主要是向纳税人宣传、咨询、辅导解说税法,及时把征收的税款缴纳国库,依法受理纳税人对税收争议的申诉等。

纳税义务人的权利主要有多缴纳税款申请退还权、延期纳税权、依法申请减免税权等。其义务主要是按税法规定办理税务登记、进行纳税申请、接受税务检查、依法缴纳税款等。其归纳如表 2-1 所示。

表 2-1　税收法律关系表

税收法律关系的构成	主体	一方是代表国家行使征税职责的各级税务机关、海关和财政机关
		另一方是履行纳税义务的单位和个人(按照属地兼属人的原则确定)
	客体	即征税对象
	内容	是权利主体所享有的权利和所应承担的义务,是税收法律关系中最实质的东西,也是税法的灵魂
税收法律关系的产生、变更和消灭		由税收法律事实来决定,税收法律事实分为税收法律事件和税收法律行为
税收法律关系的保护		税收法律关系的保护对权利主体双方是平等的,对权利享有者的保护就是对义务承担者的制约

【例 2-9】　下列关于税收法律关系的表述中,正确的是(　　　)。

A. 税法是引起法律关系的前提条件,税法可以产生具体的税收法律关系

B. 税收法律关系的保护对权利主体双方是不平等的

C. 代表国家行使征税职责的国家各级税务机关是税收法律关系中的主体之一

D. 税收法律关系总体上与其他法律关系一样，都是由权利主体、权利客体两方面构成

【答案】 C

【解析】 税收法律关系的产生、变更和消灭是由税收法律事实来决定的，所以 A 错误；税收法律关系中的主体包括征纳双方，他们是平等的，所以 B 错误；税收法律关系由三部分组成，选项 D 错误。

【例 2-10】 下列各项中，属于税务机关的税收管理权限的有（　　　）。

A. 缓期征税权　　　　　　　　　　B. 税收行政法规制定权

C. 税法执行权　　　　　　　　　　D. 提起行政诉讼权

【答案】 AC

【解析】 税收行政法规的制定权属于最高行政机关（国务院）或经授权的地方人民代表大会，而不属于税务机关，故选项 B 错误；在税务行政诉讼中，起诉权是单向性的，税务机关不享有起诉权，只有应诉权，故选项 D 错误。

2.3　税收实体法的要素

税法要素是指各种单行税法具有的共同的基本要素的总称。首先，税法要素包括实体性的，也包括程序性的；其次，税法要素是所有完善的单行税法都共同具备的，仅为某税法单独具有而非普遍性的内容，不构成税法要素，如扣缴义务人。

税法的构成要素一般包括总则、纳税义务人、征税对象、税目、税率、纳税环节、纳税期限、纳税地点、减税免税、罚则、附则等项目。

2.3.1　纳税义务人

纳税义务人又称"纳税主体"，是税法规定的直接负有纳税义务的单位和个人。任何一个税种首先要解决的就是国家对谁征税的问题，如我国个人所得税、增值税、消费税等暂行条例的第一条规定的都是该税种的纳税义务人。

纳税人有两种基本形式：自然人和法人。自然人和法人是两个相对的法律概念。自然人是基于自然规律而生的，有民事权利和义务的主体，包括本国公民，也包括外国人和无国籍人士。法人是自然人的对称，根据《民法通则》第三十六条规定，法人是基于法律规定享有权利能力和行为能力，具有独立的财产和经费，依据独立承担民事责任的社会组织。我国的法人主要有四种：机关法人、事业法人、企业法人和社团法人。

与纳税人紧密联系的两个概念是代扣代缴义务人和代收代缴义务人。前者是指虽不承担纳税义务，但依照有关规定，在向纳税人支付收入、结算货款、收取费用时有义务

代扣代缴其应纳税款的单位和个人,如出版社代扣作者的稿酬所得的个人所得税等。如果代扣代缴义务人按规定履行了代扣代缴义务,税务机关将支付一定的手续费。反之,未按规定代扣代缴税款,造成应纳税款流失或将已扣缴的税款私自截留挪用,不按时缴入国库,一经税务机关发现,将要承担相应的法律责任。代收代缴义务人是指虽不承担纳税义务,但依照有关规定,在向纳税人收取商品或劳务收入时,有义务代收代缴其应纳税款的单位和个人。如消费税条例规定,委托加工的应税消费品,由受托方在向委托方交货时代收代缴委托方应该缴纳的消费税。纳税义务人关系归纳如图 2-1 所示。

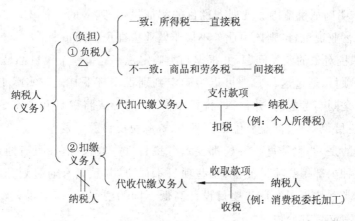

图 2-1　纳税义务人关系

2.3.2　征税对象

征税对象又叫课税对象,是指税收法律关系中征纳双方权利义务所指向的客体或标的物,是区分不同税种的主要标志。我国现行税收法律、法规都有自己特定的征税对象。通过规定课税对象,解决对什么征税这一问题。

作为课税对象,要调节国民经济中生产、流通、分配和消费。每一种税都有自己的课税对象,否则,这一税种就失去了存在的意义。凡是列为课税对象的,就属于该税种的征收范围;凡是未列为课税对象的,就不属于该税种的征收范围。例如,我国增值税的课税对象是货物和应税劳务在生产、流通过程中的增值额;所得税的课税对象是企业利润和个人工资、薪金等项所得;房产税的课税对象是房屋;等等。总之,每一种税首先要选择确定它的课税对象,因为它体现着不同税种征税的基本界限,决定着不同税种名称的由来以及各个税种在性质上的差别,并对税源、税收负担问题产生直接影响。

课税对象随着社会生产力的发展变化而变化。自然经济中,土地和人是主要的课税对象。商品经济中,商品的流转额、企业利润和个人所得成为主要的课税对象。在可以作为课税对象的客体比较广泛的情况下,选择课税对象一般应遵循有利于保证财政收入、有利于调节经济和适当简化的原则。要保证财政收入就必须选择经常而普遍存在的经济活动及其成果,课税对象应该注意多样化。但为了节省税收成本和避免税收负担的重复,又必须注意适当简化。

2.3.3 税目

税目是课税对象的具体化,反映具体的征税范围,代表征税的广度。不是所有的税种都规定税目,有些税种的征税对象简单、明确,没有另行规定税目的必要,如房产税、屠宰税等。但是,从大多数税种来看,一般课税对象都比较复杂,且税种内部不同课税对象之间又需要采取不同的税率档次进行调节。这样就需要对课税对象做进一步的划分,做出具体的界限规定,这个规定的界限范围就是税目。

2.3.3.1 划分税目的主要作用

① 进一步明确征税范围。凡列入税目的都征税,未列入的不征税。例如,商品批发和零售未列入营业税税目,则该项业务不属于营业税征税范围。

② 解决课税对象的归类问题,并根据归类确定税率。每一个税目都是课税对象的一个具体类别或项目,通过这种归类可以为确定判别税率打下基础。实际工作中,确定税目和确定税率是同步考虑的,并常以"税目税率表"的形式将税目和税率统一表示出来,例如:消费税税目税率表、营业税税目税率表、资源税税目税率表等。

需要说明的是,并不是每一种税都要划分税目。一般来说,在只有通过划分税目才能够明确本税种内部哪些项目征税、哪些项目不征税,并且只有通过划分税目才能对课税对象进行归类并按不同类别和项目设计高低不同的税率,平衡纳税人负担的情况下,对这类税种才有必要划分税目。

2.3.3.2 税目的分类

税目一般可分为列举税目和概括税目。

① 列举税目。列举税目就是将每一种商品或经营项目采用一一列举的方法,分别规定税目,必要时还可以在税目之下划分若干个细目。制定列举税目的优点是界限明确,便于征管人员掌握;缺点是税目过多,不便于查找,不利于征管。

② 概括税目。概括税目就是按照商品大类或行业采用概括方法设计税目。制定概括税目的优点是税目较少,查找方便;缺点是税目过粗,不便于贯彻合理负担政策。

【例2-11】 下列各项关于税法要素的表述中,不正确的有( )。

A. 并非所有税种都需要规定税目

B. 税目是对课税对象量的规定

C. 税目体现征税的深度

D. 消费税、企业所得税都规定有不同的税目

【答案】 BCD

【解析】 税目是对课税对象质的界定,选项B错误;税目体现征税的广度,选项C错误;消费税设定了税目,但企业所得税没有设置税目,选项D错误。

2.3.4 税率

税率指对征税对象的征收比例或征收额度,它是计算税额的尺度。税率是税法的核心要素,税率的高低直接关系到国家收入的多少和纳税义务人的负担轻重。我国现行的税率主要有比例税率、定额税率和累进税率三种。

2.3.4.1 比例税率

比例税率是指对同一征税对象,不论其数量多少、数额大小,均按同一个比例征收的税率。我国的增值税、营业税、城市维护建设税、企业所得税等采用的是比例税率。比例税率在适用中又可分为三种具体形式。

(1)单一比例税率,是指对同一征税对象的所有纳税人都适用同一比例税率。

(2)差别比例税率,是指对同一征税对象的不同纳税人适用不同的比例征税。我国现行税法又分为按产品、行业和地区的不同将差别比例税率划分为以下三种类型:

① 产品差别比例税率,即对不同产品分别适用不同的比率税率,同一产品采用同一比例税率,如消费税、关税等;

② 行业差别比例税率,即对不同行业分别适用不同的比例税率,同一行业采用同一比例税率,如营业税等;

③ 地区差别比例税率,即区分不同的地区分别适用不同的比例税率,同一地区采用同一比例税率,如我国城市维护建设税等。

(3)幅度比例税率,是指对同一征税对象,税法只规定最低税率和最高税率,各地区在该幅度内确定具体的适用税率。

比例税率具有计算简单、税负透明度高、有利于保证财政收入、有利于纳税人公平竞争、不妨碍商品流转额或非商品营业额扩大等优点,符合税收效率原则。但比例税率不能针对不同收入水平实施不同的税收负担,在调节纳税人的收入水平方面难以体现税收的公平原则。

【例 2-12】 比例税率是指对同一征税对象,不分数额大小,规定相同的征收比例,其在适用中又可以分为的具体形式有( )。

A. 单一比例税率 　　　　　　　　　B. 差别比例税率

C. 幅度比例税率 　　　　　　　　　D. 双重比例税率

【答案】 ABC

【解析】 比例税率在适用中又可以分为单一比例税率、差别比例税率和幅度比例税率三种具体形式。

2.3.4.2 定额税率

定额税率是指对单位征税对象规定固定的税额,而不采用百分比的形式。它适用于从量计征的税种。目前采用定额税率的有资源税、车船税、土地使用税等。

【例 2-13】 下列税种中,使用定额税率的有( )。

A. 土地使用税 　　B. 增值税 　　　C. 车船税 　　　D. 资源税

【答案】 ACD

【解析】 增值税使用的是比例税率。税率归纳见表 2-2。

表 2-2　比例税率、定额税率归纳

税率类别	具体形式	应用的税种
比例税率	单一比例税率;差别比例税率; 幅度比例税率	增值税、营业税、城市维护建设税、 企业所得税等
定额税率	按征税对象的一定计量单位规定 固定的税额	城镇土地使用税、车船税等

2.3.4.3　累进税率

累进税率是按征税对象数额的大小,划分为几个等级,各定一个税率递增征税,课税数额越大税率越高。累进税率一般在所得税课税中使用,可以充分体现对纳税人收入多的多征、收入少的少征、无收入的不征的税收原则,从而有效地调节纳税人的收入,正确处理税收负担的纵向公平问题,具体包括全额累进税率、超额累进税率和超率累进税率。

1. 全额累进税率

该税率是把征税对象的数额划分为若干等级,对每个等级分别规定相应的税率,当税基超过某个级距时,课税对象的全部数额都按照提高后的相应税率征税。全额累进税率表如表 2-3 所示。

表 2-3　某三级全额累进税率

级数	全月应纳税所得额/元	税率/%
1	5000 以下	10
2	5000～20000(含)	20
3	20000 以上	30

运用全额累进税率的关键是查找每一纳税人应税收入在税率表中所属的级次,找到收入级次,与其对应的税率便是该纳税人所适用的税率,全部税基乘以适用税率即可计算出应缴纳税额。例如,某纳税人某月应纳税所得额为 6000 元,按表 2-3 所列税率,适用第二级次,其应纳税额为 $6000 \times 20\% = 1200$(元)。

全额累进税率计算方法简单,但税收负担不合理,特别是在划分级距的临界点附近,税负呈跳跃式递增,甚至会出现税额增加超过课税对象数额增加的不合理现象,不利于鼓励纳税人增加收入。

2. 超额累进税率

该税率是指把征税对象按税额的大小分成若干等级,每一等级规定一个税率,税率依次提高,但每一纳税人的征税对象则依所属等级同时适用几个税率分别计算,将计算结果相加后得出应纳税款。如表 2-4 为一个三级超额累进税率表。

表 2-4　某三级超额累进税率

级数	全月应纳所得税额/元	税率/%	速算扣除数/元
1	5000 以下	10	0
2	5000~20000（含）	20	500
3	20000 以上	30	2500

如某人某月应纳税所得额为 6000，按表 2-4 所列税率，其应纳税额可以分步计算：第一级的 5000 元适用 10% 税率，应纳税额为 $5000 \times 10\% = 500$（元）；第二级的（$6000 - 5000$）$= 1000$ 元适用 20% 的税率，应纳税额为 $1000 \times 20\% = 200$（元）。则该月应纳税额 $= 500 + 200 = 700$（元）。

目前我国采用这种税率的税种是个人所得税。

在级数较多的情况下，分级计算然后相加的方法比较烦琐。为了简化计算，也可采用速算法。速算法的原理是基于全额累进税率计算的方法比较简单，可将超额累进计算的方法转化为全额累进计算的方法。对于同样的课税对象数量，按全额累进方法计算出的税额比按超额累进方法计算出的税额多，即有重复计算的部分，这个多征的常数叫作速算扣除数。用公式表示为

速算扣除数＝按全额累进方法计算的税额－按超额累进方法计算的税额

公式移项得：

按超额累进方法计算的税额＝按全额累进方法计算的税额－速算扣除数

按上例某人某月应纳税所得额为 6000 元，如果直接用 6000 元乘以所对应的税率 20%，则对于第一级次的 5000 元应纳税所得额就出现了 $5000 \times (20\% - 10\%)$ 的重复计算部分。因为这 5000 元仅适用 10% 的税率，而现在全部用来 20% 的税率来计算，故多算了 10%，这就是应该扣除的所谓速算扣除数。如果用简化的计算，则 6000 元月应纳税所得额 $= 6000 \times 20\% - 500 = 700$（元）。

3. 超率累进税率

该税率即以征税对象数额的相对率划分若干级距，分别规定相应的差别税率，相对率每超过一个级距的，对超过的部分就按高一级的税率计算征税。目前我国税收体系中采用这种税率的是土地增值税。表 2-5 为累进税率归纳表。

表 2-5　累进税率归纳

税率类别		具体形式	应用的税种
累进税率	全额累进税率	我国目前没有采用	
	超额累进税率	把征税对象按数额大小分成若干等级，每一等级规定一个税率，税率依次提高，将纳税人的征税对象依所属等级同时适用几个税率分别计算，再将计算结果相加后得出应纳税款	个人所得税
	超率累进税率	以征税对象数额的相对率划分若干级距，分别规定相应的差别税率，相对率每超过一个级距的，对超过的部分就按高一级的税率计算征税	土地增值税

2.3.5　纳税环节

纳税环节是指税法规定的征税对象在从生产到消费的流转过程中应当缴纳税款的环节,如流转税在生产和流通环节纳税、所得税在分配环节纳税等。纳税环节有广义和狭义之分。广义的纳税环节指全部课税对象在再生产过程中的分布情况,如资源税分布在资源生产环节,商品税分布在生产或流通环节,所得税分布在分配环节等。狭义的纳税环节特指应税商品在流通过程中应纳税的环节。商品从生产到消费要经历诸多流转环节,各环节都存在销售额,都可能成为纳税环节。但考虑到税收对经济的影响、财政收入的需要以及纳税征管的能力等因素,国家常常对在商品流转过程中所征税种规定不同的纳税环节。按照某种税征税环节的多少,可以将税种划分为一次课征制或多次课征制。合理选择纳税环节,对加强税收征管,有效控制税源,保证国家财政收入的及时、稳定、可靠,方便纳税人生产经营活动和财务核算,灵活机动地发挥税收调节经济的作用,具有十分重要的理论和实践意义。

2.3.6　纳税期限

纳税期限是指税法规定的关于税款缴纳时间方面的限定。税法关于纳税期限的规定有三个概念。

2.3.6.1　纳税义务发生时间

纳税义务发生时间,是指应税行为发生的时间。如增值税条例规定采取预收货款方式销售货物的,其纳税义务发生时间为货物发出的当天。

2.3.6.2　纳税期限

纳税人每次发生纳税义务后,不可能马上去缴纳税款,税法规定了每种税的纳税期限,即每隔固定时间汇总一次纳税义务的时间。如增值税条例规定,增值税的具体纳税期限分别为 1 日、3 日、5 日、10 日、15 日、一个月或者一个季度。

对于纳税期限,可按不同的税种进行简单归纳:

① 缴纳增值税、消费税的纳税人,以一个月为一期纳税的,于期满后 15 日内申报;以 1 日、3 日、5 日、10 日、15 日为一期纳税的,自期满之日起 5 日内预缴税款,于次月 1 日起 15 日内申报并结算上月应纳税款。

② 缴纳企业所得税的纳税人应当在月份或者季度终了后 15 日内,向其所在地主管国家税务机关办理预缴所得税申报;年度终了后 5 个月内向其所在地主管国家税务机关办理所得税申报;企业在年度中间终止经营活动的,应当自经营终止之日起 60 日内,向其所在地主管税务机关办理当期企业所得税汇算清缴。

③ 对于其他税种,税法已明确规定纳税申报期限的,按税法规定的期限申报;税法未明确规定纳税申报期限的,按主管国家税务机关根据具体情况确定的期限申报。

2.3.6.3　缴库期限

缴库期限即税法规定的纳税期满后,纳税人将应纳税款缴入国库的期限。

2.3.7　纳税地点

纳税地点主要是指根据各个税种纳税对象的纳税环节和有利于对税款的源泉控制

而规定的纳税人(包括代征、代扣、代缴义务人)的具体纳税地点。

2.3.8　减税免税

减税免税主要是对某些纳税人和征税对象采取减少征税或者免予征税的特殊规定。制定这种特殊规定,一方面是为了鼓励和支持某些行业或项目的发展;另一方面是为了照顾某些纳税人的特殊困难。这主要包括三个方面的内容:

2.3.8.1　减税和免税

减税是指从应征税额中减征部分税款;免税是指对按规定应征收的税款全部免除。

2.3.8.2　起征点

起征点是指对征税对象达到一定数额才开始征税的界限。征税对象的数额没有达到规定数额的不征税;征税对象的数额达到规定数额的,就其全部数额征税。如《中华人民共和国增值税暂行条例》规定,个人或个体工商户销售货物、应税劳务或应税服务,起征点为月销售额 5000～20000 元;按次纳税的起征点为每次(日)销售额 300～500 元。

2.3.8.3　免征额

免征额是指对征税对象总额中免予征税的数额,即将纳税对象中的一部分给予减免,只就减除后的剩余部分计征税款。如《中华人民共和国个人所得税法》规定了免征额制度,对工资、薪金所得,以每月收入额减去 3500 元后的余额为应纳税所得额。

2.4　我国现行税法体系

税法内容十分丰富,涉及范围也极其广泛,各单行税收法律法规结合起来,形成了完整配套的税法体系,共同规范和制约税收分配的全过程,是实现依法治税的前提和保证。从法律角度来讲,一个国家在一定期间内、一定体制下以法定形式规定的各种税收法律、法规的总和,被称为税收体系。但从税收工作的角度来讲,税收体系往往被称为税收制度。

税收制度的内容主要有三个层次:一是不同的要素构成税种。构成税种的要素主要包括纳税人、征税对象、税目、税率、纳税环节等。二是不同的税种构成税收制度。构成税收制度的具体税种,国与国之间差异很大,但一般都包括所得税(直接税),如企业所得税、个人所得税,也包括商品课税(间接税),如增值税、消费税以及其他一些税种。三是规范税款征收程序的法律法规,如税收征管法等。我国现行税法体系由税收实体法和税收征收管理法律制度构成。

2.4.1　税收实体法体系

我国的现行税制是就其实体法而言的,由 18 个税收法律、法规组成,它们按性质作用分为五类,其具体分类如表 2-6 所示。

表 2-6　税收实体法分类

主体税	商品和劳务税类（间接税）	包括增值税、消费税、营业税、关税
	所得税类（直接税）	包括企业所得税、个人所得税
非主体税	财产和行为税类	包括房产税、车船税、印花税、契税
	资源税类	包括资源税、土地增值税、城镇土地使用税
	特定目的税类	包括城市维护建设税、车辆购置税、耕地占用税、烟叶税、船舶吨税

2.4.2　税收程序法体系

除税收实体法外，我国对税收征收管理适用的法律制度，是按照税务管理机关的不同而分别规定的：

由税务机关负责征收的税种的征收管理，按照全国人大常委会发布实施的《征管法》执行。

由海关机关负责征收的税种的征收管理，按照《中华人民共和国海关法》及《中华人民共和国进出口关税条例》等有关规定执行。

上述税收实体法和税收征收管理的程序法共同构成了我国现行税法体系。

2.5　税务机构设置和税收征管范围划分

2.5.1　税务机构设置

根据我国经济和社会发展及实行分税制财政管理体制的需要，现行税务机构设置是中央政府设立国家税务总局（正部级），省及省以下税务机构分别为国家税务局和地方税务局两个系统。

国家税务总局对国家税务局系统实行机构、编制、干部、经费的垂直管理，协同省级人民政府对省级地方税务局实行双重领导。

2.5.1.1　国家税务局系统

国家税务局系统包括省、自治区、直辖市国家税务局，地区、地级市、自治州、盟国家税务局，县、县级市、旗国家税务局，征收分局、税务所。征收分局、税务所是县级国家税务局的派出机构，前者一般按照行政区划、经济区划或者行业设置，后者一般按照经济区划或者行政区划设置。

省级国家税务局是国家税务总局直属的正厅（局）级行政机构，是本地区主管国家税收工作的职能部门，负责贯彻执行国家的有关税收法律、法规的规章，并结合本地实际情况制定具体实施办法。局长、副局长均由国家税务总局任命。

2.5.1.2　地方税务局系统

地方税务局系统包括省、自治区、直辖市地方税务局,地区、地级市、自治州、盟地方税务局,县、县级市、旗地方税务局,征收分局、税务所。省以下地方税务局实行上级税务机关和同级政府双重领导、以上级税务机关垂直领导为主的管理体制,即地区(市)、县(市)地方税务局的机构设置、干部管理、人员编制和经费开支均由所在省(自治区、直辖市)地方税务局垂直领导。

省级地方税务局是省级人民政府所属的主管本地区地方税收工作的职能部门,一般为正厅(局)级行政机构,实行地方政府和国家税务总局双重领导、以地方政府领导为主的管理体制。

国家税务总局对省级地方税务局的领导,主要体现在税收政策、业务的指导和协调,对国家统一的税收制度、政策的监督,组织经验交流等方面。省级地方税务局的局长人选由地方政府征求国家税务总局意见之后任免。

2.5.2　税收征管范围划分

目前,我国的税收分别由财政、税务、海关等系统负责征收管理,如表 2-7 所示。

表 2-7　税收征管范围划分

征收机关	征收税种
国税局系统	增值税,消费税,车辆购置税,铁路、银行总行、保险总公司集中缴纳的营业税、企业所得税、城市维护建设税等
地税局系统	营业税,城建税(国税局征的除外),地方国有企业、集体企业、私营企业缴纳的企业所得税,个人所得税,资源税,城镇土地使用税、土地增值税,耕地占用税,房产税,车船税,印花税,契税等
地方财政部门	部分地区地方附加、契税、耕地占用税
海关系统	关税,行李和邮递物品进口税,代征进口环节增值税和消费税

【例 2-14】　下列税种中,由国家税务局负责征收管理的有(　　　)。

A. 所得税　　　　B. 房产税　　　　C. 车辆购置税　　　　D. 资源税

【答案】　C

【解析】　所得税、房产税和资源税由地税局负责征收管理。

【例 2-15】　下列税种中,税收收入和税收管辖权限均属于中央的是(　　　)

A. 车辆购置税　　　　　　　　B. 土地增值税

C. 消费税　　　　　　　　　　D. 矿产品的资源税

【答案】　AC

【解析】　土地增值税、矿产品的资源税均为地方税收收入,只有海洋、石油企业的资源税属于中央税收。

2.6 纳税服务

纳税服务最早起源于美国。二次世界大战末期到 20 世纪 50 年代中期,美国开始实行第一个正式的帮助纳税人计划。在 20 世纪 60 年代初期,为纳税人免费提供服务的做法在全球范围内得以广泛推广。此后,许多国家成立了专业机构,为纳税人提供了公平、持续、高效和便捷的服务。近几年来,我国在理论和实践两个层面都对纳税服务展开了大量的探索,目前理论界和实际工作中讨论较多,但对于纳税服务概念的界定,尚未形成一个权威和公认的观点。

2.6.1 纳税服务的概念与特点

2.6.1.1 纳税服务的概念

不同的学者对纳税服务有着不同的定义。丛明认为,狭义的纳税服务是征税机关依照法律规范为方便纳税人及时足额地缴纳税款而提供的各种服务。广义的纳税服务还包括税法是否完善,税制制定的是否合理,以及为纳税人提供各种服务的其他社会中介组织和机构的工作。潘力和范立新提出,广义的纳税服务不仅包括征税机关提供的服务,还包括社会中介提供的服务,它是为帮助和指导纳税人正确履行纳税义务而提供的服务。葛玲和胡俊坤指出,纳税服务是税务机关向广大纳税人提供的实实在在的服务,这种服务对纳税人具有相当大的价值;服务是无偿的,且服务应当贯穿于税收征管流程。

《征管法》中,纳税服务已经被划为税务部门的行政行为,纳入征税机关的重要职责范围,并将纳税服务提升到了法律层面,但《征管法》对纳税服务本身却缺少一个明确的表述。2005 年 10 月 16 日,国家税务总局首次在《纳税服务工作规范(试行)》(以下简称《工作规范》)中明确了纳税服务的定义。《工作规范》中指出,纳税服务是指征税机关依据税收法律和行政法规的规定,在税收征收、检查、管理和实施税收法律救济过程中,向纳税人提供的服务事项和措施。

尽管理论界和实务界对纳税服务的观点较多,但仍可从狭义和广义两个角度来界定。

1. 狭义的纳税服务

狭义的纳税服务是指征税机关为了方便和指导纳税人依法足额缴纳税款、正确履行纳税义务,以及维护其合法权益而提供的服务。

2. 广义的纳税服务

广义的纳税服务主要突出了征税机关根据税收法律和行政法规的规定,为纳税人依法履行义务和行使权利而提供的全面、规范、便捷和经济的各项服务措施。税务部门是政府重要的经济管理部门,与经济社会生活联系紧密,直接面对广大纳税人。优化纳税服务,对构建和谐的社会关系至关重要。随着对现代纳税服务的深入考察,纳税服务的外延已有了扩展和延伸,纳税服务是一种"大服务"的概念。大服务格局要求把纳税服务放在全社会服务体系中去研究,纳税服务是多层次的,依次为社会纳税服务、税务机关整体的纳税服务和纳税服务局提供的服务。

现代纳税服务体系是一个全方位的综合性的纳税服务系统,现代纳税服务系统拥有广泛的外延和丰富的内涵,它的外延包含对全部征纳关系的直接服务,它的内涵包含管理机制、征收体制、服务意识的有机融合,以及干部业务素质和服务观念的提高。从广义上说,现代纳税服务体系是税务系统纳税服务体系、社会纳税服务体系、纳税服务中心纳税服务体系等的集合。

2.6.1.2 纳税服务的特点

我国现代纳税服务体系具有如下特点:

(1) 加强联系,形成合力,推动了纳税服务的工作进程。

由于政府部门体制设计方面的原因,目前我国省以下在同一地区的地税局和国税局是分开设立的,于是如何加强联系、形成合力、推动纳税服务工作进程是摆在国税局、地税局面前的共同问题。比如,国税和地税定期互相学习、互通情况、相互借鉴有效的服务方式等,已经在服务实践中有所创举。

(2) 建设了标准化、人性化的办税服务厅。

服务厅作为集中展现税务机关服务形象的窗口,作为开展纳税服务的重要场所,如何把它建得标准化、人性化,更大程度地满足纳税人的诉求,是各级税务机关应该认真思考和积极解决的现实问题。一定地区范围内的税务机关,比如省市两级可以统筹制定该地区服务厅建设的统一标准。

(3) 以纳税人为本,确立"为纳税人服务"的理念。

税务机关作为政府的公共服务部门,本质上应当以纳税人为本,为纳税人服务,确立"为纳税人服务"的思想,所以要做好新时期纳税服务工作,首要问题是强调理念和宗旨,将纳税服务作为各项工作的基础和前提。

(4) 强化纳税服务中心的机构建设。

纳税服务中心是专门协调、组织、管理系统纳税服务部门的机构,但实际工作中,由于有些地方的人员编制、机构设置等因素,未能设立专门的纳税服务机构;有些地方尽管给予纳税服务中心相应的人员编制和独立的机构设置,但因属于事业单位,不具备行政执法权限;有些地方尽管成立专门的纳税服务组织,但挂靠在征管处,等同于征管处的内设机构。这些情形都在一定程度上妨碍了纳税服务工作的深入展开。所以为做好新时期纳税服务工作,强化服务中心的机构建设就显得极其重要,建议县级以上税务机关成立大服务格局的服务组织,全面负责纳税服务工作。

(5) 重视纳税服务理论和实践的研究学习。

除了纳税服务的理念和宗旨,制约新时期纳税服务工作的一个重要因素是是否重视纳税服务理论和实践的研究学习。现代经济学、现代社会学、现代管理学中的许多新兴理论对做好纳税服务工作起到很好的借鉴和支撑作用,如顾客理论、战略管理理论、新制度经济学理论、新公共服务理论等对税务机构开展纳税服务工作确实显示出了很强的现实指导意义,而一些地方纳税服务的先进实践经验无疑也是很好的标杆。

2.6.2　纳税服务的主要内容

为及时、准确地提供税收政策咨询、解决税收疑难问题、受理服务投诉和涉税举报,纳税人可通过办税服务厅、门户网站、纳税人之家、12366服务热线和维权协会等服务平台来处理纳税事宜。这些纳税服务平台的主要内容包括四方面。

2.6.2.1　税法宣传和纳税咨询辅导

这是纳税人的基本需要,也是纳税服务中的基本内容和税务机关的义务,贯穿于税收征管工作的全过程。税法宣传的对象是社会公众,宣传的内容应当是广泛普遍的,包括税法、税收政策和各种办税程序、税收知识等,其作用在于潜移默化地增强全社会的纳税意识,提高纳税人依法履行纳税义务的自觉性。纳税咨询辅导的对象是特定的纳税人,其内容应该具体且明确,税务机关的答复和辅导应当及时、准确和权威,其作用在于直接指导纳税人办理涉税事项,减少纳税人因不了解有关规定而带来的负担。

2.6.2.2　申报纳税和涉税事项办理

这是纳税服务的核心内容。税务机关应当创造和提供必要的条件,简化环节和程序,使纳税人在履行义务时方便快捷,感到轻松愉快。如税务机关设立的办税服务厅,集中进行税务登记办证、发票供应、涉税事项审核审批等;利用信息和网络技术的成果,向纳税人提供电话申报、计算机远程申报等多元化申报方式,通过电子缴税、银税联网提供纳税人、税务机关、银行和国库"四位一体"的缴税方式,使纳税人足不出户就可以完成申报纳税;随着税收信息化建设的不断深入,未来将提供网上税务局、移动税务局服务,纳税人的一些涉税事项还可以通过网络来办理。

2.6.2.3　个性化服务

这是纳税服务中更深层次的内容。如果纳税服务仅限于按照统一服务规范提供的普遍服务,不考虑不同纳税人的特殊情况,这既不利于税务机关合理配置征管资源和进行税源监控分析,也不能满足不同纳税人的特殊需要。所以应当整合纳税人的个性化信息,针对其不同的纳税服务需求,在管理中动态地予以体现。如对纳税人实行户籍管理、分类管理、评定纳税信誉等级等办法,为纳税人提供个性化服务。

2.6.2.4　投诉和反馈结果

这是纳税服务必不可少的内容。征管纲要提出:税务机关要把纳税服务作为行政执法的有机组成部分,使纳税人满意。纳税服务并不是仅仅强调服务形式的多样性,更为重要的是体现服务的质量和效果能够使纳税人满意。税务机关要想知道纳税人对纳税服务是否满意,有哪些地方需要改进,就应当虚心接受纳税人监督,听取各方面的意见。因此,应该提供一个征纳双方联系的渠道,纳税人在与税务机关打交道的过程中,对不满意的地方能及时向税务机关投诉、反映,税务机关则应及时给予处理和反馈,给纳税人以满意的答复。

⋙ 练习题

一、问答题

1. 在我国税法体系中,按照税法征收对象的不同,税法可分为哪几种?

2. 简述我国现行的税率,并分别举例说明。

3. 起征点和免征额的含义是什么,它们的主要不同是什么?

4. 简述税法的适用原则。

5. 简述税法的基本原则。

6. 简述我国现行税法体系的构成。

7. 简述税收法律关系的三个方面。

8. 比较超额累进税率和全额累进税率的异同点。

9. 纳税人可以通过哪些服务平台了解纳税事宜?

10. 你对我国和谐税收征纳方式的发展构建有什么建议?

二、选择题

1. 税收负担必须根据纳税人的负担能力分配,负担能力相等,税负相同;负担能力不等,税负不同。这是(　　)。

A. 税收法定原则
B. 实质课税原则
C. 税收公平原则
D. 法律优位原则

2. 税法基本原则中,要求税法的制定要有利于资源的有效配置和经济体制的有效运行的原则是(　　)。

A. 税收法定原则
B. 税收公平原则
C. 税收效率原则
D. 实质课税原则

3. 下列税种中,属于中央政府固定收入,并由国家税务局系统负责征收管理的是(　　)

A. 增值税
B. 车辆购置税
C. 印花税
D. 城市维护建设税

4. 某税种征税对象应税收入,采用超额累进税率,应税收入在 500 元以下的,适用税率为 5%;应税收入为 500~2000 元的,适用税率为 10%;应税收入为 2000~5000 元的,适用税率为 15%。某纳税人应税收入为 4800 元,则应纳税额为(　　)。

A. 125 元　　　B. 220 元　　　C. 595 元　　　　　D. 570 元

5. 下列关于税法要素的说法中,表述不正确的是(　　)。

A. 税目是征纳税双方权利义务共同指向的客体或标的物
B. 税率是衡量税负轻重的重要标志
C. 所得税在分配环节纳税
D. 征税对象就是税收法律关系中征纳双方权利义务共同指向的客体或标

的物

6. 下列关于税收法律关系的表述中，正确的是（　　）。

A. 税法是引起法律关系的前提条件，税法可以产生具体的税收法律关系

B. 税收法律关系中权利主体双方法律地位并不平等，双方的权利义务也不对等

C. 代表国家行使征税职责的各级国家税务机关是税收法律关系中的权利主体之一

D. 税收法律关系总体上与其他法律关系一样，都是由权利主体、权利客体两方面构成

7.《个人所得税法》在税法不同类型中（　　）。

A. 既是实体法，又是普通法　　　　B. 既是程序法，又是基本法

C. 既是实体法，又是基本法　　　　D. 既是程序法，又是普通法

8. 我国对税收法律关系中纳税义务人的确定，采取的是（　　）。

A. 属地原则　　　　　　　　　　　B. 属人原则

C. 属地兼属人的原则　　　　　　　D. 确定的原则

9. 税收法律关系中最实质的是（　　）。

A. 征税对象

B. 税率

C. 征税主体的确定

D. 权利主体享有的权利和所应承担的义务

10. 下列关于税法的概念表述中，不正确的是（　　）。

A. 从法律性质来看，税法属于义务性法规

B. 税法属于义务性法规的这一特点是由税收的固定性特点所决定的

C. 从内容上看，税法具有综合性

D. 税法的综合性特点是由税收制度所调整的税收分配关系和税收法律关系的复杂性所决定的

11. 速算扣除数的作用主要是（　　）。

A. 确定应纳税额的基础　　　　　　B. 减缓税额累进的速度

C. 使计算准确　　　　　　　　　　D. 简化计算

12. 我国目前税制基本上是（　　）的税制结构。

A. 间接税为主体　　　　　　　　　B. 直接税为主体

C. 间接税和直接税双主体　　　　　D. 无主体

13. 有义务借助于纳税人的经济交往面向纳税人收取应纳税款并代为缴纳税款的单位是（　　）。

A. 负税人　　　　　　　　　　　　B. 代扣代缴义务人

C. 代收代缴义务人　　　　　　　　D. 代征代缴义务人

14. 张某 2014 年 1 月应纳税所得额为 30000。若采用超额累进税率,应税收入在 5000 元以下的,适用税率为 10%;应税收入为 5000～20000 元的,适用税率为 10%;应税收入在 20000 以上的,适用税率为 30%。张某该月应缴纳税款为(　　)元。

A. 9000　　　　B. 8500　　　　C. 7000　　　　D. 6500

15. 张某 2014 年 1 月应纳税所得额为 30000。若采用全额累进税率,应税收入在 5000 元以下的,适用税率为 10%;应税收入为 5000～20000 元的,适用税率为 10%;应税收入在 20000 以上的,适用税率为 30%。张某该月应缴纳税款为(　　)元。

A. 9000　　　　B. 8500　　　　C. 7000　　　　D. 6500

第 3 章　增值税法

本章学习要点

　　了解掌握增值税征收范围的一般规定和特殊规定,把握"营改增"后增值税征收范围的调整、增值税视同销售的联系和区别;理解一般计税方法的基本原理、出口货物或劳务增值税退免税政策、增值税税收优惠政策;熟悉增值税计税销售额的确定、进项税额抵扣与否的判断等;掌握一般纳税人应纳税额的计算、进口货物应纳税额的计算、出口退免税的计算、几种特殊业务增值税的处理。

　　增值税是以商品销售额和应税劳务营业额为计税依据,运用税款抵扣原则征收的一种流转税。它是在原来按照经营收入额全额课征的流转税的基础上,经过改革逐步发展起来的。由于增值税有其自身的优越性,从它 1954 年在法国率先实行迄今,已有约 150 个国家和地区先后实行了增值税。我国现行增值税法律规范是国务院 2009 年1 月 1 日颁布实施的《中华人民共和国增值税暂行条例》。

　　目前,增值税在我国税制中占有举足轻重的地位,从 1994 年起实行新税制的重要内容就是建立以规范化增值税为核心的与营业税、消费税、关税等互相协调配合的流转税制。国家常用的统计指标"两税"即为增值税和消费税,其在我国税收收入中占有很大的比重,增值税有利于保证财政收入及时、稳定地增长;有利于促进专业化协作生产的发展和生产经营结构的合理化;有利于"奖出限入",促进对外贸易的发展。

3.1　增值税概述

3.1.1　增值税的概念

增值税是以商品(含应税劳务和应税服务)在流转过程中产生的增值额作为征税对

象而征收的一种流转税。按照我国增值税法的规定,增值税是对在我国境内销售货物或者提供加工、修理修配劳务(以下简称"应税劳务")、交通运输业、邮政业、电信业、部分现代服务业服务(以下简称"应税服务")以及进口货物的单位和个人,就其货物销售或提供应税劳务、应税服务的增值额和货物进口金额为计税依据而课征的一种流转税。

我国从 1979 年起在部分城市试行增值税。1982 年财政部制定了《增值税暂行办法》,并自 1983 年 1 月 1 日开始在全国试行。1984 年 9 月,在总结经验的基础上,国务院制定了《中华人民共和国增值税条例(草案)》,并自当年 10 月起施行。1993 年 12 月 13 日,国务院又发布了《中华人民共和国增值税暂行条例》,并自 1994 年 1 月 1 日起施行。为进一步完善税制,国务院决定全面实施增值税转型改革,修订《中华人民共和国增值税暂行条例》(以下简称《增值税暂行条例》),在 2008 年 11 月 5 日经国务院第 34 次常务会议审议通过,11 月 10 日以国务院令第 538 号公布,于 2009 年 1 月 1 日起施行。2008 年 12 月 15 日,财政部、国家税务总局制定了《中华人民共和国增值税暂行条例实施细则》(以下简称《增值税暂行条例实施细则》),以财政部、国家税务总局第 50 号令发布。

2011 年,经国务院批准,财政部、国家税务总局联合下发营业税改征增值税试点方案。从 2012 年 1 月 1 日起,在上海交通运输业和部分现代服务业开展营业税改征增值税试点。至此,货物劳务税收制度的改革拉开序幕。自 2012 年 8 月 1 日起至 2012 年年底,国务院将扩大"营改增"试点至 10 省市,北京 9 月启动。截至 2013 年 8 月 1 日,"营改增"范围已推广到全国试行。2013 年 12 月 4 日,国务院常务会议决定从 2014 年 1 月 1 日起,将铁路运输和邮政服务业纳入营业税改征增值税试点,至此交通运输业已全部纳入"营改增"范围。继而财政部、国家税务总局联合发布(财税〔2014〕43 号)《关于将电信业纳入营业税改征增值税试点的通知》,2014 年 6 月 1 日电信业纳入试点。目前营业税改征增值税已覆盖交通运输、邮政、电信业和研发技术、信息技术、文化创意、物流辅助、有形动产租赁、鉴证咨询、广播影视等现代服务业。

3.1.2 增值税的性质

增值税以增值额为课税对象,以销售额为计税依据,同时实行税款抵扣的计税方式,这一计税方式决定了增值税是属于流转税性质的税种。作为流转税,增值税同一般营业税、销售税以及对特定消费品征收的消费税有着很多共同的方面。具体表现在以下方面:

① 都是以全部流转额为计税销售额。实行增值税的国家无论采取哪种类型的增值税,在计税方法上都是以货物或劳务的全部销售额为计税依据,这同消费税是一样的,所不同的只是增值税还同时实行税款抵扣制度,是一种只就未税流转额征税的新型流转税。

② 税负具有转嫁性。增值税实行价外征税,经营者出售商品时,税款附加在价格之上转嫁给购买者,随着商品流通环节的延伸,税款最终由消费者承担。

③ 按产品或行业实行比例税率,而不能采取累进税率。这一点与其他流转税一样,而与所得税则完全不同。增值税的主要作用在于广泛征集财政收入,而非调节收入差

距,因此不必也不应采用累进税率。

3.1.3 增值税的计税原理

在实际当中,商品新增价值或附加值在生产和流通过程中是很难准确计算的。因此,中国也采用国际上普遍采用的税款抵扣的办法,即根据销售商品或劳务的销售额,按规定的税率计算出销项税额,然后扣除取得该商品或劳务时所支付的增值税款,也就是进项税额,其差额就是增值部分应交的税额,从而完全避免了重复征税。

公式为

$$应纳税额＝销项税额－进项税额$$

增值税计税原理可以这样理解:A 公司为增值税一般纳税人,增值税税率为 17%,A 公司购进货物支付 1170 元,其中,货物价格为 1000 元,增值税为 170 元。经过加工后又售出取得 1755 元,其中商品价格为 1500 元,增值税为 255 元。因为应纳税额等于销项税额减去进项税额,所以能将购入时的增值税 170 元抵扣,因此 A 公司实际负担为 225－170＝85(元),这正好是这一环节增值 500 元(1500 减去 1000)的 17% 部分增值税款。

3.1.4 增值税的种类

根据对外购固定资产所含税金扣除方式的不同,增值税可以分为三种类型。

3.1.4.1 生产型增值税

生产型增值税指在征收增值税时,只能扣除属于非固定资产项目的那部分生产资料的税款,不允许扣除固定资产价值中所含有的税款。该类型增值税的征税对象大体上相当于国民生产总值,因此称为生产型增值税。生产型增值税有利于聚集财政收入,有利于资本技术含量低、劳动密集的产业发展。但其最大的缺点是重复征税、征管复杂、违背税收公平原则,而且不利于鼓励企业扩大投资,不利于高新技术产业、基础设施企业、重工业企业等资本密集产业发展,不利于我国出口产品在国际市场上的竞争。

3.1.4.2 收入型增值税

计算增值税时,对外购固定资产价款只允许扣除当期计入产品价值的折旧费部分,法定增值额相当于当期工资、租金、利息、利润等各增值项目之和。从整个国民经济来看,这一课税基数大体相当于国民收入部分,故称为收入型增值税。收入型增值税的法定增值额等于理论增值额,从理论上讲,这是一种标准的增值税。但对外购固定资产价款以折旧方式分期转入产品价值部分,无法提供合法的外购凭证,不利于规范凭票扣税的计征方式。

3.1.4.3 消费型增值税

消费型增值税指在征收增值税时,允许将固定资产价值中所含的税款全部一次性扣除。这样,就整个社会而言,生产资料都排除在征税范围之外。该类型增值税的征税对象仅相当于社会消费资料的价值,因此称为消费型增值税。消费型增值税避免了重复征税,计算简便,不计算折旧,不划分固定资产,可以说是最"理想"的增值税类型。它的缺点是财政收入最少且不稳定。我国从 2009 年 1 月 1 日起,在全国所有地区实施消费型增值税。

【例 3-1】 我国目前实行的增值税类型是( )。

A. 收入型增值税   B. 生产型增值税

C. 消费型增值税   D. 生产型与消费型结合

【答案】 C

【解析】 我国从 2009 年 1 月 1 日起,在全国所有地区实施消费型增值税。

3.1.5 增值税的特点

(1) 不重复征税,具有中性税收的特征。

所谓中性税收,是指税收对经济行为包括企业生产决策、生产组织形式等不产生影响,由市场对资源配置发挥基础性、主导性作用。政府在建立税制时,以不干扰经营者的投资决策和消费者的消费选择为原则。增值额具有中性税收的特征,是因为增值税只对货物或劳务销售额中没有征过税的那部分增值额征税,对销售额中属于转移过来的、以前环节已征过税的那部分销售额则不再征税,从而有效地排除了重叠征税因素。此外,增值税税率档次少,一些国家只采取一档税率,即使有采取二档或三档税率的,其绝大部分货物一般也都是按一个统一的基本税率征税。这不仅使得绝大部分货物的税负是一样的,而且同一货物在经历的所有生产和流通的各环节的整体税负也是一样的。这种情况使增值税对生产经营活动以及消费行为基本不发生影响,从而使增值税具有了中性税收的特征。

(2) 逐环节征税,逐环节扣税。

最终消费者是全部税款的承担者。作为一种新型的流转税,增值税保留了传统间接税按流转额全值计税和道道征税的特点,同时还实行税款抵扣制度,即在逐环节征税的同时,还实行逐环节扣税。在这里各环节的经营者作为纳税人只是把从买方收取的税款转缴给政府,而经营者本身实际上并没有承担增值税税款。这样,随着各环节交易活动的进行,经营者在出售货物的同时也出售了该货物所承担的增值税税款,直到货物卖给最终消费者时,货物在以前环节已纳的税款连同本环节的税款也一同转给了最终消费者。可见,增值税税负具有逐环节向前推移的特点,作为纳税人的生产经营者并不是增值税的真正负担者,只有最终消费者才是全部税款的负担者。

(3) 税基广阔,具有征收的普遍性和连续性。

无论是从横向看还是从纵向看,增值税都有着广阔的税基。从生产经营的横向关系看,无论工业、商业或者劳务服务活动,只要有增值收入就要纳税;从生产经营的纵向关系看,每一货物无论经过多少生产经营环节,都要按各道环节上发生的增值额逐次征税。

【例 3-2】 根据增值税的计税原理,增值税对同一商品而言,无论流转环节的多与少,只要增值额相同,税负就相等,不会影响商品的生产结构、组织结构和产品结构。这一特点体现了增值税特点中的( )。

A. 保持税收中性   B. 普遍征收

C. 税收负担由商品最终消费者承担   D. 实行价外税制度

【答案】 A

3.2 增值税征收范围及纳税人

3.2.1 增值税征税范围

根据《增值税暂行条例》和"营改增"的相关规定,我国将增值税的征税范围分为一般规定和属于征税范围的特殊项目及行为。

3.2.1.1 征税范围的一般规定

现行增值税征税范围的一般规定包括三个方面。

1. 销售或者进口的货物

货物是指有形动产,包括电力、热力、气体在内。销售货物,是指有偿转让货物的所有权。

2. 提供的应税劳务

应税劳务是指纳税人提供的加工、修理修配劳务。加工是指受托加工货物,即委托方提供原料及主要材料,受托方按照委托方的要求制造货物并收取加工费的业务;修理修配是指受托对损伤和丧失功能的货物进行修复,使其恢复原状和功能的业务。提供应税劳务,是指有偿提供加工、修理修配劳务。单位或者个体工商户聘用的员工为本单位或者雇主提供加工、修理修配劳务不包括在内。有偿,是指从购买方取得货币、货物或者其他经济利益。

3. 提供的应税服务

应税服务是指陆路运输服务、水路运输服务、航空运输服务、管道运输服务、邮政普遍服务、邮政特殊服务、其他邮政服务、基础电信服务、增值电信服务、研发和技术服务、信息技术服务、文化创意服务、物流辅助服务、有形动产租赁服务、鉴证咨询服务、广播影视服务。提供应税服务,是指有偿提供应税服务,但不包括非营业活动中提供的应税服务。有偿,是指取得货币、货物或者其他经济利益。

非营业活动是指:

① 非企业性单位按照法律和行政法规的规定,为履行国家行政管理和公共服务职能收取政府性基金或者行政事业性收费的活动;

② 单位或者个体工商户聘用的员工为本单位或者雇主提供应税服务;

③ 单位或者个体工商户为员工提供应税服务;

④ 财政部和国家税务总局规定的其他情形。

在境内提供应税服务,是指应税服务提供方或者接受方在境内。下列情形不属于在境内提供应税服务:

① 境外单位或者个人向境内单位或者个人提供完全在境外消费的应税服务;

② 境外单位或者个人向境内单位或者个人出租完全在境外使用的有形动产;

③ 财政部和国家税务总局规定的其他情形。

单位和个体工商户的下列情形,视同提供应税服务:

① 向其他单位或者个人无偿提供交通运输业和部分现代服务业服务,但以公益活动为目的或者以社会公众为对象的除外;

② 财政部和国家税务总局规定的其他情形。

【例 3-3】　下列业务属于增值税征收范围的有(　　)。

A. 邮政电信　　　　　B. 航空运输　　　　　C. 租赁业务　　　　　D. 房屋修理

【答案】　AB

【解析】　选项 C,租赁业务中的不动产租赁劳务属于营业税征收范围;选项 D,房屋属于不动产,不动产的修理不缴纳增值税。

【例 3-4】　纳税人提供的下列服务业务中,应当征收增值税的有(　　)。

A. 境外单位或者个人向境内单位或者个人出租在境外使用的有形动产

B. 纳税人为本单位员工提供应税服务

C. 纳税人为其他单位员工提供应税服务

D. 单位聘用的员工为本单位或者雇主提供应税服务

【答案】　C

【解析】　选项 A,境外单位或者个人向境内单位或者个人出租完全在境外使用的有形动产,不属于在境内提供应税服务;选项 BD 属于非营业活动,不征收增值税。

3.2.1.2　属于征税范围的特殊项目

(1) 货物期货(包括商品期货和贵金属期货),在期货的实物交割环节纳税。

(2) 银行销售金银的业务。

(3) 典当业的死当物品销售业务和寄售业代委托人销售寄售物品的业务。

(4) 集邮商品的生产以及邮政部门以外的其他单位和个人销售集邮商品。

(5) 邮政部门发行报刊与其他单位和个人发行报刊。

(6) 电力公司向发电企业收取的过网费。

(7) 对从事热力、电力、燃气、自来水等公用事业的增值税纳税人收取的一次性费用,凡与货物的销售数量有直接关系的,征收增值税;凡是与货物的销售数量无直接关系的,不征收增值税。

(8) 纳税人代有关行政管理部门收取的费用,凡同时符合以下条件的,不属于价外费用,不征收增值税。

① 经国务院、国务院有关部门或省级政府批准;

② 开具经财政部门批准使用的行政事业收费专用票据;

③ 所收款项全额上缴财政或虽不上缴财政但由政府部门监管,专款专用。

(9) 纳税人销售货物的同时代办保险而向购买方收取的保险费,以及从事汽车销售的纳税人向购买方收取的代购买方缴纳的车辆购置税、牌照费,不作为价外费用征收增值税。

（10）印刷企业接受出版单位委托，自行购买纸张，印刷有统一刊号（CN）以及采用国际标准书号编序的图书、报纸和杂志，按货物销售征收增值税。

（11）对增值税纳税人收取的会员费收入不征收增值税。

（12）各燃油电厂从政府财政专户取得的发电补贴不属于增值税规定的价外费用，不计入应税销售额，不征收增值税。

（13）纳税人提供的矿产资源开采、挖掘、切割、破碎、分拣、洗选等劳务，属于增值税应税劳务，应当缴纳增值税。

（14）纳税人转让土地使用权或者销售不动产的同时一并销售的附着于土地或者不动产上的固定资产中，凡属于增值税应税货物的，应按照《财政部国家税务总局关于部分货物适用增值税低税率和简易办法征收增值税政策的通知》（财税〔2009〕9号）第二条有关规定，计算缴纳增值税；凡属于不动产的，应按照《中华人民共和国营业税暂行条例》（以下简称《营业税暂行条例》）"销售不动产"税目计算缴纳营业税。

纳税人应分别核算增值税应税货物和不动产的销售额，未分别核算或核算不清的，由主管税务机关核定其增值税应税货物的销售额和不动产的销售额。

（15）纳税人在资产重组过程中，通过合并、分立、出售、置换等方式，将全部或者部分实物资产以及与其相关联的债权、负债和劳动力一并转让给其他单位和个人，不属于增值税的征税范围，其中涉及的货物转让，不征收增值税。

（16）供电企业利用自身输变电设备对并入电网的企业自备电厂生产的电力产品进行电压调节，属于提供加工劳务。根据《增值税暂行条例》和《营业税暂行条例》有关规定，对于上述供电企业进行电力调压并按电量向电厂收取的并网服务费，应当征收增值税，不征收营业税。

（17）电梯属于增值税应税货物的范围，但安装运行之后，则与建筑物一起形成不动产。因此，对企业销售电梯（购进的）并负责安装及保养、维修取得的收入，一并征收增值税；企业销售自产的电梯并负责安装，属于纳税人销售货物的同时提供建筑业劳务，要分别计算增值税和营业税；对不从事电梯生产、销售，只从事电梯保养和维修的专业公司对安装运行后的电梯进行的保养、维修取得的收入，征收营业税。

（18）经批准允许从事二手车经销业务的纳税人按照《机动车登记规定》的有关规定，收购二手车时将其办理过户登记到自己名下，销售时再将该二手车过户登记到买家名下的行为，属于《增值税暂行条例》规定的销售货物的行为，应按照现行规定征收增值税。

除上述行为以外，纳税人受托代理销售二手车，凡同时具备以下条件的，不征收增值税；不同时具备以下条件的，视同销售征收增值税。

① 受托方不向委托方预付货款；

② 委托方将二手车销售统一发票直接开具给购买方；

③ 受托方按购买方实际支付的价款和增值税额（如系代理进口销售货物则为海关代征的增值税额）与委托方结算货款，并另外收取手续费。

（19）关于罚没物品征免增值税问题

① 执罚部门和单位查处的属于一般商业部门经营的商品,具备拍卖条件的,由执罚部门或单位经同级财政部门同意后,公开拍卖。其拍卖收入作为罚没收入由执罚部门和单位如数上缴财政,不予征税。对经营单位购入拍卖物品再销售的,应照章征收增值税。

② 执罚部门和单位查处的属于一般商业部门经营的商品,不具备拍卖条件的,由执罚部门、财政部门、国家指定销售单位会同有关部门按质论价,交由国家指定销售单位纳入正常销售渠道变价处理。执罚部门按商定价格所取得的变价收入作为罚没收入如数上缴财政,不予征税。国家指定销售单位将罚没物品纳入正常销售渠道销售的,应照章征收增值税。

③ 执罚部门和单位查处的属于专管机关管理或专管企业经营的财物,如金银(不包括金银首饰)、外币、有价证券、非禁止出口文物,应交由专管机关或专营企业收兑或收购。执罚部门和单位按收兑或收购价所取得的收入作为罚没收入如数上缴财政,不予征税。专管机关或专营企业经营上述物品中属于应征增值税的货物,应照章征收增值税。

（20）出租车公司向使用本公司自有出租车的出租车司机收取的管理费用,按陆路运输服务征收增值税。

（21）在水路运输服务中远洋运输的程租、期租业务,属于水路运输服务。

（22）在航空运输服务中航空运输的湿租业务,属于航空运输服务。

（23）在港口码头服务中港口设施经营人收取的港口设施保安费按照"港口码头服务"征收增值税。

（24）远洋运输的光租业务、航空运输的干租业务,属于有形动产经营性租赁。

（25）代理记账按照"咨询服务"征收增值税。

（26）广播影视服务,包括放映服务。

（27）航空运输企业的征税范围确定。

航空运输企业提供的旅客利用里程积分兑换的航空运输服务,不征收增值税。

航空运输企业根据国家指令无偿提供的航空运输服务,属于"营改增"第十一条规定的以公益活动为目的的服务,不征收增值税。

航空运输企业已售票但未提供航空运输服务取得的逾期票证收入,不属于增值税应税收入,不征收增值税。

（28）油气田企业从事原油、天然气生产,以及为生产原油、天然气提供的生产性劳务,应缴纳增值税。生产性劳务是指油气田企业为生产原油、天然气进行地质普查、勘探开发到原油、天然气销售的一系列生产过程所发生的劳务。

（29）按照现行增值税政策,纳税人取得的中央财政补贴,不属于增值税应税收入,不征收增值税。

（30）邮政储蓄业务按照金融保险业税目征收营业税。

（31）试点纳税人根据国家指令无偿提供的铁路运输服务、航空运输服务,属于"营改增"第十一条规定的以公益活动为目的的服务,不征收增值税。

3.2.1.3 属于征税范围的特殊行为

1. 视同销售货物行为

单位或者个体工商户的下列行为,视同销售货物。

(1) 将货物交付其他单位或者个人代销。

(2) 销售代销货物。

(3) 设有两个以上机构并实行统一核算的纳税人,将货物从一个机构移送至其他机构用于销售,但相关机构设在同一县(市)的除外。用于销售,是指售货机构发生以下情形之一的经营行为向购货方开具发票或者向购货方收取货款:

① 向购货方开具发票;

② 向购货方收取货款。

售货机构的货物移送行为有上述两项情形之一的,应当向所在地税务机关缴纳增值税;未发生上述两项情形的,则应由总机构统一缴纳增值税。

如果售货机构只就部分货物向购买方开具发票或收取货款,则应当区别不同情况计算并分别向总机构所在地或分支机构所在地缴纳税款。

(4) 将自产或者委托加工的货物用于非增值税应税项目。

(5) 将自产、委托加工的货物用于集体福利或者个人消费。

(6) 将自产、委托加工或者购进的货物作为投资,提供给其他单位或者个体工商户。

(7) 将自产、委托加工或者购进的货物分配给股东或者投资者。

(8) 将自产、委托加工或者购进的货物无偿赠送其他单位或者个人。

(9) 单位和个体工商户向其他单位或者个人无偿提供交通运输业和部分现代服务业服务,但以公益活动为目的或者以社会公众为对象的除外。

(10) 财政部和国家税务总局规定的其他情形。

上述 10 种行为应该确定为视同销售货物行为,均要征收增值税。

2. 混合销售行为

一项销售行为如果既涉及货物又涉及非增值税应税劳务,则为混合销售行为。

3. 兼营非增值税应税劳务行为

纳税人兼营非增值税应税项目的,应分别核算货物或者应税劳务的销售额和非增值税应税项目的营业额;未分别核算的,由主管税务机关核定货物或者应税劳务的销售额。

4. 混业经营

试点纳税人兼有不同税率或者征收率的销售货物、提供应税劳务或者应税服务的,应当分别核算适用不同税率或征收率的销售额,未分别核算销售额的,按照有关方法适用税率或征收率。

【例 3-5】 下列各项中,需要计算缴纳增值税的是( )。

A. 增值税纳税人收取的会员费收入

B. 电力公司向发电企业收取的过网费

C. 纳税人转让企业全部产权涉及的应税货物转让

D. 燃油电厂从政府财政专户取得的发电补贴

【答案】 B

【解析】 电力公司向发电企业收取的过网费,应当征收增值税,不征收营业税。

【例 3-6】 甲企业将一幢办公楼连同办公楼里的家具、分体式空调转让给乙企业,针对甲企业的转让行为,以下说法正确的是( )。

A. 转让办公楼和办公楼里的家具、分体式空调一并征收增值税

B. 转让办公楼和办公楼里的家具、分体式空调一并征收营业税

C. 转让办公楼征收营业税,但办公楼里的家具、分体式空调转让征收增值税

D. 转让办公楼征收增值税,但办公楼里的家具、分体式空调转让征收营业税

【答案】 C

3.2.1.4 应税服务的具体范围

1. 交通运输业

交通运输业,是指使用运输工具将货物或者旅客送达目的地,使其空间位置得到转移的业务活动。交通运输业应税服务包括陆路运输服务、水路运输服务、航空运输服务和管道运输服务。

(1)陆路运输服务

陆路运输服务,是指通过陆路(地上或者地下)运送货物或者旅客的运输业务活动,包括铁路运输和其他陆路运输。

① 铁路运输服务,是指通过铁路运送货物或者旅客的运输业务活动。

② 其他陆路运输服务,是指铁路运输以外的陆路运输业务活动,包括公路运输、缆车运输、索道运输、地铁运输、城市轻轨运输等。

出租车公司向使用本公司自有出租车的出租车司机收取的管理费用,按陆路运输服务征收增值税。

(2)水路运输服务

水路运输服务,是指通过江、河、湖、川等天然、人工水道或者海洋航道运送货物或者旅客的运输业务活动。

远洋运输的程租、期租业务,属于水路运输服务。

程租业务,是指远洋运输企业为租船人完成某一特定航次的运输任务并收取租赁费的业务。

期租业务,是指远洋运输企业将配备有操作人员的船舶承租给他人使用一定期限,承租期内听候承租方调遣,不论是否经营,均按天向承租方收取租赁费,发生的固定费用均由船东负担的业务。

(3)航空运输服务

航空运输服务,是指通过空中航线运送货物或者旅客的运输业务活动。

航空运输的湿租业务属于航空运输服务。湿租业务,是指航空运输企业将配备有机组人员的飞机承租给他人使用一定期限,承租期内听候承租方调遣,不论是否经营,均按

一定标准向承租方收取租赁费,发生的固定费用均由承租方承担的业务。

航天运输服务按照航空运输服务征收增值税。航天运输服务,是指利用火箭等载体将卫星、空间探测器等空间飞行器发射到空间轨道的业务活动。

（4）管道运输服务

管道运输服务,是指通过管道设施输送气体、液体、固体物质的运输业务活动。

2. 邮政业

邮政业,是指中国邮政集团公司及其所属邮政企业提供邮件寄递、邮政汇兑、机要通信和邮政代理等邮政基本服务的业务活动。邮政业应税服务包括邮政普遍服务、邮政特殊服务和其他邮政服务(不包括邮政储蓄业务,邮政储蓄业务按照金融保险业税目征收营业税)。

（1）邮政普遍服务

邮政普遍服务,是指函件、包裹等邮件寄递,以及邮票发行、报刊发行和邮政汇兑等业务活动。

（2）邮政特殊服务

邮政特殊服务,是指义务兵平常信函、机要通信、盲人读物和革命烈士遗物的寄递等业务活动。

（3）其他邮政服务

其他邮政服务,是指邮册等邮品销售、邮政代理等业务活动。

3. 电信业

电信业,是指利用有线、无线的电磁系统或者光电系统等各种通信网络资源,提供语音通话服务,传送、发射、接收或者应用图像、短信等电子数据和信息的业务活动。电信业应税服务包括基础电信服务和增值电信服务。

（1）基础电信服务

基础电信服务是指利用固网、移动网、卫星、互联网,提供语音通话服务的业务活动,以及出租或者出售带宽、波长等网络元素的业务活动。

（2）增值电信服务

增值电信服务是指利用固网、移动网、卫星、互联网、有线电视网络,提供短信和彩信服务、电子数据和信息的传输及应用服务、互联网接入服务等业务活动。卫星电视信号落地转接服务,按照增值电信服务计算缴纳增值税。

4. 部分现代服务业

部分现代服务业,是指围绕制造业、文化产业、现代物流产业等提供技术性、知识性服务的业务活动,包括研发和技术服务、信息技术服务、文化创意服务、物流辅助服务、有形动产租赁服务、鉴证咨询服务、广播影视服务。

（1）研发和技术服务

研发和技术服务,包括研发服务、技术转让服务、技术咨询服务、合同能源管理服务、工程勘察勘探服务。

① 研发服务,是指对新技术、新产品、新工艺或者新材料及其系统进行研究与试验开发的业务活动。

② 技术转让服务,是指转让专利或者非专利技术的所有权或者使用权的业务活动。

③ 技术咨询服务,是指对特定技术项目提供可行性论证、技术预测、技术测试、技术培训、专题技术调查、分析评价报告和专业知识咨询等业务活动。

④ 合同能源管理服务,是指节能服务公司与用能单位以契约形式约定节能目标,节能服务公司提供必要的服务,用能单位以节能效果支付节能服务公司投入及其合理报酬的业务活动。

⑤ 工程勘察勘探服务,是指在采矿、工程施工前后,对地形、地质构造、地下资源蕴藏情况进行实地调查的业务活动。

（2）信息技术服务

信息技术服务,是指利用计算机、通信网络等技术对信息进行生产、收集、处理、加工、存储、运输、检索和利用,并提供信息服务的业务活动,包括软件服务、电路设计及测试服务、信息系统服务和业务流程管理服务。

① 软件服务,是指提供软件开发服务、软件咨询服务、软件维护服务、软件测试服务的业务行为。

② 电路设计及测试服务,是指提供集成电路和电子电路产品设计、测试及相关技术支持服务的业务行为。

③ 信息系统服务,是指提供信息系统集成、网络管理、桌面管理与维护、信息系统应用、基础信息技术管理平台整合、信息技术基础设施管理、数据中心、托管中心、安全服务的业务行为,包括网站对非自有的网络游戏提供的网络运营服务。

④ 业务流程管理服务,是指依托计算机信息技术提供的人力资源管理、财务经济管理、审计管理、税务管理、金融支付服务、内部数据分析、内部数据挖掘、内部数据管理、内部数据使用、呼叫中心和电子商务平台等服务的业务活动。

（3）文化创意服务

文化创意服务,包括设计服务、商标和著作权转让服务、知识产权服务、广告服务和会议展览服务。

① 设计服务,是指把计划、规划、设想通过视觉、文字等形式传递出来的业务活动,包括工业设计、造型设计、服装设计、环境设计、平面设计、包装设计、动漫设计、网游设计、展示设计、网站设计、机械设计、工程设计、广告设计、创意策划、文印晒图等。

② 商标和著作权转让服务,是指转让商标、商誉和著作权的业务活动。

③ 知识产权服务,是指处理知识产权事务的业务活动,包括对专利、商标、著作权、软件、集成电路布图设计的代理、登记、鉴定、评估、认证、咨询、检索服务。

④ 广告服务,是指利用图书、报纸、杂志、广播、电视、电影、幻灯、路牌、招贴、橱窗、霓虹灯、灯箱、互联网等各种形式为客户的商品、经营服务项目、文体节目或者通告、声明等委托事项进行宣传和提供相关服务的业务活动,包括广告代理和广告的发布、播映、宣

传、展示等。

⑤ 会议展览服务，是指为商品流通、促销、展示、经贸洽谈、民间交流、企业沟通、国际往来等举办或者组织安排的各类展览和会议的业务活动。

（4）物流辅助服务

物流辅助服务，包括航空服务、港口码头服务、货运客运场站服务、打捞救助服务、货物运输代理服务、代理报关服务、仓储服务、装卸搬运服务和收派服务。

① 航空服务，包括航空地面服务和通用航空服务。

航空地面服务，是指航空公司、飞机场、民航管理局、航站等向在境内航行或者在境内机场停留的境内外飞机或者其他飞行器提供的导航等劳务性地面服务的业务活动，包括旅客安全检查服务、停机坪管理服务、机场候机厅管理服务、飞机清洗消毒服务、空中飞行管理服务、飞机起降服务、飞行通讯服务、地面信号服务、飞机安全服务、飞机跑道管理服务、空中交通管理服务等。

通用航空服务，是指为专业工作提供飞行服务的业务活动，包括航空摄影、航空培训、航空测量、航空勘探、航空护林、航空吊挂播撒、航空降雨等。

② 港口码头服务，是指港务船舶调度服务、船舶通讯服务、航道管理服务、航道疏浚服务、灯塔管理服务、航标管理服务、船舶引航服务、理货服务、系解缆服务、停泊和移泊服务、海上船舶溢油清除服务、水上交通管理服务、船只专业清洗消毒检测服务和防止船只漏油服务等为船只提供服务的业务活动。

港口设施经营人收取的港口设施保安费按照"港口码头服务"征收增值税。

③ 货运客运场站服务，是指货运客运场站提供的货物配载服务、运输组织服务、中转换乘服务、车辆调度服务、票务服务、货物打包整理、铁路线路使用服务、加挂铁路客车服务、铁路行包专列发送服务、铁路到达和中转服务、铁路车辆编解服务、车辆挂运服务、铁路接触网服务、铁路机车牵引服务、车辆停放服务等业务活动。

④ 打捞救助服务，是指提供船舶人员救助、船舶财产救助、水上救助和沉船沉物打捞服务的业务活动。

⑤ 货物运输代理服务，是指接受货物收货人、发货人、船舶所有人、船舶承租人或船舶经营人的委托，以委托人的名义或者以自己的名义，在不直接提供货物运输服务的情况下，为委托人办理货物运输、船舶进出港口、联系安排引航、靠泊、装卸等货物和船舶代理相关业务手续的业务活动。

⑥ 代理报关服务，是指接受进出口货物的收、发货人委托，代为办理报关手续的业务活动。

⑦ 仓储服务，是指利用仓库、货场或者其他场所代客储放、保管货物的业务活动。

⑧ 装卸搬运服务，是指使用装卸搬运工具或人力、畜力将货物在运输工具之间、装卸现场之间或者运输工具与装卸现场之间进行装卸和搬运的业务活动。

⑨ 收派服务，是指接受寄件人委托，在承诺的时限内完成函件和包裹的收件、分拣、派送服务的业务活动。

收件服务,是指从寄件人收取函件和包裹,并运送到服务提供方同城的集散中心的业务活动;分拣服务,是指服务提供方在其集散中心对函件和包裹进行归类、分发的业务活动;派送服务,是指服务提供方从其集散中心将函件和包裹送达同城的收件人的业务活动。

(5) 有形动产租赁服务

有形动产租赁,包括有形动产融资租赁和有形动产经营性租赁。

① 有形动产融资租赁,是指具有融资性质和所有权转移特点的有形动产租赁业务活动。即出租人根据承租人所要求的规格、型号、性能等条件购入有形动产租赁给承租人、合同期内设备所有权属于出租人,承租人只拥有使用权,合同期满付清租金后,承租人有权按照残值购入有形动产,以拥有其所有权。不论出租人是否将有形动产残值销售给承租人,均属于融资租赁。

② 有形动产经营性租赁,是指在约定时间内将物品、设备等有形动产转让他人使用且租赁物所有权不变更的业务活动。

远洋运输的光租业务、航空运输的干租业务,均属于有形动产经营性租赁。

光租业务,是指远洋运输企业将船舶在约定的时间内出租给他人使用,不配备操作人员,不承担运输过程中发生的各项费用,只收取固定租赁费的业务活动。

干租业务,是指航空运输企业将飞机在约定的时间内出租给他人使用,不配备机组人员,不承担运输过程中发生的各项费用,只收取固定租赁费的业务活动。

(6) 鉴证咨询服务

鉴证咨询服务,包括认证服务、鉴证服务和咨询服务。

① 认证服务,是指具有专业资质的单位利用检测、检验、计量等技术,证明产品、服务、管理体系符合相关技术规范、相关技术规范的强制性要求或者标准的业务活动。

② 鉴证服务,是指具有专业资质的单位,为委托方的经济活动及有关资料进行鉴证,发表具有证明力的意见的业务活动,包括会计鉴证、税务鉴证、法律鉴证、工程造价鉴证、资产评估、环境评估、房地产土地评估、建筑图纸审核、医疗事故鉴定等。

③ 咨询服务,是指提供和策划财务、税收、法律、内部管理、业务运作和流程管理等信息或者建议的业务活动。

代理记账、翻译服务按照"咨询服务"征收增值税。

(7) 广播影视服务

广播影视服务,包括广播影视节目(作品)的制作服务、发行服务和播映(含放映,下同)服务。

① 广播影视节目(作品)制作服务,是指进行专题(特别节目)、专栏、综艺、体育、动画片、广播剧、电视剧、电影等广播影视节目和作品制作的服务。其具体包括与广播影视节目和作品相关的策划、采编、拍摄、录音、音视频文字图片素材制作、场景布置;后期的剪辑,翻译(编译),字幕制作,片头、片尾、片花制作,特效制作,影片修复,编目和确权等业务活动。

② 广播影视节目(作品)发行服务,是指以分账、买断、委托、代理等方式,向影院、电台、电视台、网站等单位和个人发行广播影视节目(作品)以及转让体育赛事等活动的报道及播映权的业务活动。

③ 广播影视节目(作品)播映服务,是指在影院、剧院、录像厅及其他场所播映广播影视节目(作品),以及通过电台、电视台、卫星通信、互联网、有线电视等无线或有线装置播映广播影视节目(作品)的业务活动。

3.2.2 增值税纳税人

增值税实行凭专用发票抵扣税款的制度,客观上要求纳税人具备健全的会计核算制度和能力。在实际经济生活中,我国增值税纳税人众多,会计核算水平差异较大,大量的小企业和个人还不具备用发票抵扣税款的条件,为了简化增值税的计算和征收,也为了有利于减少税收征管漏洞,将增值税纳税人按会计核算水平和经营规模分为一般纳税人和小规模纳税人两类,对他们分别采取不同的增值税计税方法。

3.2.2.1 一般纳税人

一般纳税人是指年应征增值税销售额(以下简称"年应税销售额",包括一个公历年度内的全部应税销售额)超过财政部规定的小规模纳税人标准的企业和企业性单位。一般纳税人的特点是增值税进项税额可以抵扣销项税额。

1. 认定标准

(1)增值税纳税人年应税销售额超过财政部、国家税务总局规定的小规模纳税人标准的,应当向主管税务机关申请一般纳税人资格认定。

(2)生产货物或者提供应税劳务的纳税人,以及以生产货物或者提供应税劳务为主(即纳税人的货物生产或者提供应税劳务的年销售额占应税销售额的比重在50%以上)并兼营货物批发或者零售的纳税人,年应税销售额超过50万元的。

(3)从事货物批发或者零售经营,年应税销售额超过80万元的。

2. 不予认定

下列纳税人不办理一般纳税人资格认定:

(1)个体工商户以外的其他个人。

(2)选择按照小规模纳税人纳税的非企业性单位。

(3)选择按照小规模纳税人纳税的不经常发生应税行为的企业。

(4)非企业性单位。

(5)销售免税货物的企业。

3. 认定程序

(1)纳税人提交申请。

(2)税务机关核对申请资料。

(3)税务机关实地查验,出具查验报告。

(4)税务机关认定。

4. 特殊规定

除国家税务总局另有规定外,纳税人一经认定为一般纳税人后,不得转为小规模纳税人。

主管税务机关可以在一定期限内对一般纳税人实行纳税辅导期管理。

5. 纳税申报

纳税人应按月进行纳税申报,申报期为次月 1 日起至 15 日止,遇最后一日为法定节假日的,顺延一日;在每月 1 日至 10 日内有连续 3 日以上为法定休假日的,按休假日天数顺延。

3.2.2.2 小规模纳税人

小规模纳税人是指年销售额在规定标准以下,并且会计核算不健全,不能按规定报送有关税务资料的增值税纳税人。"会计核算不健全"是指不能正确核算增值税的销项税额、进项税额和应纳税额。

1. 认定标准

根据《增值税暂行条例》及《增值税暂行条例实施细则》的规定,小规模的认定标准如下:

(1)从事货物生产或者提供应税劳务的纳税人,以及以从事货物生产或者提供应税劳务为主,并兼营货物批发或者零售的纳税人,年应征增值税销售额(以下简称应税销售额)在 50 万元以下(含本数,下同)的。"以从事货物生产或者提供应税劳务为主"是指纳税人的年货物生产或提供应税劳务的销售额占全年应税销售额的比重在 50%以上。

(2)对上述规定以外的纳税人,年应税销售额在 80 万元以下的。

(3)年应税销售额超过小规模纳税人标准的其他个人按小规模纳税人纳税。

(4)非企业性单位、不经常发生应税行为的企业可选择按小规模纳税人纳税。

2. "营改增"后的小规模纳税人认定标准

《关于北京等 8 省市营业税改征增值税试点增值税一般纳税人资格认定有关事项的公告》(国家税务总局公告〔2012〕38 号)规定,试点实施前应税服务年销售额未超过 500 万元的试点纳税人,可以向主管税务机关申请一般纳税人资格认定。

《关于营改增一般纳税人资格认定及相关事项的通知》(深国税函〔2012〕227 号)规定,应税服务年销售额未超过 500 万元以及新开业的纳税人可以向主管税务机关申请一般纳税人资格认定,并按规定的程序办理一般纳税人资格认定。

3. 管理规定

小规模纳税人会计核算健全、能够提供准确税务资料的,可以向主管税务机关申请一般纳税人资格认定,不作为小规模纳税人。

除国家税务总局另有规定外,纳税人一经认定为一般纳税人,即不得转为小规模纳税人。

超过小规模纳税人标准,而未按规定办理增值税一般纳税人认证的,按照《增值税暂行条例实施细则》第三十四条规定,按销售额依照增值税税率计算应纳税额,不得抵扣进项税额,也不得使用增值税专用发票。

【例 3-7】 某家用电器修理厂为小规模纳税人,会计核算健全,2013 年增值税应税销售额为 120 万元,2013 年 2 月 15 日接到税务机关送达的《税务事项通知书》,通知纳税人在收到该通知书后 10 日内报送《增值税一般纳税人申请认定表》,但纳税人一直未报送。2013 年 3 月,该厂提供修理劳务并收取修理费价税合计 23.4 万元;购进的料件、电力等均取得增值税专用发票,注明增值税税款合计 2 万元。该修理厂 3 月应缴纳增值税为( )万元。

  A. 0.68   B. 1.32   C. 1.40   D. 3.40

【答案】 D

【解析】 该修理厂 3 月应纳增值税 $= 23.4 \div (1 + 17\%) \times 17\% = 3.40$(万元)。

3.3 税率与征收率

我国增值税采用比例税率形式,按照一定的比例征收。为了发挥增值税的中性作用,原则上增值税的税率应该对不同行业不同企业实行单一税率,该税率称为基本税率。实践中,为照顾一些特殊行业或产品也增设了低税率档次,对出口产品实行零税率。由于增值税纳税人分成了两类,对这两类不同的纳税人又采用了不同的税率和征收率。

3.3.1 基本税率

增值税一般纳税人销售或者进口货物,提供应税劳务,提供应税服务,除低税率适用范围外,税率一律为 17%,这就是通常所说的基本税率。

3.3.2 低税率

(1)增值税一般纳税人销售或者进口下列货物,按低税率 13% 计征增值税:

① 粮食(不含淀粉)、食用植物油(含橄榄油,不含肉桂油、桉油、香茅油)、鲜奶(含巴氏杀菌乳,灭菌乳,不含调制乳);

② 自来水、暖气、冷气、热水、煤气、石油液化气、天然气、沼气、居民用煤炭制品;

③ 图书、报纸、杂志;

④ 饲料、化肥、农药、农机、农膜;

⑤ 国务院及其有关部门规定的其他货物:农产品(含干姜、姜黄,不含麦芽、复合胶、人发制品),音像制品,电子出版物,二甲醚,密集型烤房设备,频振式杀虫灯、自动虫情测报灯、黏虫板。

(2)增值税一般纳税人提供下列应税服务,按低税率 11% 计征增值税:

① 交通运输业服务;

② 邮政业服务;

③ 电信基础服务;

（3）增值税一般纳税人提供下列应税服务，按低税率6％计征增值税：

① 研发和技术服务；

② 信息技术服务；

③ 文化创意服务；

④ 物流辅助服务；

⑤ 鉴证咨询服务；

⑥ 广播影视服务；

⑦ 电信增值服务。

3.3.3　零税率

除国务院另有规定的之外，纳税人出口货物，税率为零。

财政部和国家税务总局规定的应税服务，税率为零（国务院另有规定的除外）。目前，税率为零的服务包括单位和个人提供的国际运输服务、向境外单位提供的研发服务和设计服务。

3.3.4　征收率

3.3.4.1　一般规定

增值税对小规模纳税人及一些特殊情况采用简易征收办法，对小规模纳税人及特殊情况适用的税率称为征收率。考虑到小规模纳税人经营规模小，且会计核算不健全，难以按上述增值税税率计税和使用增值税专用发票抵扣进项税款，因此实行按销售额与征收率计算应纳税额的简易办法。自2009年1月1日起，小规模纳税人增值税征收率由过去的6％和4％一律调整为3％，不再设置工业和商业两档征收率。征收率的调整由国务院决定。根据"营改增"的规定，交通运输业、邮政业和部分现代服务业营业税改征增值税中的小规模纳税人适用3％的征收率。

3.3.4.2　国务院及其有关部门的其他规定

下列按简易办法征收增值税的优惠政策继续执行，不得抵扣进项税额。

（1）纳税人销售自己使用过的物品，按下列政策执行：

① 一般纳税人销售自己使用过的属于《增值税暂行条例》第十条规定不得抵扣（纳税人自用的应征消费税的摩托车、汽车、游艇除外）且未抵扣进项税额的固定资产，按简易办法以4％征收率减半征收增值税。一般纳税人销售自己使用过的除固定资产以外的物品，应当按照适用税率征收增值税。

② 小规模纳税人（除其他个人外，下同）销售自己使用过的固定资产，减按2％征收率征收增值税。小规模纳税人销售自己使用过的除固定资产以外的物品，应按3％征收率征收增值税。

（2）纳税人销售旧货，按照简易办法依照4％征收率减半征收增值税。所称旧货，是指进入二次流通的具有部分使用价值的货物（含旧汽车、旧摩托车和旧游艇），但不包括自己使用过的物品。

① 一般纳税人销售自己使用过的物品和旧货，适用按简易办法以4％征收率为基数

减半征收增值税政策的,按下列公式确定销售额和应纳税额:

$$销售额 = 含税销售额 \div (1 + 4\%)$$

$$应纳税额 = 销售额 \times 4\% \div 2$$

② 小规模纳税人销售自己使用过的固定资产和旧货,按下列公式确定销售额和应纳税额:

$$销售额 = 含税销售额 \div (1 + 3\%)$$

$$应纳税额 = 销售额 \times 2\%$$

(3) 一般纳税人销售自产的下列货物,可选择按照简易办法依照 6% 征收率计算缴纳增值税:

① 县级及县级以下小型水力发电单位生产的电力。小型水力发电单位,是指各类投资主体建设的装机容量为 5 万千瓦以下(含 5 万千瓦)的小型水力发电单位。

② 建筑用和生产建筑材料所用的砂、土、石料。

③ 以自己采掘的砂、土、石料或其他矿物连续生产的砖、瓦、石灰(不含黏土实心砖和瓦)。

④ 用微生物、微生物代谢产物、动物毒素、人或动物的血液或组织制成的生物制品。

⑤ 自来水。

⑥ 商品混凝土(仅限于以水泥为原料生产的水泥混凝土)。

⑦ 属于增值税一般纳税人的单采血浆站销售非临床用人体血液,可以按照简易办法依照 6% 征收率计算应纳税额,但不得对外开具增值税专用发票;也可以按照销项税额抵扣进项税额的办法依照增值税适用税率计算应纳税额。

一般纳税人选择简易办法计算缴纳增值税后,36 个月内不得变更。

(4) 一般纳税人销售货物属于下列情形之一的,暂按简易办法依照 4% 征收率计算缴纳增值税:

① 寄售商店代销寄售物品(包括居民个人寄售的物品在内);

② 典当业销售死当物品。

对属于一般纳税人的自来水公司销售自来水按简易办法依照 6% 征收率征收增值税,不得抵扣其购进自来水取得增值税扣税凭证上注明的增值税税款。

【例3-8】 增值税一般纳税人销售下列货物,按低税率 13% 计征增值税的是( )。

A. 橄榄油   B. 肉桂油   C. 淀粉   D. 麦芽

【答案】 A

【例3-9】 2014 年 2 月,境外公司为我国 A 企业提供系统支持、咨询服务,合同含税价款为 200 万元。该境外公司在该地区有代理人,则该代理人应当扣缴的增值税税额为( )。

A. 0   B. 5.83 万元   C. 11.32 万元   D. 12 万元

【答案】 C

【解析】 应扣缴增值税 $= 200 \div (1 + 6\%) \times 6\% = 11.32$(万元)。

【**例 3-10**】　某企业为增值税一般纳税人,2014 年 3 月将自己使用过的设备销售,取得销售收入 35 万元(含税),该设备在 2008 年 4 月购进,购进时未抵扣进项税额,该固定资产原值 50 万元,已提折旧 5 万元,该企业上述业务应纳增值税(　　)万元。

A. 0.67　　　　　　B. 1.35　　　　　　C. 5.85　　　　　　D. 7.65

【**答案**】　A

【**解析**】　一般纳税人销售自己使用过的固定资产,未抵扣进项税的,按 4% 减半征税。应纳增值税 $= 35 \div (1+4\%) \times 4\% \times 50\% = 0.67$(万元)。

【**例 3-11**】　接上例,若该企业将该设备赠送给其他单位,其他条件不变,则该企业上述业务应纳增值税(　　)万元。

A. 0.87　　　　　　B. 0.96　　　　　　C. 0.9　　　　　　D. 7.65

【**答案**】　A

【**解析**】　纳税人将自己使用过的固定资产赠送其他企业,属于增值税视同销售行为,由于无法确定销售额,因此以固定资产净值为销售额,该固定资产购进时进项税额不得抵扣且未抵扣,按 4% 征收率减半征收增值税。应纳增值税 $= (50-5) \div (1+4\%) \times 4\% \times 50\% = 0.87$(万元)。

【**例 3-12**】　某副食品商店为增值税小规模纳税人。2013 年 8 月销售副食品取得含税销售额 66950 元,销售自己使用过的固定资产取得含税销售额 17098 元。该商店应缴纳的增值税为(　　)元。

A. 2282　　　　　　B. 2477.88　　　　C. 2291.96　　　　D. 2448

【**答案**】　A

【**解析**】　小规模纳税人销售自己使用过的固定资产,减按 2% 征收增值税。该商店应缴纳的增值税 $= 66950 \div (1+3\%) \times 3\% + 17098 \div (1+3\%) \times 2\% = 1950 + 332 = 2282$(元)。

【**例 3-13**】　某生产企业属于增值税小规模纳税人,2013 年 6 月对部分资产盘点后进行处理:销售边角废料,由税务机关代开增值税专用发票,取得不含税收入 8 万元;销售自己使用过的小汽车 1 辆,取得含税收入 5.2 万元(小汽车原值为 4 万元)。该企业上述业务应缴纳增值税(　　)万元。

A. 0.42　　　　　　B. 0.48　　　　　　C. 0.34　　　　　　D. 0.58

【**答案**】　C

【**解析**】　应缴纳的增值税 $= 8 \times 3\% + 5.2 \div (1+3\%) \times 2\% = 0.34$(万元)。

3.4　销项税额与进项税额

增值税一般纳税人当期应纳增值税税额的大小主要取决于当期销项税额和当期进

项税额两个因素。应纳税额的计算公式为

$$应纳税额＝当期销项税额－当期进项税额$$

3.4.1 销项税额

3.4.1.1 销项税额的概念

纳税人销售货物或者提供应税劳务,按照销售额和税法规定的税率计算并向购买方收取的增值税额,称为销项税额。其含义如下:一是销项税额是计算出来的,对销售方来讲,在没有依法抵扣其进项税额前,销项税额不是其应纳增值税额,而是销售货物或提供应税劳务的整体税负;二是销售额是不含销项税额的销售额,销项税额是从购买方收取的,体现了价外税性质。

3.4.1.2 销项税额的计算

销项税额是销售货物或提供应税劳务的销售额与税率的乘积,该概念是相对于进项税额来说的,定义销项税额是为了区别于应纳税额。其计算公式如下:

$$销项税额＝销售额×税率$$

或

$$销项税额＝组成计税价格×税率$$

3.4.1.3 销售额的确定

由于销项税额＝销售额×税率,在增值税税率一定的情况下,计算销项税额的关键在于正确、合理地确定销售额。

1. 销售额的一般规定

《增值税暂行条例》第六条规定:销售额为纳税人销售货物或提供应税劳务向购买方收取的全部价款和价外费用,但是不包括收取的销项税额。具体来说,应税销售额包括销售货物或提供应税劳务取自于购买方的全部价款、向购买方收取的各种价外费用、消费税金。

【例 3-14】 汽车销售公司销售小轿车时一并向购买方收取的下列款项中,应作为价外费用计算增值税销项税额的是( )。

A. 收取的小轿车改装费　　　　　　B. 因代办缴税收取的车辆购置税税款

C. 因代办保险收取的保险费　　　　D. 因代办牌照收取的车辆牌照费

【答案】 A

【解析】 价外费用,包括价外向购买方收取的手续费、补贴、基金、集资费、返还利润、奖励费、违约金、滞纳金、延期付款利息、赔偿金、代收款项、代垫款项、包装费、包装物租金、储备费、优质费、运输装卸费以及其他各种性质的价外收费,但不包括销售货物的同时代办保险等向购买方收取的保险费,以及向购买方收取的代购买方缴纳的车辆购置税、车辆牌照费。

2. 价款和税款合并收取情况下的销售额

现行增值税实行价外税,即纳税人向购买方销售货物或应税劳务所收取的价款中不应包含增值税税款,价款和税款在增值税专用发票上分别注明。根据税法规定,有些一般纳税人,如商品零售企业或其他企业将货物或应税劳务出售给消费者、使用单位或小规模纳税人,只能开具普通发票,而不开具增值税专用发票。这样,一部分纳税人(包括一般纳税人和小规模纳税人)在销售货物或提供应税劳务时,就会将价款和税款合并定价,发生销售额和增值税额合并收取的情况。在这种情况下,就必须将开具在普通发票上的含税销售额换算成不含税销售额,作为增值税的税基。其换算公式为

$$不含税销售额 = 含税销售额 \div (1 + 税率)$$

3. 视同销售行为销售额的确定

视同销售行为是增值税税法规定的特殊销售行为。由于视同销售行为一般不以资金形式反映出来,因而会出现视同销售而无销售额的情况。另外,有时纳税人销售货物或提供应税劳务的价格明显偏低且无正当理由。在上述情况下,主管税务机关有权按照下列顺序核定其计税销售额:

① 按纳税人最近时期同类货物的平均销售价格确定;

② 按其他纳税人最近时期同类货物的平均销售价格确定;

③ 用以上两种方法均不能确定其销售额的情况下,可按组成计税价格确定销售额。其公式为

$$组成计税价格 = 成本 \times (1 + 成本利润率)$$

属于应征消费税的货物,其组成计税价格应加计消费税税额,计算公式为

$$组成计税价格 = 成本 \times (1 + 成本利润率) + 消费税税额$$

或 $$组成计税价格 = [成本 \times (1 + 成本利润率)] \div (1 - 消费税税率)$$

【例 3-15】 某商业企业(一般纳税人)为甲公司代销货物,按零售价以 5% 收取手续费 5000 元,尚未收到甲公司开来的增值税专用发票,该商业企业代销业务应纳增值税为( )元。

A. 17000　　　　　　B. 850　　　　　　C. 14529.91　　　　　　D. 726.50

【答案】 C

【解析】 因为零售价 $\times 5\% = 5000$(元)。所以,零售价 $= 5000 \div 5\% = 100000$(元),增值税销项税额 $= 100000 \div (1 + 17\%) \times 17\% = 14529.91$(元)。

【例 3-16】 某市一家电生产企业为增值税一般纳税人,12 月份将自产家电移送职工活动中心一批,成本价为 20 万元,市场销售价格为 23 万元(不含税),企业核算时按成本价格直接冲减了库存商品。计算该企业应确认的销项税额。

【解析】 应确认销项税额 $= 23 \times 17\% = 3.91$(万元)。

【例 3-17】 某企业为增值税一般纳税人,5 月生产加工一批新产品 450 件,每件成本价为 380 元(无同类产品市场价格),全部售给本企业职工,取得不含税销售额 171000元。计算该企业应确认的销项税额。

【解析】 销项税额 $= 450 \times 380 \times (1 + 10\%) \times 17\% = 31977$(元)。

4. 特殊销售方式的销售额

在市场竞争过程中,纳税人会采取某些特殊、灵活的销售方式销售货物,以求扩大销售、占领市场。这些特殊销售方式及销售额的确定方法包括如下几种:

（1）以折扣方式销售货物

折扣销售是指销售方在销售货物或提供应税劳务时，因购买方需求数量较大等原因而给予的价格方面的优惠。按照现行税法规定：纳税人采取折扣方式销售货物，如果销售额和折扣额在同一张发票上分别注明，可以按折扣后的销售额征收增值税。销售额和折扣额在同一张发票上分别注明是指销售额和折扣额在同一张发票上的"金额"栏分别注明，未在同一张发票"金额"栏注明折扣额，而仅在发票的"备注"栏注明折扣额的，折扣额不得从销售额中减除。如果将折扣额另开发票，不论其在财务上如何处理，均不得从销售额中减除折扣额。

折扣销售的规定仅限于货物价格的折扣，如果销售者将货物用于实物折扣的（如买五送一），该折扣货物对应的金额不得从货物销售额中减除，应按"视同销售货物"中的"赠送他人"计算缴纳增值税。

折扣销售也不同于销售折扣，销售折扣是指在销售货物后，企业为了鼓励客户尽快偿还货款而给予客户的一种折扣优待（如：10 天内付款，货款折扣 2%），销售折扣发生时，因为是对货款予以免除，其实际上是一种融资性质的理财费用，所以销售折扣额不能够抵减销售额，而是作为费用直接记入当期损益。

销售折让则是指企业由于售出的商品质量不合格等原因而给予购货方的售价折让。发生销售折让时，通常销售收入已经确定，所以销售折让在实际发生时直接冲减当期的销售收入和销项税额。

【例 3-18】 某新华书店批发图书一批，每册标价 20 元，共计 1000 册，由于购买方购买数量多，按七折优惠价格成交，并将折扣部分与销售额同开在一张发票上。10 日内付款折扣 2%，购买方如期付款。计算该项业务的销项税额。

【解析】 计税销售额＝20×70%×1000÷（1+13%）＝12389.38（元）；

销项税额－12380.38×13%－1610.62（元）。

（2）以旧换新方式销售货物

以旧换新销售，是纳税人在销售过程中，折价收回同类旧货物，并以折价款部分冲减货物价款的一种销售方式。税法规定：纳税人采取以旧换新方式销售货物的（金银首饰除外），应按新货物的同期销售价格确定销售额。

（3）还本销售方式销售货物

所谓还本销售，是指销货方将货物出售之后，按约定的时间，一次或分次将购货款部分或全部退还给购货方，退还的货款即为还本支出。税法规定：纳税人采取还本销售货物的，不得从销售额中减除还本支出。

（4）采取以物易物方式销售

以物易物是一种较为特殊的购销活动，是指购销双方不以货币结算，而是以同等价款的货物相互结算，实现货物购销的一种方式。以物易物双方都应作购销处理，以各自发出的货物核算销售额并计算销项税额，以各自收到的货物核算购货额及进项税额。需要强调的是，在以物易物活动中，双方应各自开具合法的票据，必须计算销项税额，但如果收到货物不能取得相应的增值税专用发票或者其他增值税扣税凭证,不得抵扣进项税额。

(5) 直销企业增值税销售额确定

直销企业的经营模式主要有两种:

① 直销企业先将货物销售给直销员,直销员再将货物销售给消费者。直销企业的销售额为其向直销员收取的全部价款和价外费用。直销员将货物销售给消费者时,应按现行规定缴纳增值税。

② 直销企业通过直销员向消费者销售货物。直接向消费者收取货款,直销企业的销售额为其向消费者收取的全部价款和价外费用。

(6) 销售已使用过的固定资产的征免规定

相关规定见表 3-1。

表 3-1　销售旧货和已使用物品的征免规定

情况	销售单位	物品种类	具体情况	增值税计算办法
销售自己使用过的物品	一般纳税人	固定资产	购入时已抵扣进项税	按照适用税率征收增值税
			购入时未抵扣进项税	按 4% 征收率减半征收增值税: 增值税=售价÷(1+4%)×4%÷2
		固定资产以外其他物品		按照适用税率征收增值税
	小规模纳税人	固定资产		减按 2% 征收率征收增值税: 增值税=含税销售额÷(1+3%)×2%
		固定资产以外其他物品		增值税=含税销售额÷(1+3%)×3%
	其他个人			免税
销售旧货	按简易办法 4% 减半缴税:增值税=售价÷(1+4%)×4%÷2			

5. 包装物押金计税问题

包装物是指纳税人包装本单位货物的各种物品。纳税人为销售货物而出租出借包装物收取的押金,单独记账,时间在 1 年内、又未过期的,不并入销售额征税;但对逾期未收回不再退还的包装物押金,应按所包装货物的适用税率计算纳税。对销售除啤酒、黄酒以外的其他酒类产品收取的包装物押金,无论是否返还以及会计上如何核算均应并入当期销售额征税。

【例 3-19】 某酒厂半年前销售啤酒收取包装物押金 2 万元、白酒包装物押金 3 万元,本月逾期均不再返还。计算该酒厂的销项税额。

【解析】 销项税额=2÷(1+17%)×17%=0.2906(万元)。

白酒的包装物押金在销售时已经作为价外费用并入销售额计算销项税。

3.4.2　进项税额

3.4.2.1　进项税额的概念

纳税人购进货物或者接受应税劳务,所支付或者负担的增值税额为进项税额。进项税额与销项税额是相互对应的两个概念。在购销业务中,对于销货方而言,在收回货款的同时,收回销项税额;对于购货方而言,在支付货款的同时,支付进项税额。也就是说,销货方收取的销项税额就是购货方支付的进项税额。

进项税额的大小影响纳税人实际应缴纳的增值税。需要注意的是,并不是购进货物或者接受应税劳务所支付或者负担的增值税都可以在销项税额中抵扣,税法对哪些进项税额可以抵扣、哪些进项税额不能抵扣做了严格的规定。

3.4.2.2 进项税额的计算

一般而言,准予抵扣的进项税额可以根据两种方法来确定。

1. 凭票抵扣

进项税额体现支付或者负担的增值税额,直接在销货方开具的增值税专用发票和海关完税凭证上注明的税额,不需要计算。

2. 计算抵扣

购进某些货物或者接受应税劳务时,其进项税额是根据支付金额和法定的扣除率计算出来的。

3.4.2.3 准予从销项税额中抵扣的进项税额

根据《增值税暂行条例》的规定,准予从销项税额中抵扣的进项税额,限于下列增值税扣税凭证上注明的增值税税额和按规定的扣除率计算的进项税额:

(1) 从销售方取得的增值税专用发票上注明的增值税额。

(2) 从海关取得的海关进口增值税专用缴款书上注明的增值税额。

(3) 购进农产品,除取得增值税专用发票或者海关进口增值税专用缴款书外,按照农产品收购发票或者销售发票上注明的农产品买价和 13% 的扣除率计算的进项税额。进项税额计算公式为

$$进项税额 = 买价 \times 扣除率$$

【例 3-20】 某一般纳税人购进某国有农场自产玉米,收购凭证注明价款为 65830 元。计算其进项税额和采购成本。

【解析】 进项税额 $= 65830 \times 13\% = 8557.90$(元);

采购成本 $= 65830 \times (1 - 13\%) = 57272.10$(元)。

【例 3-21】 某食品厂(增值税一般纳税人)2014 年 2 月从农民手中购进一批玉米作原材料,开具农产品收购发票注明买价为 60 万元,委托某运输企业(增值税一般纳税人)将其运回食品厂,取得货运增值税专用发票,注明增值税 0.35 万元。食品厂购进该批玉米准予抵扣的进项税额为(   )万元。

A. 7.80   B. 0.35   C. 8.15   D. 10.2

【答案】 C

【解析】 准予抵扣进项税额 $= 60 \times 13\% + 0.35 = 8.15$(万元)。

(4) 如果项目运营方利用信托资金融资,该经营模式下项目运营方在项目建设期内取得的增值税专用发票和其他抵扣凭证,允许其按现行增值税有关规定予以抵扣。

3.4.2.4 "营改增"后原增值税纳税人进项税额的抵扣政策

(1) 接受试点单位提供的应税服务,取得增值税专用发票上注明的增值税额为进项税额,准予抵扣。

(2) 自用的应征消费税的摩托车、汽车、游艇的进项税额准予抵扣。

(3) 接受境外劳务进项税额准予抵扣。

(4) 购进货物或应税劳务用于应税服务项目,不属于用于非增值税项目的,其进项税额准予抵扣。

3.4.2.5 不得从销项税额中抵扣的进项税额

纳税人购进货物或者应税劳务,取得的增值税扣税凭证不符合法律、行政法规或者国务院税务主管部门有关规定的,其进项税额不得从销项税额中抵扣。所称增值税扣税凭证,是指增值税专用发票、海关进口增值税专用缴款书、农产品收购发票和农产品销售发票以及运输费用结算单据。

如果一般纳税人会计核算不健全,或者不能够提供准确税务资料的,除另有规定的外,纳税人销售额超过小规模纳税人标准,未申请办理一般纳税人认定手续的,应按销售额依照增值税税率计算应纳税额,不得抵扣进项税额,也不得使用增值税专用发票。按《增值税暂行条例》规定,下列项目的进项税额不得从销项税额中抵扣。

(1) 用于适用简易计税方法计税项目、非增值税应税项目、免征增值税项目、集体福利或者个人消费的购进货物或者应税劳务。

(2) 非正常损失的购进货物及相关的应税劳务。

(3) 非正常损失的在产品、产成品所耗用的购进货物或者应税劳务。

(4) 一般纳税人兼营免税项目或者非增值税应税劳务而无法划分不得抵扣的进项税额的,按下列公式计算不得抵扣的进项税额:

不得抵扣的进项税额=当月无法划分的全部进项税额×当月免税项目销售额、非增值税应税劳务营业额合计÷当月全部销售额、营业额合计

(5) 原增值税纳税人接受试点纳税人提供的应税劳务,下列进项税不得抵扣:

① 用于简易计税方法计税项目、非增值税应税项目、免征增值税项目、集体福利或者个人消费的购进货物或者应税劳务;

② 接受旅客运输服务;

③ 与非正常损失的购进货物相关的交通运输业服务;

④ 与非正常损失的在产品、产成品所耗购进货物相关的交通运输业服务。

(6) 有下列情形之一的,不得抵扣进项税额,也不得使用增值税专用发票:

① 一般纳税人会计核算不健全,或者不能提供准确税务资料的;

② 应当申请办理一般纳税人资格而未申请的。

(7) 纳税人从海关取得的完税凭证上注明的增值税额准予从销项税额中抵扣。因此,纳税人进口货物取得的合法海关完税凭证,是计算增值税进项税额的唯一依据,其进口货物向境外实际支付的货款低于进口报关价格的差额部分以及从境外供应商取得的

退还或返还的资金,不作进项税额转出处理。

【例 3-22】 某企业外购原材料一批,取得的增值税专用发票上注明销售额为 150000 元,增值税税额为 25500 元。本月该企业用该批原材料的 20% 向 A 企业投资,原材料加价 10% 后作为投资额;月底,企业职工食堂装修领用该批原材料的 10%。分别计算该企业销项税额和进项税额。

【解析】 销项税额 $= 150000 \times 20\% \times (1 + 10\%) \times 17\% = 5610$(元)。

进项税额 $= 25500 - 150000 \times 10\% \times 17\% = 22950$(元)。

外购货物用于非增值税应税项目或集体福利项目等,不属于视同销售行为,不计算销项栏,也不能抵扣进项税。

【例 3-23】 某商业企业(一般纳税人)受托代销某品牌服装,取得代销收入 9.36 万元(零售价),与委托方进行结算,取得增值税专用发票上注明税额 1.24 万元。计算该企业的销项税额和可抵扣的进项税额。

【解析】 销项税额 $= 9.36 \div (1 + 17\%) \times 17\% = 1.36$(万元);

可抵扣的进项税额为 1.24 万元。

【例 3-24】 下列行为中,涉及的进项税额不得从销项税额中抵扣的是(　　)。

A. 将外购的货物用于本单位集体福利

B. 将外购的货物分配给股东和投资者

C. 将外购的货物无偿赠送给其他个人

D. 将外购的货物作为投资提供给其他单位

【答案】 A

【解析】 BCD 选项都是视同销售行为,其进项税款允许抵扣。

3.4.2.6 扣减发生期进项税额的规定

由于增值税实行以当期销项税额抵扣当期进项税额的"购进扣税法",当期购进的货物或应税劳务如果事先并未确定将用于非生产经营项目,其进项税额会在当期销项税额中予以抵扣,而购进货物改变生产经营用途的,不得抵扣进项税额。如果在购进时已抵扣了进项税额,需要在改变用途当期作扣减进项税额处理。

【例 3-25】 某制药厂(增值税一般纳税人)2014 年 3 月份销售抗生素药品取得含税收入 117 万元,销售免税药品 50 万元,当月购入生产用原材料一批,取得增值税专用发票上注明税款 6.8 万元,抗生素药品与免税药品无法划分耗料情况,则该制药厂当月应纳增值税为(　　)。

A. 14.73 万元　　　　B. 12.47 万元　　　　C. 10.20 万元　　　　D. 17.86 万元

【答案】 B

【解析】 当期扣减的进项税额 $= 6.8 \times 50 \div (100 + 50) = 2.27$(万元);

应纳税额 $= 117 \div (1 + 17\%) \times 17\% - (6.8 - 2.27) = 12.47$(万元)。

3.5 应纳税额计算

3.5.1 一般纳税人增值税应纳税额计算

3.5.1.1 一般纳税人增值税应纳税额的确定

一般纳税人销售货物或者提供应税劳务,应纳税额为当期销项税额抵扣当期进项税额后的余额。具体情况参考上述销项税额和进项税额的确定,在分别确定销项税额和进项税额的情况下,就不难计算出应纳税额。应纳税额公式为:

$$应纳税额＝当期销项税额－当期进项税额$$

3.5.1.2 计算应纳税额的时间界定

计算应纳税额,在确定时间界限时,应掌握以下有关规定。

1. 销项税额的时间界定

增值税纳税人销售货物或提供了应税劳务后,什么时间计算销项税额,关系到当期销项税额的大小。关于销项税额的确定时间,总的原则是"销项税额的确定不得滞后",税法对此做了严格的规定。

2. 进项税额抵扣时间的界定

进项税额是纳税人购进货物或者接受应税劳务所支付或负担的增值税额,进项税额的大小,直接影响纳税人的应纳税额的多少,而进项税额的抵扣时间,则影响纳税人不同纳税期应纳税额。关于进项税额的抵扣时间,总的原则是"进项税额的抵扣不得提前",税法对不同扣税凭证的抵扣时间做了详细的规定。

【例 3-26】 某生产企业为增值税一般纳税人,适用税率为 17%,2014 年 2 月有关生产经营业务如下:

(1) 销售甲产品给某大商场,开具增值税专用发票,取得不含税销售额 80 万;另外,取得销售甲产品的送货运输费收入 5.85 万元(含税价)。

(2) 销售乙产品,开具普通发票,取得含税销售额 29.25 万元。

(3) 将试制的一批应税新产品用于本企业基建工程,成本价为 20 万元,成本利润率为 10%,该新产品无同类产品市场销售价格。

(4) 销售 2013 年 10 月份购进作为固定资产使用过的进口摩托车 5 辆,开具增值税专用发票,注明取得销售额每辆 1 万元。

(5) 购进货物取得增值税专用发票,注明支付的货款 60 万元,进项税额 10.2 万元;另外支付购货的运输费用 6 万元(不含税价),取得运输公司开具的增值税专用发票。

(6) 向农业生产者购进免税农产品一批,支付收购价 30 万元,支付给运输单位的运费 5 万元(不含税价),取得相关的合法票据。当月下旬将购进的农产品的 20% 用于本企业职工福利。

以上相关票据均符合税法的规定。请按下列顺序计算该企业当月应缴纳的增值税税额：

(1) 计算销售甲产品的销项税额；

(2) 计算销售乙产品的销项税额；

(3) 计算自用新产品的销项税额；

(4) 计算销售使用过的摩托车应纳税额；

(5) 计算外购货物应抵扣的进项税额；

(6) 计算外购免税农产品应抵扣的进项税额；

(7) 计算该企业当月合计应缴纳的增值税额。

【解析】 (1) 销售甲产品的销项税额 $=80\times17\%+5.85\div(1+17\%)\times17\%=14.45$ (万元)；

(2) 销售乙产品的销项税额 $=29.25\div(1+17\%)\times17\%=4.25$ (万元)；

(3) 自用新产品的销项税额 $=20\times(1+10\%)\times17\%=3.74$ (万元)；

(4) 销售使用过的摩托车应纳税额 $=1\times5\times17\%=0.85$ (万元)；

(5) 外购货物应抵扣的进项税额 $=10.2+6\times11\%=10.86$ (万元)；

(6) 外购免税农产品应抵扣的进项税额 $=(30\times13\%+5\times11\%)\times(1-20\%)=3.56$ (万元)；

(7) 该企业当月合计应缴纳的增值税额 $=14.45+4.25+3.74+0.85-10.86-3.56=8.87$ (万元)。

【例 3-27】 某企业（增值税一般纳税人）2014 年 3 月销售商品取得不含税销售额 100 万元，支付销货运费，取得货运增值税专用发票，注明运费 5 万元，本月购进材料取得增值税专用发票，注明价款 40 万元、增值税 6.8 万元，本月初次购进税控系统专用设备，取得增值税专用发票，注明价款 2 万、增值税 0.34 万元，共支付价税合计金额为 2.34 万元。该企业本月应纳增值税（　　）万元。

A. 7.31　　　　　B. 9.65　　　　　C. 9.89　　　　　D. 10.2

【答案】 A

【解析】 销项税额 $=100\times17\%=17$ (万元)；

准予的抵扣的进项税额 $=6.8+5\times11\%=7.35$ (万元)。

根据税法关于增值税税控系统专用设备抵减增值税税额的有关政策规定，增值税纳税人 2011 年 12 月 1 日以后初次购买增值税税控系统专用设备（包括分开票机）支付的费用，可凭购买增值税税控系统专用设备取得的增值税专用发票，在增值税应纳税额中全额抵减（抵减额为价税合计额），不足抵减的可结转下期继续抵减。增值税纳税人非初次购买增值税税控系统专用设备支付的费用，由其自行负担，不得在增值税应纳税额中抵减。

所以，该企业应纳增值税 $=17-7.35-2.34=7.31$ (万元)。

3.5.2　小规模纳税人增值税应纳税额计算

3.5.2.1　应纳税额的计算公式

根据《增值税暂行条例》的规定,小规模纳税人销售货物或提供应税劳务,按简易方法计算,即按销售额和规定征收率计算应纳税额,不得抵扣进项税额,同时,销售货物也不得自行开具增值税专用发票。其应纳税额的计算公式为

$$应纳税额＝销售额×征收率$$

公式中的销售额与增值税一般纳税人计算应纳增值税的销售额规定内容一致,是销售货物或提供应税劳务向购买方收取的全部价款和价外费用,但不包括按征收率(2009年1月1日起为3%)收取的增值税税额。

3.5.2.2　含税销售额的换算

由于小规模纳税人销售货物自行开具的发票是普通发票,发票上列示的是含税销售额,因此,在计税时需要将其换算为不含税销售额。换算公式为

$$不含税销售额＝含税销售额÷(1＋征收率)$$

【例3-28】　某商店为增值税小规模纳税人,2014年1月取得零售收入总额12.36万元,计算该商店2014年1月应缴纳的增值税税额。

【解析】　2014年1月取得的不含税销售额＝12.36÷(1＋3%)＝12(万元)。

2014年1月应缴纳增值税税额＝12×3%＝0.36(万元)。

【例3-29】　某超市为增值税小规模纳税人,2014年2月购进商品取得普通发票,共支付金额230000元;本月销售商品取得零售收入共计257500元;销售自己使用过的旧车一辆,取得收入41200元。该超市2014年2月应缴纳增值税(　　　)元。

　　A. 7500　　　　　　　B. 8307.84　　　　　　C. 8300　　　　　　D. 8700

【答案】　C

【解析】　该超市2014年2月应缴纳增值税＝257500÷(1＋3%)×3%＋41200÷(1＋3%)×2%＝8300(元)。

3.5.2.3　主管税务机关为小规模纳税人代开发票应纳税额的计算

小规模纳税人销售货物或提供应税劳务,可以申请由主管税务机关代开发票。主管税务机关为小规模纳税人(包括小规模纳税人中的企业、企业性单位及其他小规模纳税人,下同)代开专用发票,应在专用发票"单价"栏和"金额"栏分别填写不含增值税税额的单价和销售额,因此,其应纳税额按销售额依照征收率计算。

主管税务机关为小规模纳税人代开专用发票后发生退票的,可比照增值税一般纳税人开具专用发票后作废或开具红字发票的有关规定处理,由销售方到税务机关办理。对于重新开票的,应同时进行新开票税额与原开票税额的清算,多退少补;对无须重新开票的,退还其已征的税款或抵顶下期正常申报税款。

3.5.2.4　小规模纳税人购进税控收款机的进项税额抵扣

自2004年12月1日起,增值税小规模纳税人购置税控收款机,经主管税务机关审核批准后,可凭购进税控收款机取得的增值税专用发票,按照发票上注明的增值税额,抵免

当期应纳增值税,或者按照购进税控收款机取得的普通发票上注明的价款,依下列公式计算可抵免的税额:

$$可抵免的税额 = 价款 \div (1 + 17\%) \times 17\%$$

当期应纳税额不足抵免的,未抵免部分可在下期继续抵免。

3.5.3 进口货物增值税应纳税额计算

对进口货物征税是国际惯例。根据《增值税暂行条例》的规定,中华人民共和国境内进口货物的单位和个人均应按规定缴纳增值税。

3.5.3.1 进口货物的纳税人

根据《增值税暂行条例》的规定,进口货物增值税的纳税义务人为进口货物的收货人或办理报关手续的单位和个人,包括国内一切从事进口业务的企事业单位、机关团体和个人。

对于企业、单位和个人委托代理进口应征增值税的货物,鉴于代理进口货物的海关完税凭证有的开具给委托方,有的开具给受托方的特殊性,对代理进口货物以海关开具的完税凭证上的纳税人为增值税纳税人。

3.5.3.2 进口货物征税范围

根据《增值税暂行条例》的规定,申报进入中华人民共和国海关境内的货物,均应缴纳增值税。确定一项货物是否属于进口货物,应看其是否有报关手续。只要是报关进境的应税货物,不论其用途如何,是自行采购用于贸易还是自用,不论是购进还是国外捐赠,均应按照规定缴纳进口环节的增值税(免税进口的货物除外)。

3.5.3.3 进口货物的适用税率

进口货物增值税税率与增值税一般纳税人在国内销售同类货物的税率相同。

3.5.3.4 进口货物应纳税额的计算

1. 组成计税价格的确定

进口货物增值税的组成计税价格中包括已纳关税税额,如果进口货物属于消费税应税消费品,其组成计税价格中还要包括进口环节已纳税数额。组成计税价格的计算公式是

$$组成计税价格 = 关税完税价格 + 关税 + 消费税$$

或　　　　　$$组成计税价格 = (关税完税价格 + 关税) \div (1 - 消费税税率)$$

2. 进口货物应纳税额的计算

纳税人进口货物,按照组成计税价格和适用的税率计算应纳税额,不得抵扣任何税额,即在计算进口环节的应纳增值税税额时,不得抵扣发生在我国境外的各种税金。

$$应纳税额 = 组成计税价格 \times 税率$$

进口货物在海关缴纳的增值税,符合抵扣范围的,凭借海关进口增值税专用缴款书,可以从当期销项税额中抵扣。

【例3-30】 某进出口公司2014年4月进口办公设备200台,每台进口完税价格为1.5万元,委托运输公司将进口办公设备从海关运回本企业,支付运输公司运输费用10万

元,取得了运输公司开具的货运增值税专用发票。当月以每台 3 万元的不含税价格售出 170 台,向甲公司对外投资 20 台。

要求:计算该企业当月应纳增值税。(假设进口关税税率为 10%)

【解析】 组成计税价格＝1.5×200×(1＋10%)＝330(万元);

进口货物进口环节应纳增值税＝330×17%＝56.1(万元);

当月销项税额＝(170＋20)×3×17%＝96.9(万元);

当月可以抵扣的进项税额＝56.1＋10×11%＝57.2(万元);

当月应纳增值税＝96.9－57.2＝39.7(万元)。

3.5.4 有关应纳税额计算的其他规定

3.5.4.1 兼营非增值税应税劳务

根据《增值税暂行条例实施细则》和"营改增"的规定,纳税人兼营非增值税应税项目的,应分别核算货物或者应税劳务和应税服务的销售额和非增值税应税项目的营业额,未分别核算的,由主管税务机关核定货物或者应税劳务和应税服务的销售额。

纳税人兼营免税、减税项目的,应当分别核算免税、减税项目的销售额,未分别核算的,不得免税、减税。

根据《增值税暂行条例实施细则》和"营改增"的规定,一般纳税人兼营免税项目或者非增值税应税劳务而无法划分不得抵扣的进项税额的,按下列公式计算不得抵扣的进项税额:

不得抵扣的进项税额＝当期无法划分的全部进项税额×当期免税项目销售额、简易计税方法计税项目销售额、非增值税应税劳务营业额合计÷当月全部销售额、营业额合计

3.5.4.2 混业经营

混业经营是指纳税人生产或销售不同税率的货物,或者既销售货物又提供应税劳务和应税服务。试点纳税人兼有不同税率或者征收率的销售货物、提供加工修理修配劳务或者应税服务的,应当分别核算适用不同税率或征收率的销售额,未分别核算销售额的,按照以下方法适用税率或征收率:

① 兼有不同税率的销售货物、提供加工修理修配劳务或者应税服务的,从高适用税率;

② 兼有不同征收率的销售货物、提供加工修理修配劳务或者应税服务的,从高适用征收率;

③ 兼有不同税率和征收率的销售货物、提供加工修理修配劳务或者应税服务的,从高适用税率。

3.5.4.3 混合销售行为

根据《增值税暂行条例实施细则》的规定,一项销售行为如果既涉及货物又涉及非增值税应税劳务,为混合销售行为。除《增值税暂行条例实施细则》第六条的规定外,从事货物的生产、批发或者零售的企业、企业性单位和个体工商户的混合销售行为,视为销售

货物;其他单位和个人的混合销售行为,视为销售非增值税应税劳务,不缴纳增值税。

出现混合销售行为,涉及的货物和非增值税应税劳务只是针对一项销售行为而言的,也就是说,非增值税应税劳务是为直接销售一批货物而提供的,二者之间是紧密的从属关系。

混合销售的税务处理:属于应当征收增值税的,其销售额应当是货物与非应税劳务的销售额的合计,该非应税劳务的销售额应视同含税销售额处理。

【例 3-31】 下列各项中,属于增值税混合销售行为的是( )。

A. 建材商店在销售建材的同时又为其他客户提供装饰服务

B. 公路货运公司提供运输服务并提供仓储服务

C. 塑钢门窗销售商店在销售产品的同时又为客户提供安装服务

D. 电信局为客户提供电话安装服务的同时又销售所安装的电话机

【答案】 C

3.6 出口货物和服务的退(免)税

3.6.1 增值税退(免)税的基本政策

世界各国为了鼓励本国货物出口,在遵循 WTO 基本规则的前提下,一般都采取优惠的税收政策。有的国家采取对该货物出口前所包含的税金在出口后予以退还的政策(即出口退税);有的国家采取对出口的货物在出口前即予以免税的政策。我国则根据本国的实际,采取出口退税与免税相结合的政策。目前,我国的出口货物税收政策分为二种形式。

1. 出口免税并退税

出口免税是指对货物在出口销售环节不征增值税、消费税,这是把货物出口环节与出口前的销售环节都同样视为一个征税环节。出口退税是指对货物在出口前实际承担的税收负担,按规定的退税率计算后予以退还。

2. 出口免税不退税

出口免税与上述第 1 项含义相同。出口不退税是指适用这个政策的出口货物因在前一道生产、销售环节或进口环节是免税的,因此,出口时该货物的价格中本身就不含税,也无须退税。

3. 出口不免税也不退税

出口不免税是指对国家限制或禁止出口的某些货物的出口环节视同内销环节,照常征税。出口不退税是指对这些货物出口不退还出口前其所负担的税款。

3.6.2 增值税退(免)税政策的适用范围

对下列出口货物和劳务及应税服务,除适用《关于出口货物劳务增值税和消费税政策的通知》第六条(适用增值税免税政策的出口货物和劳务)和第七条(适用增值税征税政策的出口货物和劳务)规定的外,实行免征和退还增值税(以下称为"增值税退(免)税")政策。

3.6.2.1 出口企业出口货物

出口企业,是指依法办理工商登记、税务登记、对外贸易经营者备案登记,自营或委托出口货物的单位或个体工商户,以及依法办理工商登记、税务登记但未办理对外贸易经营者备案登记,委托出口货物的生产企业。

出口货物,是指向海关报关后实际离境并销售给境外单位或个人的货物,分为自营出口货物和委托出口货物两类。

生产企业,是指具有生产能力(包括加工修理修配能力)的单位或个体工商户。

出口企业或其他单位视同出口货物,具体是指:

(1)出口企业对外援助、对外承包、境外投资的出口货物。

(2)出口企业经海关报关进入国家批准的出口加工区、保税物流园区、保税港区、综合保税区、珠澳跨境工业区(珠海园区)、中哈霍尔果斯国际边境合作中心(中方配套区域)、保税物流中心(B型)(以下统称"特殊区域")并销售给特殊区域内单位或境外单位、个人的货物。

(3)免税品经营企业销售的货物(国家规定不允许经营和限制出口的货物、卷烟和超出免税品经营企业《企业法人营业执照》规定经营范围的货物除外)。

(4)出口企业或其他单位销售给用于国际金融组织或外国政府贷款国际招标建设项目的中标机电产品(以下称为"中标机电产品")。上述中标机电产品,包括外国企业中标再分包给出口企业或其他单位的机电产品。

(5)生产企业向海上石油天然气开采企业销售的自产的海洋工程结构物。

(6)出口企业或其他单位销售给国际运输企业用于国际运输工具上的货物。上述规定暂仅适用于外轮供应公司、远洋运输供应公司销售给外轮、远洋国轮的货物,国内航空供应公司生产销售给国内和国外航空公司国际航班的航空食品。

(7)出口企业或其他单位销售给特殊区域内生产企业生产耗用且不向海关报关而输入特殊区域的水(包括蒸汽)、电力、燃气。

(8)融资租赁船舶等出口企业享受出口退税的政策。

3.6.2.2 视同出口货物的范围

(1)持续经营以来从未发生骗取出口退税、虚开增值税专用发票或农产品收购发票、接受虚开增值税专用发票(善意取得虚开增值税专用发票除外)行为且同时符合下列条件的生产企业出口的外购货物,可视同自产货物适用增值税退(免)税政策:已取得增值税一般纳税人资格;已持续经营2年及2年以上;纳税信用等级A级;上一年度销售额5亿元以上;外购出口的货物与本企业自产货物同类型或具有相关性。

(2)持续经营以来从未发生骗取出口退税、虚开增值税专用发票或农产品收购发票、接受虚开增值税专用发票(善意取得虚开增值税专用发票除外)行为但不能同时符合上述规定的条件的生产企业出口的外购货物符合下列条件之一的,可视同自产货物申报适用增值税退(免)税政策。

① 同时符合下列条件的外购货物:

a. 与本企业生产的货物名称、性能相同;

b. 使用本企业注册商标或境外单位或个人提供给本企业使用的商标;

c. 出口给进口本企业自产货物的境外单位或个人。

② 与本企业所生产的货物属于配套出口,且出口给进口本企业自产货物的境外单位或个人的外购货物,符合下列条件之一的:

a. 用于维修本企业出口的自产货物的工具、零部件、配件;

b. 不经过本企业加工或组装,出口后能直接与本企业自产货物组合成成套设备的货物。

③ 经集团公司总部所在地的地级以上国家税务局认定的集团公司,其控股(按照《中华人民共和国公司法》第二百一十七条规定的口径执行)的生产企业之间收购的自产货物以及集团公司与其控股的生产企业之间收购的自产货物。

④ 同时符合下列条件的委托加工货物:

a. 与本企业生产的货物名称、性能相同,或者是用本企业生产的货物再委托深加工的货物;

b. 出口给进口本企业自产货物的境外单位或个人;

c. 委托方与受托方必须签订委托加工协议,且主要原材料必须由委托方提供,受托方不垫付资金,只收取加工费,开具加工费(含代垫的辅助材料)的增值税专用发票。

⑤ 用于本企业中标项目下的机电产品。

⑥ 用于对外承包工程项目下的货物。

⑦ 用于境外投资的货物。

⑧ 用于对外援助的货物。

⑨ 生产自产货物的外购设备和原材料(农产品除外)。

3.6.2.3 出口企业对外提供加工修理修配劳务

对外提供加工修理修配劳务,是指对进境复出口货物或从事国际运输的运输工具进行的加工修理修配。

3.6.2.4 零税率的应税服务

境内的单位和个人提供适用增值税零税率的应税服务,如果属于适用简易计税方法的,实行免征增值税办法;如果属于适用增值税一般计税方法的,生产企业实行"免、抵、退"税办法,外贸企业外购研发服务和设计服务出口实行免退税办法,外贸企业自己开发的研发服务和设计服务出口,视同生产企业连同其出口货物统一实行"免、抵、退"税办法。实行退(免)税办法的研发服务和设计服务,如果主管税务机关认定出口价格偏高的,有权按照核定的出口价格计算退(免)税;核定的出口价格低于外贸企业购进价格的,低于部分对应的进项税额不予退税,转入成本。

境内的单位和个人提供适用增值税零税率应税服务的,可以放弃适用增值税零税率,选择免税或按规定缴纳增值税。放弃适用增值税零税率后,36 个月内不得再申请适用增值税零税率。

境内的单位和个人提供适用增值税零税率的应税服务,按月向主管退税的税务机关申报办理增值税"免、抵、退"税或免税手续。具体管理办法由国家税务总局商财政部另行制定。

3.6.3 增值税出口退税率

3.6.3.1 退税率的一般规定

除财政部和国家税务总局根据国务院决定而明确的增值税出口退税率(以下称为"退税率")外,出口货物的退税率为其适用税率。国家税务总局根据上述规定将退税率通过出口货物劳务退税率文库予以发布,供征纳双方执行。退税率有调整的,除另有规定外,其执行时间以货物(包括被加工修理修配的货物)出口货物报关单(出口退税专用)上注明的出口日期为准。

3.6.3.2 退税率的特殊规定

(1) 外贸企业购进按简易办法征税的出口货物、从小规模纳税人购进的出口货物,其退税率分别为简易办法实际执行的征收率、小规模纳税人征收率。上述出口货物取得增值税专用发票的,退税率按照增值税专用发票上的税率和出口货物退税率执低的原则确定。

(2) 出口企业委托加工修理修配货物,其加工修理修配费用的退税率,为出口货物的退税率。

(3) 中标机电产品、出口企业向海关报关进入特殊区域销售给特殊区域内生产企业生产耗用的列名原材料、输入特殊区域的水电气,其退税率为适用税率。如果国家调整列名原材料的退税率列名原材料应当自调整之日起按调整后的退税率执行。

(4) 海洋工程结构物退税率的适用范围根据财税〔2012〕39 号文件附件 3 确定。

适用不同退税率的货物劳务,应分开报关、核算并申报退(免)税,未分开报关、核算或划分不清的,从低适用退税率。

3.6.4 增值税退(免)税办法

3.6.4.1 生产企业出口货物——"免、抵、退"方法

生产企业出口自产货物和视同自产货物及对外提供加工修理修配劳务,以及列名的 74 家生产企业出口非自产货物,免征增值税,相应的进项税额抵减应纳增值税额(不包括适用增值税即征即退、先征后退政策的应纳增值税额),未抵减完的部分予以退还。

零税率应税服务提供者提供零税率应税服务,如果属于适用增值税一般计税方法的,免征增值税,相应的进项税额抵减应纳增值税额(不包括适用增值税即征即退、先征后退政策的应纳增值税额),未抵减完的部分予以退还。

3.6.4.2 外贸企业出口货物——免退税办法

不具有生产能力的出口企业(以下称为"外贸企业")或其他单位出口货物劳务,免征

增值税,相应的进项税额予以退还。

外贸企业外购研发服务和设计服务免征增值税,其对应的外购应税服务的进项税额予以退还。

3.6.5 增值税退（免）税的计税依据

出口货物、劳务及应税服务的增值税退（免）税的计税依据,按出口货物、劳务及应税服务的出口发票（外销发票）,其他普通发票或购进出口货物、劳务及应税服务的增值税专用发票,海关进口增值税专用缴款书确定。

（1）生产企业出口货物、劳务及应税服务（进料加工复出口货物除外）增值税退（免）税的计税依据,为出口货物、劳务及应税服务的实际离岸价（FOB）。实际离岸价应以出口发票上的离岸价为准,但如果出口发票不能反映实际离岸价,主管税务机关有权予以核定。

（2）生产企业进料加工复出口货物增值税退（免）税的计税依据,按出口货物的离岸价（FOB）扣除出口货物所含的海关保税进口料件的金额后确定。所称海关保税进口料件,是指海关以进料加工贸易方式监管的出口企业从境外和特殊区域等进口的料件,包括出口企业从境外单位或个人购买并从海关保税仓库提取且办理海关进料加工手续的料件,以及保税区外的出口企业从保税区内的企业购进并办理海关进料加工手续的进口料件。

（3）生产企业国内购进无进项税额且不计提进项税额的免税原材料加工后出口的货物的计税依据,按出口货物的离岸价（FOB）扣除出口货物所含的国内购进免税原材料的金额后确定。

（4）外贸企业出口货物（委托加工修理修配货物除外）增值税退（免）税的计税依据,为购进出口货物的增值税专用发票注明的金额或海关进口增值税专用缴款书注明的完税价格。

（5）外贸企业出口委托加工修理修配货物增值税退（免）税的计税依据,为加工修理修配费用增值税专用发票注明的金额。外贸企业应将加工修理修配使用的原材料（进料加工海关保税进口料件除外）作价销售给受托加工修理修配的生产企业,受托加工修理修配的生产企业应将原材料成本并入加工修理修配费用开具发票。

（6）出口进项税额未计算抵扣的已使用过的设备增值税退（免）税的计税依据,按下列公式确定:

退（免）税计税依据＝增值税专用发票上的金额或海关进口增值税专用缴款书注明的完税价格×已使用过的设备固定资产净值÷已使用过的设备原值

已使用过的设备固定资产净值＝已使用过的设备原值－已使用过的设备已提累计折旧

所称已使用过的设备,是指出口企业根据财务会计制度已经计提折旧的固定资产。

（7）免税品经营企业销售的货物增值税退（免）税的计税依据,为购进货物的增值税专用发票注明的金额或海关进口增值税专用缴款书注明的完税价格。

（8）中标机电产品增值税退（免）税的计税依据：生产企业为销售机电产品的普通发票注明的金额；外贸企业为购进货物的增值税专用发票注明的金额或海关进口增值税专用缴款书注明的完税价格。

（9）生产企业向海上石油天然气开采企业销售的自产的海洋工程结构物增值税退（免）税的计税依据，为销售海洋工程结构物的普通发票注明的金额。

（10）输入特殊区域的水电气增值税退（免）税的计税依据，为作为购买方的特殊区域内生产企业购进水（包括蒸汽）、电力、燃气的增值税专用发票注明的金额。

（11）增值税零税率应税服务的退（免）税计税依据。

① 实行"免、抵、退"税办法的退（免）税计税依据。

a. 以铁路运输方式载运旅客的，为按照铁路合作组织清算规则清算后的实际运输收入。

b. 以铁路运输方式载运货物的，为按照铁路运输进款清算办法，对"发站"或"到站（局）"名称包含"境"字的货票上注明的运输费用以及直接相关的国际联运杂费清算后的实际运输收入。

c. 以航空运输方式载运货物或旅客的，如果国际运输或港、澳、台地区运输各航段由多个承运人承运的，为中国航空结算有限责任公司清算后的实际收入；如果国际运输或港、澳、台地区运输各航段由一个承运人承运的，为提供航空运输服务取得的收入。

d. 其他实行"免、抵、退"税办法的增值税零税率应税服务，为提供增值税零税率应税服务取得的收入。

② 实行免退税办法的退（免）税计税依据为购进应税服务的增值税专用发票或解缴税款的中华人民共和国税收缴款凭证上注明的金额。主管税务机关认为增值税零税率应税服务提供者提供的研发服务或设计服务出口价格偏高的，应按照《财政部 国家税务总局关于防范税收风险若干增值税政策的通知》（财税〔2013〕112 号）第五条的规定处理。

3.6.6　增值税退（免）税的计算

3.6.6.1　生产企业出口货物劳务增值税"免、抵、退"税

生产企业出口货物劳务增值税"免、抵、退"税计算公式如下：

1. 当期应纳税额的计算

当期应纳税额＝当期销项税额－（当期进项税额 －当期不得免征和抵扣税额）

当期不得免征和抵扣税额＝当期出口货物离岸价×外汇人民币折合率×（出口货物适用税率－出口货物退税率）－当期不得免征和抵扣税额抵减额

当期不得免征和抵扣税额抵减额＝当期免税购进原材料价格×（出口货物适用税率－出口货物退税率）

2. 当期"免、抵、退"税额的计算

当期"免、抵、退"税额＝当期出口货物离岸价×外汇人民币折合率×出口货物退税率－当期"免、抵、退"税额抵减额

当期"免、抵、退"税额抵减额＝当期免税购进原材料价格×出口货物退税率

3. 当期应退税额和免抵税额的计算

（1）当期期末留抵税额小于等于当期"免、抵、退"税额

当期应退税额＝当期期末留抵税额

当期免抵税额＝当期"免、抵、退"税额－当期应退税额

（2）当期期末留抵税额大于当期"免、抵、退"税额

当期应退税额＝当期"免、抵、退"税额

当期免抵税额＝0

当期期末留抵税额为当期增值税纳税申报表中的"期末留抵税额"。

4. 当期免税购进原材料价格的计算

当期免税购进原材料价格包括当期国内购进的无进项税额且不计提进项税额的免税原材料的价格和当期进料加工保税进口料件的价格，其中当期进料加工保税进口料件的价格为组成计税价格。

当期进料加工保税进口料件的组成计税价格＝当期进口料件到岸价格＋海关实征关税＋海关实征消费税

当期进料加工保税进口料件的组成计税价格为当期进料加工出口货物耗用的保税进口料件的金额。

进料加工出口货物耗用的保税进口料件金额＝进料加工出口货物人民币离岸价×进料加工计划分配率

进料加工计划分配率＝核销上年度进料加工业务时确定的实际分配率

实际分配率＝年度进料加工出口货物耗用的保税进口料件金额÷年度进料加工出口货物总额

5. 零税率应税服务增值税退（免）税的计算

零税率应税服务增值税"免、抵、退"税，依下列公式计算：

（1）当期"免、抵、退"税额的计算

当期零税率应税服务"免、抵、退"税额＝当期零税率应税服务"免、抵、退"税计税依据×外汇人民币折合率×零税率应税服务增值税退税率

（2）当期应退税额和当期免抵税额的计算

① 当期期末留抵税额小于等于当期"免、抵、退"税额时

当期应退税额＝当期期末留抵税额

当期免抵税额＝当期"免、抵、退"税额－当期应退税额

② 当期期末留抵税额大于当期"免、抵、退"税额时

当期应退税额＝当期"免、抵、退"税额

当期免抵税额＝0

"当期期末留抵税额"为当期增值税纳税申报表中的"期末留抵税额"。

3.6.6.2 外贸企业出口货物劳务增值税免退税

外贸企业出口货物劳务增值税免退税,计算公式如下:

1. 外贸企业出口委托加工修理修配货物以外的货物

增值税应退税额＝增值税退(免)税计税依据×出口货物退税率

2. 外贸企业出口委托加工修理修配货物

出口委托加工修理修配货物的增值税应退税额＝委托加工修理修配的增值税退(免)税计税依据×出口货物退税率

3. 外贸企业兼营的零税率应税服务增值税免退税

外贸企业兼营的零税率应税服务应退税额＝外贸企业兼营的零税率应税服务免退税计税依据×零税率应税服务增值税退税率

退税率低于适用税率的,相应计算出的差额部分的税款计入出口货物劳务成本。

出口企业既有适用增值税"免、抵、退"项目,也有增值税即征即退、先征后退项目的,增值税即征即退和先征后退项目不参与出口项目"免、抵、退"税计算。出口企业应分别核算增值税"免、抵、退"项目和增值税即征即退、先征后退项目,并分别申请享受增值税即征即退、先征后退和"免、抵、退"税政策。

用于增值税即征即退或者先征后退项目的进项税额无法划分的,按照下列公式计算:

无法划分进项税额中用于增值税即征即退或者先征后退项目的部分＝当月无法划分的全部进项税额×当月增值税即征即退或者先征后退项目销售额÷当月全部销售额、营业额合计

实行"免、抵、退"税办法的零税率应税服务提供者如同时有货物劳务(劳务指对外加工修理修配劳务,下同)出口的,可结合现行出口货物"免、抵、退"税计算公式一并计算。税务机关在审批时,按照出口货物劳务、零税率应税服务"免、抵、退"税额比例划分出口货物劳务、零税率应税服务的退税额和免抵税额。

【例3-32】 某自营出口的生产企业为增值税一般纳税人,出口货物征税率为17%,退税率为13%,2013年4月有关经营业务如下:购进原材料一批,取得增值税专用发票注明的价款200万元,外购货物准予抵扣的进项税额34万元通过认证。上月月末留抵税额3万元,本月内销货物不含税销售额100万元,收款117万元存入银行,本月出口货物的销售额折合人民币200万元。计算该企业当期的"免、抵、退"税额。

【解析】 当期免抵退税不得免征和抵扣税额＝200×(17%－13%)＝8(万元);

应纳税额＝100×17%－(200×17%－8)－3＝－12(万元);

免抵退税额＝200×13%＝26(万元);

应退税额＝12(万元);

免抵税额＝26－12＝14(万元);

留抵税额＝0。

【例3-33】 生产企业进料加工复出口货物,其增值税的退免税依据是( )。

A. 出口货物劳务的实际离岸价(FOB)

B. 按出口货物的离岸价(FOB)扣除出口货物所含的海关保税进口料件的金额后确定

C. 按出口货物的离岸价(FOB)扣除出口货物所含的国内购进免税原材料的金额后确定

D. 为购进出口货物的增值税专用发票注明的金额或海关进口增值税专用缴款书注明的完税价格

【答案】 B

【例 3-34】 某生产企业为增值税一般纳税人,2013 年 6 月外购原材料取得防伪税控机开具的进项税额专用发票,注明进项税额 137.7 万元并通过主管税务机关认证。当月内销货物取得不含税销售额 150 万元,外销货物取得收入 115 万美元(美元与人民币的比价为 1 : 6.2),该企业适用增值税税率为 17%,出口退税率为 13%。该企业 6 月应退的增值税为多少万元?

【解析】 当期应纳增值税税额=150×17%−[137.7−115×6.2×(17%−13%)]=25.5−109.18=−83.68(万元);

当期免抵退税税额=115×6.2×13%=92.69(万元)。

因为 92.69>83.68,所以应退 83.68 万元。

【例 3-35】 某国际运输公司已登记为一般纳税人,该企业实行"免、抵、退"税管理办法。该企业 2014 年 3 月实际发生如下业务:

(1) 该企业当月承接了 3 个国际运输业务,取得确认的收入 60 万元人民币。

(2) 企业增值税纳税申报时,期末留抵税额为 15 万元人民币。

要求:计算该企业当月的退税额。

【解析】 当期零税率应税服务免抵退税额=当期零税率应税服务免抵退税计税依据×外汇人民币折合率×零税率应税服务增值税退税率=60×11%=6.6(万元);

当期期末留抵税额 15 万元>当期免抵退税额 6.6 万元;

当期应退税额=当期免抵退税额=6.6(万元);

退税申报后,结转下期留抵的税额=15−6.6=8.4(万元)。

3.7 增值税税收优惠

3.7.1 直接免税项目

《增值税暂行条例》第十五条规定,下列 7 个项目免征增值税:

① 农业生产者销售的自产农产品;

② 避孕药品和用具;

③ 古旧图书；

④ 直接用于科学研究、科学试验和教学的进口仪器、设备；

⑤ 外国政府、国际组织无偿援助的进口物资和设备；

⑥ 由残疾人的组织直接进口供残疾人专用的物品；

⑦ 销售自己使用过的物品。

3.7.2 其他免征项目

3.7.2.1 资源综合利用及其他产品的增值税政策

（1）对销售下列自产货物实行免征增值税政策：

① 再生水；

② 以废旧轮胎为全部生产原料生产的胶粉；

③ 翻新轮胎；

④ 特定建材产品。

（2）对污水处理劳务免征增值税。

（3）对销售下列自产货物实行增值税即征即退的政策：

① 以工业废气为原料生产的高纯度二氧化碳产品；

② 以垃圾为燃料生产的电力或者热力，包括利用垃圾发酵产生的沼气生产销售的电力或者热力；

③ 以煤炭开采过程中伴生的舍弃物油母页岩为原料生产的页岩油；

④ 以废旧沥青混凝土为原料生产的再生沥青混凝土；

⑤ 采用旋窑法工艺生产的水泥。

（4）销售下列自产货物实现的增值税实行即征即退 50% 的政策：

① 以退役军用发射药为原料生产的涂料硝化棉粉；

② 对燃煤发电厂及各类工业企业产生的烟气、高硫天然气进行脱硫生产的副产品；

③ 以废弃酒糟和酿酒底锅水为原料生产的蒸汽、活性炭、白炭黑、乳酸、乳酸钙、沼气；

④ 以煤研石、煤泥、石煤、油母页岩为燃料生产的电力和热力；

⑤ 利用风力生产的电力；

⑥ 部分新型墙体材料产品。

（5）对销售自产的综合利用生物柴油实行增值税先征后退政策。综合利用生物柴油，是指以废弃的动物油和植物油为原料生产的柴油。

（6）对增值税一般纳税人生产的黏土实心砖、瓦，一律按适用税率征收增值税，不得采取简易办法征收增值税。

（7）申请享受规定的资源综合利用产品增值税优惠政策的纳税人，应当按照《国家发展改革委 财政部 国家税务总局关于印发〈国家鼓励的资源综合利用认定管理办法〉的通知》（发改环资〔2006〕1864 号）的有关规定，申请并取得《资源综合利用认定证书》，否则不得申请享受增值税优惠政策。

3.7.2.2　调整完善资源综合利用产品及劳务增值税政策

（1）对销售自产的以建（构）筑废物、煤研石为原料生产的建筑砂石骨料免征增值税。

（2）对垃圾处理、污泥处理处置劳务免征增值税。

（3）对销售下列自产货物实行增值税即征即退100％的政策：

① 利用工业生产过程中产生的余热、余压生产的电力或热力；

② 以餐厨垃圾、畜禽粪便、稻壳、花生壳、玉米芯、油茶壳、棉籽壳、三剩物、次小薪材、含油污水、有机废水、污水处理后产生的污泥、油田采油过程中产生的油污泥（浮渣）等发酵产生的沼气为原料生产的电力、热力、燃料；

③ 以污水处理后产生的污泥为原料生产的干化污泥、燃料；

④ 以废弃的动物油、植物油为原料生产的饲料级混合油；

⑤ 以回收的废矿物油为原料生产的润滑油基础油、汽油、柴油等工业油料；

⑥ 以油田采油过程中产生的油污泥（浮渣）为原料生产的乳化油调和剂及防水卷材辅料产品；

⑦ 以人发为原料生产的档发。

（4）对销售下列自产货物实行增值税即征即退80％的政策：

以三剩物、次小薪材和农作物秸秆3类农林剩余物为原料生产的木（竹、秸秆）纤维板、木（竹、秸秆）刨花板、细木工板、活性炭、拷胶、水解酒精、炭棒；以沙柳为原料生产的箱板纸。

（5）对销售下列自产货物实行增值税即征即退50％的政策：

① 以蔗渣为原料生产的蔗渣浆、蔗渣刨花及各类纸制品；

② 以粉煤灰为原料生产的氧化铝、活性硅酸钙；

③ 利用污泥生产的污泥生物蛋白；

④ 以废旧电池、材料等为原料生产的各种金属；

⑤ 以废塑料、废旧聚氯乙烯、废橡胶制品及废铝塑复合纸包装材料为原料生产的汽油、柴油、废料（橡胶）油、石油焦、炭黑、再生纸浆、铝粉等再生塑料制品；

⑥ 以废弃天然纤维、化学纤维及其制品为原料生产的纤维纱及织布、无纺布、毡、黏合剂及再生聚酯产品；

⑦ 以废旧石墨为原料生产的石墨异形件、石墨块、石墨粉和石墨增碳剂。

3.7.2.3　其他征免规定

（1）飞机维修业务增值税问题。自2000年1月1日起，对飞机维修劳务增值税税负超6％的部分实行由税务机关即征即退的政策。

（2）免征蔬菜流通环节增值税。经国务院批准，自2012年1月1日起，免征蔬菜流通环节增值税。

（3）粕类产品免征增值税问题。豆粕属于征收增值税的饲料产品，除豆粕以外的其他粕类饲料产品，均免征增值税。

（4）制种行业增值税政策。制种企业在下列生产经营模式下生产销售种子，属于农业生产者销售自产农业产品的,应根据《增值税暂行条例》有关规定免征增值税。

(5) 有机肥产品免征增值税政策。自 2008 年 6 月 1 日起,纳税人生产销售和批发、零售有机肥产品免征增值税。

(6) 按债转股企业与金融资产管理公司签订的债转股协议,债转股原企业将货物资产作为投资提供给债转股新公司的,免征增值税。

(7) 自 2010 年 6 月 1 日起,对符合规定条件的国内企业为生产国家支持发展的大型环保和资源综合利用设备、应急柴油发电机组、机场行李自动分拣系统、重型模锻液压机而确有必要进口部分关键零部件、原材料,免征关税和进口环节增值税。

(8) 节能服务公司实施符合条件的合同能源管理项目,将项目中的增值税应税货物转让给用能企业,暂免征收增值税。

(9) 自 2013 年 10 月 1 日至 2015 年 12 月 31 日,对纳税人销售自产的利用太阳能生产的电力暂免征收增值税。

(10) 为进一步扶持小微企业发展,经国务院批准,自 2014 年 10 月 1 日至 2015 年底,月销售额不超过 3 万元的小微企业、个体工商户和其他个人,免征增值税。

3.7.3 "营改增"过渡性优惠政策

3.7.3.1 免征增值税项目

(1) 个人转让著作权。

(2) 残疾人个人提供应税服务。

(3) 航空公司提供的播撒农药服务。

(4) 试点纳税人提供的技术转让、技术开发、技术咨询、技术服务。

(5) 节能服务公司提供的符合条件的应税服务。

(6) 试点纳税人提供的离岸服务外包业务。

(7) 我国台湾地区的台湾航运公司从事海峡两岸海上直航业务在大陆取得的运输收入。

(8) 我国台湾地区的台湾航空公司从事海峡两岸空中直航业务在大陆取得的运输收入。

(9) 美国 ABS 船级社在非营利宗旨不变、中国船级社在美国享受同等免税待遇的前提下,在中国境内提供的船检服务。

(10) 随军家属就业。

(11) 军队转业干部就业。

(12) 失业人员就业。

(13) 城镇退役士兵就业。

(14) 试点纳税人提供的国际货物运输代理服务。

(15) 世界银行贷款粮食流通项目投产后的应税服务。

(16) 中国邮政集团公司及其所属邮政企业提供的邮政普遍服务和邮政特殊服务。

(17) 自 2014 年 1 月 1 日至 2015 年 12 月 31 日,中国邮政集团公司及其所属邮政企业为中国邮政速递物流股份有限公司及其子公司(含各级分支机构)代办速递、物流、国际包裹、快递包裹以及礼仪业务等速递物流类业务取得的代理收入,以及为金融机构代办金融保险业务取得的代理收入。

(18) 青藏铁路公司提供的铁路运输服务。

3.7.3.2 实行增值税即征即退项目

(1) 2015 年 12 月 31 日前,注册在洋山保税港区和东疆保税港区内的试点纳税人提供的国内货物运输服务、仓储服务和装卸搬运服务。

(2) 安置残疾人的单位,实行由税务机关按照单位实际安置残疾人的人数限额即征即退增值税的办法。

(3) 2015 年 12 月 31 日前,试点纳税人中的一般纳税人提供管道运输服务对其增值税实际税负超过 3% 的部分实行增值税即征即退政策。

(4) 经中国人民银行、银监会或者商务部批准从事融资租赁业务的试点纳税人中的一般纳税人,提供有形动产融资租赁服务,在 2015 年 12 月 31 前,对其增值税实际税负超过 3% 的部分实行增值税即征即退政策。

3.7.4 增值税起征点的规定

纳税人销售额未达到国务院财政、税务主管部门规定的起征点的免征增值税。增值税起征点的适用范围限于个人(不包括认定为一般纳税人的个体工商户)。

增值税起征点的幅度规定如下:

(1) 销售货物的,为月销售额 5000～20000 元。

(2) 提供应税劳务的,为月销售额 5000～20000 元。

(3) 按次纳税的,为每次(日)销售额 300～500 元。

(4) 应税服务的起征点:

① 按期纳税的,为月销售额 5000～20000 元(含 20000)。

② 按次纳税的,为每次(日)销售额 300～500 元(含 500)。

上述所称销售额,是指《增值税暂行条例实施细则》第三十条第一款所称小规模纳税人的销售额,即小规模纳税人的销售额不包括其应纳税额。

3.7.5 其他有关减免税规定

(1) 纳税人兼营免税、减税项目的,应分别核算免税减税项目的销售额;未分别核算销售额的,不得免税、减税。

(2) 纳税人销售货物或者提供应税劳务和应税服务适用免税规定的,可以放弃免税,依照《增值税暂行条例》和"营改增"的规定缴纳增值税;放弃免税后,36 个月内不得再申请免税。纳税人提供应税服务同时适用免税和零税率规定的,优先适用零税率。

① 生产和销售免征增值税货物或劳务的纳税人要求放弃免税权应当以书面形式提交放弃免税权声明报主管税务机关备案,纳税人自提交备案资料的次月起,按照现行有关规定计算缴纳增值税。

② 放弃免税权的纳税人符合一般纳税人认定条件尚未认定为增值税一般纳税人的,应当按现行规定认定为增值税一般纳税人,其销售的货物或提供的应税劳务以及应税服

务可开具增值税专用发票。

③ 纳税人一经放弃免税权,其生产销售的全部增值税应税货物或劳务以及应税服务均应按照适用税率征税,不得选择某一免税项目放弃免税权,也不得根据不同的销售对象选择部分货物或应税劳务以及应税服务放弃免税权。

④ 纳税人在免税期内购进用于免税项目的货物或者应税劳务以及应税服务所取得的增值税扣税凭证,一律不得抵扣。

(3) 安置残疾人单位既符合促进残疾人就业增值税优惠政策条件,又符合其他增值税优惠政策条件的,可同时享受多项增值税优惠政策,但年度申请退还增值税总额不得超过本年度内应纳增值税总额。

【例 3-36】　下列业务属于增值税免税项目的有(　　)。

A. 超市销售农产品　　　　　　　　B. 农民个人销售自产的农产品

C. 粮油经销公司销售农产品　　　　D. 国有农场销售外购的农产品

【答案】　B

【解析】　农业生产者销售自产的农产品免征增值税,故选择 B。

【例 3-37】　甲省增值税的起征点为月销售额 20000 元,下列说法符合增值税起征点规定的是(　　)。

A. 甲省某有限责任公司月销售额为 18900 元,该有限责任公司不缴纳增值税

B. 甲省某个人月零售额为 20500 元,该个人应缴纳增值税

C. 甲省某个人月零售额为 25750 元,该个人计税销售额为 25000 元

D. 甲省某个人月销售额未达到起征点,需要向税务机关审批后方可享受起征点的待遇

【答案】　C

【解析】　增值税起征点仅适用于个人,故 A 选项错误;增值税的起征点是不含税销售额,甲省某个人月零售额为 20500 元,不含税销售额＝20500÷(1＋3%)＝19902.91(元),未达到起征点,不缴纳增值税,故 B 选项错误;C 选项,不含税销售额＝25750÷(1＋3%)＝25000(元),超过起征点,应缴纳增值税;享受起征点待遇不需要税务机关审批,故 D 选项错误。

【例 3-38】　下列各项中,符合增值税纳税人放弃免税权有关规定的是(　　)。

A. 纳税人可以根据不同的销售对象选择部分货物放弃免税权

B. 纳税人应以书面形式提出放弃免税申请,报主管税务机关审批

C. 纳税人自税务机关受理其放弃免税声明的当月起 12 个月内不得再申请免税

D. 符合条件但尚未认定为增值税一般纳税人的纳税人放弃免税权,应当认定为增值税一般纳税人

【答案】　D

3.8 增值税征收管理

3.8.1 纳税义务的发生时间

《增值税暂行条例》和"营改增"明确规定了增值税纳税义务的发生时间。纳税义务发生时间,是纳税人发生应税行为应当承担纳税义务的起始时间。税法明确规定,纳税义务发生时间的作用在于:正式确认纳税人已经发生属于税法规定的应税行为,应承担纳税义务;有利于税务机关实施税务管理,合理规定申报期限和纳税期限,监督纳税人切实履行纳税义务。销售货物或者提供应税劳务和应税服务的纳税义务发生时间可以分为一般规定和具体规定。

3.8.1.1 一般规定

(1)纳税人销售货物或者提供应税劳务和应税服务(以下简称"销售货物"),其纳税义务发生时间为收讫销售款项或者取得索取销售款项凭据的当天;先开具发票的,为开具发票的当天。

(2)纳税人进口货物,其纳税义务发生时间为报关进口的当天。

(3)增值税扣缴义务发生时间为纳税人增值税纳税义务发生的当天。

3.8.1.2 具体规定

纳税人收讫销售款项或者取得索取销售款项凭据的当天,按销售结算方式的不同,具体规定如下:

(1)采取直接收款方式销售货物,不论货物是否发出,均为收到销售款或者取得索取销售款凭据的当天;对于纳税人生产经营活动中采取直接收款方式销售货物,已将货物移送对方并暂估销售收入入账,但既未取得销售款或取得索取销售款凭据也未开具销售发票的,其增值税纳税义务发生时间为取得销售款或取得索取销售款凭据的当天;先开具发票的,为开具发票的当天。

(2)采取托收承付和委托银行收款方式销售货物,为发出货物并办妥托收手续的当天。

(3)采取赊销和分期收款方式销售货物,为书面合同约定的收款日期的当天;无书面合同的或者书面合同没有约定收款日期的,为货物发出的当天。

(4)采取预收货款方式销售货物,为货物发出的当天;但生产销售生产工期超过 12 个月的大型机械设备、船舶、飞机等货物,为收到预收款或者书面合同约定的收款日期的当天。

(5)委托其他纳税人代销货物,为收到代销单位的代销清单或者收到全部或者部分货款的当天;未收到代销清单及货款的,为发出代销货物满 180 天的当天。

(6)提供应税劳务,为提供劳务同时收讫销售款或者取得索取销售款的凭据的当天。

(7)纳税人发生视同销售货物行为,为货物移送的当天。

(8)纳税人提供有形动产租赁服务采取预收款方式的,其纳税义务发生时间为收到预收款的当天。

（9）纳税人发生视同提供应税服务的，其纳税义务发生时间为应税服务完成的当天。

上述销售货物或应税劳务纳税义务发生时间的确定，明确了企业在计算应纳税额时，对"当期销项税额"时间的限定，是增值税计税和征收管理中重要的规定。一些企业没有按照上述规定的纳税义务发生时间将实现的销售收入及时入账并计算纳税，而是采取延迟入账或不计销售收入等做法，以拖延纳税或逃避纳税，这些做法都是错误的，企业必须按上述规定的时限及时、准确地记录销售额和计算当期销项税额。

3.8.2　纳税期限

在明确了增值税纳税义务发生时间后，还需要掌握具体纳税期限，以保证按期缴纳税款。根据《增值税暂行条例》的规定，增值税的纳税期限分别为 1 日、3 日、5 日、10 日、15 日、1 个月或者 1 个季度。

纳税人的具体纳税期限，由主管税务机关根据纳税人应纳税额的大小分别核定；不能按照固定期限纳税的，可以按次纳税。以 1 个季度为纳税期限的规定仅适用于小规模纳税人。小规模纳税人的具体纳税期限，由主管税务机关根据其应纳税额的大小分别核定。

纳税人以 1 个月或者 1 个季度为 1 个纳税期的，自期满之日起 15 日内申报纳税；以 1 日、3 日、5 日、10 日或者 15 日为 1 个纳税期的，自期满之日起 5 日内预缴税款，于次月 1 日起 15 日内申报纳税并结清上月应纳税款。

扣缴义务人解缴税款的期限，依照前两款规定执行。

纳税人进口货物，应当自海关填发进口增值税专用缴款书之日起 15 日内缴纳税款。

纳税人出口货物适用退（免）税规定的，应当向海关办理出口手续，凭出口报关单等有关凭证，在规定的出口退（免）税申报期内按月向主管税务机关申报办理该项出口货物的退（免）税。

出口货物办理退税后发生退货或者退关的，纳税人应当依法补缴已退的税款。

3.8.3　纳税地点

为了保证纳税人按期申报纳税，根据企业跨地区经营和搞活商品流通的特点及不同情况，税法还具体规定了增值税的纳税地点。

（1）固定业户应当向其机构所在地的主管税务机关申报纳税。总机构和分支机构不在同一县（市）的，应当分别向各自所在地的主管税务机关申报纳税；经国务院财政、税务主管部门或者其授权的财政、税务机关批准，可以由总机构汇总向总机构所在地的主管税务机关申报纳税。

（2）固定业户到外县（市）销售货物或者提供应税劳务，应当向其机构所在地的主管税务机关申请开具外出经营活动税收管理证明，并向其机构所在地的主管税务机关申报纳税；未开具证明的，应当向销售地或者劳务发生地的主管税务机关申报纳税；未向销售地或者劳务发生地的主管税务机关申报纳税的，由其机构所在地的主管税务机关补征税款。

（3）非固定业户销售货物或者提供应税劳务，应当向销售地或者劳务发生地的主管税务机关申报纳税；未向销售地或者劳务发生地的主管税务机关申报纳税的，由其机构所在地或者居住地的主管税务机关补征税款。

（4）进口货物，应当向报关地海关申报纳税。

（5）扣缴义务人应当向其机构所在地或者居住地的主管税务机关申报缴纳其扣缴的税款。

3.8.4 纳税申报办法

1. 纳税申报资料

纳税申报资料包括纳税申报表及其附列资料和纳税申报其他资料。前者为必报资料，后者的报备要求由各省、自治区、直辖市和计划单列市国家税务局确定。

（1）纳税申报表及其附列资料

增值税一般纳税人（以下简称"一般纳税人"）纳税申报表及其附列资料包括：

①《增值税纳税申报表（一般纳税人适用）》；

②《增值税纳税申报表附列资料（一）》（本期销售情况明细）；

③《增值税纳税申报表附列资料（二）》（本期进项税额明细）；

④《增值税纳税申报表附列资料（三）》（应税服务扣除项目明细）；

⑤《增值税纳税申报表附列资料（四）》（税收抵减情况表）；

⑥《固定资产进项税额抵扣情况表》。

增值税小规模纳税人（以下简称"小规模纳税人"）纳税申报表及其附列资料包括：

①《增值税纳税申报表（小规模纳税人适用）》；

②《增值税纳税申报表（小规模纳税人适用）附列资料》。

（2）纳税申报其他资料

① 已开具的税控"机动车销售统一发票"和普通发票的存根联。

② 符合抵扣条件且本期申报抵扣的防伪税控"增值税专用发票"、"货物运输业增值税专用发票"、税控"机动车销售统一发票"的抵扣联，按规定仍可以抵扣且在本期申报抵扣的"公路、内河货物运输业统一发票"的抵扣联。

③ 符合抵扣条件且在本期申报抵扣的海关进口增值税专用缴款书，购进农产品取得的普通发票，铁路运输费用结算单据的复印件，按规定仍可以抵扣且在本期申报抵扣的其他运输费用结算单据的复印件。

④ 符合抵扣条件且在本期申报抵扣的中华人民共和国税收缴款凭证及其清单，书面合同，付款证明和境外单位的对账单或者发票。

⑤ 已开具的农产品收购凭证的存根联或报查联。

⑥ 纳税人提供应税服务，在确定应税服务销售额时，按照有关规定从取得的全部价款和价外费用中扣除价款的合法凭证及其清单。

⑦ 主管税务机关规定的其他资料。

2. 主管税务机关应做好增值税纳税申报的宣传和辅导工作

【**例 3-39**】 根据《增值税暂行条例》及其实施细则的规定，采取预收货款方式销售货物的,增值税纳税义务发生时间是( )。

   A. 销售方收到第一笔货款的当天   B. 销售方收到剩余货款的当天

   C. 销售方发出货物的当天   D. 购买方收到货物的当天

【答案】 C

【解析】 纳税人采取预收货款方式销售货物的,增值税纳税义务发生时间为货物发出的当天。

【例 3-40】 以下关于增值税纳税地点的表述中,错误的是( )。

A. 固定业户在其机构所在地申报纳税

B. 非固定业户在其居住所在地申报纳税

C. 进口货物向报关地海关申报纳税

D. 总机构和分支机构不在同一县(市)的,分别向各自所在地主管税务机关申报纳税

【答案】 B

【解析】 非固定业户销售货物或者应税劳务,应当向销售地或者劳务发生地的主管税务机关申报纳税。

3.9 增值税专用发票的使用和管理

实行增值税专用发票是增值税改革中很关键的一步,专用发票与普通发票不同,它不仅具有商业凭证的作用,由于实行凭发票注明税款扣税,购货方要向销货方支付增值税,它具有完税凭证的作用。更重要的是,增值税专用发票将一个产品的最初生产到最终的消费之间各环节联系起来,保持了税赋的完整,体现了增值税的作用。

3.9.1 增值税专用发票的构成

专用发票由基本联次或者基本联次附加其他联次构成,基本联次为三联:发票联、抵扣联和记账联。发票联,作为购买方核算采购成本和增值税进项税额的记账凭证;抵扣联,作为购买方报送主管税务机关认证和留存备查的凭证;记账联,作为销售方核算销售收入和增值税销项税额的记账凭证。其他联次用途,由一般纳税人自行确定。

货物运输业增值税专用发票分为三联票和六联票。第一联:记账联,为承运人记账凭证;第二联:抵扣联,为受票方扣税凭证;第三联:发票联,为受票方记账凭证;第四联至第六联由发票使用单位自行安排使用。

增值税专用发票发票联如图 3-1 所示。

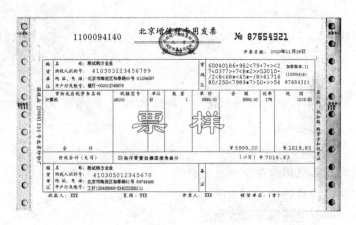

图 3-1　增值税专用发票

3.9.2　增值税专用发票的领购

专用发票只限于增值税一般纳税人领购使用,增值税小规模纳税人及非增值税纳税人不得领购使用。一般纳税人凭《发票领购簿》、IC卡或报税盘和经办人身份证明领购专用发票。一般纳税人有下列情形之一者,不得领购使用专用发票。

(1)会计核算不健全,即不能按会计制度和税务机关的要求准确核算增值税的销项税额、进项税额和应纳税额者。

(2)不能向税务机关准确提供增值税销项税额、进项税额、应纳税额数据及其他有关增值税税务资料者。

上述其他有关增值税税务资料的内容,由国家税务总局直属分局确定。

(3)有以下行为,经税务机关责令限期改正而仍未改正者:

① 私自印制专用发票;

② 向税务机关以外的单位和个人买取专用发票;

③ 借用他人专用发票;

④ 虚开增值税专用发票;

⑤ 未按增值税增收制度规定第十一条开具专用发票;

⑥ 未按规定保管专用发票;

⑦ 未按规定申请办理防伪税控系统变更发行;

⑧ 未按规定接受税务机关检查。

(4)销售的货物全部属于免税项目者。

有上列情形的一般纳税人如已领购使用专用发票,税务机关应收缴其结存的专用发票。一般纳税人销售货物(包括视同销售货物在内),提供应税劳务,根据《增值税暂行条例实施细则》规定应当征收增值税的非应税劳务(以下简称"销售应税项目"),必须向购买方开具专用发票。下列情形不得开具专用发票:

① 向消费者销售非应税项目;

② 销售免税项目;

③ 销售报关出口的货物、在境外销售应税劳务；

④ 将货物用于非应税项目；

⑤ 将货物用于集体福利或个人消费；

⑥ 将货物无偿赠送他人；

⑦ 提供非应税劳务(应当征收增值税的除外)、转让无形资产或销售不动产。

3.9.3　增值税专用发票的开具要求

增值税专用发票必须按规定开具,开具的专用发票有不符合要求者,不得作为扣税凭证,购买方有权拒收。具体要求如下：

(1) 项目填写齐全,与实际交易相符。全部联次一次填开,上、下联的内容和金额一致。

(2) 字迹清楚,不得压线、错格,也不得涂改。如填写有误,应另行开具专用发票,并在误填的专用发票上注明"误填作废"四字。如专用发票开具后因购货方不索取而成为废票的,也应按填写有误办理。

(3) 发票联和抵扣联加盖单位财务专用章或发票专用章,不得加盖其他财务印章。根据不同版本的专用发票,财务专用章或发票专用章分别加盖在专用发票的左下角或右下角,覆盖"开票单位"一栏。财务专用章或发票专用章使用红色印泥。

(4) 纳税人开具专用发票必须预先加盖专用发票销货单位栏戳记。不得手工填写"销货单位"栏,用手工填写的,属于未按规定开具专用发票,购货方不得作为扣税凭证。专用发票销货单位栏戳记用蓝色印泥。

(5) 开具专用发票,必须在"金额"和"税额"栏合计(小写)数前用"￥"符号封顶,在"价税合计(大写)"栏大写合计数前用"￥"符号封顶。

购销双方单位名称必须详细填写,不得简写。如果单位名称较长,可在"名称"栏分上下两行填写,必要时可超出该栏的上下横线。

(6) 税务机关代开专用发票,除加盖纳税人财务专用章外,必须同时加盖税务机关代开增值税专用发票章,专用章加盖在专用发票底端的中间位置,使用红色印泥。凡未加盖上述用章的,购货方一律不得作为抵扣凭证。

(7) 不得拆本使用专用发票。

(8) 按照增值税纳税义务的发生时间开具。

>> 练习题

一、问答题

1. 增值税的特点有哪些？

2. 增值税一般纳税人和小规模纳税人的区别是什么？

3. 增值税应税服务大体上分为几类？

4. 增值税税率为 13% 的项目包括哪些？

5. 增值税纳税义务发生在什么时间？

二、选择题

1. 下列各项中，不属于增值税征税范围的是（　　）。

A. 电力生产企业销售电力

B. 裁缝店提供的缝纫劳务

C. 软件公司提供的软件开发服务

D. 租赁公司提供的不动产租赁服务

2. 下列关于增值税征税范围具体规定的说法中，不正确的是（　　）。

A. 集邮商品生产以及邮政部门销售集邮商品的，应征收增值税

B. 电力公司向发电企业收取的过网费，应当按照"服务业"征收营业税，不征收增值税

C. 航空运输企业提供的旅客利用里程积分兑换的航空运输服务，不征收增值税

D. 供电企业进行电力调压并按电量向电厂收取的并网服务费，应当征收增值税

3. 纳税人应当在申报期结束后（　　）日（工作日）内向主管税务机关报送《增值税一般纳税人申请认定表》，申请一般纳税人资格认定。

A. 10　　　　　　　B. 20　　　　　　　C. 30　　　　　　　D. 40

4. 下列关于一般纳税人纳税辅导期管理办法的有关规定，说法不正确的是（　　）。

A. 新认定为一般纳税人的小型商贸批发企业实行纳税辅导期管理的期限为 6 个月

B. 实行纳税辅导期管理的小型商贸批发企业，领购专用发票的最高开票限额不得超过 10 万元

C. 试点纳税人取得增值税一般纳税人资格后，发生骗取出口退税行为的，主管税务机关可以对其实行不少于 6 个月的纳税辅导期管理

D. 纳税辅导期结束后，纳税人因增购专用发票发生的预缴增值税有余额的，主管税务机关应在纳税辅导期结束后的第一个月内，一次性退还纳税人

5. 某卷烟生产企业为增值税一般纳税人，2013 年 10 月从烟农手中收购烟叶用于生产卷烟，收购凭证上注明收购价款 60 万元，价外补贴 6 万元，将烟叶运回企业支付给运输公司（增值税一般纳税人）不含税运费 1 万元，取得货物运输业增值税专用发票。则该卷烟生产企业 2013 年 10 月份可以抵扣的进项税额为（　　）万元。

A. 10.30　　　　　B. 9.43　　　　　C. 10.41　　　　　D. 8.65

6. 某超市为增值税一般纳税人,2013 年 12 月零售大米和蔬菜共取得销售收入 15000 元,开具普通发票,当月无法准确划分大米和蔬菜的销售额。当月外购货物取得普通发票上注明价税合计金额为 3000 元,则该超市 2013 年 12 月应纳增值税(　　)元。

A. 0　　　　　　B. 2179.49　　　　　　C. 1289.77　　　　　　D. 1725.66

7. 某旧货经营单位为增值税小规模纳税人,2014 年 2 月销售旧货共取得含税销售收入 5000 元,销售自己使用过的固定资产共取得含税销售收入 20000 元,则该旧货经营单位 2014 年 2 月应缴纳增值税(　　)元。

A. 728.16　　　　　B. 568.55　　　　　C. 525.46　　　　　D. 485.44

8. 根据增值税法律制度的有关规定,增值税纳税人收取的下列款项应并入销售额征税的是(　　)。

A. 受托加工应征消费税的消费品所代收代缴的消费税

B. 销售货物的同时代办保险而向购买方收取的保险费

C. 销售货物因购货方延期付款收取的延期付款利息

D. 销售汽车向购买方收取的代购买方缴纳的车辆购置税

9. 某家电生产企业为增值税一般纳税人,2014 年 2 月进行打折促销活动,通过折扣销售方式以 8 折向甲企业销售一批家电,开具的增值税专用发票金额栏上分别注明销售额 400 万元,折扣额 80 万元。另外向乙企业销售家电,销售总额为 100 万元,为了鼓励乙企业及时付款给予 10 天内付款,货款折扣 5% 的优惠,因乙企业及时付款实际收到货款 95 万元,则该家电生产企业上述业务的增值税销项税额为(　　)万元。(以上款项均不含税)

A. 68.8　　　　　B. 71.4　　　　　C. 72.5　　　　　D. 75.8

10. 某酒厂(增值税一般纳税人)2014 年 3 月份销售白酒 50 万吨,取得不含税销售收入 100 万元,同时收取包装物押金 5 万元;当月另销售啤酒 15 万吨,共取得不含税销售收入 80 万元,同时收取包装物押金 8 万元;包装物均约定 2 个月后归还。根据上述业务该酒厂 2014 年 3 月份的增值税销项税额为(　　)万元。

A. 35.45　　　　　B. 28.65　　　　　C. 30.52　　　　　D. 31.33

11. 某卷烟厂为增值税一般纳税人,2014 年 2 月份从烟农手中收购一批烟叶,开具的农产品收购发票上注明买价 100 万元,委托甲运输企业(增值税一般纳税人)将烟叶运回企业支付不含税运费 2000 元,取得甲企业开具的增值税专用发票。若购进的该批烟叶,在运输途中因管理不善毁损 10%,当月生产领用 60%,剩余 30% 留存仓库,则该卷烟厂 2014 年 2 月份准予抵扣的进项税额为(　　)万元。

A. 18.56　　　　　B. 16.58　　　　　C. 15.46　　　　　D. 15.52

12. 某超市为增值税小规模纳税人,2013 年 12 月初次购买增值税税控系统专用设备,取得的增值税专用发票上注明价款 2000 元、增值税 340 元;当月零售货物取得零售收入 10 万元;当月外购货物,取得的增值税专用发票上注明价款 3 万元、增值税 0.51 万元。则该超市当月应缴纳增值税(　　)元。

A. 1286.31　　　　B. 1456.31　　　　C. 572.62　　　　D. 0

13. 某租赁公司为增值税一般纳税人,2014 年 2 月出租其 2013 年 10 月购进的有形动产取得含税收入 60 万元,租赁仓库取得收入 20 万元,则该租赁公司 2014 年 2 月应缴纳增值税(　　)万元。

A. 8.72　　　　B. 7.58　　　　C. 8.88　　　　D. 9.23

14. 甲公司为中国铁路总公司所属运输公司,2014 年 3 月份提供铁路运输及辅助服务共取得不含税销售额 100 万元,其中含铁路建设基金 10 万元,当月购进运输车零部件取得增值税专用发票上注明价款 20 万元、增值税 3.4 万元。已知预征率为 3%,则甲公司 2014 年 3 月份应预缴增值税(　　)万元。

A. 3　　　　B. 2.7　　　　C. 2.1　　　　D. 2.4

15. 某企业为增值税一般纳税人,2014 年 2 月进口 10 辆小汽车,其中 2 辆自用,另外 8 辆用于对外销售,进口这 10 辆小汽车共支付买价 40 万元,另支付小汽车运抵我国境内输入地点起卸前发生的运费、保险费共计 15 万元。货物报关后,该企业按规定缴纳了进口环节的增值税,并取得海关进口增值税专用缴款书。当月销售小汽车取得不含税销售收入 250 万元,则该企业 2014 年 2 月应缴纳增值税(　　)万元。(已知小汽车关税税率为 20%,消费税税率为 9%)

A. 32.56　　　　B. 30.17　　　　C. 33.45　　　　D. 35.58

16. 某粮店为增值税小规模纳税人,2014 年 2 月份销售小麦取得价税合计金额为 2000 元,零售蔬菜取得销售收入 3000 元,当月从一般纳税人处购进粮食支付价款 5000 元,支付不含税运费 1000 元,则该粮店 2014 年 2 月份应缴纳增值税(　　)元。

A. 80.56　　　　B. 70.52　　　　C. 68.58　　　　D. 58.25

17. 某建筑公司为增值税小规模纳税人,2014 年承包甲企业的一项建筑工程,提供建筑业劳务的同时销售自产的建筑材料共收取价款 200 万元,其中建筑劳务费 120 万元,则该建筑公司应缴纳增值税(　　)万元。

A. 2.33　　　　B. 11.62　　　　C. 5.83　　　　D. 8.58

18. 某药厂为增值税一般纳税人,2014 年 2 月份购进一批制药原料,用于生产避孕药品和其他药品,取得的增值税专用发票上注明价款 500 万元,增值税 85 万元。当月销售避孕药品取得销售收入 200 万元,另外销售其他药品共取得不含税销售收入 350 万元,则该药厂 2014 年 2 月份应缴纳增值税(　　)万元。

A. 28.59　　　　B. 30.91　　　　C. 5.41　　　　D. 3.25

19. 某生产企业会计核算健全,2013 年累计应征增值税的销售额为 70 万元,但一直未向主管税务机关申请增值税一般纳税人资格认定,2014 年 3 月接到主管税务机关要求其办理增值税一般纳税人资格认定事项的通知书后仍未按期办理。2014 年 4 月,该生产企业销售货物取得含税销售额 35.1 万元,购入材料、电力等取得的增值税专用发票上注明的增值税税款合计为 2 万元。该生产企业 2014 年 4 月应缴纳增值税(   )万元。

    A. 1.05　　　　B. 1.02　　　　　C. 3.1　　　　　D. 5.1

20. 某自营出口货物的生产企业是增值税一般纳税人,出口货物的征税税率为 17%,退税率为 13%。2013 年 9 月从国内购入一批原材料,取得的增值税专用发票上注明价款为 300 万元、增值税 51 万元,原材料已验收入库;当月内销货物不含税销售额 120 万元,出口货物离岸价折合人民币 350 万元。已知上期期末留抵税额为 5 万元,则该企业当期实际应退税额为(   )万元。

    A. 21.6　　　　B. 23.9　　　　　C. 35.6　　　　　D. 45.5

三、计算题

1. A 电子设备生产企业(简称 A 企业)与 B 商贸公司(简称 B 公司)均为增值税一般纳税人,当年 2 月有关经营业务如下:

(1) A 企业从 B 公司购进生产用原材料和零部件,取得 B 公司开具的增值税专用发票,注明货款 180 万元、增值税 30.6 万元。

(2) B 公司从 A 企业购电脑 600 台,每台不含税单价 0.45 万元,取得 A 企业开具的增值税专用发票,注明货款 270 万元、增值税 45.9 万元。B 公司以销货款抵顶应付 A 企业的货款和税款后,实付购货款 90 万元、增值税 15.3 万元。

(3) A 企业为 B 公司制作大型电子显示屏,开具了普通发票,取得含税销售额 9.36 万元、调试费收入 2.34 万元。其在制作过程中委托 C 公司进行专业加工,支付加工费 2 万元、增值税 0.34 万元,取得 C 公司增值税专用发票。

(4) B 公司从农民手中购进免税农产品,收购凭证上注明支付收购货款 30 万元,支付运输公司的运输费 3 万元,取得普通发票。入库后,其将收购的农产品 40% 作为职工福利消费,60% 零售给消费者并取得含税收入 35.03 万元。

(5) B 公司销售电脑和其他物品取得含税销售额 298.35 万元,均开具普通发票。

要求:(1) 计算 A 企业 2 月应缴纳的增值税。

(2) 计算 B 公司 2 月应缴纳的增值税(本月取得的相关票据均在本月认证并抵扣)。

2. 某商业企业为增值税一般纳税人,当年 3 月采用分批收款方式批发商品。合同规定不含税销售总金额为 300 万元,本月收回 50% 货款,其余货款于 4 月 10 日前收回。由于购货方资金紧张,本月实际收回不含税销售额 100 万元;零售商品实际取得销售收入 228 万元。其中包括以旧换新方式销售商品实际取得收入 50 万元,收购的旧货作价 6 万元;购进商品取得增值税专用发票,支付价款 180 万元、增值税 30.6 万元。购进税控收款机取得增值税专用发票，支付价款 0.3 万元、增值税 0.051 万元，该税控收款机作为固定资产管理；从一般纳税人购进的货物发生非正常损失，账面成本 4 万元。计算该企业 3 月应纳增值税。

3. 某国际运输企业为增值税一般纳税人，该企业实行"免、抵、退"税管理办法。该企业 2014 年 3 月份发生下列业务：

（1）当月提供国际运输服务，共取得收入 50 万美元；

（2）当月提供飞机播撒农药服务，取得收入 10 万元人民币；

（3）提供国内航空运输服务，取得含税收入 30 万元人民币；

（4）当月外购飞机零部件取得的增值税专用发票上注明价款 100 万元，增值税 17 万元。

已知出口退税率为 11%，1 美元＝6 元人民币。

要求：计算该企业当月应退税额。

4. 某市食品加工生产企业为增值税一般纳税人，兼营食品生产设备的销售和运输劳务，2014 年 2 月发生的相关经营业务如下：

（1）从境内甲企业（增值税一般纳税人）购进一台设备用于生产，共支付含税金额 10.18 万元，取得甲企业开具的增值税专用发票。

（2）从农民手中收购一批粮食，开具的农产品收购发票上注明价款 45 万元。

（3）从小规模纳税人手中购入一批包装物，取得税务机关代开的增值税专用发票，注明价款 6 万元。

（4）该食品生产加工企业拥有自己的车队，用于对外提供运输劳务，当月承包乙企业的运输劳务取得价税合计金额 22 万元。当月该车队到加油站加油取得增值税专用发票上注明价款 2 万元。

（5）采用以旧换新方式销售食品生产设备 2000 台，每台新设备含税售价 0.35 万元，每台旧设备作价 0.1 万元，每台设备实际收取价款 0.25 万元。

（6）销售自己使用过的一台机器设备，取得含税收入 80 万元，该设备是 2010 年 2 月购入的，购入原价 96 万元。

（7）月末进行盘点时发现，因管理不善导致上个月购入的一批免税农产品丢失，该批农产品账面成本为 11 万元。因暴雨导致上月购入的免税农产品霉烂变质，该批农产品账面成本为 6 万元。

已知该企业取得的上述相关发票均已通过认证并在当月抵扣。

要求：根据上述资料，计算回答下列问题。

（1）计算该企业 2014 年 2 月进项税额转出数额。

（2）计算该企业 2014 年 2 月准予抵扣的进项税额。

（3）计算该企业 2014 年 2 月的增值税销项税额。

（4）计算该企业 2014 年 2 月应缴纳的增值税。

5. 某生产企业为增值税一般纳税人,2014 年 2 月内销货物取得不含税销售收入 200 万元,当月在国内购进原材料取得增值税专用发票上注明价款 100 万元、增值税 17 万元,委托甲运输企业将货物运回企业,支付运输公司(增值税一般纳税人)运费价税合计共 11.1 万元,取得运输公司开具的增值税专用发票。当月另签订进料加工复出口货物合同,当月进口料件到岸价格折合人民币为 250 万元,海关征收关税 18 万元。当月将部分完工后的产品用于出口,出口离岸价为 120 万美元。

已知:上月月末留抵税额为 58 万元;该企业进料加工业务计划分配率为 70%;1 美元=5.2 元人民币;完工产品内销时适用的增值税税率为 17%,出口退税率为 12%。

要求:计算该企业当月出口环节应退税额。

第 4 章　消费税法

本章学习要点

　　了解消费税的征收范围和各税目及税率、消费税的扣税范围、方法、环节、消费税出口退税及有关征收管理规定;理解消费税纳税环节及计税依据;掌握生产环节、零售环节、委托加工环节以及进口应税消费品消费税的计算方法。

　　消费税是对一些特定的消费品和消费行为征收的一种税,属于流转税的范畴。我国国务院于 1993 年 12 月 13 日颁布了《中华人民共和国消费税暂行条例》,财政部在 1993 年 12 月 25 日颁布了《中华人民共和国消费税暂行条例实施细则》,并于 1994 年 1 月 1 日开征消费税。消费税实行价内税,只在应税消费品的生产、委托加工和进口环节缴纳,在以后的批发、零售等环节,因为价款中已包含消费税,因此不用再缴纳消费税,税款最终由消费者承担。消费税的纳税人是指在我国境内生产、委托加工、零售和进口《中华人民共和国消费税暂行条例》规定的应税消费品的单位和个人。

　　消费税法是指国家制定的用以调整消费税征收与缴纳之间权利及义务关系的法律规范。现行消费税法的基本规范是 2008 年 11 月 5 日经国务院第 34 次常务会议修订通过并颁布,自 2009 年 1 月 1 日起施行的《中华人民共和国消费税暂行条例》(以下简称《消费税暂行条例》),以及 2008 年 12 月 15 日财政部、国家税务总局第 51 号令颁布的《中华人民共和国消费税暂行条例实施细则》(以下简称《消费税暂行条例实施细则》)。征收消费税是适应时代发展需求的,有着其特定的意义,比如消费税优化税制结构,完善流转税课税体系;配合国家户口政策和消费政策;筹集资金,增加财政收入;削弱和缓解贫富悬殊以及分配不公的矛盾。

4.1 消费税概述

4.1.1 消费税的概念

消费税是指对消费品和特定的消费行为按消费流转额征收的一种商品税。消费税主要以消费品为课税对象,在此情况下,税收随价格转嫁给消费者负担,消费者是实际的负税人。消费税的征收具有较强的选择性,是国家贯彻消费政策、引导消费结构从而引导产业结构的重要手段,因而在保证国家财政收入、体现国家经济政策等方面具有十分重要的意义。

消费税是在对货物普遍征收增值税的基础上,选择少数消费品再征收的一个税种。消费税主要是为了调节产品结构,引导消费方向,保证国家财政收入。现行消费税的征收范围主要包括烟、酒、鞭炮、焰火、化妆品、成品油、贵重首饰及珠宝玉石、高尔夫球及球具、高档手表、游艇、木制一次性筷子、实木地板、摩托车、小汽车等,有的税目还进一步划分若干子目。

4.1.2 消费税的特点

(1) 征收范围具有较强的选择性。我国消费税在征收范围上根据产业政策与消费政策仅选择部分消费品征税,而不是对所有消费品征消费税。

(2) 征收环节单一性,主要在生产和进口环节。

(3) 税率水平较高且差别较大。消费税的平均税率水平一般定得比较高,并且对不同征税项目税负差异大。

(4) 征收方式比较灵活,实行从价计征、从量计征以及从价与从量结合的复合计税方法。

(5) 税负可以转嫁,消费税是价内税。

【例 4-1】 根据税法规定,下列说法正确的是(　　　)

A. 凡是征收消费税的消费品都属于增值税的货物的范畴

B. 凡是征收增值税的货物都征收消费税

C. 应税消费品征收增值税的,其税基含有消费税

D. 应税消费品征收消费税的,其税基不含有增值税

【答案】 ACD

【解析】 消费税征税项目具有选择性,不具有增值税范围的普遍性。

4.2 纳税义务人与征税范围

4.2.1 纳税义务人

在中华人民共和国境内生产、委托加工和进口《消费税暂行条例》规定的消费品的单位和个人，以及国务院确定的销售《消费税暂行条例》规定的消费品的其他单位和个人，为消费税的纳税人，应当依照《消费税暂行条例》缴纳消费税。

单位，是指企业、行政单位、事业单位、社会团体及其他单位。

个人，是指个体工商户及其他个人。

在中华人民共和国境内，是指生产、委托加工和进口属于应当缴纳消费税的消费品的起运地或者所在地在境内。

4.2.2 征税范围

目前，消费税的征税范围分布于四个环节。

1. 生产应税消费品

生产应税消费品是消费税征收的主要环节，因消费税具有单一环节征税的特点，在生产销售环节征税以后，货物在流通环节无论再转销多少次，都不用再缴纳消费税。生产应税消费品除了直接对外销售应征收消费税外，纳税人将生产的应税消费品换取生产资料、消费资料、投资入股、偿还债务，以及用于继续生产应税消费品以外的其他方面都应缴纳消费税。

2. 委托加工应税消费品

委托加工应税消费品是指委托方提供原料和主要材料，受托方只收取加工费和代垫部分辅助材料加工的应税消费品。由受托方提供原材料或其他情形的，一律不能视同委托加工应税消费品。委托加工的应税消费品收回后，再继续用于生产应税消费品销售且符合现行政策规定的，其加工环节缴纳的消费税款可以扣除。

3. 进口应税消费品

单位和个人进口货物属于消费税征税范围的，在进口环节也要缴纳消费税。为了减少征税成本，进口环节缴纳的消费税由海关代征。

4. 零售应税消费品

经国务院批准，自1995年1月1日起，金银首饰消费税由在生产销售环节征收改为在零售环节征收。改在零售环节征收消费税的金银首饰仅限于金基、银基合金首饰以及金、银和金基、银基合金的镶嵌首饰。零售环节适用税率为5%，在纳税人销售金银首饰、钻石及钻石饰品时征收，其计税依据是不含增值税的销售额。

4.3　税目与税率

4.3.1　税目

根据《消费税暂行条例》的规定,消费税的征收范围为在中华人民共和国境内生产、委托加工和进口该条例规定的消费品,包括国务院确定的销售该条例规定的消费品。确定征收消费税的有烟、酒、化妆品等 14 个税目,有的税目还进一步划分若干子目。

1. 烟

凡是以烟叶为原料加工生产的产品,不论使用何种辅料,均属于本税目的征收范围,包括卷烟、雪茄烟和烟丝。

在"烟"税目下分"卷烟"等子目,"卷烟"又分"甲类卷烟"和"乙类卷烟"。其中甲类卷烟是指每标准条(200 支,下同)调拨价格在 70 元(不含增值税)以上(含 70 元)的卷烟;乙类卷烟是指每标准条调拨价格在 70 元(不含增值税)以下的卷烟。

2. 酒

酒是酒精度在 1 度以上的各种酒类饮料,包括白酒、黄酒、啤酒和其他酒。

啤酒每吨出厂价(含包装物及包装物押金)在 3000 元(含 3000 元,不含增值税)以上的是甲类啤酒;每吨出厂价(含包装物及包装物押金)在 3000 元(不含增值税)以下的是乙类啤酒。

3. 化妆品

本税目的征收范围包括各类美容、修饰类化妆品,高档护肤类化妆品和成套化妆品。美容、修饰类化妆品是指香水、香水精、香粉、口红、指甲油、胭脂、眉笔、唇笔、蓝眼油、假睫毛以及成套化妆品。

舞台、戏剧、影视演员化妆用的上妆油、卸装油、油彩,不属于本税目的征收范围。

高档护肤类化妆品征收范围另行制定。

4. 贵重首饰及珠宝玉石

本税目的征收范围包括凡以金、银、白金、宝石、珍珠、钻石、翡翠、珊瑚、玛瑙等高贵稀有物质以及其他金属、人造宝石等制作的各种纯金银首饰及镶嵌首饰和经采掘、打磨、加工的各种珠宝玉石。对出国人员免税商店销售的金银首饰征收消费税。

5. 鞭炮、焰火

本税目的征收范围包括各种鞭炮、焰火。体育上用的发令纸、鞭炮药引线,不按本税目征收。

6. 成品油

本税目包括汽油、柴油、石脑油、溶剂油、航空煤油、润滑油、燃料油 7 个子目。

7. 小汽车

小汽车是指由动力驱动,具有 4 个或 4 个以上车轮的非轨道承载的车辆。

本税目的征收范围包括含驾驶员座位在内最多不超过 9 个座位(含)的,在设计和技术特性上用于载运乘客和货物的各类乘用车和含驾驶员座位在内的座位数在 10～23 座(含 23 座)的,在设计和技术特性上用于载运乘客和货物的各类中轻型商用客车。

用排气量小于 1.5 升(含)的乘用车底盘(车架)改装、改制的车辆属于乘用车征收范围。用排气量大于 1.5 升的乘用车底盘(车架)或用中轻型商用客车底盘(车架)改装、改制的车辆属于中轻型商用客车征收范围。

含驾驶员人数(额定载客)为区间值的(如 8～10 人、17～26 人)小汽车,按其区间值下限人数确定征收范围。

电动汽车不属于本税目的征收范围。车身长度大于 7 米(含),并且座位在 10～23 座(含)以下的商用客车,不属于中轻型商用客车征税范围,不征收消费税。沙滩车、雪地车、卡丁车、高尔夫车不属于消费税征收范围,不征收消费税。

8. 摩托车

本税目征收范围包括轻便摩托车和摩托车两种。对最大设计车速不超过 50 千米/小时,发动机汽缸总工作容量不超过 50 毫升的三轮摩托车不征收消费税。

9. 高尔夫球及球具

高尔夫球及球具是指从事高尔夫球运动所需的各种专用装备,包括高尔夫球、高尔夫球杆及高尔夫球包(袋)等。

10. 高档手表

高档手表是指销售价格(不含增值税)每只在 10000 元(含)以上的各类手表,本税目的征收范围包括符合以上标准的各类手表。

11. 游艇

游艇是指长度介于 8～90 米之间,船体由玻璃钢、钢、铝合金、塑料等多种材料制作,可以在水上移动的水上浮载体。按照动力划分,游艇分为无动力艇、帆艇和机动艇。

12. 木制一次性筷子

木制一次性筷子,又称卫生筷子,是指以木材为原料经过锯段、浸泡、旋切、刨切、烘干、筛选、打磨、倒角、包装等环节加工而成的各类供一次性使用的筷子。

13. 实木地板

实木地板是指以木材为原料,经锯割、干燥、刨光、截断、涂漆等工序加工而成的块状或条状的地面装饰材料。

【例 4-2】 根据现行消费税规定,下列消费品中应缴纳消费税的有(   )。

A. 钻石的进口   B. 化妆品的购买消费

C. 卷烟的批发   D. 金首饰的零售

【答案】 CD

【解析】 钻石在零售环节征税,化妆品不在零售环节征税。

【例 4-3】 根据现行消费税规定,下列各项中不属于应税消费品的是(   )。

A. 高尔夫球及球具   B. 实木地板   C. 戏剧的油彩   D. 一次性木筷

【答案】　C

【解析】　舞台、戏剧、影视演员化妆用的上妆油、卸装油、油彩,不属于消费税的征收范围。

4.3.2　税率

消费税采用比例税率和定额税率两种形式,适应不同应税消费品的实际情况(见表 4-1)。

表 4-1　消费税的税目、税率

税目	税率
一、烟	
1. 卷烟	
(1) 甲类卷烟	56%加 0.003 元/支
(2) 乙类卷烟	36%加 0.003 元/支
(3) 批发环节	5%
2. 雪茄烟	36%
3. 烟丝	30%
二、酒及酒精	
1. 白酒	20%加 0.5 元/500 克(或者 500 毫升)
2. 黄酒	240 元/吨
3. 啤酒	250 元/吨
(1) 甲类啤酒	220 元/吨
(2) 乙类啤酒	10%
4. 其他酒	5%
三、化妆品	30%
四、贵重首饰及珠宝玉石	
1. 金银首饰、铂金首饰和钻石及钻石饰品	5%
2. 其他贵重首饰和珠宝玉石	10%
五、鞭炮、焰火	15%
六、成品油	
1.汽油	1.52 元/升
2.柴油	1.12 元/升
3.航空煤油	1.12 元/升
4.石脑油	1.52 元/升
5.溶剂油	1.52 元/升
6.润滑油	1.52 元/升
7.燃料油	1.12 元/升

税目	税率
七、摩托车	
1. 气缸容量为 250 毫升的	3%
2. 气缸容量在 250 毫升(不含)以上的	10%
八、小汽车	
1. 乘坐用车	
(1) 气缸容量(排气量,下同)在 1.0 升(含 1.0 升)以下的	1%
(2) 气缸容量在 1.0 升以上至 1.5 升(含 1.5 升)的	3%
(3) 气缸容量在 1.5 升以上至 2.0 升(含 2.0 升)的	5%
(4) 气缸容量在 2.0 升以上至 2.5 升(含 2.5 升)的	9%
(5) 气缸容量在 2.5 升以上至 3.0 升(含 3.0 升)的	12%
(6) 气缸容量在 3.0 升以上至 4.0 升(含 4.0 升)的	25%
(7) 气缸容量在 4.0 升以上的	40%
2. 中轻型商用客车	5%
九、高尔夫球及球具	10%
十、高档手表	20%
十一、游艇	10%
十二、木制一次性筷子	5%
十三、实木地板	5%

4.4 计税依据

按照现行消费税法的基本规定,消费税应纳税额的计算主要分为从价计征、从量计征和从价从量复合计征三种方法。

4.4.1 从价计征

在从价定率计算方法下,应纳税额等于应税消费品的销售额乘以适用税率,应纳税额的多少取决于应税消费品的销售额和适用税率两个因素。

1. 销售额的确定

销售额为纳税人销售应税消费品向购买方收取的全部价款和价外费用。

销售,是指有偿转让应税消费品的所有权。

有偿,是指从购买方取得货币、货物或者其他经济利益。

价外费用,是指价外向购买方收取的手续费、补贴、基金、集资费、返还利润、奖励费、违约金、滞纳金、延期付款利息、赔偿金、代收款项、代垫款项、包装费、包装物租金、储备费、优质费、运输装卸费以及其他各种性质的价外收费。但下列项目不包括在内:

(1) 同时符合两个条件的代垫运输费用:承运部门的运输费用发票开具给购买方的;纳税人将该项发票转交给购买方的。

(2) 同时符合以下条件代为收取的政府性基金或者行政事业性收费:由国务院或者财政部批准设立的政府性基金;由国务院或者省级人民政府及其财政、价格主管部门批准设立的行政事业性收费;收取时开具省级以上财政部门印制的财政票据;所收款项全额上缴财政。

其他价外费用,无论是否属于纳税人的收入,均应并入销售额计算征税。

2. 包装及押金的计算

实行从价定率办法计算应纳税额的应税消费品连同包装销售的,无论包装是否单独计价,也不论在会计上如何核算,均应并入应税消费品的销售额中征收消费税。

(1) 如果包装物不作价随同产品销售,而是收取押金,则此项押金不应并入应税消费品销售额中征税。但对逾期未收回的包装物不再退还的和已收取一年以上的押金,应并入应税消费品的销售额,按照应税消费品的适用税率征收消费税。

(2) 对既作价随同应税消费品销售,又另外收取押金的包装物押金,凡纳税人在规定的期限内不予退还的,均应并入应税消费品的销售额,按照应税消费品的适用税率征收消费税。

(3) 对酒类产品(黄酒、啤酒除外)生产企业销售酒类产品而收到的包装物押金,无论押金是否返还及会计上如何核算,均应并入酒类产品销售额中征收消费税。由于啤酒和黄酒的消费税实行从量征税,因此这两种酒的包装物押金收入逾期不再归还或者已收取一年以上只需作为征收增值税的销售额,与消费税无关。

【例 4-4】 A 酒厂为增值税一般纳税人,主要生产白酒和啤酒。2014 年 1 月销售白酒 60000 斤,取得不含税销售额 105000 元;销售啤酒 150 吨,每吨不含税售价 2900 元。收取白酒品牌使用费 4680 元;销售粮食白酒收取包装物押金 9360 元,销售啤酒收取包装物押金 1170 元。计算 A 酒厂本月应纳消费税税额。

【解析】 粮食白酒应纳消费税 $=60000\times0.5+105000\times20\%+4680\div(1+17\%)\times20\%+9360\div(1+17\%)\times20\%=53400$(元);

啤酒应纳消费税 $=150\times220=33000$(元);

A 酒厂应纳消费税税额 $=53400+33000=86400$(元)。

3. 含增值税销售额的换算

应税消费品在缴纳消费税的同时与一般货物一样,还应缴纳增值税,按照《消费税暂行条例实施细则》的规定,应税消费品的销售额,不包括应向购货方收取的增值税税款。如果纳税人应税消费品的销售额中未扣除增值税税款或者因不得开具增值税专用发票而发生价款和增值税税款合并收取的,在计算消费税时,应将含增值税的销售额换算为

不含增值税税款的销售额。其换算公式为

应税消费品的销售额＝含增值税的销售额÷(1＋增值税税率或征收率)

4.4.2 从量计征

在从量定额计算方法下,应纳税额等于应税消费品的销售数量乘以单位税额,应纳税额的多少取决于应税消费品的销售数量和单位税额两个因素。

1. 销售数量的确定

销售数量是指纳税人生产、加工和进口应税消费品的数量。具体规定如下:

(1) 销售应税消费品的,为应税消费品的销售数量;

(2) 自产自用应税消费品的,为应税消费品的移送使用数量;

(3) 委托加工应税消费品的,为纳税人收回的应税消费品数量;

(4) 进口的应税消费品,为海关核定的应税消费品进口征税数量。

2. 计量单位的换算标准

《消费税暂行条例》规定,黄酒、啤酒是以吨为税额单位的;汽油、柴油是以升为税额单位的。但是,考虑到在实际销售过程中一些纳税人会把吨或升这两个计量单位混用,故规范了不同产品的计量单位,以准确计算应纳税额。

【例 4-5】 下列各项中,符合应税消费品销售数量规定的是( )。

A. 生产销售应税消费品的,为应税消费品的生产数量

B. 自产自用应税消费品的,为应税消费品的移送使用数量

C. 委托加工应税消费品的,为纳税人委托的应税消费品数量

D. 进口应税消费品的,为实际进口的应税消费品数量

【答案】 B

【解析】 销售数量的具体规定如下:(1)销售应税消费品的,为应税消费品的销售数量;(2)自产自用应税消费品的,为应税消费品的移送使用数量;(3)委托加工应税消费品的,为纳税人收回的应税消费品数量;(4)进口应税消费品的,为海关核定的应税消费品进口征税数量。

【例 4-6】 丙啤酒厂销售 A 型啤酒 20 吨给副食品公司,开具税控专用发票收取价款 58000 元,收取包装物押金 3000 元;销售 B 型啤酒 10 吨给宾馆,开具普通发票收取价款 32760 元,收取包装物押金 150 元。丙啤酒厂应缴纳的消费税是( )。

A. 5000 元 B. 6600 元 C. 7200 元 D. 7500 元

【答案】 C

【解析】 A 型啤酒:[58000＋3000÷(1＋17％)]÷20＝3028.21＞3000(元),属于甲类,单位税额为 250 元/吨;

B 型啤酒:(32760＋150)÷(1＋17％)÷10＝2812.82＜3000(元),属于乙类,单位税额为 220 元/吨;

丙啤酒厂应纳消费税＝20×250＋10×220＝7200(元)。

4.4.3　从价从量复合计征

现行消费税的征税范围中,只有卷烟、白酒采用复合计征方法。其应纳税额等于应税销售数量乘以定额税率再加上应税销售额乘以比例税率。

生产销售卷烟、白酒从量定额计税依据为实际销售数量。进口、委托加工、自产自用卷烟、白酒从量定额计税依据分别为海关核定的进口征税数量、委托方收回数量、移送使用数量。

4.4.4　计税依据的特殊规定

(1) 纳税人通过自设非独立核算门市部销售的自产应税消费品,应当按照门市部对外销售额或者销售数量征收消费税。

(2) 纳税人用于换取生产资料和消费资料、投资入股和抵偿债务等方面的应税消费品,应当以纳税人同类应税消费品的最高销售价格作为统一计税依据计算消费税。

(3) 酒类关联企业间关联交易消费税问题处理。

根据《税收征收管理法实施细则》第五十五条规定,纳税人与关联企业之间的购销业务,不按照独立企业之间的业务往来作价的,税务机关可以按照下列方法调整其计税收入额或者所得额,核定其应纳税额:

① 按照独立企业之间进行相同或者类似业务活动的价格;

② 按照再销售给无关联关系的第三者的价格所取得的收入和利润水平;

③ 按照成本加合理的费用和利润;

④ 按照其他合理的方法。

对已检查出的酒类生产企业在本次检查年度内发生的利用关联企业关联交易行为规避消费税问题,各省、自治区、直辖市、计划单列市国家税务局可根据本地区被查酒类生产企业与其关联企业间不同的核算方式,选择以上处理方法调整其酒类产品消费税计税收入额,核定应纳税额,补缴消费税。白酒生产企业向商业销售单位收取的"品牌使用费"是随着应税白酒的销售而向购货方收取的,属于应税白酒销售价款的组成部分,因此,不论企业采取何种方式或以何种名义收取价款,均应并入白酒的销售额中缴纳消费税。

(4) 兼营不同税率应税消费品的税务处理

纳税人生产销售应税消费品,如果不是单一经营某一税率的产品,而是经营多种不同税率的产品,这就是兼营行为。由于《消费税暂行条例》税目税率表列举的各种应税消费品的税率高低不同,因此,纳税人在兼营不同税率应税消费品时,税法就要针对其不同的核算方式分别规定税务处理办法,以加强税收管理,避免因核算方式不同而出现税款流失的现象。

纳税人兼营不同税率的应税消费品,应当分别核算不同税率应税消费品的销售额、销售数量。未分别核算销售额、销售数量,或者将不同税率的应税消费品组成成套消费品销售的,从高适用税率。

需要解释的是,纳税人兼营不同税率的应税消费品,是指纳税人生产销售两种税率以上的应税消费品。所谓"从高适用税率",就是对兼营高低不同税率的应税消费品,当不能分别核算销售额、销售数量,或者将不同税率的应税消费品组成成套消费品销售的,就以应税消费品中适用的高税率与混合在一起的销售额、销售数量相乘,得出应纳消费税额。

【例4-7】 华丰摩托车生产公司为增值税一般纳税人,6月份将生产的某型号摩托车(气缸容量大于250毫升)30辆,以每辆出厂价12000元(不含增值税)批发给自设非独立核算的门市部;门市部又以每辆16380元(含增值税)售给消费者。计算华丰摩托车生产公司6月份应缴纳消费税税额。

【解析】 该型号摩托车适用消费税税率为10%。

应纳税额=销售额×税率=16380÷(1+17%)×30×10%=42000(元)。

【例4-8】 某酒厂2014年6月销售白酒12000斤,售价为5元/斤,随同销售的包装物价格6200元;本月销售礼品盒6000套,售价为300元/套,每套包括白酒2斤、单价80元,干红酒2斤、单价70元。其中的价格均为不含税价格,该企业12月应纳消费税( )元。

A. 199240   B. 379240   C. 391240   D. 484550

【答案】 C

【解析】 纳税人将不同税率应税消费品组成成套消费品销售的,即使分别核算销售额也从高税率计算应纳消费税。该企业12月应纳消费税=(12000×5+6200)×20%+12000×0.5+6000×300×20%+6000×4×0.5=391240(元)。

4.5 应纳税额的计算

4.5.1 生产销售环节应纳消费税的计算

纳税人在生产销售环节应缴纳的消费税,包括直接对外销售应税消费品应缴纳的消费税和自产自用应税消费品应缴纳的消费税。

4.5.1.1 直接对外销售应纳消费税的计算

直接对外销售应税消费品涉及三种计算方法。

1. 从价定率计算

在从价定率计算方法下,应纳消费税额等于销售额乘以适用税率。基本计算公式为

应纳税额=应税消费品的销售额×比例税率

【例4-9】 甲化妆品生产企业为增值税一般纳税人。2014年3月15口向某大型商场销售化妆品一批,开具增值税专用发票,取得不含增值税销售额50万元,增值税额8.5万元;3月20日向某单位销售化妆品一批,开具普通发票,取得含增值税销售额4.68万元。计算该化妆品生产企业上述业务应缴纳的消费税额。(化妆品适用消费税税率30%)

【解析】　化妆品的应税销售额＝50＋4.68÷(1＋17％)＝54(万元)；

应缴纳的消费税额＝54×30％＝16.2(万元)。

2. 从量定额计算

在从量定额计算方法下,应纳税额等于应税消费品的销售数量乘以单位税额。基本计算公式为

$$应纳税额＝应税消费品的销售数量×定额税率$$

【例 4-10】　ABC 啤酒厂 2014 年 4 月销售甲类啤酒 1000 吨,取得不含增值税销售额 295 万元,增值税税款 50.15 万元,另收取包装物押金 23.4 万元。计算 4 月份 ABC 啤酒厂应纳消费税税额。

【解析】　销售甲类啤酒,适用定额税率为每吨 250 元。

应纳税额＝销售数量×定额税率＝1000×250＝250000(元)。

3. 从价定率和从量定额复合计算

现行消费税的征税范围中,只有卷烟、白酒采用复合计算方法。基本计算公式为

$$应纳税额＝应税消费品的销售数量×定额税率＋应税销售额×比例税率$$

【例 4-11】　某白酒生产企业为增值税一般纳税人,2014 年 4 月销售白酒 50 吨,取得不含增值税的销售额 200 万元。计算该白酒企业 4 月应缴纳的消费税额。

【解析】　白酒适用比例税率 20％,定额税率每 500 克 0.5 元。

应纳税额＝50×2000×0.00005＋200×20％＝45(万元)。

4.5.1.2　自产自用应纳消费税的计算

1. 自产自用应税消费品应纳消费税相关规定

所谓自产自用,是指纳税人生产应税消费品后,不是用于直接对外销售,而是用于自己连续生产应税消费品或用于其他方面。其消费税缴纳的规定具体包括以下几个方面:

(1) 用于本企业连续生产应税消费品,不缴纳消费税。

(2) 用于其他方面,于移送使用时缴纳消费税(也要缴纳增值税):

① 本企业连续生产非应税消费品和在建工程;

② 管理部门、非生产机构;

③ 提供劳务;

④ 馈赠、赞助、集资、广告、样品、职工福利、奖励等方面。

2. 自产自用应税消费品的税额计算

(1) 有同类消费品的销售价格的,按照纳税人生产的同类消费品的销售价格计算纳税。其应纳税额计算公式为

$$应纳税额＝同类消费品销售单价×自产自用数量×适用税率$$

(2) 无同类消费品售价的,按组成计税价格计税。

① 实行从价定率办法的组成计税价格计算公式为

$$组成计税价格＝(成本＋利润)÷(1－消费税比例税率)$$
$$＝[成本×(1＋成本利润率)]÷(1－消费税比例税率)$$

$$应纳消费税＝组成计税价格×消费税税率$$

② 实行复合计税办法的组成计税价格计算公式为

$$组成计税价格＝（成本＋利润＋自产自用数量×定额税率）÷（1－消费税比例税率）$$
$$＝［成本×（1＋成本利润率）＋自产自用数量×定额税率］÷$$
$$（1－消费税比例税率）$$
$$应纳消费税＝组成计税价格×消费税比例税率$$

上述公式中所说的"成本"，是指应税消费品的产品生产成本。

上述公式中所说的"利润"，是指根据应税消费品的全国平均成本利润率计算的利润。注意：应税消费品全国平均成本利润率由国家税务总局确定。应税消费品全国平均成本利润率如表4-2所示。

表 4-2　应税消费品全国平均成本利润

货物名称	利润率/%	货物名称	利润率/%
甲类卷烟	10	贵重首饰及珠宝玉石	6
乙类卷烟	5	摩托车	6
雪茄烟	5	高尔夫球及球具	10
烟丝	5	高档手表	20
粮食白酒	10	游艇	10
薯类白酒	5	木制一次性筷子	5
其他酒	5	实木地板	5
化妆品	5	乘用车	8
鞭炮焰火	5	中轻型商用客车	5

【例 4-12】　下列关于某汽车制造厂生产的小汽车的应用中，应按自产自用缴纳消费税的是（　　）。

A. 用于本厂研究所做碰撞试验　　　　　B. 赠送给贫困地区

C. 移送改装分场改装加长型豪华小轿车　D. 用于本厂检测性能实验

【答案】　B

【例 4-13】　某汽车厂为增值税一般纳税人，主要生产小汽车和小客车，小汽车不含税出厂价为 12.5 万元，小客车不含税出厂价为 6.8 万元。2014 年 5 月发生如下业务：本月销售小汽车 8600 辆，将 3 辆作为广告样品；销售小客车 576 辆，将本厂生产的 10 辆小客车移送改装分厂，将其改装为救护车。假定小汽车税率为 8％，小客车的税率为 5％。该企业上述业务应纳消费税（　　）万元。

A. 8804.24　　　　　B. 8802.24　　　　　C. 8804.94　　　　　D. 8798.84

【答案】　B

【解析】　应纳消费税＝（8600＋3）×12.5×8％＋（576＋10）×6.8×5％
　　　　　＝8603＋199.24＝8802.24（万元）。

【例 4-14】 某化妆品公司将一批自产的化妆品用作职工福利,化妆品成本 80000 元,该化妆品无同类市场价格,但已知其成本利润率为 5%,消费税率为 30%。计算该批化妆品应缴纳的消费税额。

【解析】 化妆品组成计税价格＝80000×(1+5%)÷(1-30%)

$$=84000÷0.7=120000(元);$$

化妆品应纳税额＝120000×30%＝36000(元)。

4.5.2 委托加工环节应税消费品应纳税的计算

企业、单位或个人由于设备、技术、人力等方面的局限或其他方面的原因,常常要委托其他单位代为加工应税消费品,然后将加工好的应税消费品收回、直接销售或自己使用。这是生产应税消费品的另一种形式,也需要纳入征收消费税的范围。例如,某企业将购来的小客车底盘和零部件提供给某汽车改装厂,加工组装成小客车供自己使用,则加工、组装成的小客车就需要缴纳消费税。按照规定,委托加工的应税消费品,由受托方在向委托方交货时代收代缴税款。

4.5.2.1 委托加工应税消费品的确定

委托加工的应税消费品是指由委托方提供原料和主要材料,受托方只收取加工费和代垫部分辅助材料加工的应税消费品。对于由受托方提供原材料生产的应税消费品,或者受托方先将原材料卖给委托方,然后再接受加工的应税消费品,以及由受托方以委托方名义购进原材料生产的应税消费品,不论纳税人在财务上是否作销售处理,都不得作为委托加工应税消费品,而应当按照销售自制应税消费品缴纳消费税。

4.5.2.2 代收代缴税款的规定

对于确实属于委托方提供原料和主要材料,受托方只收取加工费和代垫部分辅助材料加工的应税消费品,按《消费税暂行条例》规定,由受托方在向委托方交货时代收代缴消费税。这样,受托方就是法定的代收代缴义务人。如果受托方对委托加工的应税消费品没有代收代缴或少代收代缴消费税,应按照《征管法》的规定,承担代收代缴的法律责任。因此,受托方必须严格履行代收代缴义务,正确计算和按时代缴税款。为了加强对受托方代收代缴税款的管理,委托个人(含个体工商户)加工的应税消费品,由委托方收回后缴纳消费税。

委托加工的应税消费品,受托方在交货时已代收代缴消费税,委托方将收回的应税消费品以不高于受托方的计税价格出售的,为直接出售,不再缴纳消费税;委托方以高于受托方的计税价格出售的,不属于直接出售,需按照规定申报缴纳消费税,在计税时准予扣除受托方已代收代缴的消费税。

对于受托方没有按规定代收代缴税款的,不能因此免除委托方补缴税款的责任。在对委托方进行税务检查中,如果发现受其委托加工应税消费品的受托方没有代收代缴税款,则应按照《征管法》规定,对受托方处以应代收代缴税款 50% 以上 3 倍以下的罚款;委托方要补缴税款,对委托方补征税款的计税依据是:如果在检查时,收回的应税消费品已经直接销售的,按销售额计税;收回的应税消费品尚未销售或不能直接销售的(如收回后用于连续生产等),按组成计税价格计税。

4.5.2.3 受托方代收代缴消费税的计算

(1) 委托加工的应税消费品,按照受托方的同类消费品的销售价格计算纳税,同类消费品的销售价格是指受托方(即代收代缴义务人)当月销售的同类消费品的销售价格。

(2) 如果当月无销售或者当月未完结,应按照同类消费品上月或最近月份的销售价格计算纳税。

(3) 没有同类消费品销售价格的,按照组成计税价格计算纳税。

① 实行从价定率办法计算纳税的组成计税价格计算公式:

$$组成计税价格=(材料成本+加工费)÷(1-消费税比例税率)$$

② 实行复合计税办法计算纳税的组成计税价格计算公式:

$$组成计税价格=(材料成本+加工费+委托加工数量×定额税率)÷$$
$$(1-消费税比例税率)$$

材料成本是指委托方所提供加工材料的实际成本。

加工费是指受托方加工应税消费品向委托方收取的全部费用(包括代垫辅助材料的实际成本),但不包括伴随加工费收取的增值税税额。

【例 4-15】 某鞭炮企业 8 月受托为某单位加工一批鞭炮,委托单位提供的原材料金额为 30 万元,收取委托单位不含增值税的加工费 4 万元,鞭炮企业当地无加工鞭炮的同类产品市场价格。鞭炮的消费税税率为 15%,计算鞭炮企业应代收代缴的消费税。

(1) 组成计税价格=(30+4)÷(1-15%)=40(万元);

(2) 应代收代缴消费税=40×15%=6(万元)。

【例 4-16】 甲企业为增值税一般纳税人,4 月接受乙烟厂委托加工烟丝,甲企业自行提供烟叶的成本为 35000 元,代垫辅助材料 2000 元(不含税),发生加工支出 4000 元(不含税);烟丝的成本利润率为 5%,计算甲企业应纳消费税额。

【解析】 其应税消费品的组价=(35000+2000+4000)×(1+5%)÷(1-30%)
$$=61500(元);$$

甲企业应纳消费税=61500×30%=18450(元)。

4.5.3 进口环节应纳消费税的计算

进口的应税消费品,于报关进口时缴纳消费税;进口的应税消费品的消费税由海关代征;进口的应税消费品,由进口人或其代理人向报关地海关申报纳税;纳税人进口应税消费品,按照关税征收管理的相关规定,应当自海关填发海关进口消费税专用缴款书之日起 15 日内缴纳税款。

1993 年 12 月,国家税务总局、海关总署联合颁发的《关于对进口货物征收增值税、消费税有关问题的通知》规定,进口应税消费品的收货人或办理报关手续的单位和个人,为进口应税消费品消费税的纳税义务人。进口应税消费品消费税的税目、税率(税额),依照《消费税暂行条例》所附的《消费税税目税率(税额)表》执行。

纳税人进口应税消费品,按照组成计税价格和规定的税率计算应纳税额。

1. 从价定率计征应纳税额的计算

实行从价定率办法计算纳税的组成计税价格计算公式为

组成计税价格＝（关税完税价格＋关税）÷（1－消费税比例税率）

应纳税额＝组成计税价格×消费税比例税率

公式中所称关税完税价格，是指海关核定的关税计税价格。

【例 4-17】　某商贸公司于 2014 年 5 月从国外进口一批应税消费品，已知该批应税消费品的关税完税价格为 90 万元，按规定应缴纳关税 18 万元，假定进口的应税消费品的消费税税率为 10％。计算该批消费品进口环节应缴纳的消费税税额。

【解析】　组成计税价格＝（90＋18）÷（1－10％）＝ 120（万元）；

应缴纳消费税税额＝120×10％＝12（万元）。

2. 实行从量定额计征应纳税额的计算

应纳税额的计算公式为

应纳税额＝应税消费品数量×消费税定额税率

3. 实行从价定率和从量定额复合计税办法应纳税额的计算

应纳税额的计算公式为

组成计税价格＝（关税完税价格＋关税＋进口数量×消费税定额税率）÷

（1－消费税比例税率）

应纳税额＝组成计税价格×消费税比例税率＋应税消费品进口数量×

消费税定额税率

进口环节消费税除国务院另有规定者外，一律不得给予减税、免税。

【例 4-18】　某公司进口一批摩托车，海关应征进口关税 15 万元（关税税率假定为 30％），则进口环节还需缴纳消费税（　　　）。（消费税税率为 10％）

A. 6.5 万元　　　　　B. 7.22 万元　　　　　C. 6.8 万元　　　　　D. 7.42 万元

【答案】　B

【解析】　关税完税价格＝15÷30％＝50（万元）；

进口消费税＝（50＋15）÷（1－10％）×10％＝7.22（万元）。

4.5.4　已纳消费税扣除的计算

为了避免重复征税，现行消费税法律法规规定，将外购应税消费品和委托加工收回的应税消费品继续生产应税消费品销售的，可以将外购应税消费品和委托加工收回应税消费品已缴纳的消费税给予扣除。

4.5.4.1　外购应税消费品已纳消费税的扣除

1. 外购应税消费品连续生产应税消费品

由于某些应税消费品是用外购已缴纳消费税的应税消费品连续生产出来的，在对这些连续生产出来的应税消费品计算征税时，税法规定应按当期生产领用数量计算准予扣除外购的应税消费品已纳的消费税税款。扣除范围包括：

（1）外购的已税烟丝生产的卷烟；

（2）外购的已税珠宝玉石生产的贵重首饰及珠宝玉石；

（3）外购的已税化妆品生产的化妆品；

（4）外购的已税鞭炮焰火生产的鞭炮焰火；

（5）外购的已税摩托车生产的摩托车；

（6）以外购的已税杆头、杆身和握把为原料生产的高尔夫球杆；

（7）以外购的已税木制一次性筷子为原料生产的木制一次性筷子；

（8）以外购的已税实木地板为原料生产的实木地板；

（9）以外购的已税石脑油为原料生产的应税消费品；

（10）以外购的已税润滑油为原料生产的润滑油；

（11）外购的汽油、柴油用于连续生产甲醇汽油、生物柴油。

对于在零售环节缴纳消费税的金银首饰（含镶嵌首饰）、钻石及钻石饰品已纳消费税不得扣除。

上述当期准予扣除外购应税消费品已纳消费税税款的计算公式为

当期准予扣除的外购应税消费品买价＝期初库存的外购应税消费品买价＋当期购进的外购应税消费品买价－期末库存的外购应税消费品买价

当期准予扣除的外购应税消费品已纳税款＝当期准予扣除的外购应税消费品买价×外购应税消费品适用税率

2. 外购应税消费品后销售

对自己不生产应税消费品，而只是购进后再销售应税消费品的工业企业，其销售的化妆品、护肤护发品、鞭炮焰火和珠宝玉石，凡不能构成最终消费品直接进入消费品市场，而需进一步生产加工的（如需进一步深加工、包装、贴标、组合的珠宝玉石、化妆品、酒、鞭炮焰火等），应当征收消费税，同时允许扣除上述外购应税消费品的已纳税款。

【例4-19】 下列各项中，符合消费税法有关应按当期生产领用数量计算准予扣除外购的应税消费品已纳消费税税款规定的是（   ）。

A. 外购已税白酒生产的药酒

B. 外购已税化妆品生产的化妆品

C. 外购已税白酒生产的巧克力

D. 外购已税珠宝玉石生产的金银镶嵌首饰

【答案】 B

【例4-20】 某烟厂4月外购烟丝，取得增值税专用发票上注明税款为8.5万元，本月生产领用80%，期初尚有库存的外购烟丝2万元，期末库存烟丝12万元，该企业本月应纳消费税中可扣除的消费税是（   ）。

A. 6.8万元　　　　　B. 9.6万元　　　　　C. 12万元　　　　　D. 40万元

【答案】 C

【解析】 本月外购烟丝的买价＝8.5÷17%＝50（万元）；

生产领用部分的买价＝50×80%＝40（万元）；

准予扣除的消费税＝40×30％＝12(万元)。

【例 4-21】 某卷烟生产企业,某月初库存外购应税烟丝金额 50 万元,当月又外购应税烟丝金额 500 万元(不含增值税),月末库存烟丝金额 30 万元,其余被当月生产卷烟领用。计算该卷烟厂当月准许扣除的外购烟丝已缴纳的消费税税额。(烟丝适用的消费税税率为 30％)

【解析】 当期准许扣除的外购烟丝买价＝50＋500－30＝520(万元);

当月准许扣除的外购烟丝已缴纳的消费税税额＝520×30％＝156(万元)。

4.5.4.2 委托加工收回的应税消费品已纳税款的扣除

委托加工的应税消费品因为已由受托方代收代缴消费税,因此,委托方收回货物后用于连续生产应税消费品的,其已纳税款准予按照规定从连续生产的应税消费品应纳消费税税额中抵扣。按照国家税务总局的规定,下列连续生产的应税消费品准予从应纳消费税税额中按当期生产领用数量计算扣除委托加工收回的应税消费品已纳消费税税款:

(1) 以委托加工收回的已税烟丝为原料生产的卷烟;

(2) 以委托加工收回的已税化妆品为原料生产的化妆品;

(3) 以委托加工收回的已税珠宝玉石为原料生产的贵重首饰及珠宝玉石;

(4) 以委托加工收回的已税鞭炮、焰火为原料生产的鞭炮、焰火;

(5) 以委托加工收回的已税杆头、杆身和握把为原料生产的高尔夫球杆;

(6) 以委托加工收回的已税木制一次性筷子为原料生产的木制一次性筷子;

(7) 以委托加工收回的已税实木地板为原料生产的实木地板;

(8) 对委托加工收回的汽油、柴油用于连续生产甲醇汽油、生物柴油;

(9) 以委托加工收回的已税润滑油为原料生产的润滑油;

(10) 以委托加工收回的已税摩托车连续生产摩托车(如用外购两轮摩托车改装三轮摩托车);

(11) 以委托加工收回的已税石脑油、燃料油为原料生产的应税消费品。

税法规定,对委托加工收回消费品已纳的消费税,可按当期生产领用数量从当期应纳消费税税额中扣除,其扣税规定与外购已税消费品连续生产应税消费品的扣税范围、扣税方法、扣税环节相同。

4.5.5 消费税出口退税的计算

对纳税人出口应税消费品,免征消费税,国务院另有规定的除外。

4.5.5.1 出口免税并退税

有出口经营权的外贸企业购进应税消费品直接出口,以及外贸企业受其他外贸企业委托代理出口应税消费品,可办理相应退(免)税。外贸企业只有受其他外贸企业委托,代理出口应税消费品才可办理退税;外贸企业受其他企业(主要是非生产性的商贸企业)委托,代理出口应税消费品是不予退(免)税的。

属于从价定率计征消费税的,为已征且未在内销应税消费品应纳税额中抵扣的购进出口货物金额;属于从量定额计征消费税的,为已征且未在内销应税消费品应纳税额中抵扣的购进出口货物数量;属于复合计征消费税的,按从价定率和从量定额的计税依据分别确定。

4.5.5.2　出口免税但不退税

有出口经营权的生产企业自营出口或生产企业委托外贸企业代理出口自产的应税消费税商品,依据其实际出口数量免征消费税,不予办理退还消费税。免征消费税是指对生产性企业按其实际出口数量免征生产环节的消费税。不予办理退还消费税,是指因已免征生产环节的消费税,该应税消费品出口时,已不含有消费税,所以无须再办理退还消费税。

4.5.5.3　不予退(免)税

除生产企业、外贸企业外的其他企业,具体是指一般商贸企业,这类企业委托外贸企业代理出口应税消费品一律不予退(免)税。出口货物的消费税应退税额的计税依据,按购进出口货物的消费税专用缴款书和海关进口消费税专用缴款书确定。

【例 4-22】　企业出口的下列应税消费品中,属于消费税出口免税并退税范围的是(　　　)。

A. 生产企业委托外贸企业代理出口自产的应税消费品

B. 有出口经营权的外贸企业受其他外贸企业委托代理出口的应税消费品

C. 有出口经营权的生产企业受其他外贸企业委托代理出口的应税消费品

D. 一般商贸企业委托外贸企业代理出口应税消费品

【答案】　B

4.6　征收管理

4.6.1　纳税义务发生时间

纳税人生产的应税消费品于销售时纳税,进口消费品应当于应税消费品报关进口环节纳税,但金银首饰、钻石及钻石饰品在零售环节纳税。消费税纳税义务发生的时间,以货款结算方式或行为发生时间分别确定。

1. 纳税人销售的应税消费品

其纳税义务的发生时间分别如下:

(1)纳税人采取赊销和分期收款结算方式,为书面合同约定的收款日期的当天;书面合同没有约定收款日期或者无书面合同的,为发出应税消费品的当天。

(2)纳税人采取预收货款结算方式的,其纳税义务的发生时间为发出应税消费品的当天。

(3)纳税人采取托收承付和委托银行收款方式销售的应税消费品,其纳税义务的发生时间为发出应税消费品并办妥托收手续的当天。

（4）纳税人采取其他结算方式的，其纳税义务的发生时间为收讫销售款或者取得索取销售款凭据的当天。

2. 纳税人自产自用的应税消费品

其纳税义务的发生时间为移送使用的当天。

3. 纳税人委托加工的应税消费品

其纳税义务的发生时间为纳税人提货的当天。

4. 纳税人进口的应税消费品

其纳税义务的发生时间为报关进口的当天。

4.6.2 纳税期限

按照《消费税暂行条例》规定，消费税的纳税期限分别为 1 日、3 日、5 日、10 日、15 日、1 个月或者 1 个季度。纳税人的具体纳税期限，由主管税务机关根据纳税人应纳税额的大小分别核定；不能按照固定期限纳税的，可以按次纳税。

纳税人以 1 个月或以 1 个季度为一期纳税的，自期满之日起 15 日内申报纳税；以 1 日、3 日、5 日、10 日或者 15 日为一期纳税的，自期满之日起 5 日内预缴税款，于次月 1 日起至 15 日内申报纳税并结清上月应纳税款。

纳税人进口应税消费品，应当自海关填发海关进口消费税专用缴款书之日起 15 日内缴纳税款。

如果纳税人不能按照规定的纳税期限依法纳税，将按《征管法》的有关规定处理。

4.6.3 纳税地点

消费税具体纳税地点如下：

（1）纳税人销售的应税消费品，以及自产自用的应税消费品，除国务院财政、税务主管部门另有规定外，应当向纳税人机构所在地或者居住地的主管税务机关申报纳税。

（2）委托加工的应税消费品，除受托方为个人外，由受托方向机构所在地或者居住地的主管税务机关解缴消费税税款。

（3）进口的应税消费品，由进口人或其代理人向报关地海关申报纳税。

（4）纳税人到外县（市）销售或者委托外县（市）代销自产应税消费品的，于应税消费品销售后，向机构所在地或者居住地主管税务机关申报纳税。纳税人的总机构与分支机构不在同一县（市），但在同一省（自治区、直辖市）范围内，经省（自治区、直辖市）财政厅（局）、国家税务局审批同意，可以由总机构汇总向总机构所在地的主管税务机关申报缴纳消费税。省（自治区、直辖市）财政厅（局）、国家税务局应将审批同意的结果，上报财政部、国家税务总局备案。

（5）纳税人销售的应税消费品，如因质量等原因由购买者退回时，经所在地主管税务机关审核批准后，可退还已征收的消费税税款，但不能自行直接抵减应纳税款。

4.6.4 纳税申报

消费税纳税人应按有关规定及时办理纳税申报，消费税纳税申报表按"烟类应税消费品""酒及酒精""成品油""小汽车""其他应税消费品"分别度计，纳税人应根据应税消费品类别分别如实填写申报表。

一、问答题

1. 我国消费税的特点有哪些?

2. 我国消费税计税依据和计征办法是如何规定的?

3. 消费税应纳税额的计算一般有几种方法?它们分别适用什么税目?

4. 委托加工应税消费品应纳税款的计算应注意哪些问题?

5. 金银首饰征收消费税的具体规定是什么?

二、选择题

1. 下列各项中,符合消费税纳税义务发生时间规定的有( )。

A. 进口的为取得进口货物当天　　B. 自产自用的是移送当天

C. 委托加工是支付加工费的当天　　D. 预收货款是收货款的当天

2. 下列各项中,属于消费税征收范围的是( )。

A. 电动汽车　　B. 卡丁车　　C. 高尔夫球车　　D. 小轿车

3. 销售雪茄烟 300 箱给各专卖店,取得不含税销售收入 600 万元;以雪茄烟 40 箱换回小轿车 2 辆、大货车 1 辆,应纳消费税额为( )万元。

A. 150　　B. 170　　C. 180　　D. 220

4. 委托加工业务中,受托方代收代缴消费税时,适用的组成计税价格公式是( )。

A. (原材料+加工费)÷(1-消费税税率)

B. (原材料+加工费)×(1-消费税税率)

C. (原材料+加工费)÷(1+消费税税率)

D. (原材料+加工费)×(1+消费税税率)

5. 某化妆品公司将一批自产的化妆品用作职工福利,化妆品的成本 8000 元,该化妆品无同类产品市场销售价格,但已知其成本利润率为 5%,消费税税率为 30%。该批化妆品应缴纳的消费税税额为( )元。

A. 3200　　B. 3340　　C. 3550　　D. 3600

6. 某酒厂以自产特制粮食白酒 2000 斤用于厂庆庆祝活动,每斤白酒成本 12 元,无同类产品售价,成本利润率为 10%。该酒厂应纳消费税为( )元。

A. 1000　　B. 6600　　C. 7000　　D. 6600

7. 某外贸公司进口卷烟 100 箱,每箱关税的完税价格为 20000 元人民币,假定关税率为 15%,则应交进口环节消费税是( )。

A. 188.18 万元　　　　　　　　B. 189.41 万元

C. 190.91 万元   D. 100.71 万元

8. 某酒厂 2014 年 10 月生产销售散装啤酒 500 吨,每吨售价 2450 元,销售时另收取包装物押金 29250 元。另外,该厂生产一种新研制的白酒,将 2000 斤投入市场试销,试销价定为 4.2 元/斤,此白酒的生产成本 4 元/斤,消费税法规定的粮食白酒的成本利润率为 10%,则该厂本月应纳消费税为(   )元。

A. 112680   B. 110000   C. 2680   D. 112848

9. 某木制品公司(小规模纳税人)在 2014 年 10 月生产高档一次性木质筷子 1000 箱,售价每箱 800 元;生产一次性竹筷 500 箱,每箱 390 元;生产普通一次性木筷 1500 箱,单箱售价 290 元;另生产未经打磨的一次性木筷子 500 箱,单箱售价 250 元。本月为生产一次性木筷耗用外购的一次性木筷 1200 箱,外购成本价每箱 350 元/箱,取得增值税专用发票。本月的产品全部销售,上述售价均为不含税价,则该月应缴纳的增值税和消费税合计为(   )。

A. 93300 元   B. 140300 元   C. 121300 元   D. 121500 元

10. 企业委托乙企业加工一批应税消费品,甲企业提供原材料,实际成本为 7000 元,支付加工费不含税 2000 元,另乙企业开具普通发票收取代垫材料款 500 元,适用税率 10%,受托方无同类消费品价格,则乙企业代收代缴消费税(   )元。

A. 1055.56   B. 1047.48   C. 1050   D. 1054.59

11. 某消费税纳税义务人兼营不同税率的货物,未分别核算销售额,正确的处理方法是(   )。

A. 从低适用税率计算纳税

B. 从高适用税率计算纳税

C. 按平均税率计算纳税

D. 按不同税率货物销售比分别确定适用税率,计算纳税

12. 纳税人委托个体经营者加工应税消费品,消费税应(   )。

A. 由受托方代收代缴

B. 由委托方在受托方所在地缴纳

C. 由委托方收回后在委托方所在地缴纳

D. 由委托方在受托方或委托方所在地缴纳

13. 下列各项中,应在收回委托加工品后征收消费税的有(   )。

A. 商业批发企业销售委托其他企业加工的特制白酒,但受托方向委托方交货时没有代收代缴税款的

B. 商业批发企业收回委托其他企业加工的特制白酒直接销售的

C. 商业批发企业销售其委托加工,但是由受托方以其名义购买原材料生产的应税消费品

D. 工业企业委托加工收回后用于连续生产其他酒的特制白酒

14. 企业生产销售白酒取得的下列款项中,不应并入销售额计征消费税的是(　　)。

　　A. 优质费　　　B. 包装物押金　　　C. 品牌使用费　　　D. 所含增值税

15. 根据现行税法规定,下列消费品的生产经营环节,既征收增值税又征收消费税的是(　　)。

　　A. 酒类产品的批发环节　　　　　　B. 金银首饰的生产环节

　　C. 珍珠饰品的零售环节　　　　　　D. 高档手表的生产环节

16. 进口应税消费品,按照海关的相关规定,应当自(　　)缴纳消费税。

　　A. 应税消费品报关进口当天

　　B. 海关填发税款缴纳证之日起 15 日内

　　C. 海关填发税款缴纳证次日起 15 日内

　　D. 海关填发税款缴纳证次日起 7 日内

17. 下列各项中,有关消费税的纳税地点正确的有(　　)。

　　A. 纳税人进口应税消费品,在纳税人机构所在地缴纳消费税

　　B. 纳税人自产自用应税消费品,在纳税人核算地缴纳消费税

　　C. 纳税人委托加工应税消费品,一般回委托方所在地缴纳消费税

　　D. 纳税人到外县销售自产应税消费品,应在销售地缴纳消费税

三、计算题

1. 某化妆品生产企业为增值税一般纳税人,10月上旬从国外进口一批散装化妆品,关税完税价格150万元。本月内企业将进口的散装化妆品的80%生产加工为成套化妆品7800件,对外批发销售6000件,取得不含税销售额290万元;向消费者零售800件,取得含税销售额51.48万元。(化妆品的进口关税税率40%、消费税税率30%)

　　要求:(1) 计算该企业在进口环节应缴纳的消费税、增值税;

　　　　　(2) 计算该企业国内生产销售环节应缴纳的增值税、消费税。

2. 某企业为增值税一般纳税人,2014 年 5 月发生以下业务:从农业生产者手中收购玉米 40 吨,每吨收购价 3000 元,共计支付收购价款 120000 元。企业将收购的玉米从收购地直接运往异地的某酒厂生产加工药酒。药酒加工完毕,企业收回药酒时取得酒厂开具的增值税专用发票,注明加工费 30000 元、代垫辅助材料款 15000 元、增值税税额 7650 元,加工的药酒当地无同类产品市场价格。本月内企业将收回的药酒批发售出,取得不含税销售额 260000 元。另外支付给运输单位的销货运输费用 12000 元,取得普通发票。

　　要求:(1) 计算酒厂应代收代缴的消费税;

　　　　　(2) 计算本企业应缴纳的增值税。

3. 某首饰商场 10 月份销售首饰业务如下:

　　(1) 销售 18K 金的首饰,取得零售收入 70.2 万元;

(2) 销售珍珠项链、玉石手链等,取得零售收入 24.85 万元;

(3) 销售钻石镶嵌首饰,取得零售收入 93.6 万元;

(4) 连同金首饰一并销售且单独计价的包装物 1.72 万元(已含在零售收入中);

(5) 购进首饰取得专用发票上注明的税金 21.41 万元,货已到尚未付款。发票已认证。

要求:(1) 商场本月应纳的消费税;

   (2) 商场本月应纳的增值税。

4. 某生产企业生产的货物为应税消费品,本月发生以下业务:

(1) 销售自产消费品取得含税收入 1200 万元;收取运费 2 万元,装卸费 0.34 万元。

(2) 接受委托加工应税消费品,收取的加工费和税金分别为 18 万元、3.06 万元;委托方提供的原材料价税合计为 585 万元。

(3) 进口一批应税消费品到岸价格为 158 万元,海关核定的完税价格为 170 万元,进口后又将其售出,取得不含税价款 280 万元。

(应税消费品税率为 15%,关税税率为 80%)

要求:(1) 生产企业内销应纳消费税;

   (2) 进口环节海关代征消费税;

   (3) 委托加工环节代收代缴消费税。

5. 根据消费税政策的规定,请分别列出以下业务中消费税的计税依据和消费税的计算公式:

(1) 某卷烟厂采用外购烟丝生产卷烟的方式进行生产。(假设该卷烟厂生产的卷烟每标准条对外调拨价格是 58 元)

(2) 某化妆品厂用自产的化妆品对外投资。

(3) 某汽车厂用自产的新型中轻型商用客车(没有同类销售价格)改装为冷藏车用于出售。

(4) 某高尔夫球具厂,用自产的高尔夫杆头、杆身生产球杆。

(5) 某烟厂进口卷烟 1000 标准箱,每标准条关税完税价格及关税合计是 48 元。

第5章　企业所得税法

本章学习要点

　　企业所得税是对在会计利润基础上经调整后的企业应纳税所得额进行课征的一个税种,其收入弹性较大,计征管理也比较复杂。通过学习本章内容应了解企业所得税纳税人、征税对象、税率和我国现行所得税制度的特点,熟悉企业所得税应税收入的构成内容、成本费用扣除范围与扣除标准和企业所得税税收优惠政策的内容;掌握企业所得税应纳税所得额的计算方法、应纳税额计算方法等。

　　我国现行的企业所得税制度,是随着改革开放和经济体制改革的不断推进而逐步建立、完善起来的。1991年4月9日第七届全国人民代表大会第四次会议通过了《中华人民共和国外商投资企业和外国企业所得税法》,1993年12月13日国务院发布了《中华人民共和国企业所得税暂行条例》。十多年来,这两个法规并行于内、外资企业所得税的征收管理,对我国经济的快速发展发挥了重要作用。随着我国市场经济的不断完善和世界经济一体化的快速发展,为了进一步达成内、外资企业的税负公平,促进我国经济的稳定发展,2007年3月16日第十届全国人民代表大会第五次全体会议通过了《中华人民共和国企业所得税法》。它合并了原内、外资企业所得税法律规定,并于2008年1月1日起施行,从此,内、外资企业开始实行统一的企业所得税法。

　　企业所得税的作用:① 促进企业改善经营管理活动,提升企业的盈利能力;② 调节产业机构,促进经济发展;③ 为国家建设筹集财政资金。

5.1 企业所得税概述

5.1.1 企业所得税的概念

企业所得税是对我国境内的企业和其他取得收入的组织的生产经营所得及其他所得征收的一种税,它是国家参与企业纯收益分配的重要法律手段,也是国家参与企业利润分配的重要手段。

企业所得税法是指国家制定的用以调整企业所得税征收与缴纳之间权利与义务关系的法律规范。现行企业所得税法的基本规范,是 2007 年 3 月 16 日第十届全国人民代表大会第五次全体会议通过的《中华人民共和国企业所得税法》(以下简称《企业所得税法》)和 2007 年 11 月 28 日国务院第 197 次常务会议通过的《中华人民共和国企业所得税法实施条例》(以下简称《企业所得税法实施条例》)。

5.1.2 企业所得税的特点

企业所得税是规范和处理国家与企业分配关系的重要形式,具有与商品劳务税不同的性质。我国现行的企业所得税制度的特点主要表现在以下五个方面。

1. 将企业划分为居民企业和非居民企业

现行企业所得税将企业划分为居民企业和非居民企业两大类,居民企业负无限纳税义务,即来源于我国境内、外的所得都要向我国政府缴纳所得税;非居民企业负有限纳税义务,即就我国境内的所得向我国政府缴纳所得税。

2. 征税对象为应纳税所得额

企业所得税以应纳税所得额为课税对象,按照企业所得税法规的规定,应纳税所得额是企业在一个纳税年度内的应税收入总额扣除各项成本、费用、税金和损失后的余额,而不是依据会计制度的规定计算出来的利润总额。

3. 征税以量能负担为原则

企业所得税以企业的生产、经营所得和其他所得为征税对象,所得多的就多缴税,所得少的就少缴税,没有所得的不缴税,充分体现税收的公平负担原则,而不像流转税那样只要取得收入就应缴税,不管企业是盈利还是亏损。

4. 纳税人与负税人通常一致

企业所得税是直接税,纳税人与负税人通常一致,这与流转税纳税人与负税人通常分离不同。

5. 实行按年计征、分期预缴的方法

企业所得税以企业一个纳税年度的应纳税所得额为计税依据,平时分月或分季预缴,年度终了后进行汇算清缴,多退少补。

5.1.3 企业所得税的立法原则

企业所得税是处理国家和企业分配关系的重要形式。税收制度设计得合理与否,不仅影响企业负担和国家财政收入,还关系到国家整体经济的持续发展。因此,现行企业所得税法规在制定过程中应遵循以下原则。

1. 税负公平原则

公平原则是人类社会的永恒原则。企业所得税是处理政府与企业分配关系的主要税种之一,分配企业创造的新价值中税负公平原则就显得十分重要。从宏观角度看,企业所得税法规的制定既要保证政府的财政收入,又要适应政府利用税收调节经济的需要,且不影响企业生产经营的积极性。从微观角度看,企业与企业要公平,行业与行业要公平,除特殊规定外,所有企业的税负都要相等。因此,新企业所得税法统一了税率、税前扣除标准以及税收优惠政策。

2. 科学发展观原则

科学发展观关系到人类生存的大计。征收企业所得税不仅要理顺政府与企业的分配关系,而且要有利于国家整体经济长时期地持续发展。因此,企业所得税法规的制定要有利于资源的合理运用,有利于生态平衡,有利于环境保护。

3. 发挥调控作用原则

税收是调节经济的重要杠杆之一。我国地域广阔,经济发展很不平衡,地区间、行业间差距大,经济结构不合理,技术进步迟缓等,这些都需要企业所得税法规给予调节。

4. 参照国际惯例原则

企业所得税是国际上普遍征收的一个税种,虽然各国对该税种的命名有所不同,但本质上没有太大的区别。随着我国对外开放政策的不断扩大和世界经济一体化的快速发展,向我国政府缴纳企业所得税的主体不仅是国内企业,还将涉及诸多国外企业。因此,制定企业所得税法规时,必须考虑国际上的普遍做法。

5. 有利于征管原则

企业所得税是所有税种中计算最复杂的,涉及企业一个纳税年度内的所有收入、成本和费用,以及除企业缴纳的企业所得税和准许抵扣的增值税以外的所有税金的扣除。在征管过程中,稍有不慎就可能发生错误。因此,在制定企业所得税法规时,要尽量做到简单、易懂、利于操作和执行。

5.2 纳税义务人、征税对象与税率

5.2.1 纳税义务人

企业所得税的纳税义务人,是指在中华人民共和国境内的企业和其他取得收入的组织。《企业所得税法》第一条规定:除个人独资企业、合伙企业不适用企业所得税法外,凡

在我国境内,企业和其他取得收入的组织(以下统称"企业")为企业所得税的纳税人,依照本法规定缴纳企业所得税。根据国际惯例,将企业划分为居民企业和非居民企业。

1. 居民企业

居民企业,是指依法在中国境内成立,或者依照外国(地区)法律成立但实际管理机构在中国境内的企业。

这里的企业包括国有企业、私营企业、联营企业、股份制企业、外商投资企业及有生产、经营所得和其他所得的其他组织。其中,有生产、经营所得和其他所得的其他组织,是指经国家有关部门批准,依法注册、登记的事业单位、社会团体等组织。由于我国的一些社会团体、事业单位在完成国家事业计划的过程中,开展多种经营和有偿服务活动,取得除财政部门各项拨款、财政部和国家物价部门批准的各项规费收入以外的经营收入,具有经营的特点,所以应当视同企业纳入征税范围。

实际管理机构,是指对企业的生产经营、人员、财务、财产等实施实质性全面管理和控制的机构。

2. 非居民企业

非居民企业,是指依照外国(地区)法律成立且实际管理机构不在中国境内,但在中国境内设立机构、场所的,或者在中国境内未设立机构、场所,但有来源于中国境内所得的企业。

所称机构、场所,是指在中国境内从事生产经营活动的机构、场所,包括:

(1) 管理机构、营业机构、办事机构;

(2) 工厂、农场、开采自然资源的场所;

(3) 提供劳务的场所;

(4) 从事建筑、安装、装配、修理、勘探等工程作业的场所;

(5) 其他从事生产经营活动的机构、场所。

非居民企业委托营业代理人在中国境内从事生产经营活动的,包括委托单位或者个人经常代其签订合同,或者储存、交付货物等,该营业代理人视为非居民企业在中国境内设立的机构场所。

5.2.2　征税对象

企业所得税的征税对象,是指企业的生产经营所得、其他所得和清算所得。根据《企业所得税法》规定,分为居民企业的征税对象和非居民企业的征税对象。

1. 居民企业的征税对象

居民企业应该就来源于中国境内、境外的所得作为征税对象。所得包括销售货物所得、提供劳务所得、转让财产所得、股息红利等权益性投资所得、利息所得、租金所得、特许权使用费所得、接受捐赠所得和其他所得。

2. 非居民企业的征税对象

非居民企业在中国境内设立机构、场所的,应当就其所设机构、场所取得的来源于中国境内的所得,以及发生在中国境外但与其所设机构、场所有实际联系的所得,缴纳企业所得税。非居民企业在中国境内未设立机构、场所的,或者虽设立机构、场所但取得的所得与其所设机构、场所没有实际联系的,应当就其来源于中国境内的所得缴纳企业所得税。

上述所称实际联系,是指非居民企业在中国境内设立的机构、场所拥有的据以所得的股权、债权,以及拥有、管理、控制据以取得所得的财产。

3. 企业所得来源的确定

由于居民企业与非居民企业的纳税义务不同,因此企业收入来源地的确定尤为重要。按税法规定,来源于中国境内、境外所得按以下规定办理:

(1) 销售货物所得,按照交易活动发生地确定。

(2) 提供劳务所得,按照劳务发生地确定。

(3) 转让财产所得来源按不同财产所得项目分别确定:

① 不动产转让所得按照不动产所在地确定;

② 动产转让按照转让动产的企业或者机构场所所在地确定;

③ 权益性资产的转让所得按照被投资企业所在地确定。

(4) 股息、红利等权益性投资所得,按照分配所得的企业所在地确定。

(5) 利息所得、租金所得、特许权使用费所得,按照负担、支付所得的企业或者机构场所所在地确定,或者按照负担、支付所得的个人的住所地确定。

(6) 其他所得,由国务院财政、税务主管部门确定。

5.2.3 税率

企业所得税税率是国家和企业分配关系的核心要素。企业所得税实行比例税率,比例税率简便易行,透明度高,不会因征税而改变企业间收入分配比例,有利于促进效率的提高。现行企业所得税法规定的税率包括以下两种:

(1) 基本税率25%。该税率适用于居民企业和在中国境内设有机构、场所且所得与机构、场所有关联的非居民企业。

(2) 低税率20%。该税率适用于在中国境内未设立机构、场所的,或者虽设立机构、场所但取得的所得与其所设机构、场所没有实际联系的非居民企业。但是实际征税时实行税收优惠,只征收10%的税率。

5.3 应纳税所得额的计算

应纳税所得额是企业所得税的计税依据,按照企业所得税法的规定,应纳税所得额为企业每一个纳税年度的收入总额,减除不征税收入、免税收入、各种扣除以及允许弥补的以前年度亏损后的余额。基本公式为

应纳税所得额=收入总额-不征税收入-免税收入-各项扣除-允许弥补的以前年度亏损

企业应纳税所得额的计算本着权责发生制的原则,属于当期的收入和费用,不论款项是否收付,均作为当期的收入和费用;不属于当期的收入和费用,即使款项已经在当期收付,均不作为当期的收入和费用。应纳税所得额的计算和国家财政收入有着密不可分的关系,因此,《企业所得税法》对应纳税所得额的计算做了明确规定,主要内容包括收入总额、扣除范围和标准、资产的税务处理、亏损弥补。

5.3.1　收入总额

企业的收入总额包括以货币形式和非货币形式从各种来源取得的收入,具体包括:销售货物收入,提供劳务收入,转让财产收入,股息、红利等权益性投资收益,利息收入,租金收入,特许权使用费收入,接受捐赠收入及其他收入。

企业取得收入的货币形式,包括现金、存款、应收账款、应收票据、准备持有至到期的债券投资以及债务的豁免等;纳税人以非货币形式取得的收入,包括固定资产、生物资产、无形资产、股权投资、存货、不准备持有至到期的债券投资、劳务以及有关权益等,这些非货币资产应当按照公允价值确定收入额,公允价值是指按照市场价格确定的价值。收入的具体构成包括以下三项。

1. 一般收入的确认

(1) 销售货物收入,是指企业销售商品、产品、原材料、包装物、低值易耗品以及其他存货取得的收入。

(2) 劳务收入,是指企业从事建筑安装、修理修配、交通运输、仓储租赁、金融保险、邮电通信、咨询经纪、文化体育、科学研究、技术服务、教育培训、餐饮住宿、中介代理、卫生保健、社区服务、旅游、娱乐、加工以及其他劳务服务活动取得的收入。

(3) 转让财产收入,是指企业转让固定资产、生物资产、无形资产、股权、债权等财产取得的收入。

(4) 股息、红利等权益性投资收益,是指企业因权益性投资从被投资方取得的收入。股息、红利等权益性投资收益,按照被投资方做出利润分配决定的日期确认收入的实现,国务院财政、税务主管部门另有规定的除外。

(5) 利息收入,是指企业将资金提供他人使用但不构成权益性投资,或者因他人占用本企业资金取得的收入,包括存款利息、贷款利息、债券利息、欠款利息等。利息收入,按照合同约定的债务人应付利息的日期确认收入的实现。

(6) 租金收入,是指企业提供固定资产、包装物或者其他有形资产的使用权取得的收入。租金收入,按照合同约定的承租人应付租金的日期确认收入的实现。

(7) 特许权使用费收入,是指企业提供专利权、非专利技术、商标权、著作权以及其他特许权的使用取得的收入。特许权使用费收入,按照合同约定的特许权使用人应付特许权使用费的日期确认收入的实现。

(8) 接受捐赠收入,是指企业接受的来自其他企业、组织或者个人无偿给予的货币性资产、非货币性资产。接受捐赠收入,按照实际收到捐赠财产的日期确认收入的实现。

(9) 其他收入,是指企业取得的除以上收入外的其他收入,包括企业资产溢余收入、逾期未退包装物押金收入、确实无法偿付的应付款项、已做坏账损失处理后又收回的应收款项、债务重组收入、补贴收入、违约金收入、汇总收益等。

2. 特殊收入的确认

（1）以分期收款方式销售货物的，按照合同约定的收款日期确认收入的实现。

（2）企业受托加工制造大型机械设备、船舶、飞机，以及从事建筑、安装、装配工程业务或者提供其他劳务等，持续时间超过 12 个月的，按照纳税年度内完工进度或者完成的工作量确认收入的实现。

（3）采取产品分成方式取得收入的，按照企业分得产品的日期确认收入的实现，其收入额按照产品的公允价值确认。

（4）企业发生非货币性资产交换以及将货物、财产、劳务用于捐赠、偿债、赞助、集资、广告、样品、职工福利或者利润分配等用途的，应当视同销售货物、转让财产或者提供劳务，但国务院财政、税务主管部门另有规定的除外。

【例 5-1】 下列各项中，属于《企业所得税法》中"其他收入"的有（ ）。

A. 债务重组收入　　B. 视同销售收入　　C. 资产溢余收入　　D. 补贴收入

【答案】 ACD

【解析】 B 选项"视同销售收入"属于《企业所得税法》中的特殊收入。

3. 处置资产收入

（1）对于资产所有权属在形式和实质上均不发生改变的处置资产，可作为内部处置资产，不视同销售确认收入；

（2）对于资产所有权属已发生改变而不属于内部处置资产的处置资产，应视同销售确认收入。

5.3.2 不征税收入和免税收入

国家为了扶持和鼓励某些特殊的纳税人和特定的项目，或者避免因征税影响企业的正常经营，对企业取得的某些收入予以不征税或免税的特殊政策，以减轻企业的负担，促进经济的协调发展。但国务院和国务院财政、税务主管部门另有规定的除外。

1. 不征税收入

（1）财政拨款。其是指各级人民政府对纳入预算管理的事业单位、社会团体等组织拨付的财政资金，但国务院和国务院财政、税务主管部门另有规定的除外。

（2）依法收取并纳入财政管理的行政事业性收费、政府性基金。前者是指依照法律法规等有关规定，按照国务院规定程序批准，在实施社会公共管理以及在向公民、法人或者其他组织提供特定公共服务过程中，向特定对象收取并纳入财政管理的费用。后者是指企业按照法律、行政法规等有关规定，代政府收取的具有专项用途的财政资金。

（3）国务院规定的其他不征税收入。该类收入是指企业取得的由国务院财政、税务主管部门规定专项用途并经国务院批准的财政性资金。

2. 免税收入

(1) 国债利息收入。为鼓励企业积极购买国债、支援国家建设,税法规定,企业因购买国债所得的利息收入,免征企业所得税。

(2) 符合条件的居民企业之间的股息、红利等权益性收益,即居民企业直接投资于其他居民企业取得的投资收益。

(3) 在中国境内设立机构、场所的非居民企业从居民企业取得与该机构、场所有实际联系的股息、红利等权益性投资收益,但不包括连续持有居民企业公开发行并上市流通的股票不足 12 个月取得的投资收益。

(4) 符合条件的非营利组织的收入。其中,需要符合的条件如下:

① 依法履行非营利组织登记手续。

② 从事公益性或者非营利性活动。

③ 取得的收入除用于与该组织有关的、合理的支出外,全部用于登记核定或者章程规定的公益性或者非营利性事业。

④ 按照登记核定或者章程规定,该组织注销后的剩余财产用于公益性或者非营利性目的,或者由登记管理机关转赠给与该组织性质、宗旨相同的组织,并向社会公告。

⑤ 投入人对投入该组织的财产不保留或者不享有任何财产权利。

⑥ 工作人员工资福利开支控制在规定的比例内,不变相分配该组织的财产。

⑦ 国务院财政、税务主管部门规定的其他条件。

《企业所得税法》第二十六条第四项所称"符合条件的非营利组织的收入",不包括非营利组织从事营利性生活取得的收入,但国务院财政、税务主管部门另有规定的除外。

【例 5-2】 下列项目收入中,不需要计入应纳税所得额的有( )。

A. 企业债券利息收入   B. 居民企业之间股息收益

C. 债务重组收入   D. 接受捐赠的实物资产价值

【答案】 B

【解析】 居民企业之间股息收益为免税收入,不需要计入应纳税所得额。

5.3.3 扣除原则和范围

5.3.3.1 税前扣除项目的原则

企业所得税纳税申报的扣除项目和金额要真实、合法。真实,是指能提供证明有关支出确属已经实际发生;合法,是指符合国家税法的规定,若其他法规规定与税收法规规定不一致,应以税收法规的规定为标准。税前扣除一般应遵循以下原则,税收法规另有规定的除外。

1. 权责发生制原则

权责发生制原则,是指企业费用应在发生的所属期扣除,而不是实际支付时确认扣除。

2. 配比原则

配比原则,是指企业发生的费用应当与收入配比扣除。企业发生的费用不得提前或滞后申报扣除,另有特殊规定的除外。

3. 相关性原则

相关性原则,是指企业可扣除的费用从性质和根源上必须与取得的应税收入直接相关。

4. 确定性原则

确定性原则,是指企业可扣除的费用不论何时支付,其金额必须是确定的。

5. 合理性原则

合理性原则,是指符合生产经营活动常规,应当计入当期损益或者有关资产成本的必要和正常的支出。

5.3.3.2 扣除项目的范围

《企业所得税法》规定,企业实际发生的与取得收入有关的、合理的支出,包括成本、费用、税金、损失和其他支出,准予在计算应纳税所得额时扣除。在实际征税过程中,计算应纳税所得额时还应注意:① 企业发生的支出应当区分收益性支出和资本性支出。收益性支出在发生当期直接扣除;资本性支出应当分期扣除或者计入有关资产成本,不得在发生当期直接扣除。② 企业的不征税收入用于支出所形成的费用或者财产,不得扣除或者计算对应的折旧、摊销扣除。③ 除《企业所得税法》及《企业所得税法实施条例》另有规定外,企业实际发生的成本、费用、税金、损失和其他支出,不得重复扣除。具体扣除项目的内容包括:

1. 成本

成本,是指企业在生产经营活动中发生的销售成本、销货成本、业务支出以及其他耗费,即企业销售商品(产品、材料、下脚料、废料、废旧物资等)、提供劳务、转让固定资产、无形资产(包括技术转让)的成本。

企业必须将经营活动中发生的成本合理划分为直接成本和间接成本。直接成本,是指可直接计入有关成本计算对象或劳务的经营成本中的直接材料、直接人工等。间接成本,是指多个部门为同一成本对象提供服务的共同成本,或者同一种投入可以制造、提供两种或两种以上的产品或劳务的共同成本。

2. 费用

费用,是指企业每一个纳税年度为生产、经营产品和提供劳务等而发生的销售(经营)费用、管理费用和财务费用,已经计入成本的有关费用除外。

销售费用,是指应由企业负担的为销售商品而发生的费用,包括广告费、运输费、装卸费、包装费、展览费、保险费、销售佣金(能直接认定的进口佣金调整商品进价成本)、代销手续费、经营性租赁费及销售部门发生的差旅费、工资、福利费等费用。

管理费用,是指企业的行政管理部门为管理组织经营活动提供各项支援性服务而发生的费用。

财务费用,是指企业为筹集经营性资金而发生的费用,包括利息净支出、汇兑净损失、金融机构手续费以及其他非资本化支出。

3. 税金

税金,是指企业发生并缴纳的除企业所得税和允许抵扣的增值税以外的各项税金及其附加,即企业按规定缴纳的消费税、营业税、城市维护建设税、关税、资源税、土地增值税、房产税、车船税、土地使用税、印花税、教育费附加等产品销售税金及附加。这些已缴纳税金准予税前扣除。准许扣除的税金有两种扣除方式:一是在发生当期扣除;二是在发生当期计入相关资产的成本,在以后各期分摊扣除。特别需要注意的是,房产税、车船税、土地使用税、印花税等,已经计入管理费用中扣除的,不再作销售税金单独扣除。

【例 5-3】　根据企业所得税法律制度的规定,下列税金在计算企业应纳税所得额时,不得从收入总额中扣除的是(　　)。

A. 土地增值税　　　　B. 增值税　　　　　C. 消费税　　　　　D. 营业税

【答案】　B

【解析】　增值税是价外税,计算应纳税所得额时不得扣除。

4. 损失

损失,是指企业在生产经营活动中发生的固定资产和存货的盘亏、毁损、报废损失,转让财产损失,呆账损失,坏账损失,自然灾害等不可抗力因素造成的损失以及其他损失。

企业发生的损失减除责任人赔偿和保险赔款后的余额,依照国务院财政、税务主管部门的规定扣除。

企业已经作为损失处理的资产,在以后纳税年度又全部收回或者部分收回时,应当计入当期收入。

5. 其他支出

其他支出,是指除成本、费用、税金、损失外,企业在生产经营活动中发生的与生产经营活动有关的、合理的支出。

5.3.3.3　扣除项目的标准

在计算应纳税所得额时,下列项目可按照实际发生额或规定的标准扣除。

1. 工资、薪金支出

(1) 企业发生的合理的工资、薪金支出准予据实扣除。工资、薪金支出是企业每一纳税年度支付给本企业任职或与其有雇佣关系的员工的所有现金或非现金形式的劳动报酬,包括基本工资、奖金、津贴、补贴、年终加薪、加班工资,以及与任职或者是受雇有关的其他支出。

(2) 属于国有性质的企业,其工资薪金不得超过政府有关部门给予的限定数额;超过部分,不得计入企业工资薪金总额,也不得在计算企业应纳税所得额时扣除。

(3) 企业因雇佣季节工、临时工、实习生、返聘离退休人员以及接受外部劳务派遣用工所实际发生的费用,应区分为工资薪金支出和职工福利费支出,并按《企业所得税法》规定在企业所得税税前扣除。其中属于工资薪金支出的,准予计入企业工资薪金总额的基数,作为计算其他各项相关费用扣除的依据。

2. 职工福利费、工会经费、职工教育经费

企业发生的职工福利费、工会经费、职工教育经费未超过标准的按实际数扣除,超过标准的只能按照标准扣除。

(1) 企业发生的职工福利费支出,不超过工资薪金总额14%的部分,准予扣除。

(2) 企业拨缴的工会经费,不超过工资薪金总额2%的部分,准予扣除。

(3) 除国务院财政、税务主管部门另有规定外,企业发生的职工教育经费支出,不超过工资薪金总额2.5%的部分,准予扣除;超过的部分,准予结转以后纳税年度扣除。

【例5-4】 某电视机厂为居民纳税企业,某纳税年度实际发生的工资薪金支出为100万元,本期"三项经费"实际发生额为15万元,其中福利费为10万元、拨缴的工会经费为2万元、已取得工会拨缴收据实际发生职工教育经费3万元。则该企业允许扣除的"三项经费"支出该如何扣除?

【解析】

(1) 福利费扣除限额=100×14%=14(万元),实际发生10万元可据实扣除。

(2) 工会经费扣除限额=100×2%=2(万元),实际发生2万元可据实扣除。

(3) 职工教育经费扣除限额=100×2.5%=2.5(万元),实际发生3万元可扣除2.5万元,另0.5万元应调增应纳税所得额。

(4) 允许扣除"三项经费"支出合计=10+2+2.5=14.5(万元)。

3. 社会保险费

(1) 企业依照国务院有关主管或者省级人民政府规定的范围和标准为职工缴纳的五险一金,即基本养老保险费、基本医疗保险费、失业保险费、工伤保险费、生育保险费等基本社会保险费和住房公积金,准予扣除。

(2) 企业为投资者或者职工支付的补充养老保险费、补充医疗保险费,在国务院财政、税务主管部门规定的范围和标准内,准予扣除。企业依照国家有关规定为特殊工种职工支付的人身安全保险费和符合国务院财政、税务主管部门规定可以扣除的商业保险费准予扣除。

(3) 企业参加财产保险,按照规定缴纳的保险费,准予扣除。企业为投资者或者职工支付的商业保险费,不得扣除。

4. 利息费用

企业在生产、经营活动中发生的利息费用,按下列规定扣除:

(1) 非金融企业向金融企业借款的利息支出、金融企业的各项存款利息支出和同业拆借利息支出、企业经批准发行债券的利息支出,可据实扣除。

(2) 非金融企业向非金融企业借款的利息支出,不超过按照金融企业同期同类贷款利率计算的数额的部分可据实扣除,超过部分不得扣除。

其中,金融企业是指各类银行、保险公司及经中国人民银行批准从事金融业务的非银行金融机构,包括国家专业银行、区域性银行、股份制银行、外资银行、中外合资银行以及其他综合性银行,还包括全国性保险企业、区域性保险企业、股份制保险企业、中外合资保险企业以及其他专业性保险企业,城市、农村信用社,各类财务公司以及其他从事信托投资、租赁等业务的专业和综合性非银行金融机构。非金融机构,是指除上述金融机构以外的所有企业、事业单位以及社会团体等企业或组织。

5. 借款费用

(1) 企业在生产经营活动中发生的合理的不需要资本化的借款费用,准予扣除。

(2) 企业为购置、建造固定资产、无形资产和经过 12 个月以上的建造才能达到预定可销售状态的存货发生借款的,在有关资产购置、建造期间发生的合理的借款费用,应予以资本化,作为资本性支出计入有关资产的成本;有关资产交付使用后发生的借款利息,可在发生当期扣除。

6. 汇兑损失

企业在货币交易中以及纳税年度终了时,将人民币以外的货币性资产、负债按照期末即期人民币汇率中间价折算为人民币时产生的汇兑损失,除已经计入有关资产成本以及与向所有者进行利润分配相关的部分外,准予扣除。

【例 5-5】 某服装厂为居民纳税企业,某纳税年度实现利润总额为 23 万元。本年度共发生两笔借款:一是向银行借入流动资金 200 万元,借款期限 6 个月,支付利息费用 4.5 万元;二是经批准向其他企业借入流动资金 50 万元,借款期限 9 个月,支付利息费用 2.6 万元。该企业无其他纳税调整事项,则该企业的应纳税所得额如何计算?

【解析】

(1) 向银行借入流动资金年利率 $=(4.5 \div 200) \times 2 \times 100\% = 4.5\%$。

(2) 向其他企业借款的费用扣除标准 $=50 \times 4.5\% \div 12 \times 9 = 1.6875$(万元)。

该值小于实际发生利息费用 2.6 万元,只能按规定的标准扣除。

应调增应纳税所得额 $=2.6 - 1.6875 = 0.9125$(万元)。

(3) 应纳税所得额 $=23 + 0.9125 = 23.9125$(万元)。

7. 业务招待费

企业发生的与生产经营活动有关的业务招待费支出,按照发生额的 60% 扣除,但最高不得超过当年销售收入的 5‰。

【例 5-6】 某企业为居民企业,2013 年年度利润总额为 200 万元,按利润总额申报缴纳企业所得税。该企业当年产品销售收入 5000 万元,业务招待费 22 万元。若该企业无其他纳税调整项目,则其应纳税所得额如何计算?

【解析】

(1) 业务招待费扣除限额 $=5000 \times 5‰ = 25$(万元),扣除标准 $=22 \times 60\% = 13.2$(万元),按 13.2 万元进行扣除。

应调增应纳税所得额 $=22 - 13.2 = 8.8$(万元)。

(2) 应纳税所得额 $=200 + 8.8 = 208.8$(万元)。

8. 广告费和业务宣传费

企业发生的符合条件的广告费和业务招待费支出,除国务院财政、税务主管部门另有规定外,不超过当年销售收入 15％的部分,准予扣除;超过部分,准予结转以后纳税年度扣除。

企业申报扣除的广告费支出应与赞助支出严格区分。企业申报扣除的广告费支出,必须符合下列条件:

① 广告是通过工商部门批准的专门机构制作的;

② 已实际支付费用并取得相应发票;

③ 通过一定的媒体传播。

【例 5-7】 下列各项中,能作为业务招待费和广告费税前扣除限额计提依据的是(   )。

A. 转让无形资产使用权的收入

B. 因债权人原因确实无法支付的应付款项

C. 转让无形资产所有权的收入

D. 出售固定资产的收入

【答案】 A

【解析】 作为业务招待费和广告费税前扣除标准的当年销售(营业)收入包括销售货物收入、劳务收入、出租财产收入、转让无形资产使用权收入、视同销售收入等,即会计核算中的"主营业务收入""其他业务收入"。

【例 5-8】 某商贸公司为居民纳税企业,某纳税年度实现业务收入 2000 万元,发生广告费 244 万元,业务宣传费 76 万元。则该公司当年发生的广告费和业务宣传费如何处理?

【解析】 广告费和业务宣传费扣除限额＝2000×15％＝300(万元),实际发生费用＝244＋76＝320(万元),该值大于扣除限额 300 万元,当年计算所得税只准予扣除 300 万元,超标的 20 万元可结转下一纳税年度扣除。

9. 环境保护专项资金

企业依照法律、行政法规有关规定提取的用于环境保护、生态恢复等方面的专项资金,准予扣除。上述专项资金提取后改变用途的,不得扣除。

10. 保险费

企业参加财产保险,按照规定缴纳的保险费,准予扣除。

11. 租赁费

企业因生产经营活动的需要租入固定资产支付的租赁费,按照以下方法扣除:

(1) 以经营租赁方式租入固定资产发生的租赁费支出,按照租赁期限均匀扣除。经营性租赁是指所有权不转移的租赁。

(2) 以融资租赁方式租入固定资产发生的租赁费支出,按照规定构成融资租入固定资产价值的部分应当提取折旧费用,分期扣除。融资租赁,是指在实质上转移与一项资产所有权有关的全部风险和报酬的一种租赁。

12. 劳动保护费

企业发生的合理的劳动保护支出,准予扣除。

13. 公益性捐赠支出

公益性捐赠,是指企业通过公益性社会团体或者县级以上人民政府及其部门,用于《中华人民共和国公益事业捐款法》规定的公益事业的捐赠。

企业发生的公益性捐赠支出,不超过年度利润总额 12% 的部分,准予扣除。年度利润总额,是指企业按照国家统一会计制度的规定计算的年度会计利润。

公益性社会团体,是指同时符合下列条件的基金会、慈善组织等社会团体:

(1) 依法登记,具有法人资格;

(2) 以发展公益事业为宗旨,且不以营利为目的;

(3) 全部资产及其增值为该法人所有;

(4) 收益和营运结余主要用于符合该法人设立目的的事业;

(5) 终止后的剩余财产不归属任何个人或者营利组织;

(6) 不经营与其设立目的无关的业务;

(7) 有健全的财务会计制度;

(8) 捐赠者不以任何形式参与社会团体财产的分配;

(9) 国务院财政、税务主管部门会同国务院民政部门等登记管理部门规定的其他条件。

【例 5-9】　某工业企业纳税年度的利润总额为 4000 万元,全年发生公益性捐赠 500 万元、非公益性捐赠 40 万元。企业无其他纳税调整项目,计算该企业的应纳税所得额。

【解析】

(1) 公益性捐赠扣除限额 $= 4000 \times 12\% = 480$(万元);

(2) 应纳税所得额 $= 4000 + 500 + 40 - 480 = 4060$(万元)。

14. 有关资产的费用

企业转让各类固定资产发生的费用,准予扣除。企业按规定计算的固定资产折旧费、无形资产和递延资产的摊销费,准予扣除。

15. 总机构分摊的费用

非居民企业在中国境内设立的机构、场所,就其中国境外总机构发生的与该机构、场所生产经营有关的费用,能够提供总机构出具的费用汇集范围、定额、分配依据和方法等证明文件并合理分摊的,准予扣除。

16. 资产损失

企业当期发生的固定资产和流动资产盘亏、毁损净损失,由其提供清查盘存资料经主管税务机关审核后,准予扣除;企业因存货盘亏、毁损、报废等原因不得从销项税金中抵扣的进项税金,应视同企业财产损失,准予与存货损失一起在所得税前按规定扣除。

17. 其他项目

依照有关法律、行政法规和国家有关税法规定准予扣除的其他项目,如会员费、合理的会议费、差旅费、违约金、诉讼费用等。

5.3.4　不得扣除的项目

在计算应纳税所得额时,下列支出不得扣除:

(1) 向投资者支付的利息、红利等权益性投资收益款项。

(2) 企业所得税税款。

(3) 税收滞纳金,是指纳税人违反税收法规,被税务机关处以的滞纳金。

(4) 罚金、罚款和被没收财物的损失,是指纳税人违反国家有关法律、法规规定,被有关部门处以的罚款,以及被司法机关处以的罚金和被没收的财物。

(5) 超过规定标准的捐赠支出。

(6) 赞助支出,是指企业发生的与生产经营活动无关的各种非广告性质支出。

(7) 未经核定的准备金支出,是指不符合国务院财政、税务主管部门规定的各项资产减值准备、风险准备等准备金支出。

(8) 企业之间支付的管理费、企业内营业机构之间支付的租金和特许权使用费,以及非银行企业内营业机构之间支付的利息,不得扣除。

(9) 与取得收入无关的其他支出。

5.3.5　亏损弥补

(1) 亏损,是指企业依照《企业所得税法》及《企业所得税法实施条例》的规定,将每一纳税年度的收入总额减除不征税收入、免税收入和各项扣除后小于零的数额。《企业所得税法》规定,企业某一纳税年度发生的亏损可以用下一年度的所得弥补,下一年度的所得不足以弥补的,可以逐年延续弥补,但最长不得超过 5 年。而且,企业在汇总计算缴纳企业所得税时,其境外营业机构的亏损不得抵减境内营业机构的盈利。

(2) 企业筹办期间不计算为亏损年度,企业以开始生产经营的年度为开始计算企业损益的年度。企业从事生产经营之前进行筹办活动期间发生筹办费用支出,不得计算为当期的亏损,企业可以在开始经营之日的当年一次性扣除,也可以按照新税法有关长期待摊费用的处理规定处理,但一经选定,不得改变。

(3) 税务机关对企业以前年度纳税情况进行检查时调增的应纳税所得额,凡企业以前年度发生亏损且该亏损属于《企业所得税法》规定允许弥补的,应允许调增的应纳税所得额弥补该亏损。弥补该亏损后仍有余额的,按照企业所得税法规定计算缴纳企业所得税。对检查调增的应纳税所得额应根据其情节,依照《征管法》有关规定进行处理或处罚。

上述规定自 2010 年 12 月 1 日开始执行。2008 年以前(含 2008 年)没有处理的事项,按本规定执行。

(4) 对企业发现以前年度实际发生的、按照税收规定应在企业所得税前扣除而未扣除或者少扣除的支出,企业做出专项申报及说明后,准予追补至该项目发生年度计算扣除,但追补确认期限不得超过 5 年。

企业由于上述原因多缴的企业所得税税款,可以在追补确认年度企业所得税应纳税款中抵扣,不足抵扣的,可以向以后年度递延抵扣或申请退税。

亏损企业追补确认以前年度未在企业所得税前扣除的支出,或盈利企业经过追补确认后出现亏损的,应首先调整该项支出所属年度的亏损额,然后再按照弥补亏损的原则计算以后年度多缴的企业所得税款,并按前款规定处理。

【例 5-10】 假定某企业 7 年来的经营情况如表 5-1 所示,计算该企业 7 年的应纳税所得额。

表 5-1 某企业 7 年来经营情况　　　　　　　　　　　　万元

年度	1	2	3	4	5	6	7
应纳税所得额	−150	30	20	30	20	40	50

【解析】 该企业第 1 年亏损 150 万元,准予向以后年度结转 5 年,可结转至第 6 年。第 2,3,4,5,6 年的所得用于弥补第 1 年的亏损后无所得不纳税。虽然亏损仍未补完,但因结转年限已到而不能再向以后年度结转,为此第 7 年应纳税所得额为 50 万元。

5.4 应纳税额的计算

5.4.1 居民企业应纳税额的计算

居民企业应纳税额等于应纳税所得额乘以适用税率,基本计算公式为

居民企业应纳税额＝应纳税所得额×适用税率−减免税额−抵免税额

由该计算公式可以看出,居民企业应纳税额的多少,取决于应纳税所得额和适用税率两个因素。在实际工作中,应纳税所得额的计算一般有以下两种方法:

1. 直接计算法

在直接计算法下,居民企业每一纳税年度的收入总额减除不征税收入、免税收入、各项扣除以及允许弥补的以前年度亏损后的余额为应纳税所得额。即

应纳税所得额＝收入总额−不征税收入−免税收入−各项扣除−以前年度亏损

2. 间接计算法

间接计算法,是在会计利润总额的基础上加或减按照税法规定调整的项目金额,即为应纳税所得额。计算公式为

应纳税所得额＝会计利润总额±纳税调整项目金额

纳税调整项目金额包括两个方面的内容,一是企业的财务会计处理和税收规定不一致的应予以调整的金额,二是企业按税法规定准予扣除的税收金额。

【例 5-11】 某企业为居民企业,2013 年发生经营业务如下:

(1) 取得产品销售收入 3000 万元。

(2) 发生产品销售成本 1600 万元。

（3）发生销售费用 700 万元（其中广告费 550 万元），管理费用 380 万元（其中业务招待费 20 万元），财务费用 60 万元。

（4）销售税金 150 万元（含增值税 110 万元）。

（5）营业外收入 70 万元，营业外支出 50 万元（含通过公益性社会团体向贫困山区捐款 30 万元，支付税收滞纳金 6 万元）。

（6）计入成本、费用中的实发工资总额 200 万元，拨缴职工工会经费 5 万元，发生职工福利费 31 万元，发生职工教育经费 7 万元。

要求：计算该企业 2013 年度实际应纳的企业所得税。

【解析】

（1）会计利润总额＝3000＋70－1600－700－380－60－40－50＝240（万元）；

（2）广告费和业务宣传费调增所得额＝550－3000×15％＝100（万元）；

（3）业务招待费调增所得额＝20－20×60％＝8（万元），3000×5‰＝15（万元）＞20×60％＝12（万元）；

（4）捐赠支出应调增所得额＝30－70×12％＝21.6（万元）；

（5）工会经费应调增所得额＝5－200×2％＝1（万元）；

（6）职工福利费应调增所得额＝31－200×14％＝3（万元）；

（7）职工教育经费应调增所得额＝7－200×2.5％＝2（万元）；

（8）应纳税所得额＝240＋100＋8＋21.6＋6＋1＋3＋2＝381.6（万元）；

（9）2013 年该企业应缴纳所得税＝381.6×25％＝95.4（万元）。

5.4.2 非居民企业应纳税额的计算

对于在中国境内未设立机构、场所的，或者虽设立机构、场所但取得的所得与其所设机构、场所没有实际联系的非居民企业的所得，按照下列方法计算应纳税所得额：

（1）股息、红利等权益性投资收益和利息、租金、特许权使用费所得，以收入全额为应纳税所得额。"营改增"试点中的非居民企业，应以不含增值税的收入全额作为应纳税所得额。

（2）转让财产所得，以收入全额减除财产净值后的余额为应纳税所得额。

财产净值是指财产的计税基础减除已经按照规定扣除的折旧、折耗、摊销、准备金等后的余额。

（3）其他所得，参照前两项规定的方法计算应纳税所得额。

5.4.3 境外所得抵扣税额的计算

企业取得的下列所得已在境外缴纳所得税税额的，可以从其当期应纳税额中抵免，抵免限额为该项所得依照我国《企业所得税法》规定计算的应纳税额，超过抵免限额的部分，可以在以后 5 个年度内，用每年度抵免限额抵免当年应抵税额后的余额进行抵补：

① 居民企业来源于中国境外的应税所得；

② 非居民企业在中国境内设立机构、场所，取得发生在中国境外但与该机构、场所有实际联系的应税所得。

居民企业从其直接或间接控制的外国企业分得的来源于中国境外的股息、红利等权益性投资收益,外国企业在境外实际缴纳的所得税税额中属于该项所得负担的部分,可以作为该居民企业的可抵免境外所得税税额,在《企业所得税法》规定的抵免限额内抵免。

直接控制,是指居民企业直接持有外国企业 20%以上股份;间接控制,是指居民企业以间接持股方式持有外国企业 20%以上股份,具体认定办法由国务院财政、税务主管部门另行制定。

已在境外缴纳的所得税税额,是指企业来源于中国境外的所得依照中国境外税收法律以及相关规定应当缴纳并已经实际缴纳的企业所得税性质的税款。企业依照《企业所得税法》的规定抵免企业所得税税额时,应当提供中国境外税务机关出具的税款所属年度的有关纳税凭证。

抵免限额,是指企业来源于中国境外的所得依照《企业所得税法》及《企业所得税法实施条例》的规定计算的应纳税额。除国务院财政、税务主管部门另有规定外,该抵免限额应当分国(地区)不分项计算,计算公式为

抵免限额=中国境内、境外所得依照《企业所得税法》及《企业所得税法实施条例》规定计算的应纳税总额×(来源于某国(地区)的应纳税所得额÷中国境内、境外应纳税所得总额)

前述 5 个年度,是指从企业取得的来源于中国境外的所得,已经在中国境外缴纳的企业所得税性质的税额超过抵免限额的当年的次年起连续 5 个纳税年度。

【例 5-12】 某企业 2013 年度境内应纳税所得额为 100 万元,适用 25%的企业所得税税率。另外,该企业分别在 A,B 两国设有分支机构(我国与 A,B 两国已经缔结避免双重征税协定),在 A 国分支机构的应纳税所得额为 50 万元,A 国企业所得税税率为20%;在 B 国的分支机构的应纳税所得额为 30 万元,B 国企业所得税税率为 30%。假设该企业在 A,B 两国所得按我国税法计算的应纳税所得额和按 A,B 两国税法计算的应纳税所得额一致,两个分支机构在 A,B 两国分别缴纳了 10 万元和 9 万元的企业所得税。

要求:计算该企业 2013 年汇总时在我国应缴纳的企业所得税税额。

【解析】

(1)该企业按我国税法计算的境内、境外所得的应纳税额:

$$应纳税额=(100+50+30)×25\%=45(万元);$$

(2)A,B 两国的扣除限额:

$$A 国扣除限额=45×[50÷(100+50+30)]=12.5(万元);$$
$$B 国扣除限额=45×[30÷(100+50+30)]=7.5(万元)。$$

在 A 国缴纳的所得税为 10 万元,低于扣除限额 12.5 万元,可全额扣除。

在 B 国缴纳的所得税为 9 万元,高于扣除限额 7.5 万元,其超过扣除限额的 1.5 万元当年不能扣除。

(3)该企业 2013 年汇总时在我国应缴纳的所得税=45-10-7.5=27.5(万元)。

5.5　源泉扣缴

5.5.1　扣缴义务人

对非居民企业在中国境内未设立机构、场所的，或者虽设立机构、场所但取得的所得与其所设机构、场所没有实际联系的所得应缴纳的所得税，实行源泉扣缴，以支付人为扣缴义务人。税款由扣缴义务人在每次支付或者到期应支付时，从支付或者到期应支付的款项中扣缴。

上述所称支付人，是指依照有关法律规定或者合同约定对非居民企业直接负有支付相关款项义务的单位或者个人。上述所称支付方式，包括现金支付、汇拨支付、转账支付和权益兑价支付等货币支付和非货币支付。上述所称到期应支付的款项，是指支付人按照权责发生制原则应当计入相关成本、费用的应付款项。

对非居民企业在中国境内取得工程作业和劳务所得应缴纳的所得税，税务机关可以指定工程价款或者劳务费的支付人为扣缴义务人。

5.5.2　扣缴方法

（1）扣缴义务人扣缴税款时，按本章非居民企业计算方法计算税款。

（2）应当扣缴的所得税，扣缴义务人未依法扣缴或者无法履行扣缴义务人的，由企业在所得发生地缴纳。企业未依法缴纳的，税务机关可以从该企业在中国境内其他收入项目的支付人应付的款项中，追缴该企业的应纳税款。

上述所称所得发生地，是指依照《企业所得税法实施条例》第七条规定的原则确定的所得发生地。在中国境内存在多处所得发生地的，由企业选择其中之一申报缴纳企业所得税；上述所称该企业在中国境内其他收入，是指该企业在中国境内取得的其他各种来源的收入。

（3）税务机关在追缴该企业应纳税款时，应当将追缴理由、追缴数额、缴纳期限和缴纳方式等告知该企业。

（4）扣缴义务人每次代扣的税款，应当自代扣之日起7日内缴入国库，并向所在地的税务机关报送扣缴企业所得税报告表。

5.6　特别纳税调整

5.6.1　调整范围

特别纳税调整，是指企业与其关联方之间的业务往来，不符合独立交易原则而减少企业或者其关联方应纳税收入或者所得额的,税务机关有权按照合理方法调整。企业与其关联方共同开发、受让无形资产,或者共同提供、接受劳务发生的成本,在计算应纳税所得额时应当按照独立交易原则进行分摊。

上述所称独立交易原则,是指没有关联关系的交易各方,按照公平成本价格和营业常规进行业务往来遵循的原则。

1. 关联方

关联方,是指与企业有下列关联关系之一的企业、其他组织或者个人,具体指:

(1) 在资金、经营、购销等方面存在直接或者间接的控制关系;

(2) 直接或者间接地同为第三者控制;

(3) 在利益上具有相关联的其他关系。

2. 关联企业之间关联业务的税务处理

(1) 企业与其关联方共同开发、受让无形资产,或者共同提供、接受劳务发生的成本,在计算应纳税所得额时应当按照独立交易原则进行分摊。

(2) 企业与其关联方分摊成本时,应当按照成本与预期收益相配比的原则进行分摊,并在税务机关规定的期限内,按照税务机关的要求报送有关资料。

(3) 企业与其关联方分摊成本时违反以上(1)、(2)条规定的,其自行分摊的成本不得在计算应纳税所得额时扣除。

(4) 企业可以向税务机关提出与其关联方之间业务往来的定价原则和计算方法,税务机关与企业协商、确认后,达成预约定价安排。

预约定价安排,是指企业就其未来年度关联交易的定价原则和计算方法,向税务机关提出申请,与税务机关按照独立交易原则协商、确认后达成的协议。

(5) 企业向税务机关报送年度企业所得税纳税申报表时,应当就其与关联方之间的业务往来,附送年度关联业务往来报告表。

税务机关在进行关联业务调查时,企业与其关联方,以及与关联业务调查有关的其他企业,应当按照规定提供相应资料。其应提供的相关资料如下:与关联业务往来有关的价格、费用的制定标准、计算方法和说明等同期资料;关联业务往来所涉及的财产、财产使用权、劳务等的再销售(转让)价格或者最终销售(转让)价格的相关资料;与关联业务调查有关的其他企业应当提供的与被调查企业可比的产品价格、定价方式以及利润水平等资料;其他与关联业务往来有关的资料。

(6) 由居民企业,或者由居民企业和中国居民控制的设立在实际税负明显低于 25% 的税率水平的国家(地区)的企业,并非由于合理的经营需要而对利润不作分配或者减少分配的,上述利润中应归属于该居民企业的部分,应当计入该居民企业的当期收入。所指控制包括:居民企业或者中国居民直接或者间接单一持有外国企业 10% 以上有表决权股份,且由其共同持有该外国企业 50% 以上股份;居民企业,或者居民企业和中国居民持股比例没有达到上述规定的标准,但在股份、资金、经营、购销等方面对该外国企业构成实质控制。上述所指的实际税负明显偏低,是指实际税负明显低于《企业所得税法》规定的 25%税率的 50%。

5.6.2　调整方法

税法规定对关联方企业所得不实的,调整方法如下:

(1)可比非受控价格法,是指按照没有关联关系的交易各方进行相同或者类似业务往来的价格进行定价的方法。

(2)再销售价格法,是指按照从关联方购进商品再销售给没有关联关系的交易方的价格,减除相同或者类似业务的销售毛利进行定价的方法。

(3)成本加成法,是指按照成本加合理的费用和利润进行定价的方法。

(4)交易净利润法,是指按照没有关联关系的交易各方进行相同或者类似业务往来取得的净利润水平确定利润的方法。

(5)利润分割法,是指将企业与其关联方的合并利润或者亏损在各方之间采用合理标准进行分配的方法。

(6)其他符合独立交易原则的方法。

5.6.3　核定征收

企业不提供与其关联方之间业务往来资料,或者提供虚假、不完整资料,未能真实反映其关联方业务往来情况的,税务机关有权依法核定其应纳税所得额。核定方法包括:

(1)参照同类或者类似企业的利润率水平核定。

(2)按照企业成本加合理的费用和利润的方法核定。

(3)按照关联企业集团整体利润的合理比例核定。

(4)按照其他合理方法核定。

企业对税务机关按照前款规定的方法核定的应纳税所得额有异议的,应当提供相关证据,经税务机关认定后,调整核定的应纳税所得额。

5.6.4　加收利息

企业实施其他不具有合理商业目的的安排而减少其应纳税收入或者所得额的,税务机关有权按照合理方法调整。不具有合理商业目的,是指以减少、免除或者推迟缴纳税款为主要目的。

税务机关依照规定进行特别纳税调整后,除了应当补征税款外,应按照国务院规定加收利息。对补征的税款,自税款所属纳税年度的次年 6 月 1 日起至补缴税款之日止的期间,按日加收利息。加收的利息不得在计算应纳税所得额时扣除。

利息应当按照税款所属纳税年度中国人民银行公布的与补税期间同期的人民贷款基准利率加 5 个百分点计算。

企业依照《企业所得税法》规定,在报送年度企业所得税纳税申报表时,附送了年度关联业务往来报告表的,可以只按规定的人民币贷款基准利率计算利息。

企业与其关联方之间的业务往来,不符合独立交易原则,或者企业实施其他不具有合理商业目的安排的,税务机关有权在该业务发生的纳税年度起 10 年内,进行纳税调整。

5.7 税收优惠

税收优惠,是指国家运用税收政策在税收法律、行政法规中的规定,对某一部分特定企业和课税对象给予减轻或免除税收负担的一种措施。税法规定的企业所得税的税收优惠方式包括免税、减税、加计扣除、加速折旧、减计收入、税额抵免等。

5.7.1 免征与减征优惠

企业的下列所得,可以免征、减征企业所得税,但企业如果从事国家限制和禁止发展的项目,则不得享受企业所得税优惠。

5.7.1.1 从事农、林、牧、渔业项目的所得

企业从事农、林、牧、渔业项目的所得,可以享受免税和减征企业所得税的优惠。

1. 企业从事下列项目的所得免征企业所得税

(1) 蔬菜、谷物、薯类、油料、豆类、棉花、麻类、糖料、水果、坚果种植;

(2) 农作物新品种选育;

(3) 中药材种植;

(4) 林木培育和种植;

(5) 牲畜、家禽饲养;

(6) 林产品采集;

(7) 灌溉、农产品初加工、兽医、农技推广、农机作业和维修等农、林、牧、渔服务业项目;

(8) 远洋捕捞。

2. 企业从事下列项目的所得减半征收企业所得税

(1) 花卉、茶以及其他饮料作物和香料作物的种植;

(2) 海水养殖、内陆养殖。

5.7.1.2 从事国家重点扶持的公共基础设施项目投资经营的所得

国家重点扶持的公共基础设施项目,是指《公共基础设施项目企业所得税优惠目录》规定的港口码头、机场、铁路、公路、电力、水利等项目。

企业从事国家重点扶持的公共基础设施项目投资经营的所得,自项目取得第一笔生产经营收入所属纳税年度起,第一年至第三年免征企业所得税,第四年至第六年减半征收企业所得税。

企业承包经营、承包建设和内部自建自用上述规定的项目,不得享受企业所得税优惠。

5.7.1.3 从事符合条件的环境保护、节能节水项目的所得

企业从事符合条件的环境保护、节能节水项目的所得,自项目取得第一笔生产经营

收入所属纳税年度起,第一年至第三年免征企业所得税,第四年至第六年减半征收企业所得税。

符合条件的环境保护、节能节水项目包括公共污水处理、公共垃圾处理、沼气综合开发利用、节能减排技术改造、海水淡化等。项目的具体条件和范围由国务院财政、税务主管部门及国务院有关部门制定,报国务院批准后公布施行。

以上规定享受减免税优惠的项目,在减免税期限内转让的,受让方自受让之日起,可以在剩余期限内享受规定的减免税优惠;减免税期限届满后转让的,受让方不得就该项目重复享受减免优惠。

5.7.1.4　符合条件的技术转让所得

符合条件的技术转让所得免征、减征企业所得税,是指一个纳税年度内,居民企业转让技术所有权不超过 500 万元的部分,免征企业所得税;超过 500 万元的部分,减半征收企业所得税。

5.7.2　高新技术企业优惠

国家需要重点扶持的高新技术企业减按 15％的所得税税率征收企业所得税。国家需要重点扶持的高新技术企业,是指拥有核心自主知识产权,同时符合下列条件的企业:

(1) 产品(服务)属于《国家重点支持的高新技术领域》规定的范围。

(2) 研究开发费用占销售收入的比例不低于规定比例。

(3) 高新技术产品(服务)收入占企业总收入的比例不低于规定比例。

(4) 科技人员占企业职工总数的比例不低于规定比例。

(5)《高新技术企业认定管理办法》规定的其他条件。

《国家重点支持的高新技术领域》和《高新技术企业认定管理办法》由国务院科技、财政、税务主管部门及国务院有关部门规定,报国务院批准后公布施行。

5.7.3　小型微利企业优惠

小型微利企业减按 20％的所得税税率征收企业所得税。小型微利企业应具备以下条件:

(1) 工业企业,年度应纳税所得额不超过 30 万元,从业人数不超过 100 人,资产总额不超过 3000 万元。

(2) 其他企业,年度应纳税所得额不超过 30 万元,从业人数不超过 80 人,资产总额不超过 1000 万元。

自 2012 年 1 月 1 日至 2015 年 12 月 31 日,对年应纳税所得额低于 6 万元(含 6 万元)的小型微利企业的所得减按 50％计算应纳税所得额,按 20％的税率缴纳企业所得税。

5.7.4　加计扣除优惠

加计扣除优惠包括以下两项内容:

(1) 研究开发费,即企业为研究开发新技术、新产品、新工艺而发生的费用,未形成无形资产计入当期损益的,在按规定据实扣除的基础上,按照研究开发费用的 50％加计扣除;形成无形资产的,按照无形资产成本的 150％摊销。

(2) 企业安置残疾人员所支付的工资,即企业安置残疾人员的,在按规定支付给残疾职工工资据实扣除的基础上,按照支付给残疾职工工资的 100％加计扣除。残疾人员的范围适用《中华人民共和国残疾人保障法》的有关规定。企业安置国家鼓励安置的其他就业人员所支付的工资的加计扣除办法,由国务院另行规定。

5.7.5 创投企业优惠

创投企业从事国家需要重点扶持和鼓励的创业投资,可以按投资额的一定比例抵扣应纳税所得额。

创投企业优惠包括:创业投资企业采取股权投资方式投资于未上市的中小高新技术企业 2 年以上的,可以按照其投资额的 70％在股权持有满 2 年的当年抵扣该创业投资企业的应纳税所得额;当年不足抵扣的,可以在以后纳税年度结转抵扣。

【例 5-13】 甲企业 2013 年 1 月 1 日向乙企业(未上市的中小高新技术企业)投资 100 万元,股权持有到 2013 年 12 月 31 日,计算甲企业 2013 年度抵扣的应纳税所得额。

【解析】 甲企业 2013 年度可抵扣的应纳税所得额为 $100 \times 70\% = 70$(万元)。

5.7.6 加速折旧优惠

企业的固定资产由于技术进步等原因,确需加速折旧的,可以缩短折旧年限或者采取加速折旧的方法。可采用以上折旧方法的固定资产包括:

(1) 由于技术进步,产品更新换代较快的固定资产;

(2) 常年处于强震动、高腐蚀状态的固定资产。

采用缩短折旧年限方法的固定资产,最低折旧年限不得低于规定折旧年限的 60％;采用加速折旧方法的固定资产,可以采取双倍余额递减法或者年数总和法。

5.7.7 减计收入优惠

减计收入优惠,是指企业综合利用资源,生产符合国家产业政策规定的产品所取得的收入,可以在计算应纳税所得额时减计收入。

综合利用资源,是指企业以《资源综合利用企业所得税优惠目录》规定的资源作为主要原材料,生产国家非限制和禁止并符合国家和行业相关标准的产品取得的收入,减按 90％计入收入总额。

上述所称原材料占生产产品材料的比例不得低于《资源综合利用企业所得税优惠目录》规定的标准。

5.7.8 税额抵免优惠

税额抵免,是指企业购置并实际使用《环境保护专用设备企业所得税优惠目录》、《节能节水专用设备企业所得税优惠目录》和《安全生产专用设备企业所得税优惠目录》规定的环境保护、节能节水、安全生产等专用设备的,该专用设备投资额的 10％可以从企业当年的应纳税额中抵免;当年不足抵免的,可以在以后 5 个纳税年度结转抵免。

享受上述企业所得税优惠的企业,应当实际购置并自身实际投入使用规定的专用设备;企业购置上述专用设备在 5 年内转让、出租的,应当停止享受企业所得税优惠,并补缴已经抵免的企业所得税税款。

企业所得税优惠目录,由国务院财政、税务主管部门及国务院有关部门制定,报国务院批准后公布施行。

企业同时从事适用不同企业所得税待遇项目的,其优惠项目应当单独计算所得,并合理分摊企业的期间费用;没有单独计算的,不得享受企业所得税优惠。

5.7.9 非居民企业优惠

非居民企业减按10%的所得税税率征收企业所得税。非居民企业,是指在中国境内未设立机构、场所的,或者虽设立机构、场所但取得的所得与其所设立机构、场所没有实际联系的企业。该类非居民企业取得下列所得免征企业所得税:

(1) 外国政府向中国政府提供贷款取得的利息所得;

(2) 国际金融组织向中国政府和居民企业提供优惠贷款取得的利息所得;

(3) 经国务院批准的其他所得。

【例5-14】 关于企业所得税的优惠政策,下列说法中错误的有( )。

A. 企业购置并使用规定的环保、节能节水、安全生产等专用设备,该设备投资额的40%可以从应纳税所得额中抵免

B. 创投企业从事国家需要扶持和鼓励的创业投资,可以按投资额的70%在当年应纳税所得额中抵免

C. 企业综合利用资源生产符合国家产业政策规定的产品取得的收入,可以在计算应纳税所得额的时候减计收入10%

D. 企业安置残疾人员所支付的工资,按照残疾人工资的50%加计扣除

【答案】 ABD

【解析】 A选项,企业购置并使用规定的环保、节能节水、安全生产等专用设备,该设备投资额的10%可以从应纳税所得额中抵免;B选项,创投企业从事国家需要扶持和鼓励的创业投资,可以按投资额的70%在持股满2年的当年应纳税所得额中抵免;D选项,企业安置残疾人员所支付的工资,按照残疾人工资的100%加计扣除。

5.7.10 其他优惠

为了新、旧企业所得税法规的顺利衔接,新企业所得税法规做了明确的过渡规定,即《企业所得税法》公布前(2007年3月16日)已经批准设立(已经完成工商登记注册)的企业,依照当时的税收法律、行政法规规定,享受低税率优惠的,可以在新企业所得税法施行后5年内,逐步过渡到新企业所得税法规定的税率;享受定期减免税优惠的,可以在新企业所得税法施行后继续享受到期满为止。但因未获利而尚未享受优惠的,优惠期限从新企业所得税法施行年度起计算。具体规定如下:

5.7.10.1 低税率优惠过渡政策

自2008年1月1日起,原享受低税率优惠政策的企业,在新税法施行后5年内逐步过渡到法定税率。其中,享受企业所得税15%税率的企业,2008年按18%税率执行,2009年按20%税率执行,2010年按22%税率执行,2011年按24%税率执行,2012年按

25%税率执行;原执行 24%税率的企业,2008 年起按 25%税率执行。

5.7.10.2 "两免三减半""五免五减半"过渡政策

自 2008 年 1 月 1 日起,原享受企业所得税"两免三减半""五免五减半"等定期减免税优惠的企业,新税法施行后继续按原税收法律、行政法规及相关文件规定的优惠办法及年限享受至期满为止。但因未获利而尚未享受税收优惠的,其优惠期限从 2008 年度起计算。

5.7.10.3 西部大开发税收优惠

根据国务院实施西部大开发有关文件精神,财政部、税务总局和海关总署联合下发《财政部 国家税务总局 海关总署关于西部大开发税收优惠政策问题的通知》(财税〔2001〕202 号)规定西部大开发企业所得税优惠政策继续执行。

1. 适用范围

该政策的适用范围包括重庆市、四川省、贵州省、云南省、西藏自治区、陕西省、甘肃省、宁夏回族自治区、青海省、新疆维吾尔自治区、新疆生产建设兵团、内蒙古自治区和广西壮族自治区(上述地区统称"西部地区")。湖南省湘西土家族苗族自治州、湖北省恩施土家族苗族自治州、吉林省延边朝鲜族自治州,可以比照西部地区的税收优惠政策执行。

2. 西部大开发企业所得税优惠政策的具体内容

(1) 对设在西部地区国家鼓励类产业的内资企业,2001-2010 年,减按 15%的所得税税率征收企业所得税。

(2) 经省级人民政府批准,民族自治地方的内资企业可以定期减征或免征企业所得税;凡减免税款涉及中央收入 100 万元(含 100 万元)以上的,须报国家税务总局批准。

(3) 对在西部地区新办交通、电力、水利、邮政、广播电视的企业,上述项目业务收入占企业总收入 70%以上的,可以享受企业所得税优惠政策如下:内资企业自开始生产经营之日起,第一年至第二年免征企业所得税,第三年至第五年减半征收企业所得税。

新办交通企业,是指投资新办从事公路、铁路、航空、港口、码头运营和管道运输的企业。新办电力企业,是指投资新办从事电力运营的企业。新办水利企业,是指投资新办从事江河湖泊综合治理、防洪除涝、灌溉、供水、水资源保护、水力发电、水土保持、河道疏浚、河海堤防建设等开发水利、防治水害的企业。新办邮政企业,是指投资新办从事邮政运营的企业。新办广播电视企业,是指投资新办从事广播电视运营的企业。

上述企业同时符合本规定条件的,第三年至第五年减半征收企业所得税时,按 15%所得税税率计算出应纳税所得额后减半执行。

这里所称企业,是指投资主体自建、运营上述(3)中所述项目的企业,单纯承揽(3)中所述项目建设的施工企业不得享受两年免征、三年减半征收企业所得税的政策。

3. 施行汇总(合并)纳税企业

税收应当将西部地区的成员企业与西部地区以外的成员企业分开,分别汇总(合并)申报纳税,分别适用所得税税率。

5.7.10.4 其他事项

(1) 按规定享受企业所得税过渡优惠政策的企业,应按照新税法及其实施条例中有关收入和扣除的规定计算应纳税所得额。

（2）企业所得税过渡优惠政策与新税法及其实施条例规定的优惠政策存在交叉的，由企业选择优惠的政策执行，不得叠加享受，且一经选择，不得改变。

（3）法律设置的发展对外经济合作和技术交流的特定地区内，以及国务院已规定执行上述地区特殊政策的地区内新设立的国家需要重点扶持的高新技术企业，可以享受过渡性税收优惠，具体办法由国务院规定。

（4）国家已经确定的其他鼓励类企业，可以按照国务院规定享受减免税优惠。

5.8　征收管理

5.8.1　纳税地点

（1）除税收法律、行政法规另有规定外，居民企业以企业登记注册地为纳税地点；但登记注册地在境外的，以实际管理机构所在地为纳税地点。企业注册登记地是指企业依照国家有关规定登记注册的住所地。

（2）居民企业在中国境内设立不具有法人资格的营业机构的，应当汇总计算并缴纳企业所得税。企业汇总计算并缴纳企业所得税时，应当统一核算应纳税所得额，具体办法由国务院财政、税务主管部门另行制定。

（3）非居民企业在中国境内设立机构、场所的，应当就其所设机构、场所取得的来源于中国境内的所得，以及发生在中国境外但与其所设机构、场所有实际联系的所得，以机构、场所所在地为纳税地点。非居民企业在中国境内设立两个或者两个以上机构、场所的，经税务机关审批核准，可以选择由其主要机构、场所汇总缴纳企业所得税。非居民企业经批准汇总缴纳企业所得税后，需要增设、合并、迁移、关闭机构、场所或者停止机构、场所业务的，应当事先由负责汇总申报缴纳企业所得税的主要机构、场所向其所在地税务机关报告；需要变更汇总缴纳企业所得税的主要机构、场所的，依照前款规定办理。

（4）非居民企业在中国境内未设立机构、场所的，或者虽设立机构、场所但取得的所得与其所设机构、场所没有实际联系的所得，以扣缴义务人所在地为纳税地点。

（5）除国务院另有规定外，企业之间不得合并缴纳企业所得税。

5.8.2　纳税期限

企业所得税按年计征，分月或者分季预缴，年终汇算清缴，多退少补。

企业所得税的纳税年度，自公历1月1日起至12月31日止。企业在一个纳税年度的中间开业，或者由于合并、关闭等原因终止经营活动，使该纳税年度的实际经营期不足12个月的，应当以其实际经营期为1个纳税年度。企业清算时，应当以清算期间作为1个纳税年度。

企业应自年度终了之日起 5 个月内,向税务机关报送年度企业所得税纳税申报表,并汇算清缴,结清应缴应退税款。

企业在年度中间终止经营活动的,应当自实际经营终止之日起 60 日内,向税务机关办理当期企业所得税汇算清缴。

5.8.3　纳税申报

按月或按季预缴的企业,应当自月份或者季度终了之日起 15 日内,向税务机关报送预缴企业所得税纳税申报表,预缴税款。

企业在报送企业所得税纳税申报表时,应当按照规定附送财务会计报告和其他有关资料。

企业应当在办理注销登记前,就其清算所得向税务机关申报并依法缴纳企业所得税。

依照《企业所得税法》,缴纳的企业所得税应以人民币计算。企业所得以人民币以外的货币计算的,应当折合成人民币计算并缴纳税款。

企业在纳税年度内无论盈利或者亏损,都应当依照《企业所得税法》第五十四条规定的期限,向税务机关报送预缴企业所得税纳税申报表、年度企业所得税纳税申报表、财务会计报告和税务机关规定应当报送的其他有关资料。

5.8.4　企业所得税的扣缴义务人

对非居民企业在中国境内未设立机构、场所的,或者虽设立机构、场所但取得的所得与其所设机构、场所没有实际联系的所得应缴纳的所得税,实行源泉扣缴,以支付人为扣缴义务人。税款由扣缴义务人在每次支付或者到期应支付时,从支付或者到期应支付的款项中扣缴。

其中,支付人是指依照有关法律规定或者合同约定对非居民企业直接负有支付相关款项义务的单位或者个人。支付方式包括现金支付、汇拨支付、转账支付和权益兑价支付等货币支付和非货币支付。到期应支付的款项,是指支付人按照权责发生制原则应当计入相关成本、费用的应付款项。

对非居民企业在中国境内取得工程作业和劳务所得应缴纳的所得税,税务机关可以指定工程价款或者劳务费的支付人为扣缴义务人。

5.8.5　企业所得税的扣缴方法

(1) 扣缴义务人扣缴税款时,按本章非居民企业计算方法计算税款。

(2) 应当扣缴的所得税,扣缴义务人未依法扣缴或者无法履行扣缴义务的,由企业在所得发生地缴纳。企业未依法缴纳的,税务机关可以从该企业在中国境内的其他收入项目的支付人应付的款项中追缴该企业的应纳税款。

其中,所得发生地是指依照《企业所得税法实施条例》第七条规定的原则确定的所得发生地。在中国境内存在多处所得发生地的,由企业选择其中之一申报缴纳企业所得税。该企业在中国境内的其他收入,是指该企业在中国境内取得的其他各种来源的收入。

（3）税务机关在追缴该企业应纳税款时，应当将追缴理由、追缴税额、缴纳期限和缴纳方式等告知该企业。

（4）扣缴义务人每次代扣的税款，应当自代扣之日起 7 日内缴入国库，并向所在地的税务机关报送扣缴企业所得税报告表。

5.8.6　新增企业所得税征管范围调整

自 2009 年 1 月 1 日起，新增企业所得税纳税人中，应缴纳增值税的企业，其企业所得税由国税局管理；应缴纳营业税的企业，其企业所得税由地税局管理。以 2008 年为基年，2008 年年底之前国税局、地税局各自管理的企业所得税纳税人不作调整。

从 2009 年起，企业所得税全额为中央收入的企业和在国税局缴纳营业税的企业，其企业所得税由国税局管理。银行（信用社）、保险公司的企业所得税由国税局管理。除前述规定外的其他各类金融企业的企业所得税由地税局管理。外商独资企业和外国企业常驻代表机构的企业所得税仍由国税局管理。

如 2008 年年度之前已经成立跨区经营汇总纳税企业，从 2009 年起新设立的分支机构，其企业所得税的征管部门应与总机构企业所得税征管部门相一致；从 2009 年起新增跨区经营汇总纳税企业，总机构按基本规定确定的原则划分征管归属，其分支机构企业所得税的管理部门也应与总机构企业所得税管理部门相一致。按税法规定免缴流转税的企业，按其免缴的流转税税种确定企业所得税征管归属；既不缴纳增值税，也不缴纳营业税的企业，其企业所得税暂由地税局管理；既缴纳增值税，又缴纳营业税的企业，原则上按照其税务登记时自行申报的主营业务应缴纳的流转税税种确定征管归属；企业税务登记时无法确定主营业务的，一般以工商登记注明的第一项业务为准。上述归属一经确定，原则上不再调整。

5.8.7　企业所得税核定征收

为了加强企业所得税征收管理，规范核定征收企业所得税工作，保障国家税款及时足额入库，维护纳税人合法权益，根据《企业所得税法》及《企业所得税法实施条例》、《征管法》及《征管法实施细则》的有关规定，税务总局制定了《企业所得税核定征收办法（试行）》，适用于居民企业纳税人。

（1）纳税人具有下列情形之一的，核定征收企业所得税：

① 依照法律、行政法规的规定可以不设置账簿的；

② 依照法律、行政法规的规定应当设置但未设置账簿的；

③ 擅自销毁账簿或者拒不提供纳税资料的；

④ 虽设置账簿，但账目混乱或者成本资料、收入凭证、费用凭证残缺不全，难以查账的；

⑤ 发生纳税义务，未按照规定的期限办理纳税申报，经税务机关责令限期申报，逾期仍不申报的；

⑥ 申报的计税依据明显偏低，又无正当理由的。

特殊行业、特殊类型的纳税人和一定规模以上的纳税人不适用本办法，由国家税务总局另行明确。

（2）税务机关应根据纳税人具体情况，对核定征收企业所得税的纳税人，核定应税所得率或应纳所得额。具有下列情形之一的，核定其应税所得率：

① 能正确核算（查实）收入总额，但不能正确核算（查实）成本费用总额的；

② 能正确核算（查实）成本费用总额，但不能正确核算（查实）收入总额的；

③ 通过合理方法，能计算和推定纳税人收入总额或成本费用总额的。

纳税人不属于以上情形的，核定其应纳所得税税额。

（3）税务机关采用下列方法核定征收所得税：

① 参照当地同类行业或者类似行业中经营规模和收入水平相近的纳税人的税负水平核定；

② 按照应纳收入额或成本费用支出额定率核定；

③ 按照耗用的原材料、燃料、动力等推算或测算核定；

④ 按照其他合理方法核定。

采用前款所列一种方法不足以正确核定应纳税所得额或应纳税额的，可以同时采用两种以上的方法核定。采用两种以上方法测算的应纳税额不一致时，可按测算的应纳税额从高核定。

（4）采用应税所得率方式核定征收企业所得税的，应纳税所得额计算公式为

应纳所得税额＝应纳税所得额×适用税率

应纳税所得额＝应纳收入额×应税所得率

＝成本（费用）支出额÷（1－应税所得率）×应税所得率

（5）实行应税所得率方式核定征收企业所得税的纳税人，经营多业的，无论其经营项目是否单独核算，均由税务机关根据其主营项目确定适用的应税所得率。

主营项目应为纳税人所有经营项目中，收入总额或者成本（费用）支出额或者耗用原材料、燃料、动力数量所占比重最大的项目。

（6）应税所得率的幅度标准按表 5-2 的规定确定。

表 5-2　应税所得率幅度标准

行业	应税所得率/%
农、林、牧、渔业	3～10
制造业	5～15
批发和零售贸易业	4～15
交通运输业	7～15
建筑业	8～20
饮食业	8～25
娱乐业	15～30
其他行业	10～30

纳税人的生产经营范围、主营业务发生重大变化,或者应纳税所得额或应纳税额增减变化达到 20% 的,应及时向税务机关申报调整已确定的应纳税额或应税所得率。

»练习题

一、问答题

1. 在计算企业所得税应纳税所得额时,不得扣除的项目有哪些?

2. 在计算企业所得税应纳税所得额时,支付给职工的工资、薪金该如何计算扣除?

3. 企业所得税的优惠政策内容有哪些?

4. 如何加强企业所得税的征收管理工作?

5. 试述企业所得税的亏损弥补政策?

二、选择题

1. 下列单位不属于企业所得税纳税人的是( )。

A. 股份制企业 　　　　　　　　　　B. 合伙企业

C. 外商投资企业 　　　　　　　　　D. 有经营所得的其他组织

2. 根据企业所得税法的规定,下列各项所得中,按负担、支付所得的企业或机构、场所所在地或者个人的住所所在地确定所得来源地的是( )。

A. 提供劳务所得 　　　　　　　　　B. 转让房屋所得

C. 权益性投资所得 　　　　　　　　D. 特许权使用费所得

3. 以下关于企业所得税收入确认时间的表述正确的是( )。

A. 股息、红利等权益性投资收益,以投资方收到分配金额作为收入的实现

B. 利息收入,按照合同约定的债务人应付利息的日期确认收入的实现

C. 租金收入,在实际收到租金收入时确认收入的实现

D. 特许权使用费收入,在实际收到使用费收入时确认收入的实现

4. 纳税人在计算企业所得税应纳税所得额时,以下项目中,不超过规定比例的准予在税前扣除;超过部分,准予在以后纳税年度结转扣除的是( )。

A. 职工福利费 　　　　　　　　　　B. 工会经费

C. 职工教育经费 　　　　　　　　　D. 社会保险费

5. 下列各项中,能作为业务招待费税前扣除限额计算依据的是( )。

A. 让渡无形资产使用权的收入

B. 因债权人原因确实无法支付的应付款项

C. 转让无形资产所有权的收入

D. 出售固定资产的收入

6. 某国有企业 2013 年度主营业务收入 5000 万元,其他业务收入 1000 万

元,债务重组收益 100 万元,固定资产转让收入 50 万元,当年管理费用中的业务招待费 60 万元,则该企业当年度可在企业所得税前扣除的业务招待费为（　　）。

  A. 60 万元   B. 30.75 万元

  C. 30.5 万元   D. 30 万元

  7. 根据企业所得税的相关规定,企业以《资源综合利用企业所得税优惠目录》规定的资源作为主要原材料,生产国家非限制和禁止并符合国家和行业相关标准的产品取得的收入,（　　）。

  A. 实施免税   B. 减按 90% 计入收入总额

  C. 减半征收企业所得税   D. 减征 30% 税款

  8. 企业为开发新技术、新产品、新工艺发生的研究开发费用,未形成无形资产计入当期损益的,在按照规定在税前据实扣除的基础上,按照研究开发费用的（　　）加计扣除。

  A. 10%   B. 20%   C. 50%   D. 100%

  9. 企业从事符合条件的环境保护、节能节水项目的所得,从项目取得第一笔生产经营收入所属纳税年度起（　　）。

  A. 第一年至第五年免征企业所得税

  B. 第一年免征企业所得税,第二年至第三年减半征收企业所得税

  C. 第一年至第二年免征企业所得税,第三年至第五年减半征收企业所得税

  D. 第一年至第三年免征企业所得税,第四年至第五年减半征收企业所得税

  10. 除税收法律、行政法规另有规定外,居民企业以（　　）为企业所得税的纳税地点。

  A. 企业登记注册地   B. 企业实际经营地

  C. 企业会计核算地   D. 企业管理机构所在地

  11. 企业所得税法规定的"转让财产收入"不包括转让（　　）。

  A. 无形资产 B. 存货   C. 股权   D. 债券

  12. 以下不属于企业所得税税前扣除原则的有（　　）。

  A. 合理性原则   B. 相关性原则

  C. 配比原则   D. 稳健性原则

  13. 某软件生产企业为居民企业,2013 年实际发生的合理的工资支出 500 万元,职工福利支出 90 万元,职工教育经费 60 万元,其中职工培训费用支出 40 万元,2013 年该企业计算应纳税所得额时,应调增应纳税所得额（　　）万元。

  A. 67.5   B. 47.5   C. 27.5   D. 20.5

  14. 下列各项中,在计算企业所得税应纳税所得额时可以扣除的有（　　）。

A. 企业之间支付的租金

B. 企业内营业机构之间支付的租金

C. 企业向投资者支付的股息

D. 银行企业向营业机构之间支付的利息

15. 依据新企业所得税法的规定,企业购买专用设备的投资额可按一定比例实行税额抵免,该设备应符合的条件是(   )。

A. 用于创业投资　　　　　　　　B. 用于综合利用资源

C. 用于开发新产品　　　　　　　D. 用于环境保护

16. 2013年某居民企业购买安全生产专用设备用于生产经营,取得的增值税普通发票上注明设备价款为11.7万元。已知该企业2011年亏损40万元,2012年盈利20万元。2013年度经审核未弥补亏损的应纳税所得额为60万元。2013年度该企业实际应缴纳企业所得税(   )万元。

A. 6.83　　　　B. 8.83　　　　C. 9　　　　D. 10

17. 创业投资企业采取股权投资方式,投资于未上市的中小高新技术企业2年以上的,可按其投资额的(   )抵扣该创业投资企业的企业所得税应纳税所得额。

A. 50%　　　　B. 60%　　　　C. 70%　　　　D. 80%

18. 依据企业所得税相关规定,下列表述正确的是(   )。

A. 境外营业机构的盈利可以弥补境内营业机构的亏损

B. 扣缴义务人每次代扣的税款,应当自代扣之日起10日内缴入国库

C. 扣缴义务人对非居民企业未依法扣缴税款的,由扣缴义务人缴纳税款

D. 居民企业在中国境内设立不具有法人资格的营业机构,可在设立地缴纳企业所得税

19. 新企业所得税法规定,企业与其关联方之间的业务往来,不符合独立交易原则,或者企业实施其他不具有合理商业目的的安排的,税务机关有权在该业务发生的纳税年度起(   )内,进行纳税调整。

A. 3年　　　　B. 5年　　　　C. 8年　　　　D. 10年

三、计算分析题

1. 某企业2013年全年取得的收入总额为3000万元,取得租金收入50万元;销售成本、销售费用、管理费用共计2800万元;"营业外支出"中列支35万元,其中,通过希望工程基金委员会向某灾区捐款10万元,直接向困难地区捐款5万元,非广告性赞助20万元。

要求:计算该企业全年应缴纳的企业所得税。

2. 某企业为居民企业,2013年发生经营业务如下:

(1) 取得产品销售收入4000万元;

(2) 发生产品销售成本2600万元;

（3）发生销售费用 770 万元（其中广告费 650 万元），管理费用 480 万元（其中业务招待费 25 万元），财务费用 60 万元；

（4）销售税金 100 万元（含增值税 60 万元）；

（5）营业外收入 80 万元，营业外支出 50 万元（含通过公益性社会团体向贫困山区捐款 30 万元，支付税收滞纳金 6 万元）；

（6）计入成本、费用中的实发工资总额 200 万元，拨缴职工工会经费 5 万元（有专用收据），发生职工福利费 31 万元，发生职工教育经费 7 万元。

要求：计算该企业 2013 年度应纳的企业所得税。

3．某公司 2013 年度取得境内应纳税所得额 120 万元，取得境外投资的税后收益 59.5 万元。境外企业所得税税率为 20%，由于其享受了 5% 的税率优惠，实际缴纳了 15% 的企业所得税。

要求：计算该公司 2013 年度在我国应缴纳的企业所得税。

4．某工业企业为居民企业（非小型微利企业），2013 年经营业务如下：

产品销售收入为 560 万元，产品销售成本 400 万元；其他业务收入 86 万元，其他业务成本 66 万元；非增值税销售税金及附加 32.4 万元；当期发生的管理费用 86 万元，其中新技术的研究开发费用为 30 万元；财务费用 20 万元；权益性投资收益 34 万元（已在投资方所在地按 15% 的税率缴纳了所得税）；营业外收入 10 万元，营业外支出 25 万元（其中含公益捐赠 18 万元）。假定无其他纳税调整项目。

要求：计算该企业 2013 年应纳的企业所得税。

5．某企业 2006—2013 年的应纳税所得额见表 5-3。

表 5-3　某企业 2006—2013 年应纳税所得额　　　　　　　　　万元

年度	2006	2007	2008	2009	2010	2011	2012	2013
应纳税所得额	—20	—10	5	8	—5	15	5	10

要求：计算该企业 2013 年度应缴纳的企业所得税。

第 6 章　个人所得税法

本章学习要点

通过本章学习,了解我国个人所得税法律规范的发展演变过程、现行个人所得税征收管理办法的基本内容、个人所得税的纳税义务人、征税范围等;熟悉个人所得税的各种税率形式及其适用范围、个人所得税的税收优惠规定等;熟悉并掌握个人所得税应纳税所得额和应纳税额的计算内容。

我国个人所得税的基本法律规范是于 1980 年 9 月 10 日第五届全国人民代表大会第三次会议制定、1993 年 10 月 31 日第八届全国人民代表大会常务委员会第四次会议修改的《中华人民共和国个人所得税法》(以下简称《个人所得税法》),多年来通过 6 次修改。我国现行个人所得税法以 2011 年 6 月 30 日第十一届全国人民代表大会常务委员会第二十一次会议通过的、第六次修正的《关于修改〈中华人民共和国个人所得税法〉的决定》和2011 年 7 月国务院制定的《国务院关于修改〈中华人民共和国个人所得税法实施条例〉的决定》为基本规范。

6.1　个人所得税概论

6.1.1　个人所得税的概念

个人所得税一般是对个人(自然人)取得的各项应税所得征收的一种税。我国的个人所得税是指对居民纳税人来源于中国境内外的应税所得和非居民纳税人来源于中国境内的应税所得征收的一种税。

个人所得税法是指国家制定的用以调整国家与个人所得税纳税人之间征纳活动的权利和义务关系的法律规范。

6.1.2 个人所得税的类型和特点

6.1.2.1 个人所得税的类型

世界各国的个人所得税征收制度,大体上可分为分类所得税制、综合所得税制和混合所得税制三种类型。这三种类型的税制各有所长,各国可根据本国具体情况进行选择与运用。

(1) 分类所得税制,指对纳税人不同类型的所得规定不同计征方式的所得税制。这类税制的立法依据是:纳税人获得不同性质所得时,所要付出的劳动不同,应在课税时对不同性质所得实行不同的计征方式,确定不同的税率,实行差别征税。

(2) 综合所得税制,指对纳税人各种类型的所得,按照同一征收方式和同一税率征收的所得税制。其特点是:不论收入来源于何种渠道,也不论收入采取何种形式,均按所得全额统一计税。这类税制的立法依据是:课税应考虑纳税人的综合负担能力,应税所得是纳税人的所得总额。

(3) 混合所得税制,又称分类综合所得税制,指兼有分类和综合两类所得税制性质的所得税制。这类税制的特点是:对纳税人的收入综合计税,坚持量能负担原则;同时又区分不同性质的收入分别计税,体现区别对待原则。分类综合所得税制为当今各国所普遍采用。

6.1.2.2 个人所得税的特点

我国的个人所得税与其他税种相比,有着一定的特殊性和优越性。其特点主要表现在以下方面:

(1) 实行分类所得税制。个人所得税的征收制度包括分类所得税制、综合所得税制和混合所得税制三种类型。目前我国实行的是分类所得税制,与另外两种征收制度相比,分类所得税制在体现区别对待、节约征收成本和灵活选择征税对象等方面更有其独特性。

(2) 个人所得税指数化。我国个人所得税的指数化主要包括免征额和纳税档次的指数调整,以避免纳税人因通货膨胀使其收益贬值、税率档次爬升。根据指数化原理,我国个人所得税免征额从 1994 年的 800 元提高到 2006 年的 1600 元、2008 年的 2000 元和 2011 年的 3500 元。

(3) 累进税率与比例税率并用。我国个人所得税对 11 项应税所得分别采取累进税率与比例税率进行计算征收。比例税率对个人收入征税影响均衡;累进税率对平衡贫富悬殊差异、合理调节收入更有成效。

(4) 自行申报与源泉扣缴结合。对个体工商户生产经营所得和企事业单位承包承租经营所得,以及年所得 12 万元以上的纳税人等实行自行申报纳税,其他所得实行源泉扣缴征收。采取源泉扣缴和自行申报相结合的征收方法,有利于简化纳税手续,节约征收成本,提高征管效率。

6.1.3 个人所得税的原则和作用

6.1.3.1 个人所得税的原则

我国个人所得税的原则是内外一致、适当调节、合理负担。

（1）内外一致。内外一致主要指不分国籍，只要成为我国个人所得税的纳税人，就要按照我国税法缴纳个人所得税。

（2）适当调节。适当调节主要指个人所得税只对收入超过一定标准的纳税人征收，收入多的纳税多，收入少的纳税少，无收入的不纳税。

（3）合理负担。合理负担主要指个人所得税采用超额累进税率和比例税率相结合的方式，根据纳税人的所得性质划分不同的应税项目，分别使用不同税率；收入项目不同，税负也不同。

6.1.3.2　个人所得税的作用

我国现行个人所得税对各种应税所得分别适用不同的费用减除、不同的适用税率和不同的计税方法，以体现国家不同的税收政策目标，在筹集财政收入、缩小分配差距等方面有着其他经济、法律手段无法代替的作用。其主要表现在以下几方面：

（1）税源广泛。个人所得税以纳税人取得的应税所得为征税对象，所涉及的范围几乎囊括纳税人的全部所得。因此，个人所得税虽然只对列举项目征税，但涉税范围广泛，为国家稳定、足额地取得财政收入提供了保障。

（2）调节收入。人们取得收入的能力不同，对财产的占有状况存在差异，在市场经济条件下形成的收入分配也存在很大差距。个人所得税通过设定累进税率、宽泛的费用扣除标准，既可使纳税人在纳税后的收入差距缩小，又能充分体现量能负担的原则。

（3）稳定经济。实行超额累进税率和比例税率相结合，个人应纳所得税会随经济的增长而上升，个人纳税后的收益相对降低，从而约束纳税人的消费需求；反之，可相应增加需求，使供求趋于平衡。因此，个人所得税被看作是经济的"内在稳定器"。

6.2　个人所得税的纳税义务人与征税范围

6.2.1　纳税义务人

个人所得税的纳税义务人，包括中国公民、个体工商业户、个人独资企业、合伙企业投资者、在中国有所得的外籍人员（包括无国籍人员，下同）和香港、澳门、台湾同胞。上述纳税义务人依据住所和居住时间两个标准，区分为居民纳税义务人和非居民纳税义务人，分别承担不同的纳税义务。

6.2.1.1　居民纳税义务人

居民纳税义务人负有无限纳税义务。其所取得的应纳税所得，无论是来源于中国境内还是中国境外任何地方，都要在中国缴纳个人所得税。根据《个人所得税法》规定，居民纳税义务人是指在中国境内有住所，或者无住所而在中国境内居住满1年的个人。

所谓在中国境内有住所的个人，是指因户籍、家庭、经济利益关系，而在中国境内习惯性居住的个人。这里所说的习惯性居住，是判定纳税义务人属于居民还是非居民的一个重要依据。它是指个人因学习、工作、探亲等原因消除之后,没有理由在其他地方继续居留时,所要回到的地方,而不是指实际居住或在某一特定时期内的居住地。一个纳税人因学习、工作、探亲、旅游等原因,原来是在中国境外居住,但是在这些原因消除之后,如果必须回到中国境内居住的,则中国为该人的习惯性居住地。尽管该纳税义务人在一个纳税年度内,甚至连续几个纳税年度,都未在中国境内居住过 1 天,他仍然是中国居民纳税义务人,应就其来自全球的应纳税所得,向中国缴纳个人所得税。

所谓在中国境内居住满 1 年,是指在一个纳税年度(即公历 1 月 1 日起至 12 月 31 日止,下同)内,在中国境内居住满 365 日。在计算居住天数时,对临时离境应视同在华居住,不扣减其在华居住的天数。这里所说的临时离境,是指在一个纳税年度内,一次不超过 30 日或者多次累计不超过 90 日的离境。综上可知,个人所得税的居民纳税义务人包括以下两类:

(1) 在中国境内定居的中国公民和外国侨民。其中不包括虽具有中国国籍、却并没有在中国大陆定居,而是侨居海外的华侨和居住在香港、澳门、台湾的同胞。

(2) 从公历 1 月 1 日起至 12 月 31 日止,居住在中国境内的外国人、海外侨胞和香港、澳门、台湾同胞。这些人如果在一个纳税年度内,一次离境不超过 30 日,或者多次离境累计不超过 90 日的,仍应视为全年在中国境内居住,从而判定其为居民纳税义务人。例如,一位外籍人员从 2000 年 10 月起到中国境内的公司任职,在 2001 年纳税年度内,曾于 3 月 7 日至 12 日离境回国,向其总公司述职,12 月 23 日又离境回国欢度圣诞节和元旦。两次离境时间相加没有超过 90 日的标准,应视作临时离境,不扣减其在华居住天数。因此,该纳税义务人应为居民纳税义务人。

现行税法中关于"中国境内"的概念,是指中国大陆地区,目前还不包括香港、澳门和台湾地区。

6.2.1.2 非居民纳税义务人

非居民纳税义务人,是指不符合居民纳税义务人判定标准(条件)的纳税义务人。非居民纳税义务人承担有限纳税义务,即仅就其来源于中国境内的所得,向中国缴纳个人所得税。《个人所得税法》规定,非居民义务人是"在中国境内无住所又不居住或者无住所而在境内居住不满 1 年的个人"。也就是说,非居民纳税义务人,是指不仅习惯性居住地不在中国境内,而且不在中国居住,或者在一个纳税年度内,在中国境内居住不满 1 年的个人。在现实生活中,习惯性居住地不在中国境内的个人,只有外籍人员、华侨或香港、澳门和台湾同胞。因此,非居民纳税义务人,实际上只能是在一个纳税年度内,没有在中国境内居住,或者在中国境内居住不满 1 年的外籍人员、华侨或香港、澳门、台湾同胞。

自 2004 年 7 月 1 日起,对境内居住的天数和境内实际工作期间的计算按以下规定为准:

1. 判定纳税义务及计算在中国境内居住的天数

对在中国境内无住所的个人,需要计算确定其在中国境内居住的天数,以便依照税法和协定或安排的规定判定其在华负有何种纳税义务时,均应以该个人实际在华逗留天数计算。上述个人入境、离境、往返或多次往返境内外的当日,均按1天计算其在华实际逗留天数。

2. 个人入、离境当日及在中国境内实际工作期间的判定

对在中国境内、境外机构同时担任职务或仅在境外机构任职的境内无住所个人,在按《国家税务总局关于在中国境内无住所的个人计算缴纳个人所得税若干具体问题的通知》(国税函发〔1995〕125号)第一条的规定计算其境内工作期间时,对其入境、离境、往返或多次往返境内外的当日,均按半天计算其在华实际工作天数。

【例6-1】 某外国人2011年2月12日来华工作,2012年2月15日回国,2012年3月2日返回中国,2012年11月15日至2012年11月30日期间,因工作需要去了日本,2012年12月1日返回中国,后于2013年11月20日离华回国,则该纳税人(   )。

A. 2011年度为我国居民纳税人,2012年度为我国非居民纳税人

B. 2012年度为我国居民纳税人,2013年度为我国非居民纳税人

C. 2012年度和2013年度均为我国非居民纳税人

D. 2011年度和2012年度均为我国居民纳税人

【答案】 B

【解析】 2011和2013年度为非居民纳税人,2012年度为居民纳税人。

6.2.2 征税范围

应纳所得是指纳税人从中国境内和境外取得应纳个人所得税的所得。确定应税所得征税范围可以使纳税人了解自己的哪些收入需要纳税。按照我国税法规定,个人所得税的应税所得主要有以下项目。

1. 工资、薪金所得

工资、薪金所得,是指个人因任职或者受雇而取得的工资、薪金、奖金、年终加薪、劳动分红、津贴、补贴以及与任职或者受雇有关的其他所得。

一般来说,工资、薪金所得属于非独立个人劳动所得。所谓非独立个人劳动,是指个人所从事的是由他人指定、安排并接受管理的劳动,工作或服务于公司、工厂、行政事业单位的人员(私营企业主除外)均为非独立劳动者。他们从上述单位取得的劳动报酬,是以工资、薪金的形式体现的。在这类报酬中,工资和薪金的收入主体略有差异。通常情况下,把直接从事生产、经营或服务的劳动者(工人)的收入称为工资,即所谓"蓝领阶层"所得;而将从事社会公职或管理活动的劳动者(公职人员)的收入称为薪金,即所谓"白领阶层"所得。但实际立法过程中,各国都从简便易行的角度考虑,将工资、薪金合并为一个项目计征个人所得税。

除工资、薪金以外,奖金、年终加薪、劳动分红、津贴、补贴也被确定为工资、薪金的范畴。其中,年终加薪、劳动分红不分种类和取得情况,一律按工资、薪金所得课税。津贴、补贴等则有例外。根据我国目前个人收入的构成情况,规定对于一些不属于工资、薪金性质的补贴、津贴或者不属于纳税人本人工资、薪金所得项目的收入,不予征税。这些项

目包括：

（1）独生子女补贴。

（2）执行公务员工资制度未纳入基本工资总额的补贴、津贴差额和家属成员的副食品补贴。

（3）托儿补助费。

（4）差旅费津贴、误餐补助。其中，误餐补助是指按照财政部规定，个人因在城区、郊区工作，不能在工作单位或返回就餐的，根据实际误餐顿数，按规定的标准领取的误餐费。单位以误餐补助名义发给职工的补助、津贴不能包括在内。

奖金是指所有具有工资性质的奖金，免税奖金的范围在税法中另有规定。

公司职工取得的用于购买企业国有股权的劳动分红，按"工资、薪金所得"项目计征个人所得税。

出租汽车经营单位对出租车驾驶员采取单车承包或承租方式运营的，出租车驾驶员从事客货营运取得的收入，按工资、薪金所得征税。

2. 个体工商户的生产、经营所得

个体工商户的生产、经营所得，包括以下方面：

（1）个体工商户从事工业、手工业、建筑业、交通运输业、商业、饮食业、服务业、修理业及其他行业取得的所得。

（2）个人经政府有关部门批准，取得执照，从事办学、医疗、咨询以及其他有偿服务活动取得的所得。

（3）上述个体工商户和个人取得的与生产、经营有关的各项应税所得。

（4）个人因从事彩票代销业务而取得的所得，应按照"个体工商户的生产、经营所得"项目计征个人所得税。

（5）从事个体出租车运营的出租车驾驶员取得的收入，按个体工商户的生产、经营所得项目计征个人所得税。

出租车所得属于个人所得，但挂靠出租车汽车经营单位或企事业单位，驾驶员向挂靠单位缴纳管理费的，或出租汽车经营单位将出租车所有权转移给驾驶员的，出租车驾驶员从事客货运营取得的收入，比照个体工商户的生产、经营所得项目征税。

（6）个体工商户和从事生产、经营的个人，取得与生产、经营活动无关的其他各项应税所得，应分别按照其他应税项目的有关规定，计算征收个人所得税。如取得银行存款的利息所得、对外投资取得的股息所得，应按"股息、利息、红利"税目的规定单独计征个人所得税。

（7）个人独资企业、合伙企业的个人投资者以企业资金为本人、家庭成员及其相关人员支付与企业生产经营无关的消费性支出及购买汽车、住房等财产性支出的，视为企业对个人投资者的利润分配，并入投资者个人的生产经营所得，依照"个体工商户的生产、经营所得"项目计征个人所得税。

（8）其他个人从事个体工商业生产、经营取得的所得。

3. 对企事业单位的承包经营、承租经营所得

对企事业单位的承包经营、承租经营所得,是指个人承包经营或承租经营以及转包、转租取得的所得。承包项目可分多种,如生产经营、采购、销售、建筑安装等各种承包。转包包括全部转包或部分转包。

4. 劳务报酬所得

劳务报酬所得,指个人独立从事各种非雇佣的各种劳务所取得的所得。其内容如下:

(1) 设计,指按照客户的要求,代为制定工程、工艺等各类设计业务。

(2) 装潢,指接受委托,对物体进行装饰、修饰,使之美观或具有特定用途的作业。

(3) 安装,指按照客户要求,对各种机器、设备的装配、安置,以及与机器、设备相连的附属设施的装设和被安装机器设备的绝缘、防腐、保温、油漆等工程作业。

(4) 制图,指受托按实物或设想物体的形象,依体积、面积、距离等,用一定比例将其绘制成平面图、立体图、透视图等的业务。

(5) 化验,指受托用物理或化学的方法,检验物质的成分和性质等的业务。

(6) 测试,指利用仪器仪表或其他手段代客对物品的性能和质量进行检测试验的业务。

(7) 医疗,指从事各种病情诊断、治疗等医护业务。

(8) 法律,指受托担任辩护律师、法律顾问,撰写辩护词、起诉书等法律文书的业务。

(9) 会计,指受托从事会计核算的业务。

(10) 咨询,指对客户提出的政治、经济、科技、法律、会计、文化等方面的问题进行解答、说明的业务。

(11) 讲学,指应邀进行讲课、做报告、介绍情况等业务。

(12) 新闻,指提供新闻信息、编写新闻消息的业务。

(13) 广播,指从事播音等劳务。

(14) 翻译,指受托从事中、外语言或文字的翻译(包括笔译和口译)的业务。

(15) 审稿,指对文字作品或图形作品进行审查、核对的业务。

(16) 书画,指按客户要求,或自行从事书法、绘画、题词等业务。

(17) 雕刻,指代客镌刻图章、牌匾、碑、玉器、雕塑等业务。

(18) 影视,指应邀或应聘在电影、电视节目中出任演员,或担任导演、音响、化妆、道具、制作、摄影等与拍摄影视节目有关的业务。

(19) 录音,指用录音器械代客录制各种音响带的业务,或者应邀演讲、演唱、采访而被录音的服务。

(20) 录像,指用录像器械代客录制各种图像、节目的业务,或者应邀表演、采访被录像的业务。

(21) 演出,指参加戏剧、音乐、舞蹈、曲艺等文艺演出活动的业务。

(22) 表演,指从事杂技、体育、武术、健美、时装、气功以及其他技巧性表演活动的

业务。

(23) 广告，指利用图书、报纸、杂志、广播、电视、电影、招贴、路牌、橱窗、霓虹灯、灯箱、墙面及其他载体，为介绍商品、经营服务项目、文体节目或通告、声明等事项所做的宣传和提供相关服务的业务。

(24) 展览，指举办或参加书画展、影展、盆景展、邮展、个人收藏品展、花鸟虫鱼展等各种展示活动的业务。

(25) 技术服务，指利用一技之长而进行技术指导、提供技术帮助的业务。

(26) 介绍服务，指介绍供求双方商谈，或者介绍产品、经营服务项目等服务的业务。

(27) 经纪服务，指经纪人通过居间介绍，促成各种交易和提供劳务等服务的业务。

(28) 代办服务，指代委托人办理受托范围内的各项事宜的业务。

(29) 其他劳务，指上述列举的 28 项劳务项目之外的各种劳务。

自 2004 年 1 月 20 日起，在商品营销活动中，企业和单位对其营销业绩突出的非雇员以培训班、研讨会、工作考察等名义组织旅游活动，通过免收差旅费、旅游费对个人实行的营销业绩奖励（包括实物、有价证券等）的，应根据所发生费用的全额作为该营销人员当期的劳务收入，按照"劳务报酬所得"项目征收个人所得税，并由提供上述费用的企业和单位代扣代缴。

在实际操作过程中，还可能出现难以判定一项所得是属于工资、薪金所得，还是属于劳务报酬所得的情况。这两者的区别在于：工资、薪金所得是属于非独立个人劳务活动所取得的报酬，即在机关、团体、学校、部队、企业、事业单位及其他组织中任职、受雇而得到的报酬；而劳务报酬所得，则是个人独立从事各种技艺、提供各项劳务取得的报酬。

【例 6-2】　下列项目中，属于劳务报酬所得的是(　　　　)。

A. 个人书画展卖画取得的报酬

B. 提供著作的版权而取得的报酬

C. 将国外的作品翻译出版取得的报酬

D. 高校教师受出版社委托进行审稿取得的报酬

【答案】　AD

【解析】　B 为特许权使用费所得，C 为稿酬所得。

5. 稿酬所得

稿酬所得，是指个人因其作品以图书、报刊形式出版、发表而取得的所得。将稿酬所得独立划归一个征税项目，而将不以图书、报刊形式出版、发表的翻译、审稿、书画所得归为劳务报酬所得，主要是考虑了出版、发表作品的特殊性。第一，它是一种依靠较高智力创作的精神产品；第二，它具有普遍性；第三，它与社会主义精神文明和物质文明密切相关；第四，它的报酬相对偏低。因此，稿酬所得应当与一般劳务报酬相区别，并应给予其适当的优惠照顾。

6. 特许权使用费所得

特许权使用费所得，是指个人提供专利权、商标权、著作权、非专利技术以及其他特许权的使用权取得的所得。

专利权,是由国家专利主管机关依法授予专利申请人或其权利继承人在一定期间内实施其发明创造的专有权。

商标权,即商标注册人享有的商标专用权。著作权,即版权,是作者依法对文学、艺术和科学作品享有的专有权。个人提供或转让商标权、著作权、专有技术或技术秘密、技术诀窍取得的所得,应当缴纳个人所得税。

7. 利息、股息、红利所得

利息、股息、红利所得,是指个人拥有债权、股权而取得的利息、股息、红利所得。利息,是指个人拥有债权而取得的利息,包括存款利息、贷款利息和各种债券的利息。按税法规定,个人取得的利息所得,除国债和国家发行的金融债券利息外,应当依法缴纳个人所得税。股息、红利,是指个人拥有股权所取得的股息、红利。每股按照一定的比率发给股东的息金为股息;公司、企业应分配的利润,按股份分配的为红利。股息、红利所得,除另有规定外,都应当缴纳个人所得税。

纳税年度内个人投资者从其投资企业(个人独资企业、合伙企业除外)借款,在该纳税年度终了后既不归还又未用于企业生产经营的,其未归还的借款可视为企业对个人投资者的红利分配,依照"利息、股息、红利所得"项目计征个人所得税。

个人在个人银行结算账户的存款自2003年1月1日起孳生的利息,应按"利息、股息、红利所得"项目计征个人所得税,税款由办理个人银行结算账户业务的储蓄机构在结付利息时代扣代缴。自2008年10月9日起暂免征收储蓄存款利息的个人所得税。

8. 财产租赁所得

财产租赁所得,是指个人出租建筑物、土地使用权、机器设备、车船以及其他财产取得的所得。

个人取得的财产转租收入,属于"财产租赁所得"的征税范畴,由财产转租人缴纳个人所得税。

9. 财产转让所得

财产转让所得,是指个人转让有价证券、股权、建筑物、土地使用权、机器设备、车船以及其他财产取得的所得。

在现实生活中,个人进行的财产转让主要是个人财产所有权的转让。财产转让实际上是一种买卖行为,当事人双方通过签订、履行财产转让合同,形成财产买卖的法律关系,使出让财产的个人从对方取得价款(收入)或其他经济收益。财产转让所得因其性质的特殊性,需要单独列举项目征税。对个人取得的各项财产转让所得,除股票转让所得外,都要征收个人所得税。具体规定如下:

(1)股票转让所得。经国务院批准,对股票转让所得暂不征收个人所得税。

(2)量化资产股份转让。职工个人以股份形式取得的仅作为分红依据,不拥有所有权的企业量化资产,不征收个人所得税。

(3)个人转让自用5年以上,并且是家庭唯一生活用房取得的所得,免征个人所得税。

10. 偶然所得

偶然所得,是指个人得奖、中奖、中彩以及其他偶然性质的所得。得奖是指参加各种有奖竞赛活动,取得名次得到的奖金;中奖、中彩是指参加各种有奖活动,如有奖销售、有奖储蓄或者购买彩票,经过规定程序,抽中、摇中号码而取得的奖金。偶然所得应缴纳的个人所得税税款,一律由发奖单位或机构代扣代缴。

11. 经国务院财政部门确定征税的其他所得

除上述列举的各项个人应税所得外,其他确有必要征税的个人所得,由国务院财政部门确定。个人取得的所得,难以界定应纳税所得项目的,由主管税务机关确定。

6.2.3　所得来源地的确定

下列所得,不论支付地点是否在中国境内,均为来源于中国境内的所得:

(1) 因任职、受雇、履约等而在中国境内提供劳务取得的所得;

(2) 将财产出租给承租人在中国境内使用而取得的所得;

(3) 转让中国境内的建筑物、土地使用权等财产或者在中国境内转让其他财产取得的所得;

(4) 许可各种特许权在中国境内使用而取得的所得;

(5) 从中国境内的公司、企业以及其他经济组织或者个人取得的利息、股息、红利所得。

在中国境内无住所,但是居住 1 年以上 5 年以下的个人,其来源于中国境外的所得,经主管税务机关批准,可以只就由中国境内公司、企业以及其他经济组织或者个人支付的部分缴纳个人所得税;居住超过 5 年的个人,从第 6 年起,应当就其来源于中国境外的全部所得缴纳个人所得税。

在中国境内无住所,但是在一个纳税年度中在中国境内连续或者累计居住不超过 90 日的个人,其来源于中国境内的所得,由境外雇主支付并且不由该雇主在中国境内的机构、场所负担的部分,免予缴纳个人所得税。

6.3　税率与应纳税所得额的确定

6.3.1　税率

1. 工资、薪金所得适用税率

工资、薪金所得适用七级超额累进税率,税率为 3%～45%,见表 6-1。

表 6-1　工资、薪金个人所得税税率

级数	全月含税应纳税所得额/元	全月不含税应纳税所得额/元	税率/%	速算扣除数/元
1	不超过 1500 的	不超过 1455 的	3	0
2	超过 1500～4500 的部分	超过 1455～4155 的部分	10	105
3	超过 4500～9000 的部分	超过 4155～7755 的部分	20	555
4	超过 9000～35000 的部分	超过 7755～27255 的部分	25	1005
5	超过 35000～55000 的部分	超过 27255～41255 的部分	30	2755
6	超过 55000～80000 的部分	超过 41255～57505 的部分	35	5505
7	超过 80000 的部分	超过 57505 的部分	45	13505

注:本表所称全月含税应纳税所得额和全月不含税应纳税所得额,是指依照税法的规定,以每月收入额减除 3500 元后的余额或者再减除附加减除费用后的余额。

2. 个体工商户的生产、经营所得和对企事业单位的承包经营、承租经营适用税率

(1) 个体工商户的生产、经营所得和对企事业单位的承包经营、承租经营所得适用 5%～35% 的五级超额累进税率,见表 6-2。

表 6-2　个体工商户的生产、经营所得和对企事业单位的承包经营、承租经营所得个人所得税税率

级数	全月含税应纳税所得额/元	全月不含税应纳税所得额/元	税率/%	速算扣除数/元
1	不超过 15000 的	不超过 14250 的	5	0
2	超过 15000～30000 的部分	超过 14250～27750 的部分	10	750
3	超过 30000～60000 的部分	超过 27750～51750 的部分	20	3750
4	超过 60000～100000 的部分	超过 51750～79750 的部分	30	9750
5	超过 100000 的部分	超过 79750 的部分	35	14750

注:本表所称全月含税应纳税所得额和全月不含税应纳税所得额,对个体工商户的生产、经营所得来源,是指以每一纳税年度的收入总额,减除成本、费用、相关税费以及损失后的余额;对企事业单位的承包经营、承租经营所得来源,是指以每一纳税年度的收入总额,减除必要费用后的余额。

(2) 个人独资企业和合伙企业的个人投资者取得的生产经营所得也适用 5%～35% 的五级超额累进税率。

3. 稿酬所得适用税率

稿酬所得适用比例税率,税率为 20%,并按应纳税额减征 30%。故其实际税负为 14%。

4. 劳务报酬所得使用税率

劳务报酬所得适用比例税率,税率为 20%。对劳务报酬所得一次收入很高的,可以实行加成征收,具体办法由国务院规定。

根据《个人所得税法实施条例》规定,"劳务报酬收入一次收入偏高",是指个人一次取得劳务报酬,其应纳税所得额超过 20000 元。对应纳税所得额超过 20000～50000 元

的部分,依照税法规定计算应纳税额后再按照应纳税额加征五成;超过 50000 元的部分,加征十成。因此,劳务报酬所得实际上适用 20%,30%,40% 的三级超额累进税率,见表 6-3。

表 6-3 劳务报酬所得个人所得税税率

级数	每次应纳税所得额/元	税率/%
1	不超过 20000 元的部分	20
2	超过 20000~50000 元的部分	30
3	超过 50000 元的部分	40

注:本表所称每次应纳税所得额,是指每次收入额减除费用 800 元(每次收入额不超过 4000 元时)或者减除 20% 的费用(每次收入额超过 4000 元时)后的余额。

5. 特许权使用费所得,利息、股息、红利所得,财产租赁所得,财产转让所得,偶然所得和其他所得适用税率

特许权使用费所得,利息、股息、红利所得,财产租赁所得,财产转让所得,偶然所得和其他所得适用比例税率,税率为 20%。从 2007 年 8 月 15 日起,居民储蓄利息税率调为 5%,自 2008 年 10 月 9 日起暂免征收储蓄存款利息的个人所得税。对个人出租住房取得的所得减按 10% 的税率征收个人所得税。

【例 6-3】 下列各项中,适用 5%~35% 的五级超额累进税率征收个人所得税的有( )。

A. 个体工商户的生产经营所得

B. 合伙企业的生产经营所得

C. 个人独资企业的生产经营所得

D. 对企事业单位的承包经营、承租经营所得

【答案】 ABCD

6.3.2 应纳税所得额的确定

6.3.2.1 费用减除标准

(1)工资、薪金所得,以每月收入额减除 3500 元后的余额为应纳税所得额。

(2)个体工商户的生产、经营所得,以每一纳税年度的收入总额,减除成本、费用以及损失后的余额,为应纳税所得额。成本、费用,是指纳税义务人从事生产、经营所发生的各项直接支出和分配计入成本的间接费用以及销售费用、管理费用、财务费用。损失,是指纳税义务人在生产、经营过程中发生的各项营业外支出。

从事生产、经营的纳税义务人未提供完整、准确的纳税资料,不能正确计算应纳税所得额的,由主管税务机关核定其应纳税所得额。

个人独资企业的投资者以全部生产经营所得为应纳税所得额;合伙企业的投资者按照合伙企业的全部生产经营所得和合伙协议约定的分配比例,确定应纳税所得额,合伙协议没有约定分配比例的,以全部生产经营所得和合伙人数量平均计算每个投资者的应

纳税所得额。

上述所称生产经营所得,包括企业分配给投资者个人的所得和企业当年留存的所得(利润)。

(3)对企事业单位的承包经营、承租经营所得,以每一纳税年度的收入总额,减除必要费用后的余额,为应纳税所得额。每一纳税年度的收入总额,是指纳税义务人按照承包经营、承租经营合同规定分得的经营利润和工资、薪金性质的所得。减除必要费用,是指按月减除3500元。

(4)劳务报酬所得、稿酬所得、特许权使用费所得、财产租赁所得,每次收入不超过4000元的,减除费用800元;4000元以上的,减除20%的费用,其余额为应纳税所得额。

(5)财产转让所得,以转让财产的收入额减除财产原值和合理费用后的余额为应纳税所得额。财产原值,是指:

① 有价证券,为买入价以及买入时按照规定缴纳的有关费用。

② 建筑物,为建造费或者购进价格以及其他有关费用。

③ 土地使用权,为取得土地使用权所支付的金额、开发土地的费用以及其他有关费用。

④ 机器设备、车船,为购进价格、运输费、安装费以及其他有关费用。

⑤ 其他财产,参照以上方法确定。

纳税义务人未提供完整、准确的财产原值凭证,不能正确计算财产原值的,由主管税务机关核定其财产原值。

合理费用是指卖出财产时按照规定支付的有关费用。

(6)利息、股息、红利所得,偶然所得和其他所得,以每次收入额为应纳税所得额。

【例6-4】 下列各项中,以取得的收入为应纳税所得额直接计征个人所得税的有( )。

A. 稿酬所得   B. 偶然所得   C. 股息所得   D. 特许权使用费所得

【答案】 BC

【解析】 偶然所得和股息所得以每次收入额为应纳税所得额。

6.3.2.2 附加减除费用适用的范围和标准

个人应纳税所得额的费用减除标准,对所有纳税人普遍适用。但是,考虑到外籍人员和在境外工作的中国公民的生活水平比国内公民高,而且我国汇率的变化对他们的工资、薪金所得也有一定的影响,为了不因征收个人所得税而加重其负担,现行税法对外籍人员和在境外工作的中国公民的工资、薪金所得增加了附加减除费用的照顾。

按照税法的规定,对在中国境内无住所而在中国境内取得工资、薪金所得的纳税义务人和在中国境内有住所而在中国境外取得工资、薪金所得的纳税义务人,可以根据其平均收入水平、生活水平以及汇率变化情况确定附加减除费用;附加减除费用适用的范围和标准由国务院规定。

国务院在发布的《个人所得税法实施条例》中,对附加减除费用的范围和标准做了具体规定。

（1）附加减除费用适用的范围包括：

① 在中国境内的外商投资企业和外国企业中工作取得工资、薪金所得的外籍人员。

② 应聘在中国境内的企业、事业单位、社会团体、国家机关中工作取得工资、薪金所得的外籍专家。

③ 在中国境内有住所而在中国境外任职或者受雇取得工资、薪金所得的个人。

④ 财政部确定的取得工资、薪金所得的其他人员。

（2）附加减除费用标准为上述适用范围内的人员每月工资、薪金所得在减除 3500 元费用的基础上，再减除 1300 元。

（3）华侨和香港、澳门、台湾同胞参照附加减除费用标准执行。

6.3.2.3　每次收入的确定

《个人所得税法》对纳税义务人的征税方法有三种：一是按年计征，如个体工商户和承包、承租经营所得；二是按月计征，如工资、薪金所得；三是按次计征，如劳务报酬所得，稿酬所得，特许权使用费所得，利息、股息、红利所得，财产租赁所得，偶然所得和其他所得 7 项所得。在按次征收情况下，由于扣除费用依据每次应纳税所得额的大小，分别规定了定额和定率两种标准。因此，无论是从正确贯彻税法的立法精神、维护纳税义务人的合法权益方面来看，还是从避免税收漏洞、防止税款流失、保证国家税收收入方面来看，准确划分"次"，都是十分重要的。劳务报酬所得等 7 个项目的"次"，《个人所得税法实施条例》中做出了明确规定，具体包括以下几方面。

（1）劳务报酬所得，根据不同劳务项目的特点，分别规定如下：

① 只有一次性收入的，以取得该项收入为一次。例如从事设计、安装、装潢、制图、化验、测试等劳务，往往是接受客户的委托，按照客户的要求，完成一次劳务后取得收入。因此，它们是属于只有一次性的收入，应以每次提供劳务取得的收入为一次。

② 属于同一事项连续取得收入的，以 1 个月内取得的收入为一次。例如，某歌手与一酒吧签约，在 1 年内每天到酒吧演唱一次，每次演出后付酬 500 元。在计算其劳务报酬所得时，应视为同一事项的连续性收入，以其 1 个月内取得的收入为一次计征收入所得税，而不能以每天取得的收入为一次。

（2）稿酬所得，以每次出版、发表取得的收入为一次。具体又可细分为以下几种情况：

① 同一作品再版取得的所得，应视作另一次稿酬所得计征个人所得税。

② 同一作品先在报刊上连载，然后再出版，或先出版，然后在报刊上连载的，应视为两次稿酬所得征税。即连载作为一次，出版作为另一次。

③ 同一作品在报刊上连载取得收入的，以连载完成后取得的所有收入合并为一次计征个人所得税。

④ 同一作品再出版和发表时，以预付稿酬或分次支付稿酬等形式取得的稿酬收入，应合并计算一次。

⑤ 同一作品出版、发表后,因添加印数而追加稿酬的,应与以前出版、发表时取得的稿酬合并计算为一次计征个人所得税。

（3）特许权使用费所得,以某项使用权的一次转让所取得的收入为一次。一个纳税义务人,可能不止拥有一项特许权利,每一项特许权的使用权也可能不止一次地向他人提供。因此,对特许权使用费所得的"次"的界定,明确为每一项使用权的每次转让所取得的收入为一次。如果该次转让取得的收入是分笔支付的,则应以将各笔收入相加为一次的收入计征个人所得税。

（4）财产租赁所得,以1个月内取得的收入为一次。

（5）利息、股息、红利所得,以支付利息、股息、红利时取得的收入为一次。

（6）偶然所得,以每次收入为一次。

（7）其他所得,以每次收入为一次。

6.3.3 应纳税所得额的其他规定

（1）个人将其所得通过中国境内的社会团体、国家机关向教育和其他社会公益事业以及遭受严重自然灾害地区、贫困地区捐赠,捐赠额未超过纳税义务人申报的应纳税所得额30%的部分,可以从其应纳税所得额中扣除。

纳税人通过中国人口福利基金会、光华科技基金会的公益救济性捐赠,可在应纳税所得额的30%内扣除。

按现行规定,为支持社会公益事业发展,个人通过中国金融教育发展基金会、中国国际民间组织合作促进会、中国社会工作协会孤残儿童救助基金管理委员会、中国发展研究基金会、陈嘉庚科学基金会、中国友好和平发展基金会、中华文学基金会的公益救济性捐赠,在企业年度应纳税所得额12%以内、个人申报应纳税所得额30%以内的部分,准予在计算缴纳企业所得税和个人所得税前扣除。

个人通过非营利的社会团体和国家机关向农村义务教育的捐赠,准予在缴纳个人所得税前的所得额中全额扣除。农村义务教育的范围,是依靠政府和社会力量开办的农村乡镇(不含县和县级市政府所在地的镇)、村的小学和初中以及属于这一阶段的特殊教育学校。纳税人对农村义务教育与高中在一起的学校的捐赠,也享受此项所得税前扣除的规定。

【例6-5】 李某出版一本专著,取得稿酬30000元,当即拿出10000元通过民政部门捐给灾区。其应纳税所得应为多少?

【解析】 捐赠税前扣除额为=30000×(1-20%)×30%=7200(元);
该所得应纳税额=[30000×(1-20%)-7200]×20%×(1-30%)=2352(元)。

（2）个人的所得(不含偶然所得和经国务院财政部门确定征税的其他所得)用于资助非关联的科研机构和高等学校研究开发新产品、新技术、新工艺所发生的研究开发经费,经主管税务机关确定,可以全额在下月(工资、薪金所得)、下次(按次计征的所得)或当年(按年计征的所得)计征个人所得税时,从应纳税所得额中扣除,不足抵扣的,不得结转抵扣。

（3）个人取得的应纳税所得，包括现金、实物和有价证券。所得为实物的，应当按照取得的凭证上所注明的价格计算应纳税所得额；无凭证的实物或者凭证上所注明的价格明显偏低的，由主管税务机关参照当地的市场价格核定应纳税所得额；所得为有价证券的，由主管税务机关根据票面价格和市场价格核定应纳税所得额。

6.4　应纳税额的计算

6.4.1　应纳税额的计算的一般规定

6.4.1.1　工资、薪金所得应纳税额的计算

工资、薪金所得应纳税额的计算公式为

$$应纳税额＝应纳税所得额×适用税率－速算扣除数$$

$$＝（每月收入额－3500 元或 4800 元）×适用税率－速算扣除数$$

需要说明的是，因为工资、薪金所得在计算应纳个人所得税额时，适用的是超额累进税率，所以计算比较烦琐。运用速算扣除数计算法，可以简化计算过程。速算扣除数是指在采用超额累进税率征税的情况下，根据超额累进税率表中划分的应纳税所得额级距和税率，先用全额累进方法计算出税额，再减去用超额累进方法计算的应征税额以后的差额。当超额累进税率表中的级距和税率确定以后，各级速算扣除数也固定不变，成为计算应纳税额时的常数。

【例 6-6】　假定某纳税人 2014 年 2 月含税工资收入为 4000 元，该纳税人不适用附加减除费用的规定。计算其当月应纳个人所得税税额。

【解析】　（1）应纳税所得额＝4000－3500＝500（元）；

（2）应纳税额＝500×3％－0＝15（元）。

【例 6-7】　假定某外商投资企业中工作的非居民纳税人为美国专家，其 1 月取得由该企业发放的含税工资收入 10400 元人民币。请计算其应纳个人所得税税额。

【解析】　（1）应纳税所得额＝10400－4800＝5600（元）；

（2）应纳税额＝5600×20％－555＝565（元）。

6.4.1.2　个体工商户的生产、经营所得应纳税额的计算

个体工商户的生产、经营所得应纳税额的计算公式为

$$应纳税额＝应纳税所得额×适用税率－速算扣除数$$

或　　$$应纳税额＝（全年收入总额－成本、费用以及损失）×适用税率－速算扣除数$$

1. 对个体工商户个人所得税计算征收的有关规定

（1）自 2011 年 9 月 1 日起，个体工商户业主的费用扣除标准统一确定为 42000 元/年，即 3500 元/月。

（2）个体工商户向其从业人员实际支付的合理的工资、薪金支出，允许在税前据实

扣除。

（3）个体工商户拨缴的工会经费、发生的职工福利费、职工教育经费支出分别以工资薪金总额 2％,14％,2.5％的标准据实扣除。

（4）个体工商户每一纳税年度发生的广告费和业务宣传费用不超过当年销售（营业）收入 15％的部分，可据实扣除；超过部分，准予在以后纳税年度结转扣除。

（5）个体工商户每一纳税年度发生的与其生产经营业务直接相关的业务招待费支出，按照发生额的 60％扣除，但最高不得超过当年销售（营业）收入的 5‰。

（6）个体工商户在生产、经营期间的借款利息支出，凡有合法证明的，不高于按金融机构同类、同期贷款利率计算的数额的部分，准予扣除。

（7）个体工商户或个人专营种植业、养殖业、饲养业、捕捞业，应对其所得免征个人所得税。兼营上述四业并且四业的所得不能单独核算的，对属于征收个人所得税的，应与其他行业的生产、经营所得合并计征个人所得税；对于四业的所得能够单独核算的，应就其相关所得免征个人所得税。

（8）个体工商户和从事生产、经营的个人，取得与生产、经营活动无关的各项应税所得，应分别使用各应税项目的规定计算征收个人所得税。

【例 6-8】 张某经营一家公司，系个体工商户，账证比较健全，2013 年 12 月取得营业额 220000 元，准许扣除的当月成本、费用及相关税金共计 170000 元。1—11 月累计应纳税所得额 68400 元，1—11 月累计已预缴个人所得税 10000 元。计算张某 2013 年度应补缴的个人所得税。

【解析】 按照税收法律、法规和相关文件规定，先计算全年应纳税所得额，再计算全年应纳税额。

全年应纳税所得额＝220000－170000＋68400－42000＝76400（元）；

全年应缴纳个人所得税＝76400×30％－9750＝13170（元）；

张某 2013 年度应补缴的个人所得税＝13170－10000＝3170（元）。

2. 个人独资企业和合伙企业应纳个人所得税的计算

对个人独资企业和合伙企业生产经营所得，其个人所得税应纳税额的计算有以下两种方法：

（1）查账征税

① 自 2011 年 9 月 1 日起，个人独资企业和合伙企业投资者的生产经营所得依法计征个人所得税时，个人独资企业和合伙企业投资者本人的费用扣除标准统一确定为 42000 元/年，即 3500 元/月。投资者的工资不得在税前扣除。

② 投资者及其家庭发生的生活费用不允许在税前扣除。投资者及其家庭发生的生活费用与用于企业生产经营的费用混合在一起并且难以划分的，全部视为投资者个人及其家庭发生的生活费用，不允许在税前扣除。

③ 企业生产经营和投资者及其家庭生活共用的固定资产，难以划分的，由税务主管机关根据企业的生产经营类型、规模等具体情况，核定准予在税前扣除的折旧费用数额

或比例。

④ 企业向其从业人员实际支付的合理的工资、薪金支出,允许在税前据实扣除。

⑤ 企业拨缴的工会经费,发生的职工福利费、职工教育经费支出分别在工资薪金总额 2%,14%,2.5% 的标准内据实扣除。

⑥ 每一纳税年度发生的广告费和业务宣传费用不超过当年销售(营业)收入 15% 的部分,可据实扣除;超过部分,准予在以后纳税年度结转扣除。

⑦ 每一纳税年度发生的与其生产经营业务直接相关的业务招待费支出,按照发生额的 60% 扣除,但最高不得超过当年销售(营业)收入的 5‰。

⑧ 企业计提的各种准备金不得扣除。

⑨ 投资者兴办两个或两个以上企业,并且企业性质全部是独资的,年度终了后,汇算清缴时,应纳税额的计算按以下方式进行:汇总其投资兴办的所有企业的经营所得作为应纳税所得额,以此确定适用税率,计算出全年经营所得的应纳税额,再根据每个企业的经营所得占所有企业经营所得的比例,分别计算出每个企业的应纳税额和应补缴税额。计算公式为

$$应纳税所得额 = \Sigma 各个企业的经营所得$$

$$应纳税额 = 应纳税所得额 \times 税率 - 速算扣除数$$

$$本企业应纳税额 = 应纳税额 \times 本企业的经营所得 \div \Sigma 各个企业的经营所得$$

$$本企业应补缴的税额 = 本企业应纳税额 - 本企业预缴的税额$$

(2) 核定征收

核定征收方式,包括定额征收、核定应税所得率征收以及其他合理的征收方式。

实行核定应税所得率征收方式的,应纳所得额的计算公式为

$$应纳税所得额 = 应纳税所得额 \times 适用税率$$

$$应纳税所得额 = 收入总额 \times 应税所得率$$

或　　　　　$$应纳税所得额 = 成本费用支出额 / (1 - 应税所得率) \times 应税所得率$$

应税所得率应按表 6-4 规定的标准执行。

表 6-4　个人所得税应税所得率

行业	应税所得率/%
工业、交通运输业、商业	5~20
建筑业、房地产开发业	7~20
饮食服务业	7~25
娱乐业	20~40
其他行业	10~30

企业经营多业的,无论其经营项目是否单独核算,均应根据其主营项目确定其适用的应税所得率。

实行核定征税的投资者,不能享受个人所得税的优惠政策。

实行查账征税方式的个人独资企业和合伙企业改为核定征税方式后,在查账征税方式下认定的年度经营亏损未弥补完的部分,不得再继续弥补。

6.4.1.3 对企事业单位的承包经营、承租经营所得应纳税额的计算

对企事业单位的承包经营、承租经营所得,其个人所得税应纳税额的计算公式为

$$应纳税额 = 应纳税所得额 \times 适用税率 - 速算扣除数$$

或 $$应纳税额 = (纳税年度收入总额 - 必要费用) \times 适用税率 - 速算扣除数$$

需要说明的是,对企事业单位的承包经营、承租经营所得,以每一纳税年度的收入总额,减除必要费用后的余额为应纳税所得额。在一个纳税年度中,承包经营或者承租经营期限不足 1 年的,以其实际经营期为纳税年度。

对企事业单位的承包经营、承租经营所得适用的速算扣除数,同个体工商户的生产、经营所得适用的速算扣除数。

【例 6-9】 2013 年 3 月 1 日,张某与事业单位签订承包合同经营招待所,承包期为 3 年。2013 年招待所实现承包经营利润 165000 元,按合同规定承包人每年应从承包经营利润中上缴承包费 30000 元。计算承包人 2013 年应纳个人所得税税额。

【解析】 年应纳税所得额 = 承包经营利润 - 上缴费用 - 每月必要费用扣减合计
$$= 165000 - 30000 - (3500 \times 10) = 100000(元);$$

应纳个人所得税税额 = 年应纳税所得额 × 适用税率 - 速算扣除数
$$= 100000 \times 35\% - 14750 = 20250(元)。$$

6.4.1.4 劳务报酬所得应纳税额的计算

对劳务报酬所得,其个人所得税应纳税额的计算公式为

(1) 每次收入不足 4000 元的:

$$应纳税额 = (每次收入额 - 800) \times 20\%$$

(2) 每次收入在 4000 元以上不足 20000 元的:

$$应纳税额 = 每次收入额 \times (1 - 20\%) \times 20\%$$

(3) 每次收入的应纳税所得额超过 20000 元的:

$$应纳税额 = 每次收入额 \times (1 - 20\%) \times 适用税率 - 速算扣除数$$

劳务报酬所得适用的速算扣除数见表 6-5。

表 6-5 劳务报酬所得适用的速算扣除数表

级数	每次应纳税所得额/元	税率/%	速算扣除数/元
1	不超过 20000 的部分	20	0
2	20000~50000 的部分	30	2000
3	超过 50000 的部分	40	7000

【例 6-10】 歌星张某一次取得表演收入 48000 元,扣除 20% 的费用后,应纳税所得额为 38400 元。请计算张某应纳个人所得税税额。

【解析】 应纳税额 = 每次收入额 × (1 - 20%) × 适用税率 - 速算扣除数
$$= 48000 \times (1 - 20\%) \times 30\% - 2000 = 9520(元)。$$

6.4.1.5　稿酬所得应纳税额的计算

稿酬所得应纳税额的计算公式为

（1）每次收入不足 4000 元的：

$$应纳税额＝（每次收入额－800）×20\%×（1－30\%）$$

（2）每次收入在 4000 元以上的：

$$应纳税额＝每次收入额×（1－20\%）×20\%×（1－30\%）$$

【例 6-11】　某作家一次取得未扣除个人所得税的稿酬收入 20000 元，请计算其应缴纳的个人所得税额。

【解析】　应纳税额＝应纳税所得额×20%×（1－30%）

$$＝20000×（1－20\%）×20\%×（1－30\%）＝2240（元）。$$

6.4.1.6　特许权使用费所得应纳税额的计算

特许权使用费所得应纳税额的计算公式为

（1）每次收入不足 4000 元的：

$$应纳税额＝（每次收入额－800）×20\%$$

（2）每次收入在 4000 元以上的：

$$应纳税额＝每次收入额×（1－20\%）×20\%$$

6.4.1.7　利息、股息、红利所得应纳税额的计算

利息、股息、红利所得应纳税额的计算公式为

$$应纳税额＝每次收入额×20\%$$

6.4.1.8　财产租赁所得应纳税额的计算

1. 应纳税所得额的计算

财产租赁所得一般以个人每次取得的收入，定额或定率减除规定费用后的余额为应纳税所得额。每次收入不超过 4000 元的，定额减除费用 800 元；每次收入在 4000 元以上的，定率减除 20% 的费用。财产租赁所得以 1 个月内取得的收入为一次。

在确定财产租赁的应纳税所得额时，纳税人在出租财产过程中缴纳的税金和教育费附加，可持完税（缴款）凭证，从其财产租赁收入中扣除。准予扣除的项目除了规定费用和有关税、费外，还准予扣除能够提供有效、准确的凭证，证明由纳税人负担的该出租财产实际开支的修缮费用。允许扣除的修缮费用，以每次 800 元为限；一次扣除不完的，准予在下一次继续扣除，直到扣完为止。

个人出租财产取得的财产租赁收入，在计算缴纳个人所得税时，应依次扣除以下费用：

（1）财产租赁过程中缴纳的税费；

（2）由纳税人负担的该出租财产实际开支的修缮费用；

（3）税法规定的费用扣除标准。

应纳税所得额的计算公式为

① 每次(月)收入不超过 4000 元的：

应纳税所得额＝每次(月)收入额－准予扣除项目－修缮费用(800 元为限)－800

② 每次(月)收入超过 4000 元的：

应纳税所得额＝[每次(月)收入额－准予扣除项目－修缮费用(800 元为限)]×
(1－20％)

个人将承租房屋转租取得的租金收入,属于个人所得税应税所得,应按"财产租赁所得"项目计算缴纳个人所得税。具体规定为：

取得转租收入的个人向房屋出租方支付的租金,凭房屋租赁合同和合法支付凭据允许在计算个人所得税时,从该项转租收入中扣除。

有关财产租赁所得个人所得税前扣除税费的扣除次序为：

(1) 财产租赁过程中缴纳的税费；

(2) 向出租房支付的租金；

(3) 由纳税人负担的租赁财产实际开支的修缮费用；

(4) 税法规定的费用扣除标准。

2. 应纳税额的计算

财产租赁所得适用 20％的比例税率。但对个人按市场价格出租的居民住房取得的所得,自 2001 年 1 月 1 日起暂减按 10％的税率征收个人所得税。其应纳税额的计算公式为

应纳税额＝应纳税所得额×适用税率

【例 6-12】 张某于 2013 年 1 月将其自有的 4 间总面积为 150 平方米的房屋出租给刘某作经营场所,租期为 1 年。张某每月取得租金收入 2500 元,全年租金收入 30000 元。计算张某全年租金收入应缴纳的个人所得税税额。

【解析】 财产租赁收入以每月内取得的收入为一次。

每月应纳税额＝(2500－800)×20％＝340(元)；

全年应纳税额＝340×12＝4080(元)。

本例在计算个人所得税时未考虑其他税费。如果对租金收入计征营业税、城市维护建设税、房产税和教育费附加等,还应将这些从税前的收入中先扣除,然后再计算应缴纳的个人所得税。

假定上例中,当年 2 月份该房屋因房顶漏水找人修理,发生修理费用 500 元,且有维修部门的正式收据,则 2 月份和全年的应纳税额为

2 月份应纳税额＝(2500－500－800)×20％＝240(元)；

全年应纳税额＝340×11＋240＝3980(元)。

在实际征税过程中,有时会出现财产租赁所得的纳税人不明确的情况。对此,在确定财产租赁所得纳税人时,应以产权凭证为依据；无产权凭证的,由主管税务机关根据实际情况确定纳税人；如果产权所有人死亡,在未办理产权继承手续期间,该财产出租且有租金收入的,以领取租金收入的个人为纳税人。

6.4.1.9　财产转让所得应纳税额的计算

财产转让所得应纳税额的计算公式为

$$应纳税额＝(收入总额－财产原值－合理税费)×20\%$$

6.4.1.10　偶然所得应纳税额的计算

偶然所得应纳税额的计算公式为

$$应纳税额＝每次收入额×20\%$$

【例 6-13】　小陈参加商场的抽奖活动,中奖所得 20000 元。小陈在领奖时告知商场从奖金收入中拿出 5000 元通过教育部门捐款给希望小学。按照规定计算商场代扣代缴个人所得税后,陈某实际可得金额。

【解析】　根据税法有关规定,小陈的捐赠额可以全部从应纳税所得额中扣除(因为 $5000÷20000＝25\%$,小于捐赠扣除比例 30%)。

应纳税所得额＝偶然所得－捐赠额＝20000－5000＝15000(元);

应纳税额＝应纳税所得额×适用税率＝15000×20%＝3000(元);

小陈实际可得金额＝20000－5000－3000＝12000(元)。

6.4.1.11　其他所得应纳税额的计算

其他所得应纳税额的计算公式为

$$应纳税额＝应纳税所得额×适用税率$$
$$＝每次收入额×20\%$$

6.4.2　应纳税额计算中的特殊问题

1. 对个人取得全年一次性奖金等的征税方法

全年一次性奖金,是指行政机关、企事业单位等扣缴义务人根据其全年经济效益和对雇员全年工作业绩的综合考核情况,向雇员发放的一次性奖金。一次性奖金包括年终加薪以及实行年薪制和绩效工资办法的单位根据考核情况兑现的年薪和绩效工资。

纳税人取得的全年一次性奖金,单独作为 1 个月工资、薪金所得计算纳税,自 2005 年 1 月 1 日起按以下计税办法,由扣缴义务人发放时代扣代缴。

(1) 先将雇员个人当月内取得的全年一次性奖金除以 12 个月,按其商数确定适用税率和速算扣除数。

如果在发放年终一次性奖金的当月,雇员当月工资薪金所得低于税法规定的费用扣除额,应将全年一次性奖金减除雇员当月工资薪金所得与费用扣除额的差额后的余额,按上述办法确定全年一次性奖金的适用税率和速算扣除数。

(2) 将雇员个人当月内取得的全年一次性奖金,按上述(1)项确定的适用税率和速算扣除数计算征税,计算公式如下:

① 雇员当月工资薪金所得高于(或等于)税法规定的费用扣除额的,适用公式为

$$应纳税额＝雇员当月取得全年一次性奖金×适用税率－速算扣除数$$

② 雇员当月工资薪金所得低于税法规定的费用扣除额的,适用公式为

$$应纳税额＝(雇员当月取得全年一次性奖金－雇员当月工资薪金所得与$$

费用扣除额的差额)×适用税率－速算扣除数

（3）在一个纳税年度内,对每一个纳税人,该计税办法只允许采用一次。

（4）实行年薪制和绩效工资的单位,个人取得年终兑现的年薪和绩效工资按上述第(2),(3)项规定执行。

（5）雇员取得除全年一次性奖金以外的其他各种名目的奖金,如半年奖、季度奖、加班奖、先进奖、考勤奖等,一律与当月工资、薪金收入合并,按税法规定缴纳个人所得税。

2. 特定行业职工取得的工资、薪金所得的征税方法

采掘业、远洋运输业、远洋捕捞业因季节、产量等因素的影响,职工的工资、薪金收入出现较大幅度波动,对这三个特定行业的职工取得的工资、薪金所得应纳税额,可按月预缴,年度终了后 30 日内,合计其全年工资、薪金所得,再按 12 个月平均计算实际应纳的税款,多退少补。其计算公式如下：

$$应纳所得税额＝[(全年工资、薪金收入/12－费用扣除标准)×税率－$$
$$速算扣除数]×12$$

3. 关于个人取得公务交通、通信补贴收入的征税方法

个人因公务用车和通信制度改革而取得的公务用车、通信补贴收入,扣除一定标准的公务费用后,按照“工资、薪金所得”项目计征个人所得税。按月发放的,并入当月工资、薪金所得计征个人所得税;不按月发放的,分解到所属月份并与该月份工资、薪金所得合并后计征个人所得税。

公务费用扣除标准,由省级地方税务局根据纳税人公务交通、通信费用实际发生情况调查测算,报经审计人民政府批准后确定,并报国家税务总局备案。

4. 关于失业保险费(金)的征税方法

城镇企事业单位及其职工个人按照《失业保险条例》规定的比例,实际缴付的失业保险费,均不计入职工个人当期工资、薪金收入,免予征收个人所得税;超过《失业保险条例》规定的比例缴付失业保险费的,应将其超过规定比例缴付的部分计入职工个人当期的工资、薪金收入,依法计征个人所得税。

具备《失业保险条例》规定条件的失业人员,领取的失业保险金,免予征收个人所得税。

5. 关于支付各种免税之外的保险金的征税方法

企业为员工支付各项免税之外的保险金,应在企业向保险公司缴付时(即该保险落到被保险人的保险账户时)并入员工当期的工资收入,按“工资、薪金所得”项目计征个人所得税,税款由企业负责代扣代缴。

6. 对在外商投资企业、外国企业和外国驻华机构工作的中方人员取得的工资、薪金所得的征税方法

（1）对在外商投资企业、外国企业和外国驻华机构工作的中方人员取得的工资、薪金所得,凡是由雇员单位和派遣单位分别支付的,支付单位应按税法规定代扣代缴个人所得税。同时,纳税义务人应以每月全部工资、薪金收入减除规定费用后的余额为应纳税

所得额。为了有利于征管,对雇佣单位和派遣单位分别支付工资、薪金的,采取由支付者中的一方减除费用的方法,即只由雇佣单位在支付工资、薪金时,按税法规定减除费用,计算扣缴个人所得税;派遣单位支付的工资、薪金不再减除费用的,以支付金额直接确定适用税率,计算扣缴个人所得税。

上述纳税义务人,应持两处支付单位提供的原始明细工资、薪金单(书)和完税凭证原件,选择并固定到其中某一处税务机关申报每月工资、薪金收入,汇算清缴其工资、薪金收入的个人所得税,多退少补。具体申报期限,由各省、自治区、直辖市税务机关确定。

(2) 对在外商投资企业、外国企业和外国驻华机构工作的中方人员取得的工资、薪金所得,应全额征税。但对可以提供有效合同或有关凭证,能够证明其工资、薪金所得的一部分按照有关规定上缴派遣(介绍)单位的,可扣除其实际上缴的部分,并按其余额计征个人所得税。

【例 6-14】 张某是某外商投资企业雇佣的中方人员,假定 2013 年 10 月,该外商投资企业支付给张某的薪金为 8700 元,同月,张某还收到其所在的派遣单位发给的工资 1900 元。该外商投资企业、派遣单位应如何扣缴个人所得税? 计算张某实际应缴的个人所得税。

【解析】 (1) 外商投资企业应为张某扣缴的个人所得税为

扣缴税额=(每月收入额-3500)×适用税率-速算扣除数

$\qquad$ =(8700-3500)×20%-555=485(元);

(2) 派遣单位应为张某扣缴的个人所得税为

扣缴税额=每月收入额×适用税率-速算扣除数

$\qquad$ =1900×10%-105=85(元);

(3) 张某实际应缴的个人所得税为

应纳税额=(每月收入额-3500)×适用税率-速算扣除数

$\qquad$ =(8700+1900-3500)×20%-555=865(元)。

因此,王某到税务机关申报时,还应补缴个人所得税 865-485-85=295(元)。

7. 两个以上的纳税人共同取得同一项所得的征税方法

两个或两个以上的纳税义务人共同取得同一项所得的(如共同协作一部著作而取得稿酬所得),可以对每个人分得的收入分别减除费用,并计算各自应纳的税款。

在计算个人所得税应纳税额时,还有一个问题需要解决,即企业和个人的外币收入如何折合成人民币计算纳税的问题。根据国家税务总局 1995 年 9 月 12 日通知规定,企业和个人取得的收入和所得为美元、日元、港币的,仍统一使用中国人民银行公布的人民币对上述三种货币的基准汇价,并折合成人民币计算缴纳税款;企业和个人取得的收入和所得为上述三种货币以外的其他货币的,应根据美元对人民币的基准汇价和国家外汇管理局提供的纽约外汇市场美元对主要外币的汇价进行套算,按套算后的汇价作为折合汇率计算缴纳税款。套算公式为

某种货币对人民币的汇价=美元对人民币的基准汇价÷纽约外汇市场美元对

$\qquad$ 该种货币的汇价

8. 个人兼职和退休人员再任职取得收入个人所得税的征税方法

个人兼职取得的收入应按照"劳动报酬所得"项目缴纳个人所得税;退休人员再任职取得的收入,在减除按《个人所得税法》规定的费用扣除标准后,按"工资、薪金所得"项目缴纳个人所得税。

9. 企业为股东个人购买汽车个人所得税的征税办法

(1) 企业为股东购买车辆并将车辆所有权办到股东个人名下的,其实质是企业对股东进行了红利性质的实物分配,应按"利息、股息、红利所得"项目征收个人所得税。考虑到该股东个人名下的车辆同时也为企业经营使用的实际情况,允许合理减除部分所得,减除的具体数额由主管税务机构根据车辆的实际使用情况合理确定。

(2) 依据《企业所得税暂行条例》以及有关规定,企业为股东个人购买的车辆,不属于企业的资产,不得在企业所得税前扣除折旧。

10. 个人取得有奖发票奖金的征税方法

个人取得单张有奖发票奖金所得不超过 800 元(含 800 元)的,暂免征收个人所得税;个人取得单张有奖发票奖金所得超过 800 元的,应按照《个人所得税法》规定中的"偶然所得"项目全额征收个人所得税。税务机关或其指定的有奖发票兑奖机构,是有奖发票奖金所得个人所得税的扣缴义务人,应依法认真做好个人所得税代扣代缴工作。

【例 6-15】 中国公民张先生是某民营非上市公司的个人大股东,同时也是一位作家。其在 2013 年 5 月取得的部分实物或现金收入如下:

(1) 公司为其购买了一辆轿车并将车辆所有权办到其名下,该车购买价为 35 万元。经当地主管税务机关核定,公司在代扣个人所得税税款时允许税前减除的数额为 7 万元。

(2) 将其本人一部长篇小说手稿的著作权拍卖取得收入 5 万元,同时拍卖一幅名人书法作品取得收入 35 万元。经税务机关确认,所拍卖的书法作品原值及相关费用为 20 万元。

(3) 受邀为某企业家的培训班讲课两天,取得讲课费 3 万元。

(4) 当月转让上月购入的境内某上市公司股票,扣除印花税和交易手续费等,净盈利 5320.56 元。同时因持有该上市公司的股票而取得该公司分配的 2012 年度红利 2000 元。

(5) 有一张购物发票中奖得 1000 元奖金。

要求:根据上述资料,依次回答下列问题。

(1) 计算公司为张先生购买轿车应代扣代缴的个人所得税。

(2) 计算长篇小说手稿著作权拍卖收入应缴纳的个人所得税。

(3) 计算书法作品拍卖所得应缴纳的个人所得税。

(4) 计算讲课收入应缴纳的个人所得税。

(5) 计算销售股票净盈利和取得的股票红利共应缴纳的个人所得税。

(6) 计算发票中奖收入应缴纳的个人所得税。

【解析】 （1）应代扣代缴的个人所得税＝（350000－70000）×20％＝56000（元）；

（2）著作权拍卖收入应缴纳的个人所得税＝50000×（1－20％）×20％＝8000（元）；

（3）书法作品拍卖所得应缴纳的个人所得税＝（350000－200000）×20％＝30000（元）；

（4）讲课收入应缴纳的个人所得税＝30000×（1－20％）×30％－2000＝5200（元）；

（5）销售股票净盈利和取得的股票红利共应缴纳的个人所得税＝2000×50％×20％＝200（元）；

（6）发票中奖收入应缴纳的个人所得税＝1000×20％＝200（元）。

6.5　税收优惠

《个人所得税法实施条例》以及财政部、国家税务总局的若干规定等，都对个人所得部分项目给予了减税免税的优惠，主要有以下几方面。

6.5.1　免征个人所得税的优惠

（1）省级人民政府、国务院部委和中国人民解放军以上单位，以及外国组织颁发的科学、教育、技术、文化、卫生、体育、环境保护等方面的奖金。

（2）国债和国家发行的金融债券利息。国债利息，是指个人持有中华人民共和国财政部发行的债券而取得的利息所得以及 2009－2011 年发行的地方政府债券利息所得；国家发行的金融债券利息，是指个人持有经国务院批准发行的金融债券而取得的利息所得。

（3）按照国家统一规定发给个人的补贴、津贴。按照国家统一规定发给个人的补贴、津贴，是指按照国务院规定发给个人的政府特殊津贴和国务院规定免纳个人所得税的补贴、津贴。

发给中国科学院资深院士和中国工程院资深院士每人每年 1 万元的资深院士津贴免予征收个人所得税。

（4）福利费、抚恤金、救济金。福利费，是指根据国家有关规定，从企业、事业单位、国家机关、社会团体提留的福利费或者工会经费中支付给个人的生活补助费；救济金，是指国家民政部门支付给个人的生活困难补助费。

（5）保险赔款。

（6）军人的转业费、复员费。

（7）按照国家统一规定发给干部、职工的安家费、退职费、退休工资、离休工资、离休生活补助费。

（8）依照我国有关法律规定应予免税的各国驻华使馆、领事馆的外交代表、领事官员和其他人员的所得。

上述所得,是指依照《中华人民共和国外交特权与豁免条例》和《中华人民共和国领事特权与豁免条例》规定免税的所得。

(9) 中国政府参加的国际公约以及签订的协议中规定免税的所得。

(10) 对乡、镇(含乡、镇)以上人民政府或经县(含县)以上人民政府主管部门批准成立的有机构、有章程的见义勇为基金或者类似性质组织,奖励见义勇为者的奖金或奖品,经主管税务机关核准,免征个人所得税。

(11) 企业和个人按照省级以上人民政府规定的比例提取并缴付的住房公积金、医疗保险金、基本养老保险金、事业保险金,不计入个人当期的工资、薪金收入,免予征收个人所得税。超过规定的比例缴付的部分计征个人所得税。

个人领取原提存的住房公积金、医疗保险金、基本养老保险金时,免予征收个人所得税。

(12) 对个人取得的教育储蓄存款利息所得以及国务院财政部门确定的其他专项储蓄存款或者储蓄性专项基金存款的利息所得,免征个人所得税。

(13) 储蓄机构内从事代扣代缴工作的办税人员取得的扣缴利息税手续费所得,免征个人所得税。

(14) 生育妇女按照县级以上人民政府根据国家有关规定制定的生育保险办法,取得的生育津贴、生育医疗费或其他属于生育保险性质的津贴、补贴,免征个人所得税。

(15) 第二届高等学校教学名师奖奖金,免予征收个人所得税;第二届高等学校教学名师奖获奖人数为 100 人,每人奖金 2 万元。

(16) 对工伤职工及其近亲属按照《工伤保险条例》规定取得的工伤保险待遇,免征个人所得税。工伤保险待遇,包括工伤职工按照该规定取得的一次性伤残补助金、伤残津贴、一次性工伤医疗补助金、一次性伤残就业补助金、工伤医疗待遇、住院伙食补助费、外地就医交通食宿费用、工伤康复费用、辅助器具费用、生活护理费等,以及职工因工死亡,其近亲属按照该条例规定取得的丧葬补助金、供养亲属抚恤金和一次性工亡补助金等。

(17) 外籍个人以非现金形式或实报实销形式取得的住房补贴、伙食补贴、搬迁费、洗衣费。

(18) 外籍个人按合理标准取得的境内、外出差补贴。

(19) 外籍个人取得的探亲费、语言训练费、子女教育费等,经当地税务机关审核批准为合理的部分,可以享受免征个人所得税优惠。优惠的探亲费,仅限于外籍个人在我国的受雇地与其家庭所在地(包括配偶或父母居住地)之间搭乘交通工具,且每年不超过 2 次的费用。

(20) 个人举报、协查各种违法、犯罪行为而获得的奖金。

(21) 个人办理代扣代缴税款手续,按规定取得的扣缴手续费。

(22) 个人转让自用达 5 年以上并且是唯一的家庭居住用房取得的所得。

(23) 对按《国务院关于高级专家离休退休若干问题的暂行规定》和《国务院办公厅关于杰出高级专家暂缓离休审批问题的通知》精神,达到离休、退休年龄,但确因工作需要,适当延长离休、退休年龄的高级专家,其在延长离休、退休期间的工资、薪金所得,视同退休工资、离休工资免征个人所得税。

延长离退休年龄的高级专家是指:

① 享受国家发放的政府特殊津贴的专家、学者;

② 中国科学院、中国工程院院士。

高级专家延长离休、退休期间取得的工资薪金取得,其免征个人所得税政策口径按下列标准执行:

① 对高级专家从其劳动人事关系所在单位取得的,单位按国家有关规定向职工统一发放的工资、薪金、奖金、津贴、补贴等收入,视同离休、退休工资,免征个人所得税;

② 除上述①项所述收入以外各种名目的津贴、补贴收入等,以及高级专家从其劳动人事关系所在单位之外的其他地方取得的培训费、讲课费、顾问费、稿酬等各种收入,依法计征个人所得税。

高级专家从两处以上取得应税工资、薪金所得以及具有税法规定应当执行纳税申报的其他情形的,应在税法规定的期限内自行向主管税务机关办理纳税申报。

(24) 其他经国务院财政部门批准免税的所得,免征个人所得税。

6.5.2 减征个人所得税的优惠

减征个人所得税的优惠主要包括:

(1) 残疾、孤老人员和烈属的所得;

(2) 因严重自然灾害造成重大损失的;

(3) 其他经国务院财政部门批准减税的。

6.5.3 对非居民纳税人的减免税优惠

6.5.3.1 对在中国境内无住所,但在境内居住 1 年以上 5 年以下的纳税人的减免税优惠

《个人所得税法实施条例》规定,在中国境内无住所,但是居住 1 年以上 5 年以下的个人,其来源于中国境外的所得,经主管税务机关批准,可以只就中国境内公司、企业以及其他经济组织或者个人支付的部分缴纳个人所得税;居住超过 5 年的个人,从第 6 年起,应当就其来源于中国境内外的全部所得缴纳个人所得税。

1. 关于 5 年期限的具体计算

个人在中国境内居住满 5 年,是指个人在中国境内连续居住满 5 年,即在连续 5 年中的每一纳税年度内均居住满 1 年。

2. 关于个人在华居住满 5 年以后纳税义务的确定

个人在中国境内居住满 5 年后,从第 6 年起的以后年度中,凡在境内居住满 1 年的,应当就其来源于我国境内、境外的所得申报纳税;凡在境内居住不满 1 年的,则仅就该年内来源于境内的所得申报纳税。如该个人在第 6 年起以后的某一纳税年度内在境内居住不足 90 日,可以按《个人所得税法实施条例》第七条的规定确定纳税义务,并从再次居住满 1 年的年度起重新计算 5 年期限。

3. 关于计算 5 年期限的起始日期

个人在中国境内是否居住满 5 年,自 1994 年 1 月 1 日起开始计算。

6.5.3.2　对在中国境内无住所,且在一个纳税年度内在中国境内居住不超过 90 日的纳税人的减免税优惠

《个人所得税法实施条例》规定,在中国境内无住所,且在一个纳税年度内在中国境内连续或者累计居住不超过 90 日的个人,其来源于中国境内的所得,由境外雇主支付并且不由该雇主在中国境内的机构、场所负担的部分,免予缴纳个人所得税。

6.6　境外所得的税额扣除

在对纳税人的境外所得征税时,会存在其境外所得已在来源国家或者地区缴纳的实际情况。基于国家之间对同一所得应避免双重征税的原则,我国对纳税人的境外所得行使税收管辖权时,对该所得在境外已纳税额采取了分不同情况从应征税额中予以扣除的做法。

税法规定,纳税义务人从中国境外取得的所得,准予其在应纳税额中扣除已在境外缴纳的个人所得税税额。但扣除额不得超过该纳税义务人境外所得依照我国税法规定计算的应纳税额。对这条规定的解释如下:

(1) 税法所说的已在境外缴纳的个人所得税税额,是指纳税义务人从中国境外取得的所得,依照该所得来源国家或者地区的法律应当缴纳并且实际已经缴纳的税额。

(2) 税法所说的依照本法规定计算的应纳税额,是指纳税义务人从中国境外取得的所得,区别不同国家或者地区和不同应税项目,依照我国税法规定的费用减除标准和适用税率计算的应纳税额;同一国家或者地区内不同应税项目,依照我国税法计算的应纳税额之和,为该国家或者地区的抵免限额。

纳税义务人在中国境外一个国家或者地区实际已经缴纳的个人所得税税额,低于依照上述规定计算出的该国家或者地区抵免限额的,应当在中国缴纳差额部分的税款;超过该国家或者地区抵免限额的,其超过部分不得在本纳税年度的应纳税额中扣除,但是可以在以后纳税年度的该国家或者地区抵免限额的余额中补扣,补扣期限最长不得超过 5 年。

【例 6-16】　某居民纳税人在 2013 年度从甲、乙两国取得应税收入。其中因在甲国一公司任职,取得工资、薪金收入 69600 元(平均每月 5800 元),因提供一项专利技术使用权,一次取得特许权使用费收入 30000 元,该两项收入在甲国缴纳个人所得税 5000 元;因在乙国出版著作,获得稿酬收入(版税)15000 元,并在乙国缴纳该项收入的个人所得税 1720 元。要求:写出其抵扣计算方法。

【解析】　(1) 甲国所纳个人所得税的抵减。

　　按照我国税法规定的费用减除标准和税率,计算该纳税义务人从甲国取得的应税所得应纳税额,该应纳税额即为抵免限额。

　　① 工资、薪金所得。该纳税义务人从甲国取得的工资、薪金收入,应每月减除费用4800 元,其余额按七级超额累进税率表的适用税率计算应纳税额。

　　每月应纳税额＝(5800－4800)×3％＝30(元);

　　全年应纳税额＝30×12＝360(元)。

　　② 特许权使用费所得。该纳税义务人从甲国取得的特许权使用费收入,应减除20％的费用,其余额按 20％的比例税率计算应纳税额。

　　应纳税额＝30000×(1－20％)×20％＝4800(元)。

　　根据计算结果,该纳税义务人从甲国取得应税所得在甲国缴纳的个人所得税额的抵减限额为 360＋4800＝5160(元)。其在甲国实际缴纳个人所得税 5000 元,低于抵免限额,可以全额抵扣,并需在中国补缴差额部分的税款,计 5160－5000＝160(元)。

　　(2) 乙国所纳个人所得税的抵减。

　　按照我国税法的规定,该纳税义务人从乙国取得的稿酬收入,应减除 20％的费用,就其余额按 20％的税率计算应纳税额并减征 30％,结果为:15000×(1－20％)×20％×(1－30％)＝1680(元),即其抵免限额为 1680 元。该纳税义务人以稿酬所得在乙国实际缴纳个人所得税 1720 元,超出抵免限额 40 元不能在本年度扣除,但可在以后 5 个纳税年度的该国减免限额的余额中补扣。

　　综上所述计算结果,该纳税义务人在本纳税年度终的境外所得,应在中国补缴个人所得税 160 元。其在乙国缴纳的个人所得税未抵减完的 40 元,可按我国税法规定的前提条件下补扣。

　　(3) 纳税义务人依照税法的规定申请扣除已在境外缴纳的个人所得税税额时,应当提供境外税务机关填发的完税凭证原件。

　　(4) 为了保证正确计算扣除限额及合理扣除境外已纳税额,税法要求:在中国境内有住所,或者无住所而在境内居住满 1 年的个人,从中国境内和境外取得的所得,应当分别计算应纳税额。

6.7　征收管理

个人所得税有自行申报纳税和代扣代缴纳税两种纳税办法。

6.7.1　自行申报纳税

自行申报纳税,是由纳税人自行在税法规定的纳税期限内,向税务机关申报取得的应纳所得税项目和数额,应如实填写个人所得税纳税申报表,并按照税法规定计算应纳税额,据此缴纳个人所得税的一种方法。

自行申报纳税的纳税义务人包括：

（1）年所得 12 万元以上的纳税人；

（2）从中国境内两处或者两处以上单位取得工资、薪金所得的纳税人；

（3）从中国境外取得所得的纳税人；

（4）取得应税所得，没有扣缴义务人的纳税人；

（5）国务院规定的其他情形。

其中，年所得 12 万元以上的纳税人，无论取得的各项所得是否已足额缴纳了个人所得税，均应当按照规定，于纳税年度终了后向主管税务机关办理纳税申报；其他情形的纳税人，均应当按照自行申报纳税管理办法的规定，于取得所得后向主管税务机关办理纳税申报。需注意的是，年所得 12 万元以上的纳税人，不包括在中国境内无住所且在一个纳税年度内在中国境内居住不满 1 年的个人。

从中国境外取得所得的纳税人，是指在中国境内有住所，或者无住所而在一个纳税年度内在中国境内居住满 1 年的个人。

6.7.2　代扣代缴纳税

代扣代缴纳税，是指按照税法规定负有扣缴税款义务的单位或者个人，在向个人支付应纳税所得时，应计算应纳税额，从其所得中扣除并缴入国库，同时向税务机关报送扣缴个人所得税报告表。这种方法有利于控制税源，防止漏税和逃税。

1. 扣缴义务人的义务及应承担的责任

（1）扣缴义务人应指定支付应纳税所得的财务会计部门或其他有关部门的人员为办税人员，由办税人员具体办理个人所得税的代扣代缴。

代扣代缴义务人的有关领导要给代扣代缴工作提供便利，支持办税人员履行义务；确定办税人员或办税人员发生变动时，应将名单及时报告主管税务机关。

（2）扣缴义务人的法人代表（或单位主要负责人）、财会部门的负责人及具体办理代扣代缴税款的有关人员，共同对依法履行代扣代缴义务负法律责任。

（3）同一扣缴义务人的不同部门支付应纳税所得时，应报办税人员汇总。

（4）扣缴义务人在代扣税款时，必须向纳税人开具税务机关统一印制的代扣代收税款凭证，并详细注明纳税人姓名、工作单位、家庭地址和居民身份证或护照号码（无上述证件的，可用其他能有效证明身份的证件）等个人情况。对工资、奖金所得和利息、股息、红利所得等，因纳税人数众多，不便一一开具代扣代收税款凭证的，经主管税务机关同意，可不开具代扣代收税款凭证，但应通过一定形式告知纳税人已扣缴税款。纳税人为持有完税依据而向扣缴义务人索取代扣代收税款凭证的，扣缴义务人不得拒绝。

扣缴义务人应主动向税务机关申领代扣代收税款凭证，据以向纳税人扣税。非正式扣税凭证，纳税人可以拒收。

（5）扣缴义务人对纳税人应扣未扣的税款，其应纳税款仍然由纳税人缴纳，但扣缴义务人应承担应扣未扣税款 50% 以上 3 倍以下的罚款。

（6）扣缴义务人应设立代扣代缴税款账簿，正确反映个人所得税的扣缴情况，并如实填写扣缴个人所得税报告表及其他有关资料。

（7）关于行政机关、事业单位工资发放方式改革后扣缴个人所得税问题：

① 行政机关、事业单位改革工资发放方式后，随着支付工资所得单位的变化，其扣缴义务人也有所变化。根据《个人所得税法》第八条规定，凡是有向个人支付工薪所得行为的财政部门（或机关事务管理、人事等部门）、行政机关、事业单位均为个人所得税的扣缴义务人。

② 财政部门（或机关事务管理、人事等部门）向行政机关、事业单位工作人员发放工资时应依法代扣代缴个人所得税。行政机关、事业单位在向个人支付与其任职、受雇有关的其他所得时，应将个人的这部分所得与财政部门（或机关事务管理、人事等部门）发放的工资合并计算应纳税额，并就应纳税额与财政部门（或机关事务管理、人事等部门）已扣缴税款的差额部分代缴个人所得税。

2．代扣代缴期限

代缴义务人每月所扣的税款，应当在次月 15 日前缴入国库，并向主管税务机关报送扣缴个人所得税报告表、代扣代收税款凭证和包括每一纳税人姓名、单位、职务、收入、税款等内容的支付个人收入明细表以及税务机关要求报送的其他有关资料。

扣缴义务人违反上述规定不报送或者报送虚假纳税资料的，一经查实，其未在支付个人收入明细表中反映的向个人支付的款项，在计算扣缴义务人应纳税所得额时不得作为成本费用扣除。

扣缴义务人因有特殊困难不能按期报送扣缴个人所得税报告表及其他有关资料的，经县级税务机关批准，可以延期申报。

6.7.3　核定征收方式

核定征收是按照《征管法》的有关规定对无法查账征收的纳税人所采用的一种征收方式。为了加强个人所得税的管理，有关规定如下：

（1）增值税、营业税起征点提高后，对采取核定征税办法的纳税人（包括按综合征收率或按应缴纳流转税的一定比例附征个人所得税等方法的纳税人），可依据《征管法》和《个人所得税法》的有关规定，结合增值税和营业税起征点提高后纳税人所得相应增加的实际情况，本着科学、合理、公开的原则，重新核定纳税人的个人所得税定额。

（2）任何地区均不得对律师事务所实行全行业核定征税办法。要按照《征管法》的规定，对具备查账征收条件的律师事务所，实行查账征收个人所得税。

（3）会计师事务所、税务师事务所、审计师事务所以及其他中介机构的个人所得税征收管理，也应按照上述律师事务所征税的有关原则进行处理。

6.7.4　加强税源的源泉管理

1．源泉管理

（1）税务机关应严格税务登记管理制度，认真开展漏征漏管户的清理工作，摸清底数。

（2）税务机关应按照有关要求建立和健全纳税人、扣缴义务人的档案，切实加强个人所得税的税源管理。

（3）税务机关应继续做好代扣代缴工作，提高扣缴质量和水平。

① 要继续贯彻落实现有个人所得税代扣代缴工作制度和办法，并在实践中不断完善和提高。

② 要对本地区所有行政、企事业单位，社会团体等扣缴义务人进行清理和摸底，在此基础上按照纳税档案管理的指标建立扣缴义务人支付个人收入明细申报制度。

③ 配合全员全额管理，推行扣缴义务人支付个人收入明细申报制度。

④ 对下列行业应实行重点税源管理：金融、保险、证券、电力、电信、石油、石化、烟草、民航、铁道、房地产、学校、医院、城市供水供气、出版社、公路管理、外商投资企业、高新技术企业、中介机构、体育俱乐部等高收入行业，以及连续 3 年（含 3 年）为零申报的代扣代缴单位（长期零申报单位）。

⑤ 对重点税源管理的行业、单位和长期零申报单位，应将其列为每年开展专项检查的重点对象，或对其纳税申报材料进行重点审核。

（4）各级税务机关应充分利用与各部门配合的协作制度，从公安、工商、银行、文化、体育、房管、劳动、外汇管理等社会公共部门获取税源信息。

（5）各级税务机关应利用从有关部门获取的信息，加强税源管理，进行纳税评估。税务机关应定期分析税源变化情况，对变动较大等异常情况，应及时分析原因，采取相应的管理措施。

（6）各级税务机关在加强查账征收工作的基础上，对符合《征管法》第三十五条规定情形的，采取定期定额征收和核定应税所得率征收，以及其他合理的办法核定征收个人所得税。对共管个体工商户的应纳税经营额由国家税务总局负责核定。

（7）主管税务机关在确定对纳税人的核定征收方式后，要选择有代表性的典型户进行调查，在此基础上确定应纳税额。典型调查面不得低于核定征收纳税人总数的 3%。

2. 加强全员、全额管理

（1）全员、全额管理，是指凡取得应税收入的个人，无论收入额是否达到个人所得税的纳税标准，均应就其取得的全部收入，通过代扣代缴和个人申报，纳入税务机关管理。

（2）各级税务机关应本着先扣缴义务人后纳税人，先重点行业、企业和纳税人后一般行业、企业和纳税人，先进"笼子"后规范的原则，积极稳妥地推进全员、全额管理工作。

（3）各级税务机关要按照规定和要求，尽快建立个人收入档案管理制度、代扣代缴明细账制度、纳税人与扣缴义务人向税务机关的双向申报制度、与社会各部门配合的协税制度，为实施全员、全额管理打下基础。

（4）各级税务机关应积极创造条件，并根据"金税工程"三期的总体规划和有关要求，依托信息化手段，逐步实现全员、全额申报管理，并在此基础上，为每个纳税人开具完税凭证（证明）。

（5）税务机关应充分利用全员、全额管理掌握的纳税人信息、扣缴义务人信息、税源监控信息、有关部门与媒体提供的信息、税收管理人员实地采集的信息等，依据国家有关法律和政策法规的规定,对自行申报纳税人的纳税申报情况和扣缴义务人扣缴税情况的真实性和准确性进行分析、判断,开展个人所得税纳税评估,提高全员、全额管理的质量。

(6)税务机关应加强个人独资和合伙企业投资者、个体工商户、独立劳务者等无扣缴义务人的独立纳税人的基础信息和税源管理工作。

(7)个人所得税纳税评估应按"人机结合"的方式进行,其基本原理和流程是:根据当地居民收入水平及其变动、行业收入水平及其变动等影响个人所得税的相关因素,建立纳税评估分析系统;根据税收收入增减额、增减率或行业平均指标模型确定纳税评估的重点对象;对纳税评估对象进行具体评估分析,查找引起该扣缴义务人或者纳税人个人所得税变化的具体因素;据此与评估对象进行约谈,要求其说明情况并纠正错误,或者交由稽查部门实施稽查,并进行后续的重点管理。

≫ 练习题

一、问答题

1. 居民纳税人与非居民纳税人的纳税义务有何区别?

2. 个人所得税的应税项目有哪些?

3. 个人所得税的纳税方式有哪几种?

4. 个人将应税收入用于中国境内公益经济性捐赠时应如何扣除?

5. 减征个人所得税的优惠政策有哪些?

6. 个人所得税自行申报办法是如何规定的?

二、选择题

1. 下列属于稿酬所得的项目是( )。

A. 记者在本单位刊物发表文章取得的报酬

B. 提供著作的版权而取得的报酬

C. 书画家出席笔会现场泼墨书写取得的收入

D. 将国外的作品翻译出版取得的报酬

2. 依据个人所得税相关规定,计算财产转让所得时,下列各项准予扣除的是( )。

A. 定额 800 元 　　　　　　　　B. 定额 800 元或定率 20%

C. 财产原值和合理费用 　　　　　D. 财产净值

3. 计算个人所得税时,允许税前全额扣除的公益、经济性捐赠的是( )。

A. 通过非营利性的社会团体向农村义务教育的捐赠

B. 通过非营利性的社会团体和国家机关向革命老区的捐赠

C. 通过非营利性的社会团体向贫困地区的捐赠

D. 用于科研机构研究经费的捐赠

4. 美国居民约翰先生受其供职的境外公司委派,来华从事设备安装调试工作,在华停留 60 天,期间取得境外公司支付的工资 40000 元,取得中国体育彩票中奖收入 20000 元。约翰先生应在中国缴纳个人所得税( )。

    A. 4000 元   B. 5650 元   C. 9650 元   D. 10250 元

5. 张某的一篇论文被编入某论文集出版,取得稿酬 5000 元,当年因添加印数又取得追加稿酬 2000 元。张某所获稿酬应缴纳的个人所得税为( )。

    A. 868 元   B. 812 元   C. 784 元   D. 728 元

6. 以下属于"工资、薪金所得"项目的是( )。

    A. 独生子女补贴   B. 投资分红

    C. 劳动分红   D. 托儿补助费

7. 个人参加笔会现场作画取得的作画所得属于( )。

    A. 工资、薪金所得   B. 稿酬所得

    C. 劳务报酬所得   D. 个体户经营所得

8. 以下不属于"特许权使用费所得"项目的是( )。

    A. 转让土地使用权   B. 转让专利权

    C. 转让技术秘密   D. 转让商标权

9. 承包、承租人对企业经营成果不拥有所有权,仅按合同(协议)规定取得一定所得的,应按( )所得项目征收个人所得税。

    A. 个体工商户生产、经营   B. 承包转包

    C. 劳务报酬   D. 工资、薪金

10. 下列个人所得在计算个人所得税应纳税所得额时,采用定额与定率相结合扣除费用方式的是( )。

    A. 个体工商户的生产、经营所得   B. 工资、薪金所得

    C. 劳务报酬所得   D. 偶然所得

11. 王先生 2013 年 1 月退休,每月领取退休工资 3200 元,同年 3 月其被一家公司聘用,月工资为 4600 元。2013 年 3 月王先生应缴纳个人所得税为( )元。

    A. 0   B. 33   C. 45   D. 65

12. 某演员 2013 年 2 月参加演出的出场费为税后 10000 元,则其应纳个人所得税为( )。

    A. 1600 元   B. 1800 元   C. 1904.76 元   D. 2000 元

13. 下列所得中,以一个月内取得的收入为一次进行申报缴纳个人所得税的是( )。

    A. 财产租赁所得   B. 利息所得

    C. 稿酬所得   D. 财产转让所得

14. 张某于 2013 年 3 月从上市公司分得红利 4000 元,则其应纳个人所得

税为（　　）。

 A. 800 元   B. 640 元   C. 400 元   D. 320 元

15. 某股份合作制企业投资人之一王某征得企业同意，用企业资金为自己购买住房，则王某取得的住房应按（　　）项目计征个人所得税。

 A. 工资、薪金所得   B. 承包转包所得

 C. 个体工商户的生产经营所得 D. 利息、股息、红利所得

16. 个人取得下列所得应缴纳个人所得税的是（　　）。

 A. 职工超过退休年龄每月取得的退休工资 4000 元

 B. 学生参加勤工俭学活动取得劳务报酬 1500 元

 C. 职工领取的原提存的住房公积金 30000 元

 D. 个人有奖发票中奖 800 元

17. 个人独资和合伙企业投资人的个人所得税税款，按年计算，分月或分季预缴，月份或季度终了后（　　）内预缴，年度终了后 3 个月内汇算清缴。

 A. 7 日   B. 10 日   C. 20 日   D. 15 日

18. 下列所得中，免征个人所得税的是（　　）。

 A. 年终加薪

 B. 拍卖本人文学作品原稿的收入

 C. 个人保险所获赔款

 D. 从投资管理公司取得的派息分红

19. 税法规定不适用代扣代缴方式缴纳个人所得税项目的是（　　）。

 A. 对企业单位承包经营所得 B. 对事业单位承租经营所得

 C. 财产租赁所得   D. 个体工商户生产经营所得

20. 个人转让已购买商品房在转让前实际发生的装修费用，可在房屋原值（　　）比例内扣除。

 A. 20%   B. 15%   C. 10%   D. 5%

三、计算题

1. 某歌唱演员于 2013 年 2 月在甲地演出 3 天，共取得演出收入 28000 元，当地演出公司未代扣代缴个人所得税；在乙地演出 2 天，取得演出收入 18000 元，乙地亦未扣缴税款；同月，该演员还为某企业拍广告，取得广告收入 12000 元，企业将酬金直接全部付给了演员。

 要求：计算该演员本月应缴的个人所得税。

2. 某中外合资企业雇员张工，2013 年某月取得工资收入 1100 元，取得奖金 300 元，补贴 200 元；同月，张工利用业余时间从事产品设计取得收入 2000 元。

 要求：计算张工该月应缴的个人所得税。

3. 青年作家张木于 2013 年某月通过出版社发表小说一部，应得稿酬

10500元,由出版社支付,税款由出版社扣缴。

　　要求:计算出版社应扣缴的张木的个人所得税。

　　4. 杨光与赵亮两人共同发明了一件实用型产品,并获得了专利权。某月,两人共同决定将拥有专利权的这项小发明的专利使用权提供给一企业,该企业付给他们专利使用费共9000元,杨与赵依贡献分别分得5500元和3500元。

　　要求:计算杨光与赵亮应纳的个人所得税。

　　5. 2013年3月,某外商投资企业当月发生下列与个人收入有关的事项:

　　(1)对总经理赵某(中国公民)采用绩效年薪制,年薪600000元,平均每月支付其工资10000元,每年视其履职状况支付其其余薪金。3月,赵总经理一年任期到期,董事会决定不再聘用,当月支付其薪金10000元,并根据考核状况支付其其余年薪450000元。

　　(2)新任总经理约翰为法国公民,于3月来华与赵某交接工作,任期3年,当月在企业工作22天,企业按日工资(含节假日)2000元计算其在华工资。

　　(3)支付退休人员钱某再任职收入4000元,当月钱某还从有关方面领取退休金2500元。

　　(4)支付兼职设计人员孙某不含税兼职收入5000元。

　　要求:

　　(1)计算赵某当月应纳的个人所得税合计数;

　　(2)计算约翰当月应纳的个人所得税合计数;

　　(3)计算钱某当月应纳的个人所得税;

　　(4)计算孙某当月应纳的个人所得税。

第 7 章　土地增值税法

本章学习要点

了解土地增值税的定义,土地增值税的计税原理,土地增值税的纳税义务人;熟悉土地增值税的征税范围及其应用,销售额确认的时间,土地增值税申报的有关规定;掌握应纳土地增值税的计算方法。

土地增值税是指对转让国有土地使用权、地上的建筑物及其附着物并取得收入的单位和个人征收的一种税。我国现行的土地增值税的基本法律规范,是 1993 年 12 月 13 日国务院颁布的《中华人民共和国土地增值税暂行条例》(以下简称《土地增值税暂行条例》)。

7.1　土地增值税纳税义务人与征税范围

土地增值税是对有偿转让国有土地使用权及地上建筑物和其他附着物产权,取得增值性收入的单位和个人征收的一种税。土地增值税的特点包括:以转让房地产的增值额为计税依据,征税面比较广,实行超率累进税率、按次征收等。

7.1.1　纳税义务人

土地增值税的纳税义务人是指转让国有土地使用权、地上的建筑物及其附着物(以下简称"转让房地产")并取得收入的单位和个人,为土地增值税的纳税义务人。

单位,是指各类企业单位、事业单位、国家机关和社会团体及其他组织。

个人,包括个体经营者。

【例 7-1】　转让国有土地使用权、地上建筑及其附着物并取得收入的(　　　),都是土地增值税的纳税义务人。

A. 学校　　　　B. 税务机关　　　　C. 外籍个人　　　　D. 国有企业

【答案】　ABCD

7.1.2　征税范围

1. 一般规定

（1）土地增值税只对转让国有土地使用权的行为课税，转让非国有土地和出让国有土地的行为均不征税。

（2）土地增值税既对转让土地使用权课税，也对转让地上建筑物和其他附着物的产权征税。

（3）土地增值税只对有偿转让的房地产征税，对以继承、赠与等方式无偿转让的房地产，则不予征税。

不征土地增值税的房地产赠与行为包括以下两种情况：

（1）房产所有人、土地使用权所有人将房屋产权、土地使用权赠与直系亲属或承担直接赡养义务人的行为。

（2）房产所有人、土地使用权所有人通过中国境内非营利的社会团体、国家机关将房屋产权、土地使用权赠与教育、民政和其他社会福利、公益事业的行为。

2. 具体规定

（1）以房地产投资、联营：投资联营时暂免征；但所投资、联营企业从事房地产开发的，或房地产开发企业以其建造的商品房进行投资和联营的，或投资、联营企业将上述房地产再转让的，则属于征收土地增值税的范围。

（2）合作建房：建成后分房自用的免税，建成后转让的征税。

（3）企业兼并转让房地产：免税。

（4）交换房地产：属于征税范围，但对个人之间互换自有居住用房地产的，经税务机关核实免征。

（5）房地产抵押：抵押期间不征税，如抵押期满转移产权的，征税。

（6）房地产出租：不属于土地增值税征税范围。

（7）房地产评估增值：不属于土地增值税征税范围。

（8）国家收回国有土地使用权、征用地上建筑物及附着物：免税。

（9）土地使用者转让、抵押或置换土地，土地使用者及其对方当事人应当依照税法规定缴纳土地增值税等相关税收。但前提是土地使用者享有占有、使用、收益或处分该土地的权利，且有合同等证据表明其实质转让、抵押或置换了土地并取得了相应的经济利益。

【例 7-2】　下列各项中，属于土地增值税免税范围的有（　　　　）。

A. 房产所有人将房产赠与直系亲属

B. 个人之间互换自有居住用房地产

C. 个人因工作调动而转让购买满 5 年的经营性房产

D. 因国家建设需要而搬迁，由纳税人自行转让房地产

【答案】　ABD

【解析】　个人因工作调动或改善居住条件而转让原自用满 5 年或 5 年以上的住房，免征土地增值税。C 选项所述为经营性房产，不享受免税优惠。

【例 7-3】　下列项目中，按税法规定可以免征土地增值税的有（　　）。

A. 国家机关转让自用的房产

B. 税务机关拍卖欠税单位的房产

C. 对国有企业进行评估增值的房产

D. 因为国家建设需要而被政府征用的房产

【答案】　CD

7.2　土地增值税税率、应税收入与扣除项目

土地增值税实行四级超率累进税率。土地增值税的应税收入是指转让房地产取得的应税收入，包括转让房地产的全部价款及有关的经济收益。土地增值税包括取得土地使用权所支付的金额、开发土地和新建房及配套设施的成本等一系列扣除项目。

7.2.1　土地增值税税率

土地增值税实行四级超率累进税率：

（1）增值额未超过扣除项目金额 50％的部分，税率为 30％。

（2）增值额超过扣除项目金额 50％、未超过扣除项目金额 100％的部分，税率为 40％。

（3）增值额超过扣除项目金额 100％、未超过扣除项目金额 200％的部分，税率为 50％。

（4）增值额超过扣除项目金额 200％的部分，税率为 60％。

【例 7-4】　某房地产公司转让商品楼收入 5000 万元，计算土地增值额准允扣除项目金额 4200 万元，则适用税率为（　　）。

A. 30％　　　　　B. 40％　　　　　C. 50％　　　　　D. 60％

【答案】　A

【解析】　增值税扣除项目金额比例＝（5000－4200）÷4200×100％＝19％，适用第一级税率，即 30％。

7.2.2　应税收入与扣除项目

1. 应税收入

土地增值税纳税人转让房地产取得的应税收入，包括转让房地产的全部价款及有关的经济收益。

从收入形式看，应税收入包括货币收入、实物收入和其他收入。

2. 扣除项目

（1）取得土地使用权所支付的金额。

纳税人取得土地使用权所支付的金额是指取得土地使用权所支付的地价款和按国家统一规定缴纳的有关费用。

（2）开发土地和新建房及配套设施的成本（简称"房地产开发成本"）。

房地产开发成本是指纳税人房地产开发项目实际发生的成本，包括土地征用及拆迁补偿费、前期工程费、建筑安装工程费、基础设施费、公共配套设施费、开发间接费用。这些成本允许按实际发生数扣除。

（3）开发土地和新建房及配套设施的费用（简称"房地产开发费用"）。

根据不同情况，按两种办法计算扣除：

① 凡能够按转让房地产项目计算分摊利息并提供金融机构证明的，允许据实扣除，但最高不能超过按商业银行同类同期贷款利率计算的金额，其他房地产开发费用，按地价与开发成本之和的5%计算扣除。

② 凡不能按转让房地产项目计算分摊利息支出或不能提供金融机构证明的，利息支出不得单独计算，而应并入房地产开发费用中一并计算扣除。房地产开发费用按地价款与开发成本之和的10%计算扣除。

（4）与转让房地产有关的税金（适用新建房转让和存量房地产转让）。

该税金包括转让房地产时缴纳的营业税、城建税、印花税；教育费附加和地方教育附加视同税金扣除（见表7-1）。

表7-1　与转让房地产有关的税金扣除

企业状况	可扣除税金
房地产开发企业	营业税（5%）； 城建税和教育费附加
非房地产开发企业	营业税（5%）； 印花税（0.5‰）； 城建税和教育费附加

（5）财政部规定的其他扣除项目。

对从事房地产开发的纳税人可按地价款与开发成本金额之和加计20%扣除。

（6）旧房及建筑物的评估价格。

对旧房、建筑物的销售可扣除评估费用。

【例7-5】 某房地产开发公司整体出售了其新建的商品房，与商品房相关的土地使用权支付额和开发成本共计10000万元；该公司没有按房地产项目计算分摊银行借款利息；该项目所在省政府规定，计征土地增值税时房地产开发费用扣除比例按国家规定允许的最高比例执行；该项目转让的有关税金为200万元。计算确认该商品房项目缴纳土地增值税时，应扣除的房地产开发费用和"其他扣除项目"的金额为（　　　）。

A. 1500万元　　　　B. 2000万元　　　　C. 2500万元　　　　D. 3000万元

【答案】　D

【解析】　应扣除的房地产开发费用和"其他扣除项目"=10000×10%＋10000×20%＝3000(万元)。

【例 7-6】　某房地产开发公司转让一幢自行开发的写字楼,收入 4600 万元。该房地产开发公司为取得该块土地使用权支付地价款及相关费用 800 万元,该写字楼开发成本为 2000 万元,该房地产开发项目的利息支出为 200 万元,其中包括延期还款的利息及罚息 10 万元,该房地产开发公司提供了金融机构的证明。按商业银行同类同期贷款利率计算的利息支出金额为 195 万元。

【解析】　(1)计算取得土地使用权所支付的金额。按《中华人民共和国土地增值税暂行条例实施细则》(以下简称《土地增值税暂行条例实施细则》)第七条第一项的规定,条例第六条所列的取得土地使用权所支付的金额,是指纳税人为取得土地使用权所支付的地价款和按国家统一规定缴纳的有关费用。例中这项支出的金额为 800 万元。

(2)计算房地产开发成本。在本例中,该写字楼的开发成本为 2000 万元。

(3)计算房地产开发费用。

① 计算可扣除的利息支出。本例中的利息支出按规定可据实扣除,但不能超过按商业银行同类同期贷款利率计算的金额,所以利息支出的扣除限额为 195 万元。又由于利息支出中包括了延期还款的利息及罚息 10 万元,按规定不允许扣除,所以实际上可扣除的利息支出为 $200-10=190$ (万元),小于利息支出的扣除限额。

② 计算可扣除的其他房地产开发费用。$(800+2000)×5\%=140$(万元)。

③ 计算可扣除的房地产开发费用。$190+140=330$(万元)。

(4)计算与转让房地产有关的税金。根据《土地增值税暂行条例实施细则》及有关规定,本例中的纳税义务人是房地产开发公司,按规定已将缴纳的印花税计入管理费用中予以扣除,所以在计算可扣除的与转让房地产有关的税金时,只需计算营业税、城市维护建设税以及教育费附加。

① 营业税:$4600×5\%=230$(万元);

② 城市维护建设税与教育费附加:$230×(7\%+3\%+2\%)=27.6$(万元);

③ 可扣除的税金的总额:$230+27.6=257.6$(万元)。

(5)计算财政部规定的其他扣除项目。根据《土地增值税暂行条例实施细则》的规定,本例中的纳税义务人为房地产开发公司,可以依法进行其他项目的扣除:$(800+2000)×20\%=560$(万元)。

(6)计算扣除项目总金额:$800+2000+330+257.6+560=3947.6$(万元)。

7.3　土地增值税应纳税额的计算

按《土地增值税暂行条例》规定,土地增值税按照纳税人转让房地产所取得的增值额

和规定的税率计算征收。土地增值税应纳税额的计算公式为

$$应纳税额 = \sum (每级距的土地增值额 \times 适用税率)$$

但在实际工作中,分步计算比较烦琐,一般可以采用速算扣除法计算。

7.3.1 增值税的确定

土地增值额的计算公式为

$$土地增值额 = 转让收入 - 扣除项目金额$$

在实际的房地产交易过程中,纳税人有下列情形之一的,则按照房地产评估价格计算征收土地增值税:

(1) 隐瞒、虚报房地产成交价格的;

(2) 提供扣除项目金额不实的;

(3) 转让房地产的成交价格低于房地产评估价格,又无正当理由的;

(4) 旧房及房地产的转让。

7.3.2 应纳税额的计算

1. 计算增值额

计算公式为

$$增值额 = 收入额 - 扣除项目金额$$

2. 计算增值率

计算公式为

$$增值率 = 增值额 \div 扣除项目金额$$

3. 确定适用税率

依据计算的增值率,按其税率表确定适用税率。

4. 依据适用税率计算应纳税额

$$应纳税额 = 增值额 \times 适用税率 - 扣除项目金额 \times 速算扣除系数$$

(1) 土地增值额未超过扣除项目金额 50% 的部分:

$$应纳税额 = 土地增值额 \times 30\%$$

(2) 土地增值额超过扣除项目金额 50%、未超过 100% 的部分:

$$应纳税额 = 土地增值额 \times 40\% - 扣除项目金额 \times 5\%$$

(3) 土地增值额超过 100%、未超过 200% 的部分:

$$应纳税额 = 土地增值额 \times 50\% - 扣除项目金额 \times 15\%$$

(4) 土地增值额超过扣除项目金额 200% 的部分:

$$应纳税额 = 土地增值额 \times 60\% - 扣除项目金额 \times 35\%$$

【例 7-7】 某房地产开发公司销售其新建商品房一幢,取得销售收入 1.4 亿元,已知该公司支付与商品房相关的土地使用权费及开发成本合计 4800 万元;该公司没有按房地产项目计算分摊银行借款利息;该商品房所在地的省政府规定计征土地增值税时房地产开发费用扣除比例为 10%;销售商品房缴纳的有关税金为 770 万元。该公司销售该商品房应缴纳的土地增值税为( )。

A. 2256.5 万元   B. 2445.5 万元

C. 3070.5 万元   D. 3080.5 万元

【答案】 B

【解析】 根据土地增值税法计算方法与步骤,计算过程如下:

扣除金额＝4800＋4800×10％＋770＋4800×20％＝7010(万元);

土地增值额＝14000－7010＝6990(万元);

增值额占扣除项目金额的比例＝6990÷7010×100％＝99.7％,适用税率为第二档,税率为40％,扣除系数为5％;

应纳土地增值税＝6990×40％－7010×5％＝2445.5(万元)。

【例7-8】 某房地产开发公司建一住宅出售,取得销售收入1600万元(设城建税率为7％,教育费附加征收率为3％)。建此住宅支付的地价款100万元(其中含有关手续费0.8万元),开发成本300万元贷款利息支出无法准确分摊。该省政府规定的费用计提比例为10％。计算上述业务应缴纳的土地增值税。

【解析】 (1)实现收入总额为1600万元。

(2)扣除项目金额:① 支付地价款100万元;② 支付开发成本300万元;③ 计提的3项费用为(100＋300)×10％＝40(万元);④ 扣除的税金为600×5％×(1＋7％＋3％)＝88(万元);⑤ 加计扣除费用为(100＋300)×20％＝80(万元);⑥ 扣除费用的总额为100＋300＋40＋88＋80＝608(万元)。

(3)确定增值额:1600－608＝992(万元)。

(4)确定增值比率:992÷608＝163％,所以适用税率为第三档,税率为50％,扣除系数为15％。

(5)计算应纳税额:992×50％－608×15％＝404.8(万元)。

7.3.3 房地产开发企业土地增值税清算

1. 清算单位

(1)土地增值税以国家有关部门审批的房地产开发项目为单位进行清算,对于分期开发的项目,以分期项目为单位清算。

(2)开发项目中同时包含普通住宅和非普通住宅的,应分别计算增值额。

2. 清算条件

纳税人应进行土地增值税的清算包括下列三种情况:

(1)房地产开发项目全部竣工、完成销售的;

(2)整体转让未竣工决算房地产开发项目的;

(3)直接转让土地使用权的。

主管税务机关可要求纳税人进行土地增值税清算的四种情况具体如下:

(1)已竣工验收的房地产开发项目,已转让的房地产建筑面积占整个项目可售建筑面积的比例在85％以上,或该比例虽未超过85％,但剩余的可售建筑面积已经出租或自用的;

（2）取得销售（预售）许可证满3年仍未销售完毕的；

（3）纳税人申请注销税务登记但未办理土地增值税清算手续的；

（4）省税务机关规定的其他情况。

【例7-9】 对房地产开发公司进行土地增值税清算时，可作为清算单位的是（　　　）。

A. 规划申报项目　　　　　　　　　　　B. 审批备案项目

C. 商业推广项目　　　　　　　　　　　D. 设计建筑项目

【答案】 B

【例7-10】 下列情形中，纳税人应当进行土地增值税清算的有（　　　）。

A. 直接转让土地使用权的

B. 整体转让未竣工决算房地产开发项目的

C. 房地产开发项目全部竣工并完成销售的

D. 取得销售（预售）许可证2年仍未销售完的

【答案】 ABC

7.4　土地增值税税收优惠和征收管理

土地增值税对建造普通标准住宅出售，增值额未超过扣除项目金额20％的，因国家建设需要依法征用、收回的房地产等情况给予税收优惠。

7.4.1　税收优惠

（1）建造普通标准住宅出售，增值额未超过扣除项目金额20％的，免征土地增值税。

各省、自治区、直辖市要根据实际情况，制定本地区享受优惠政策普通住房的具体标准。允许单套建筑面积和价格标准适当浮动，但向上浮动的比例不得超过上述标准的20％。

注意：纳税人建造普通标准住宅出售，增值额超过扣除项目金额20％的，应就其全部增值额按规定计税。

（2）因国家建设需要依法征用、收回的房地产，免征土地增值税。

（3）因城市实施规划、国家建设的需要而搬迁，由纳税人自行转让原房地产的，免征土地增值税。

（4）公租房和邮政速递物流业务重组改制的税收优惠政策对企事业单位、社会团体以及其他组织转让旧房作为公租房房源，且增值额未超过扣除项目金额20％的，免征土地增值税。

对因中国邮政集团公司邮政速递物流业务重组改制，中国邮政集团公司向中国邮政速递物流股份有限公司、各省邮政公司向各省邮政速递物流有限公司转移房地产产权的土地增值税，予以免征。

【例 7-11】　下列项目中,按税法规定可以免征土地增值税的有(　　　)。

A. 国家机关转让自用的房产

B. 税务机关拍卖欠税单位的房产

C. 纳税人建造普通标准住宅出售,增值额未超过扣除项目金额 20% 的

D. 因国家建设需要而被依法征用的房产

【答案】　CD

【解析】　土地增值税的纳税人是指转让国有土地使用权、地上建筑物及其附着物并取得收入的单位和个人,包括中外资企业、行政事业单位、中外籍个人等。AB 选项属于应纳土地增值税的情况;CD 选项属于免征土地增值税的情况。

【例 7-12】　下列各项中,符合土地增值税征收管理有关规定的有(　　　)。

A. 纳税人建造普通标准住宅出售,增值额未超过扣除项目金额 20% 的,减半征收土地增值税

B. 纳税人建造普通标准住宅出售,增值额未超过扣除项目金额 20% 的,免征土地增值税

C. 纳税人建造普通标准住宅出售,增值额超过扣除项目金额 20% 的,应对其超过部分的增值额按规定征收土地增值税

D. 纳税人建造普通标准住宅出售,增值额超过扣除项目金额 20% 的,应就其全部增值额按规定征收土地增值税

【答案】　BD

【解析】　纳税人建造普通标准住宅出售,增值额未超过扣除项目金额 20% 的,免征土地增值税;增值额超过扣除项目金额 20% 的,应就其全部增值额按规定征收土地增值税。

7.4.2　征收管理

(1) 加强征管,完善征管制度和操作规程,建立健全土地增值税的纳税申报制度、房地产评估规程、委托代征办法等。

预征率的确定要科学合理,除保障性住房外,东部地区省份预征率不得低于 2%,中部地区和东北地区省份不得低于 1.5%,西部地区省份不得低于 1%。

(2) 纳税申报及纳税地点纳税人应在转让房地产合同签订后 7 日内,向房地产所在地主管税务机关办理纳税申报,并向税务机关提供相关合同等资料。纳税人转让的房地产坐落在两个或两个以上地区的,应按房地产所在地分别申报纳税。

【例 7-13】　根据《土地增值税暂行条例》的规定,纳税人应在转让房地产合同签订后的(　　　)内,到房地产所在地主管税务机关办理纳税申报。

A. 5 日　　　　　　　B. 7 日　　　　　　　C. 10 日　　　　　　　D. 15 日

【答案】　B

【解析】　根据《土地增值税暂行条例》的规定,纳税人应在转让房地产合同签订后的 7 日内,到房地产所在地主管税务机关办理纳税申报,并向税务机关提供相关合同等

资料。

【例7-14】 法人纳税人转让房地产需要缴纳土地增值税时,如果转让的房屋坐落地与其经营所在地不一致,纳税地点是(   )。

A. 总机构所在地   B. 房地产坐落地

C. 生产经营所在地   D. 办理房地产过户手续所在地

【答案】 B

【解析】 法人纳税人转让房地产,如果转让的房地产坐落地与其机构所在地或经营所在地不一致时,应向房地产坐落地的主管税务机关申报纳税。

≫ 练习题

一、问答题

1. 土地增值税的征收范围是什么?

2. 土地增值税的纳税人有哪些?

3. 如何确定土地增值税的应税收入?

4. 土地增值税的优惠政策有哪些?

二、选择题

1. 下列房地产行为中应征收土地增值税的是(   )。

A. 企业兼并转让的房地产   B. 出租土地使用权

C. 用于贷款抵押期间的房地产   D. 单位之间相互交换的房地产

2. 下列项目中,不属于土地增值税纳税人的是(   )。

A. 合作建房后出售的合作单位   B. 出租办公楼的企业

C. 转让办公楼的事业单位   D. 转让自住4年私房的个人

3. 土地增值额计算过程中,不准予按照实际发生额扣除的项目是(   )。

A. 房地产开发成本   B. 地价款

C. 房地产开发费用   D. 营业税税金

4. 某单位转让一幢20年前建造的公寓楼,当时的造价为500万元,经房地产评估机构评定,该楼的重置成本为2000万元,成新度折扣率为六成,在计算土地增值税时,其评估价格为(   )。

A. 500万元   B. 1200万元

C. 2000万元   D. 1500万元

5. 房地产开发企业不能作为与转让房地产有关的税金扣除的是(   )。

A. 营业税   B. 城建税   C. 教育费附加   D. 印花税

6. 下列各项中,属于土地增值税征税范围的是(   )。

A. 出让国有土地使用权   B. 城市房地产的出租

C. 城市企业房地产的置换　　　　　D. 农村集体房地产的交易

7. 下列行为应缴纳土地增值税的有(　　)。

A. 合作建房,建成后按比例分房自用的

B. 代建房取得的收入

C. 存量房地产的买卖

D. 清产核资房地产评估增值

8. 房地产开发费用中的利息支出,如能按转让房地产项目分摊并提供金融机构的证明,允许据实扣除,其他开发费用限额扣除的比例为(　　)。

A. 3%　　　　　　B. 7%　　　　　　C. 5%　　　　　　D. 10%

9. 个人发生的下列房地产转让行为,需要缴纳土地增值税的有(　　)。

A. 因国家建设需要而被无偿收回的房产

B. 因国家建设需要而搬迁后,自行转让的新房产

C. 转让居住 6 年的自用住房

D. 市政规划需要而搬迁前,自行转让的原房产

10. 下列关于土地增值税的说法错误的是(　　)。

A. 土地增值税属于价内税

B. 土地增值税属于特定目的税类

C. 土地增值税属于资源税类

D. 土地增值税计税依据为房地产转让的增值额

三、计算题

1. 某市房地产开发企业建造商品房一幢,建房总支出 3000 万元,有关费用如下:

(1) 支付地价款 200 万元;

(2) 土地征用及拆迁补偿费 120 万元;

(3) 前期工程费 180 万元;

(4) 基础设施费 200 万元;

(5) 建筑安装工程费 1500 万元;

(6) 公共配套设施费 200 万元;

(7) 期间费用 600 万元,其中利息支出 500 万元(利息能按房地产项目分摊,并有金融机构贷款证明)。其他房地产开发费用扣除比例为 5%。

该房地产开发企业将商品房卖出,取得收入 6000 万元,并按规定缴纳了营业税、城建税、印花税和教育费附加。计算其应缴纳的土地增值税。

2. 某外商投资企业,专门从事房地产开发业务,2013 年有关经营情况如下:

(1) 2 月 1 日与当地建设银行签订借款合同一份,合同记载借款金额为2000 万元,借款期限为 10 个月,还款到期日为 11 月 30 日。

（2）2 月中旬用借款 2000 万元和自有资金 800 万元，购得非耕地 40000 平方米的使用权用于开发写字楼和商品房，合同记载土地使用权为 60 年，2 月末办完相关权属证件。

（3）第一期工程（"三通一平"和第一栋写字楼开发）于 11 月 30 日竣工，按合同约定支付建筑承包商全部土地的"三通一平"费用 400 万元和写字楼建造费用 7200 万元。写字楼占地面积 12000 平方米，建筑面积 60000 平方米。

（4）到 12 月 31 日止对外销售写字楼 50000 平方米，全部签了售房合同，每平方米售价 0.32 万元，共计收入 16000 万元，按售房合同规定全部款项于 12 月 31 日均可收回，有关土地权证和房产证次年为客户办理。

根据上述资料，按下列序号计算有关纳税事项，每项均需计算出合计数：

① 征收土地增值税时应扣除的取得土地使用权支付的金额。

② 征收土地增值税时应扣除的开发成本金额。

③ 征收土地增值税时应扣除的开发费用和其他项目金额。

④ 2013 年应缴纳的土地增值税。

3. 某市一内资房地产开发企业 2013 年有关经营情况如下：

（1）2 月 1 日与当地建设银行签订借款合同一份，合同记载借款金额为 2000 万元，借款期限为 10 个月，还款到期日为 11 月 30 日。

（2）2 月中旬用借款 2000 万元和自有资金 800 万元，购得非耕地 40000 平方米的使用权用于开发写字楼和商品房，合同记载土地使用权为 60 年，2 月末办完相关权属证件。

（3）第一期工程（"三通一平"和第一栋写字楼开发）于 11 月 30 日竣工，按合同约定支付建筑承包商全部土地的"三通一平"费用 400 万元和写字楼建造费用 7200 万元。写字楼占地面积 12000 平方米，建筑面积 60000 平方米。

（4）到 12 月 31 日止对外销售写字楼 50000 平方米，全部签了售房合同，每平方米售价 0.32 万元，共计收入 16000 万元，按售房合同规定全部款项于 12 月 31 日均可收回，有关土地权证和房产证次年为客户办理；其余 10000 平方米与某企业合作投资兴办五星级酒店，共担风险，该酒店 2008 年由于刚开业出现亏损，未分配利润。

（5）在售房过程中发生销售费用 1500 万元，发生管理费用（不含印花税）900 万元。

（说明：计算土地增值税开发费用的扣除比例为 10%。）

根据所给资料，计算下列费用：

① 征收土地增值税时应扣除的取得土地使用权支付的金额。

② 征收土地增值税时应扣除的开发成本。

③ 征收土地增值税时应扣除的开发费用和其他项目。

④ 2013 年应缴纳的土地增值税。

4. 某市房地产开发公司,2013 年发生以下业务:

(1) 1 月份通过竞拍取得市区一处土地的使用权,支付土地出让金 5400 万元,缴纳相关税费 210 万元;

(2) 以上述土地开发建设恒富小区项目(含住宅楼、会所和写字楼),住宅、会所和写字楼占地面积各为 1/3;

(3) 住宅楼开发成本为 2500 万元,提供金融机构证明,分摊到住宅楼利息支出为 300 万元,包括超过贷款期限的利息 50 万元;

(4) 与住宅楼配套的会所开发成本为 1000 万元,无法准确分摊利息支出,根据相关规定,会所产权属于住宅楼全体业主所有;

(5) 写字楼开发成本为 4000 万元,无法提供金融机构证明利息支出具体数额;

(6) 9 月份该建设项目全部竣工验收后,公司将住宅楼出售,取得收入 12000 万元;将写字楼的 80% 出售,取得收入 15000 万元,10% 无偿交给政府用于派出所、居委会等公共事业。

其他相关资料:该房地产公司所在省规定,按《土地增值税暂行条例》规定的最高限计算扣除房地产开发费用。

根据上述资料,按下列序号回答问题,每项均需计算出合计数:

① 计算公司应缴纳的营业税。

② 计算公司缴纳土地增值税时应扣除的土地使用权的金额。

③ 计算公司缴纳土地增值税时应扣除的开发成本的金额。

④ 计算公司缴纳土地增值税时应扣除的开发费用和其他扣除项目。

⑤ 计算公司缴纳土地增值税时应扣除的税金。

⑥ 计算公司应缴纳的土地增值税。

第8章 其他税种税法

本章学习要点

本章合并包含了营业税、城市维护建设税和教育费附加、资源税、房产税、城镇土地使用税、耕地占用税、契税、车辆购置税、车船税和印花税的内容。税法的学习不仅要熟练掌握主要税种,也需要很好地了解其他税种的相关内容。通过本章的学习,要求了解营业税、城市维护建设税和教育费附加、资源税、房产税、城镇土地使用税、耕地占用税、契税、车辆购置税、车船税和印花税的征税对象和纳税义务人;熟悉其优惠政策及相关征管规定;掌握其应纳税额的计算方法。

8.1 营业税法

营业税是以在我国境内提供应税劳务、转让无形资产或销售不动产所取得的营业额为课税对象而征收的一种商品劳务税。营业税属于传统商品劳务税,实行普遍征收,计税依据为营业额全额。营业税征税范围为增值税征税范围之外的所有经营业务,税率的设计总体较低。

现行的营业税法律规范是 2008 年 11 月由国务院第 34 次常务会议修订并于 2009 年 1 月 1 日实施的《中华人民共和国营业税暂行条例》(以下简称《营业税暂行条例》)。

为了完善税收制度,2012 年 1 月 1 日我国开始在上海市实施"营业税改征增值税"改革试点,自 2013 年 8 月 1 日起在全国范围内试点。到 2014 年 10 月,营业税改征增值税的范围已经覆盖交通运输、邮电通信以及包括研发和技术等 7 项内容的部分现代服务业。按照中央规划,2014 年继续扩大了"营改增"的范围,到 2015 年在全行业完成"营改增"。

8.1.1 纳税义务人与扣缴义务人

1. 纳税义务人

在我国境内提供应税劳务、转让无形资产、销售不动产的单位和个人,为营业税的纳税义务人。

在中华人民共和国境内是指税收行政管辖权的区域。具体情况如下:

① 所提供的劳务或接受劳务的单位或个人在境内;

② 所转让的无形资产的接受单位或者个人在境内;

③ 所转让或者出租土地使用权的土地在境内;

④ 所销售或者出租的不动产在境内。

上述应税劳务是指属于建筑业、金融保险业、文化体育业、娱乐业和服务业(除改征增值税的部分现代服务业外)税目征收范围的劳务。加工和修理修配劳务属于增值税的征税范围,因此不属于营业税的应税劳务。单位或个体经营者聘用的员工为本单位或雇主提供的劳务,也不属于营业税的应税劳务。

提供应税劳务、转让无形资产、销售不动产是指有偿提供应税劳务、有偿转让无形资产、有偿销售不动产的行为。有偿,是指取得货币、货物或者其他经济利益。

单位,是指企业、行政单位、事业单位、社会团体及其他单位。

个人,是指个体工商户及其他个人。

2. 扣缴义务人

在现实生活中,为了加强税源控制,减少税收流失,需要规定营业税扣缴义务人。营业税的扣缴义务人主要有以下两种情形:

(1) 境外单位或个人在境内提供应税劳务、转让无形资产或者销售不动产,在境内未设经营机构的,以其境内代理人为扣缴义务人;在境内没有代理人,以受让方或购买方为扣缴义务人。

(2) 财政部规定的其他扣缴义务人。

8.1.2 税目与税率

营业税的税目按行业和类别共设置了 9 个,税率也实行行业比例税率(见表 8-1)。

表 8-1 营业税税目、税率

税目	征收范围	税率/%
交通运输业	已改征增值税	
建筑业	建筑、安装、修缮、装饰及其他工程作业	3
金融保险业	经营金融、保险的业务。其中金融包括贷款、金融商品转让、金融经纪业、邮政储蓄业务和其他金融业务;保险是指通过契约形式集中起来的资金,用于补偿被保险人的经济利益的活动	5
邮电通信业	已改征增值税	
文化体育业	经营文化、体育活动的业务	3

税目	征收范围	税率/%
娱乐业	为娱乐活动提供场所和服务的业务,包括歌厅、舞厅、卡拉 OK 歌舞厅、音乐茶座、台球、高尔夫球、保龄球、游艺等	5~20
服务业	利用设备、工具、场所、信息或技能为社会提供服务的业务,包括代理业、旅店业、饮食业、旅游业、租赁业(除有形动产租赁外)及其他服务业	5
转让无形资产	转让无形资产的所有权或使用权的行为,包括转让土地使用权、自然资源使用权等(其他无形资产转让业务改征增值税)	5
销售不动产	有偿转让不动产所有权的行为	5

8.1.3 计税依据

营业税的计税依据是营业额,营业额为纳税人提供应税劳务、转让无形资产或者销售不动产向对方收取的全部价款和价外费用。价外费用包括向对方收取的手续费、基金、集资费、代收款项、代垫款项及其他各种性质的价外收费。

可以余额计税的,有三个特点:同行业、同税目和同业务。

针对不同行业的具体情况,计税营业额确定的主要规定有以下 8 个方面。

8.1.3.1 建筑业

建筑业的营业额为承包建筑、修缮、安装、装饰和其他工程作业取得的营业收入额,即建筑安装企业建设单位收取的工程价款(即工程造价)及工程价款之外收取的各种费用。

(1)建筑业的总承包人,将工程分包或者转包给他人的,以工程的全部承包额减去付给分包人或者转包人的价款后的余额为营业额。

(2)纳税人从事建筑、修缮、装饰工程作业,无论与对方如何核算,其营业额均应包括工程所用原材料及其他物资和动力的价款在内。

纳税人从事安装工程作业,凡所安装的设备的价值作为安装工程产值的,其营业额应包括设备的价款在内。

(3)自建行为是指纳税人自己建造房屋的行为,纳税人自建自用的房屋不纳营业税,如纳税人(不包括个人自建自用住房销售)将自建房屋对外销售,其自建行为应按建筑业缴纳营业税,再按销售不动产缴纳营业税。

【例 8-1】 某建筑公司自建楼房一栋竣工,建筑安装总成本为 4000 万元,将其 40%售给另一单位,其余自用,总售价为 7000 万元,本月预收 5000 万元(当地营业税成本利润率为 10%)。计算该建筑公司应缴纳的营业税。

【解析】 建筑企业自建不动产自用部分不纳营业税,自建不动产出售部分应纳两个税目的营业税:

① 按建筑业营业税 = 组价 × 3%

$$= \{[4000 \times 40\% \times (1+10\%)] \div (1-3\%)\} \times 3\%$$

$$= 54.43(万元);$$

② 按销售不动产营业税＝售价（预收款）×5%＝5000×5%＝250（万元）。

自建不动产出售共纳营业税＝54.43＋250＝304.43（万元）。

【例 8-2】 某房地产公司自建写字楼 18 万平方米，工程成本为每平方米 2000 元，售价为每平方米 3600 元。当年销售自建写字楼 10 万平方米，并将 0.5 万平方米自建写字楼无偿赠送给乙单位。计算该房地产公司应缴纳的营业税（当地营业税成本利润率为 10%）。

【解析】（1）计算该房地产公司当年应纳建筑业营业税：

应纳建筑业营业税＝{[2000×（10＋0.5）×（1＋10%）]÷（1−3%）}×3%

$$=714.43（万元）。$$

（2）计算该房地产公司当年应纳销售不动产营业税：

应纳销售不动产的营业税＝3600×（10＋0.5）×5%＝1890（万元）。

8.1.3.2 金融保险业

（1）一般贷款业务：以贷款利息收入全额为营业额（包括加息、罚息）。

（2）金融商品转让业务：从事股票、债券买卖业务以股票、债券的卖出价减去买入价后的余额为营业额（不包括非金融机构和个人）。

【例 8-3】 某金融企业从事债券买卖业务，2013 年 8 月购入 A 债券（购入价 50 万元）和 B 债券（购入价 80 万元），共支付相关费用和税金 1.3 万；当月又将债券卖出，A 债券售出价为 55 万元，B 债券售出价为 78 万元，共支付相关费用和税金 1.33 万元。该金融企业当月应纳营业税（   ）。

A. 1185 元　　　　B. 1500 元　　　　C. 2500 元　　　　D. 64000 元

【答案】 B

【解析】 应纳营业税＝[（55−50）＋（78−80）]×5%＝0.15（万元）。

（3）金融经纪业务和其他金融业务：手续费（佣金）类的全部收入。

金融企业从事受托收款业务，如代收电话费、水电煤气费、信息费、学杂费、寻呼费、社保统筹费、交通违章罚款、税款等，以全部收入减去支付给委托方价款后的余额为营业额。

（4）保险业务可分为以下 5 种情形：

① 初保业务营业额：全部保费收入。

② 储金业务营业额：储金的利息（即纳税人在纳税期内的储金平均余额乘以人民银行公布的一年期存款利率折算的月利率）。

③ 保险企业已征收过营业税的应收未收保费，凡在财务会计制度规定的核算期限内未收回的，允许从营业额中减除。在会计核算期限以后收回的已冲减的应收未收保费，并入当期营业额中。

④ 保险企业开展无赔偿奖励业务：向投保人实际收取的保费。

⑤ 境外再保险人办理分保业务：以全部保费收入减去分保保费后的余额为营业额。

境外再保险人应就其分保收入承担营业税纳税义务，并由境内保险人扣缴境外再保险人应缴纳的营业税税款。

8.1.3.3 文化体育业

单位或个人进行演出,以全部票价收入或者包场收入减去付给提供演出场所的单位、演出公司或经纪人的费用后的余额为营业额。

8.1.3.4 娱乐业

娱乐业以向顾客收取的各项费用为营业额,包括门票费,台位费,点歌费,烟酒、饮料、茶水、鲜花、小吃收费及其他收费。

8.1.3.5 服务业

(1)一般代理业以代理者向委托方实际收到的报酬为营业额。

(2)电脑福利彩票投注点代销福利彩票取得的任何形式的手续费收入,应照章征收营业税。

(3)拍卖行向委托方收取的手续费为计税营业额。

(4)旅游企业组织旅游团到境外旅游,在境外改由其他旅游企业接团的,以全程旅游费减去付给该接团企业的旅游费后的余额为营业额。

(5)旅游企业组团在境内旅游的,以收取的旅游费减去替旅游者支付给其他单位的住房、就餐、交通、门票和其他代付费用后的余额为营业额。改由其他旅游企业接团的,比照境外旅游办法确定营业额。

(6)国内企业外派本单位员工赴境外从事劳务服务取得的各项收入不征营业税。

(7)从事物业管理的单位,以与物业管理有关的全部收入减去代业主支付的水、电、燃气以及代承租者支付的水、电、燃气、房屋租金的价款后的余额为营业额。

(8)对单位和个人在旅游景区经营旅游游船、观光电梯、观光电车、景区环保客运车所取得的收入,应按"服务业-旅游业"征收营业税。

8.1.3.6 销售不动产或受让土地使用权

(1)单位和个人销售或转让其购置的不动产或受让的土地使用权,以全部收入减去不动产或土地使用权的购置或受让原价后的余额为营业额。

【例 8-4】 某生产企业转让 10 年前建成的旧生产车间,取得收入 1200 万元,该车间的原值为 1000 万元,已提取折旧费 400 万元。该企业还转让一块土地使用权,取得收入 560 万元。年初取得该土地使用权时支付金额 420 万元,转让时发生相关费用 6 万元。

要求:计算该企业应缴纳的营业税。

【解析】 应缴纳营业税=1200×5%+(560-420)×5%=67(万元)

(2)单位和个人销售或转让抵债所得的不动产、土地使用权的,以全部收入减去抵债时该项不动产或土地使用权作价后的余额为营业额。

(3)2011 年 1 月 28 日起,个人将购买不足 5 年的住房对外销售的,全额征收营业税;个人将购买超过 5 年(含 5 年)的普通住房对外销售的,免征营业税;个人将购买超过 5 年(含 5 年)的非普通住房对外销售的,按其销售收入减去购买房屋的价款后的余额征收营业税。

8.1.3.7　纳税人提供劳务、转让无形资产、销售不动产计税营业额的核定

纳税人提供劳务、转让无形资产、销售不动产价格明显偏低而无正当理由的,或者视同发生应税行为而无营业额的,由税务机关核定其营业额,具体顺序如下:

(1) 按纳税人最近时期发生同类应税行为的平均价格核定;

(2) 按其他纳税人最近时期发生同类应税行为的平均价格核定;

(3) 没有同类应税行为或价格明显偏低的,按组成计税价格计税:

组成计税价格=计税营业成本或工程成本×(1+成本利润率)÷(1-营业税税率)

其中,成本利润率由省、自治区、直辖市人民政府所属地方税务机关确定。

8.1.3.8　营业额的其他规定

(1) 单位和个人提供营业税应税劳务、转让无形资产和销售不动产发生退款,凡该项退款已征收过营业税的,允许退还已征税款,也可以从纳税人以后的营业额中减除。

(2) 单位和个人在提供营业税应税劳务、转让无形资产和销售不动产时,如果将价款与折扣额在同一张发票上注明的,以折扣后的价款为营业额;如果将折扣额另开发票的,不论其在财务上如何处理均不得从营业额中减除。

(3) 单位和个人提供应税劳务、转让无形资产和销售不动产时,因受让方违约而从受让方取得的赔偿金收入,应并入营业额中征收营业税。

(4) 单位和个人因财务会计核算办法改变,将已缴纳过营业税的预收性质的价款逐期转为营业收入时,允许从营业额中减除。

(5) 劳务公司接受用工单位的委托,为其安排劳动力,凡用工单位将其应支付给劳动力的工资和为劳动力上缴的社会保险以及住房公积金统一交给劳务公司代为发放或办理的,以劳务公司从用工单位收取的全部价款减去代收转付给劳动力的工资和为劳动力办理社会保险及住房公积金后的余额为营业额。

(6) 营业税纳税人购置税控收款机,经主管税务机关审核批准后,可凭购进税控收款机取得的增值税专用发票,按照发票上注明的增值税税额,抵免当期应纳营业税税额,或者按照购进税控收款机取得的普通发票上注明的价款,依照下列公式计算可抵免税额:

$$可抵免税额=价款÷(1+17\%)×17\%$$

【例 8-5】　下列税额,可以从销项税额中抵扣或应纳税额中抵免的有(　　　)。

A. 营业税纳税人购置税控收款机取得的增值税专用发票上注明的税额

B. 增值税一般纳税人购置税控收款机取得的增值税专用发票上注明的税额

C. 增值税小规模纳税人购置税控收款机取得的增值税专用发票上注明的税额

D. 增值税一般纳税人购置防伪税控通用设备取得的增值税专用发票上注明的税额

【答案】　ABCD

8.1.4　应纳税额的计算

营业税纳税人提供应税劳务、转让无形资产和销售不动产,按照营业额和规定的适用税率计算应纳税额。其计算公式为

$$应纳税额=营业额×适用税率$$

其中,营业额的确定在不同条件下可以分为按营业收入全额计税、按营业收入差额(同行业、同税目、同业务)计税和按组成计税价格计税三种情况。

【例 8-6】 某建筑公司某月取得工程收入 1000 万元,工程提前竣工奖金 50 万元,已开出合法票据,款项收存银行。

【解析】 应纳营业税额=(1000+50)×3%=31.5(万元)。

【例 8-7】 某 KTV 某月取得门票收入 60 万元,台位费收入 30 万元,相关的烟酒和饮料收入 20 万元,鲜花和小吃收入 10 万元,假定娱乐业当地的税率为 15%。要求:计算该 KTV 应纳营业税额。

【解析】 应纳营业税额=(60+30+20+10)×15%=18(万元)。

8.1.5 税收优惠

8.1.5.1 起征点

对于经营营业税应税项目的个人,营业税规定了起征点。营业额达到或超过起征点即照章全额计算纳税,营业额低于起征点则免予征收营业税。自 2013 年 8 月 1 日起,为了贯彻落实国务院关于支持小型和微型企业发展的要求,税法规定的起征点如下:

(1) 按期纳税的起征点为月营业额 20000 元,即月营业额不超过 20000 元的企业或非企业性单位暂免征收营业税;

(2) 按次纳税的起征点(除另有规定外)为每次(日)营业额 300~500 元。

各省、自治区、直辖市人民政府所属地方税务机关可以在规定的幅度内,根据当地实际情况确定本地区适用的起征点,并报财政部、国家税务总局备案。

8.1.5.2 税收优惠规定

1.《营业税暂行条例》的规定

根据规定,下列项目免征营业税:

(1) 托儿所、幼儿园、养老院、残疾人福利机构提供的育养服务、婚姻介绍、殡葬服务。

(2) 残疾人员个人为社会提供的劳务。

(3) 学校和其他教育机构提供的教育劳务,学生勤工俭学提供的劳务。

(4) 农业机耕、排灌、病虫害防治、植保、农牧保险以及相关技术培训业务,家禽、牲畜、水生动物的配种和疾病防治。

(5) 纪念馆、博物馆、文化馆、美术馆、展览馆、书画馆、图书馆、文物保护单位举办文化活动的门票收入,宗教场所举办文化、宗教活动的门票收入。

2. 国家的其他规定

(1) 保险公司开展的 1 年期以上返还性人身保险业务的保费收入免征营业税。返还性人身保险业务是指保期 1 年以上(包括 1 年期)、到期返还本利的普通人寿保险、养老金保险、健康保险。

(2) 将土地使用权转让给农业生产者用于农业生产,免征营业税。

(3) 社会团体按财政部门或民政部门规定标准收取的会费,免征营业税。

(4) 对个人出租住房,不区分用途,以 3% 的法定税率为基数减半征收营业税。

（5）人民银行对金融机构的贷款业务,不征收营业税。人民银行对企业贷款或委托金融机构贷款的业务应当征收营业税。

（6）金融机构往来业务暂不征收营业税。

（7）对金融机构的出纳长款收入,不征收营业税。

（8）保险企业取得的追偿款不征收营业税。

（9）对中国境外单位或者个人在境外向境内单位或者个人提供的文化体育业,娱乐业,服务业中的旅店业、饮食业,以及服务业中的沐浴、理发、洗染、裱画、誊写、镌刻、复印、打包劳务,不征收营业税。

（10）融资性售后回租业务中承租方出售资产的行为,不属于营业税征收范围,不征收营业税。

（11）对个人(包括个体工商户及其他个人)从事外汇、有价证券、非货物期货和其他金融商品买卖业务取得的收入暂免征收营业税。

（12）社会团体按财政部门规定标准收取的会费,不征收营业税。

（13）对住房公积金管理中心用作公积金在指定的委托银行发放个人住房贷款取得的收入,免征营业税。

（14）对经营公租房所取得的租金收入,免征营业税。

（15）保险公司的摊回分保费用不征收营业税。

（16）对从事个体经营的军队转业干部、城镇退役士兵和随军家属,自领取税务登记证之日起,3年内免征营业税。

（17）对 QFII 委托境内公司在我国从事证券买卖业务取得的差价收入,免征营业税。

（18）个人无偿赠与不动产、土地使用权,属于下列情况之一的,暂免征收营业税:

① 离婚财产分割;

② 无偿赠与配偶、父母、子女、祖父母、外祖父母、孙子女、外孙子女、兄弟姐妹;

③ 无偿赠与对其承担直接抚养或赡养义务的抚养人或者赡养人;

④ 房屋产权所有人死亡,依法取得房屋产权的法定继承人、遗嘱继承人或受遗赠人。

（19）公司从事金融资产处置业务时,出售、转让股权不征收营业税;出售、转让债权或将其持有的债权转为股权不征收营业税;销售、转让不动产或土地使用权,征收营业税。

（20）单位和个人提供的垃圾处置劳务不属于营业税劳务,对其处置垃圾取得的垃圾处置费,不征收营业税。

（21）2011年1月1日起,对个人销售自建自用住房,免征营业税。对企业、行政事业单位按房改成本价、标准价出售住房的收入,免征营业税。

8.1.6 征收管理

8.1.6.1 纳税义务发生时间

营业税纳税义务发生的时间为纳税人收讫营业收入款项或者取得索取营业收入款项的凭据的当天。某些具体项目明确如下:

（1）转让土地使用权或销售不动产，采用预收款方式的（包括预收定金），纳税义务发生时间为收到预收款（包括预收定金）的当天。

（2）单位将不动产无偿赠与他人，其纳税义务发生时间为不动产所有权转移的当天。

（3）纳税人自建建筑物，其建筑业应税劳务的纳税义务发生时间为纳税人销售自建建筑物并收讫营业收入款项或取得索取营业收入款项凭据的当天。纳税人将自建建筑物对外赠与，其建筑业应税劳务的纳税义务发生时间为该建筑物产生转移的当天。

8.1.6.2　纳税期限

营业税的纳税期限分别为 5 日、10 日、15 日、1 个月或 1 个季度。纳税人以 1 个月或 1 个季度为一期纳税的，自期满之日起 15 日内申报纳税；以 5 日、10 日或 15 日为一期纳税的，自期满之日起 5 日内预缴税款，于次月 1 日起 15 日内申报纳税并结清上月应纳税款。

保险业的纳税期限为 1 个月。

8.1.6.3　纳税地点

营业税纳税地点原则上采取属地征收方法，即在应税项目发生地纳税。应注意以下特殊问题：

（1）纳税人提供应税劳务，应当向机构所在地/居住地的主管税务机关申报纳税。

（2）单位和个人出租土地使用权、不动产的营业税纳税地点为土地、不动产所在地；出租物品、设备等动产的营业税纳税地点为出租单位机构所在地或个人居住地。

（3）纳税人转让土地使用权，应当向土地所在地主管税务机关申报纳税。

（4）纳税人销售不动产，应当向不动产所在地的主管税务机关申报纳税。

8.2　城市维护建设税法和教育费附加

城市维护建设税（简称"城建税"）是对从事生产经营，缴纳增值税、消费税、营业税的单位和个人就其实际缴纳的"三税"税额为计税依据而征收的一种税。

城建税的特点包括：

（1）税款专款专用，要求保证用于城市公用事业和公共设施的维护和建设。

（2）属于一种附加税，本身没有特定的征税对象。

（3）根据城镇规模设计不同的比例税率，因地制宜进行城市的维护和建设。

（4）征收范围较广，比其他任何税种的征税范围都要广。

现行城市维护建设税的基本规范，是 1985 年 2 月 8 日国务院颁布的《中华人民共和国城市维护建设税暂行条例》。

8.2.1 城市维护建设税法

8.2.1.1 纳税义务人

城建税的纳税人是负有缴纳增值税、消费税和营业税义务的单位和个人。

(1) 2010 年 12 月 1 日起,对外商投资企业和外国企业及外籍个人,开始征收城市维护建设税。

(2) 对外资企业 2010 年 12 月 1 日(含)之后发生纳税义务的增值税、消费税、营业税征收城建税和教育费附加;对外资企业 2010 年 12 月 1 日之前发生纳税义务的"三税",不征收城建税和教育费附加;城建税没有覆盖到的特殊环节——各类纳税人的进口环节,不缴纳城建税。

【例 8-8】 (判断题)凡是缴纳增值税、消费税、营业税的纳税人,须同时缴纳城市维护建设税。 (   )

【答案】 √

8.2.1.2 税率

1. 城市维护建设税税率的基本规定

城市维护建设税采用地区差别比例税率,纳税人所在地区不同,适用税率的档次也不同。具体规定如下:

① 纳税人所在地为城市市区的,税率为 7%;

② 纳税人所在地为县城、建制镇的,税率为 5%;

③ 纳税人所在地不在城市市区、县城、建制镇的,税率为 1%。

2. 城市维护建设税税率的特殊规定

表 8-2 城市维护建设税税率的特殊规定

具体特殊情况	适用税率及规定
代征代扣城市维护建设税	缴纳"三税"所在地的税率(代征代扣方所在地适用税率)
流动经营无固定纳税地点	缴纳"三税"所在地的税率(按经营地适用税率)

【例 8-9】 某城市一卷烟厂委托某县城一卷烟厂加工一批雪茄,委托方提供原材料 40000 元,支付加工费 5000 元(不含增值税),雪茄的消费税税率为 36%,这批雪茄无同类产品市场价格。受托方代收代缴消费税时,应代收代缴的城市维护建设税是多少?

【解析】 受托方代收代缴的城市维护建设税

$$= (40000 + 5000) \div (1 - 36\%) \times 36\% \times 5\% = 1265.63(元)。$$

8.2.1.3 计税依据

(1) 纳税人实际缴纳的"三税"税额。纳税人违反"三税"有关规定而加收的滞纳金和罚款,是税务机关对纳税人违法行为的经济制裁,不作为城建税的计税依据,但纳税人在被查补"三税"和被处以罚款时,应同时对其偷漏的城建税进行补税、征收滞纳金和罚款。

(2) 城建税以"三税"税额为计税依据并同时征收,"三税"在免征或减征时,也就同时免征或减征城建税。

（3）供货企业向出口企业和市县外贸企业销售出口产品时,以增值税当期销项税额抵扣进项税额后的余额计算城建税。

（4）出口退税时不退城建税和教育费附加。

（5）当期免抵的增值税税额应纳入城市维护建设税和教育费附加的计征范围,分别按规定的税（费）率征收城市维护建设税和教育费附加。

【例8-10】 下列各项中,符合城市维护建设税计税依据规定的有(　　)。

A. 偷逃营业税而被查补的税款　　　　B. 偷逃消费税而加收的滞纳金

C. 出口货物免抵的增值税税额　　　　D. 出口产品征收的消费税税额

【答案】 ACD

【解析】 纳税人违反"三税"有关规定而加收的滞纳金和罚款,不作为城建税的计税依据,选项 B 不正确。

8.2.1.4　应纳税额的计算

城建税税额的计算公式为

$$应纳税额＝（增值税＋消费税＋营业税税额）×适用税率$$

注意:城建税的税额计算,要与计税依据、税收优惠结合起来掌握。

【例8-11】 某县城一加工企业 2014 年 8 月因销售产品缴纳增值税 280 万元,本月又出租门面房收到租金 40 万元。则该企业本月应缴纳的城市维护建设税和教育费附加为(　　)。

A. 22.56 万元　　　　B. 25.6 万元　　　　C. 28.2 万元　　　　D. 35.2 万元

【答案】 A

【解析】 应缴纳的城建税和教育费附加＝（280＋40×5％）×（5％＋3％）＝22.56（万元）。

8.2.1.5　税收优惠

（1）城建税按减免后实际缴纳的"三税"税额计征,即随"三税"的减免而减免;

（2）因减免税而"三税"退库的,城建税也可退库;

（3）进口产品海关代征的增值税、消费税,不征收城建税;

（4）为支持三峡工程建设,对三峡工程建设基金,2004 年 1 月 1 日至 2009 年 12 月 31 日期间,免征城市维护建设税和教育费附加;

（5）对"三税"实行先征后返、先征后退、即征即退办法的,除另有规定外,对随"三税"附征的城建税和教育费附加,一律不予退（返）还。

8.2.1.6　征收管理

由于城建税是"三税"的附加税,因此,一般没有单独的纳税申报及缴纳规定,而是随"三税"的纳税申报及缴纳同时进行。

注意:由于城建税是地方税,其缴税入库的时间与"三税"的时间不一定完全一致。

纳税人缴纳"三税"的地点,就是缴纳城建税的地点。但是,属于下列情况的,纳税地点不同:

（1）代扣代缴、代收代缴"三税"的单位和个人，同时也是城建税的代扣代缴、代收代缴义务人，其城建税纳税地点在代扣代收地。

（2）跨省开采的油田，下属生产单位与核算单位不在一个省内的，其生产的原油，在油井所在地缴纳增值税，其应纳税款由核算单位按照各油井的产量和规定税率，计算汇拨各油井缴纳。所以，各油井应纳的城建税，应由核算单位计算，随同增值税一并汇拨油井所在地，由油井在缴纳增值税的同时，一并缴纳城建税。

（3）对管道局输油部分的收入，由取得收入的各管道局于所在地缴纳营业税。其应纳城建税，也应由取得收入的各管道局于所在地缴纳营业税时一并缴纳。

（4）对流动经营等无固定纳税地点的单位和个人，应随同"三税"在经营地按适用税率缴纳。

8.2.2 教育费附加的有关规定

1. 征收范围及计征依据

教育费附加对缴纳增值税、消费税、营业税的单位和个人征收，以其实际缴纳的"三税"税额为计税依据，分别与增值税、消费税和营业税同时缴纳。

2. 计征比率

现行教育费附加征收比率为 3%。

3. 减免规定

海关对进口产品代征的增值税、消费税，不征收教育费附加。

对由于减免增值税、消费税和营业税而发生退税的，可同时退还已征收的教育费附加。但对出口产品退还增值税、消费税的，不退还已纳教育费附加。

8.3 资源税法

资源税是对在我国境内开采应税矿产品及生产盐的单位和个人，因其资源条件差异所形成的级差收入征收的一种税。资源税可以促进国有资源合理开采、节约使用，可以合理地调节由于资源条件差异形成的级差收入，促进企业公平竞争，有利于处理各方面分配关系。我国现行的资源税只对特定资源征税，资源税实行从量定额征收，对级差收入进行调节。

现行资源税法律规范是 2011 年 9 月 30 日国务院公布的《中华人民共和国资源税暂行条例》及 2011 年 10 月 28 日财政部、国家税务总局公布的《中华人民共和国资源税暂行条例实施细则》。

8.3.1 纳税义务人与扣缴义务人

8.3.1.1 纳税义务人

纳税义务人是指在中华人民共和国境内开采应税资源的矿产品或者生产盐的单位和个人。

单位，是指国有企业、集体企业、私有企业、股份制企业、其他企业和行政单位、事业单位、军事单位、社会团体及其他单位（包括外商投资企业和外国企业）。

个人，是指个体经营者和其他个人（即外籍人员）。

中外合作开采石油、天然气，按照现行征收矿区使用费，暂不征收资源税。

【例 8-12】 下列各项中，属于资源税纳税人的有（　　）。

A. 开采原煤的国有企业　　　　　　B. 进口铁矿石的私营企业

C. 开采石灰石的个体经营者　　　　D. 开采天然原油的外商投资企业

【答案】 ACD

8.3.1.2 扣缴义务人

收购未税矿产品的单位作为资源税的扣缴义务人。扣缴义务人包括：

① 独立矿山，是指只有采矿或只有采矿和选矿并实行独立核算、自负盈亏的单位。

② 联合企业，是指采、选、冶（或加工）连续生产的企业或采、冶（或加工）连续生产的企业。其采矿单位一般是该企业的二级或二级以下的核算单位。

③ 其他收购未税矿产品的单位。

【例 8-13】 下列属于资源税扣缴义务人的是（　　）。

A. 收购未税矿产品的单位　　　　　B. 收购未税矿产品的单位和个人

C. 收购已税矿产品的单位　　　　　D. 收购已税矿产品的单位和个人

【答案】 A

8.3.2 资源税的征税范围

现行资源税征税范围可以分为矿产品和盐两大类。

1. 矿产品

（1）原油，指开采的天然原油，不包括人造原油。

（2）天然气，指专门开采或与原油同时开采的天然气，暂不包括煤矿生产的天然气。

（3）煤炭，指原煤，不包括洗煤、选煤及其他煤炭制品。

（4）其他非金属矿原矿。

（5）黑色金属矿原矿和有色金属矿原矿。

2. 盐

（1）固体盐，包括海盐原盐、湖盐原盐和井矿盐。

（2）液体盐，俗称卤水，指氯化钠含量达到一定浓度的溶液，是用于生产碱和其他产品的原料。

纳税人外购液体盐加工成固体盐，因为液体盐购入时已征资源税，所以，允许从应纳固体盐资源税税额中扣除外购液体盐已支付的资源税，避免对液体盐的重复征税。

8.3.3　资源税的税目与税额

1. 资源税的税目和税率

资源税共设有 7 个税目和若干个子目,实行从价定率和从量定额征收。

考虑到资源税具有调节资源级差的作用,对资源条件好、级差收入大的品种,税额相对高些;对资源条件差、级差收入小的品种,税额相对低些。

表 8-3　资源税税目、税额幅度

税　　目		税额幅度
原油		销售额的 5%～10%
天然气		销售额的 5%～10%
煤炭		销售额的 2%～10%
其他非金属矿原矿	普通非金属矿原矿	0.5～20 元/吨或元/立方米
	贵重非金属矿原矿	0.5～20 元/千克或元/克拉
黑色金属矿原矿		2～30 元/吨
有色金属矿原矿	稀土矿	0.4～60 元/吨
	其他有色金属矿原矿	0.4～30 元/吨
盐	固体盐	10～60 元/吨
	液体盐	2～10 元/吨

2. 扣缴义务人适用的税额

(1) 独立矿山、联合企业收购未税矿产品的单位,按照本单位应税产品税额标准,依据收购的数量代扣代缴资源税。

(2) 其他收购单位收购的未税矿产品,按税务机关核定的应税产品税额标准,依据收购的数量代扣代缴资源税。

8.3.4　计税依据

8.3.4.1　从价定率征收的计税依据

实行从价定率征税的,以销售额为计税依据。

销售额是指纳税人销售应税产品向购买方收取的全部价款和价外费用,但不包括收取的增值税的销项税。

资源税计税依据的相关规定与增值税完全相同。

8.3.4.2　从量定额征收的计税依据

(1) 纳税人开采或生产应税产品销售的,以销售数量为课税数量。

(2) 纳税人开采或生产应税产品自用的,以自用(非生产用)数量为课税数量。(视同销售)

(3) 纳税人不能准确提供应税产品销售数量或移送使用数量的,以应税产品的产量或主管税务机关确定的折算比换算成的数量为课税数量。

（4）纳税人在资源税纳税申报时,应将其应税和减免税项目分别计算和报送。

（5）金属和非金属矿产品原矿,因无法准确掌握纳税人移送使用原矿数量的,可将精矿按选矿比折算成原矿数量,以此作为课税数量。折算公式为

$$精矿数量＝耗用原矿数量×选矿比$$

【例 8-14】 某铜矿本月销售铜精矿 4000 吨（选矿比为 20％）,每吨不含税售价为 1500 元,当地铜矿石税额为每吨 1.2 元,则应缴纳（　　　）。

A. 资源税 1.68 万元　　　　　　　　　B. 资源税 2.4 万元

C. 增值税 78 万元　　　　　　　　　　D. 增值税 102 万元

【答案】 BD

【解析】 应缴纳资源税＝4000÷20％×1.2＝24000（元）;

应缴纳增值税＝1500×4000×17％＝1020000（元）。

（6）纳税人以自产的液体盐加工固体盐,按固体盐税额征税,以加工的固体盐数量为课税数量。

纳税人以外购的液体盐加工成固体盐,其加工固体盐所耗用液体盐的已纳税额准予抵扣。

【例 8-15】 某纳税人本期以自产液体盐 50000 吨和外购液体盐 10000 吨（每吨已缴纳资源税 5 元）加工固体盐 12000 吨对外销售,取得销售收入 600 万元。已知固体盐税额为每吨 30 元,该纳税人本期应缴纳资源税（　　　）。

A. 36 万元　　　　　　B. 61 万元　　　　　　C. 25 万元　　　　　　D. 31 万元

【答案】 D

【解析】 应缴纳资源税＝12000×30－10000×5＝310000（元）。

8.3.5 应纳税额的计算

8.3.5.1 从价定率征收

资源税的应纳税额,按照应税资源产品的销售额和规定的税率计算。其计税公式为

$$应纳税额＝销售额×适用税率$$

【例 8-16】 某油田 2014 年 3 月销售原油 20000 吨,开具增值税专用发票取得销售额 10000 万元,增值税额 1700 万元,按资源税税率规定,适用税率为 8％。计算该油田应缴纳的资源税。

【解析】 应纳资源税税额＝10000×8％＝800（万元）。

8.3.5.2 从量定额征收

资源税的应纳税额,按照应税资源产品的课税数量和规定的单位税额计算。其计税公式为

$$应纳税额＝课税数量×适用的单位税额$$

扣缴义务人代扣代缴资源税应纳税额的计算公式为

$$代扣代缴税额＝收购的未税矿产品数量×适用的单位税额$$

【例 8-17】 某铜矿开采企业为增值税一般纳税人,铜矿石资源税单位税额为每吨

1.2 元。将开采的未税铜矿石 2000 吨加工成铜锭,本月将加工铜锭的 20% 对外投资,承担投资风险;80% 出售,取得不含税销售额 172.8 万元。求该企业应缴纳资源税和增值税。

【解析】　应缴纳资源税=2000×1.2=2400(元);

应缴纳增值税=172.80÷80%×17%=36.72(万元)。

8.3.6　税收优惠

8.3.6.1　减免税项目

(1) 开采原油过程中用于加热、修井的原油免税。

【例 8-18】　某油田 2014 年 1 月生产原油 20 万吨,当月销售 19.5 万吨,售价为每吨 5000 元,加热、修井用 0.5 万吨;若原油资源税税率为 8%,则该油田 2014 年 1 月应缴纳多少资源税?

【解析】　(1) 应缴纳的资源税=19.5×0.5×8%=7800(万元)。

(2) 纳税人开采或生产应税产品过程中,因意外事故或自然灾害等原因遭受重大损失的,由省、自治区、直辖市人民政府酌情决定减税或者免税。

(3) 自 2007 年 2 月 1 日起,北方海盐资源税暂减按 15 元/吨征收;南方海盐、湖盐、井矿盐资源税暂减按 10 元/吨征收;液体盐资源税暂减按 2 元/吨征收。

(4) 对地面抽采煤层气(煤矿瓦斯)暂不征收资源税。

(5) 2010 年 6 月 1 日起,纳税人在新疆开采的原油、天然气,自用于连续生产原油、天然气的,不缴纳资源税;自用于其他方面的,视同销售,缴纳资源税。有下列情形的,免征或减征资源税:

① 油田范围内运输稠油过程中用于加热的原油、天然气,免征资源税;

② 稠油、高凝油和高含硫天然气资源税减征 40%;

③ 三次开采资源税减征 30%。

8.3.6.2　出口应税产品不退(免)资源税

应税产品资源税"进口不征,出口不退"。

【例 8-19】　(判断题)进口的矿产品和盐,不征收资源税;出口的矿产品和盐,也不免征或退还已纳资源税。　　　　　　　　　　　　　　　　　　　　　　　(　　)

【答案】　√

8.3.7　征收管理

8.3.7.1　纳税义务发生时间

根据纳税人的生产经营、货款结算方式和资源税征收的几种情况,其纳税义务发生时间规定如下:

(1) 纳税人采取分期收款结算方式销售应税产品的,为销售合同规定的收款日期的当天。

(2) 纳税人采取预收货款结算方式销售应税产品的,为发出应税产品(商品)的当天。

(3) 纳税人采取其他方式销售应税产品的,为收讫价款或取得索取价款凭证的当天。

(4) 纳税人自产自用应税产品的,为移送使用的当天。

（5）扣缴义务人代扣代缴税款，为支付货款的当天。

8.3.7.2 纳税地点

纳税人应当向应税产品的开采或生产所在地主管税务机关缴纳资源税。

纳税人跨省开采资源税应税产品，其下属生产单位与核算单位不在同一省、自治区、直辖市的，对其开采的矿产品，一律在开采地纳税，其应纳税款由独立核算、自负盈亏的单位，按开采地的实际销售量及适用的单位税额计算划拨。

扣缴义务人代扣代缴的资源税，应当向收购地主管税务机关缴纳。

8.3.7.3 纳税期限

资源税纳税期限，由主管税务机关根据纳税人应纳税额的多少，分别核定为1日、3日、5日、10日、15日或1个月。不能按固定期限计算纳税的，可按次计算缴纳资源税。资源税的报税期限为：以1个月为一期纳税的，自期满之日起10日内申报纳税；以1日、3日、5日、10日或15日为一期纳税的，自期满之日起5日内预缴税款，于次月1日起10日内申报纳税并结清上月税款。

8.4 房产税法

房产税是以房屋为征税对象，依据房屋的计税余值或租金收入向产权所有人征收的一种财产税。

房产税属于财产税中的个别财产税，征税范围限于城镇的经营性房屋。

现行房产税基本规范，是1986年9月15日国务院颁布的《中华人民共和国房产税暂行条例》（以下简称《房产税暂行条例》）。

8.4.1 征税范围、纳税人和税率

8.4.1.1 征税范围

房产税以房产为征税对象。房地产开发企业建造的商品房，在出售前不征收房产税；但对出售前已使用或出租、出借商品房的应按规定征收房产税。

房产税的征税范围为城市、县城、建制镇和工矿区，不包括农村。

【例8-20】 根据房产税法律制度的规定，下列各项中，应该缴纳房产税的有（　　　）。

A. 某宾馆的围墙　　　　　　　　　　　B. 某宾馆的室外游泳池

C. 某企业的办公楼　　　　　　　　　　D. 某房地产公司出租的写字楼

【答案】 CD

8.4.1.2 纳税人

房产税以在征税范围内的房屋产权所有人为纳税人（按受益人原则确定纳税义务人）。其中：

（1）产权属国家所有的，由经营管理单位纳税；产权属集体和个人所有的，由集体单

位和个人纳税。

（2）产权出典的,由承典人纳税。

（3）产权所有人、承典人不在房屋所在地的,由房屋代管人或者使用人纳税。

（4）产权未确定及租典纠纷未解决的,亦由房屋代管人或者使用人纳税。

（5）无租使用其他房产的问题。纳税单位和个人无租使用房产管理部门、免税单位及纳税单位的房产,应由使用人代为缴纳房产税。

自 2009 年 1 月起,外商投资企业、外国企业和外国人经营的房产,也应缴纳房产税。

【例 8-21】 根据房产税法律制度的规定,下列各项中,符合房产税纳税义务人规定的是(　　)。

A. 产权为确定的,不纳税

B. 房屋产权出典的,由出典人纳税

C. 产权纠纷未解决的,由代管人或使用人纳税

D. 产权属于国家的,不纳税

【答案】 C

8.4.1.3　房产税税率

（1）从价计税,房产税税率为 1.2%。

（2）从租计税,房产税税率为 12%。

自 2008 年 3 月 1 日起,个人出租住房,不区分用途,按 4% 的税率征收房产税。

8.4.2　计税依据和应纳税额的计算

8.4.2.1　计税依据

1. 经营自用房产

该类房产按房产余值为计税依据。

房产余值,指依照税法规定按房产原值一次减除 10%～30% 的损耗价值以后的余额。其中,房产原值是指纳税人按照会计制度规定,在账簿"固定资产"科目中记载的房屋原价;房产原值应包括与房屋不可分割的各种附属设备或一般不单独计算价值的配套设施。

纳税人对原有房屋进行改建、扩建的,要相应增加房屋的原值。

更换房屋附属设施和配套设施的,在将其价值计入房产原值时,可扣减原来相应设备和设施的价值;对附属设备和配套设施中易损坏、需要经常更换的零配件,更新后不再计入房产原值,原零配件的原值也不扣除。

在确定计税余值时,房产原值的具体减除比例,由省、自治区、直辖市人民政府在税法规定的减除幅度内自行确定。

2. 出租的房产

该类房产按租金收入为计税依据。

3. 投资联营的房产

（1）以房产投资联营,投资者参与投资利润分红,共担风险的,按房产的余值作为计

税依据。

（2）以房产投资，收取固定收入，不承担联营风险的，实际是以联营名义取得房产租金，应根据《房产税暂行条例》的有关规定由出租方按租金收入计算缴纳房产税。

8.4.2.2 应纳税额的计算

1. 从价计征的计算

计算公式为

$$应纳税额＝房产余值×适用税率$$

其中，房产余值＝房产原值×（1－原值减除比例）；适用税率为 1.2%。

2. 从租计征的计算

计算公式为

$$应纳税额＝租金收入×适用税率$$

其中，适用税率为 12% 或 4%。

【例 8-22】 赵某拥有两处房产，一处原值为 60 万元的房产供自己和家人居住，另一处原值为 20 万元的房产于 2013 年 7 月 1 日出租给王某居住，按市场价每月取得租金收入 1200 元。赵某当年应缴纳的房产税为（　　）。

A. 288 元　　　　　　B. 576 元　　　　　　C. 840 元　　　　　　D. 864 元

【答案】 A

【解析】 应缴纳房产税＝1200×6×4%＝288（元）。

【例 8-23】 某省一企业 2013 年度自有房屋 10 栋，其中 8 栋用于经营生产，房产原值 1000 万元，不包括冷暖通风设备 60 万元；其余 2 栋房屋租给某公司作经营用房，年租金收入为 50 万元。试计算该企业当年应缴纳的房产税。（该省规定按房产原值一次扣除 20% 后的余值计税）

【解析】（1）自用房产应缴纳税额－[（1000＋60）×（1－20%）]×1.2%＝10.176（万元）；

（2）租金收入应缴纳税额＝50×12%＝6（万元）；

（3）全年应缴纳房产税额＝10.176＋6＝16.176（万元）。

8.4.3 税收优惠

（1）国家机关、人民团体、军队自用的房产，免征房产税。

（2）国家财政部门拨付事业经费的单位自用的房产，免征房产税。

（3）宗教寺庙、公园、名胜古迹自用的房产，免征房产税。

（4）个人所有的非营业用的房产，免征房产税。

（5）中国人民银行总行所属分支机构自用房产，免征房产税。

（6）经财政部批准免税的其他房产，免征房产税。

上述（1）～（3）中单位非自用的房产，应按照规定征收房产税。

【例 8-24】 下列各项中，关于房产税免税规定的表述正确的有（　　）。

A. 对高校后勤实体自用房产免征房产税

B. 对非营利性医疗机构的房产免征房产税

C. 房管部门向居民出租的公有住房免征房产税

D. 应税房产大修停用 3 个月以上的,在大修期间可免征房产税

【答案】 AC

8.4.4 征收管理

1. 纳税期限

房产税与城镇土地使用税一样按年计算,分期缴纳。

2. 纳税义务发生时间

房产税的纳税义务发生时间为当月与次月。

8.5 城镇土地使用税法

城镇土地使用税是以国有土地或集体土地为征税对象,对拥有土地使用权的单位和个人征收的一种税。其开征的主要目的是有偿利用土地资源,提高土地效益,调节土地级差收入。我国还开征了耕地占用税。

现行城镇土地使用税的基本规范为 2013 年 12 月 4 日国务院第 32 次常务会议修改颁布的《中华人民共和国城镇土地使用税暂行条例》(以下简称《城镇土地使用税暂行条例》)。

8.5.1 纳税义务人与征税范围

8.5.1.1 纳税义务人

1. 一般规定

在城市、县城、建制镇、工矿区范围内使用土地的单位和个人,为纳税义务人。

2. 具体规定

拥有土地使用权的单位和个人,为纳税义务人。

拥有土地使用权的单位和个人不在土地所在地的,其土地的实际使用人和代管人为纳税义务人。

土地使用权未确定或权属纠纷未解决的,其实际使用人为纳税义务人。

土地使用权共有的,共有各方都是纳税义务人,由共有各方分别纳税。

8.5.1.2 征税范围

城镇土地使用税的征收范围包括城市、县城、建制镇和工矿区的国家所有的、集体所有的土地,但不包括农村。

城市,指国务院批准设立的市。

县城,指县级人民政府所在地。

建制镇,指省级人民政府批准设立的建制镇。

工矿区,指工商业比较发达、人口比较集中,符合国务院规定的建制镇设立标准,但尚未设立建制镇的大中型工矿企业所在地。

8.5.2 税率、计税依据和应纳税额的计算

8.5.2.1 税率

城镇土地使用税采用定额税率。

每平方米土地年税额规定如下:

① 大城市(50 万人以上)为 1.5～30 元;

② 中等城市(20 万～50 万人)为 1.2～24 元;

③ 小城市(20 万人以下)为 0.9～18 元;

④ 县城、建制镇、工矿区为 0.6～12 元。

城镇土地使用税采用幅度税额,拉开档次,每个幅度税额的差距规定为 20 倍。

8.5.2.2 计税依据

城镇土地使用税以纳税义务人实际占用的土地面积为计税依据。

纳税义务人实际占用土地面积按下列方法确定:

(1) 凡有由省、自治区、直辖市人民政府确定的单位组织测定土地面积的,以测定的面积为准。

(2) 尚未组织测量,但纳税人持有政府部门核发的土地使用证书的,以证书确认的土地面积为准。

(3) 尚未核发出土地使用证书的,应由纳税人申报土地面积,据以纳税,等到核发土地使用证以后再做调整。

8.5.2.3 应纳税额的计算

应纳城镇土地使用税计算公式为

$$全年应纳税额=实际占用应税土地面积(平方米)×适用税额$$

【例 8-25】 甲企业位于某经济落后地区,2012 年 12 月取得一宗土地的使用权(未取得土地使用证书),2013 年 1 月已按 1500 平方米申报缴纳城镇土地使用税。2013 年 4 月该企业取得了政府部门核发的土地使用证书,上面注明的土地面积为 2000 平方米。已知该地区适用每平方米 0.9～18 元的固定税额,当地政府规定的固定税额为每平方米 0.9 元,并另按照国家规定的最高比例降低税额标准。则该企业 2013 年应该补缴的城镇土地使用税为(   )。

A. 0 元   B. 315 元   C. 945 元   D. 1260 元

【答案】 B

8.5.3 税收优惠

城镇土地使用税的税收优惠包括:法定免缴土地使用税的优惠和省、自治区、直辖市地方税务局确定减免土地使用税的优惠。

8.5.3.1 法定免缴土地使用税的优惠

下列土地免缴土地使用税:

（1）国家机关、人民团体、军队自用的土地。

（2）由国家财政部门拨付事业经费的单位自用的土地。

（3）宗教寺庙、公园、名胜古迹自用的土地。

（4）市政街道、广场、绿化地带等公共用地。

（5）直接用于农、林、牧、渔业的生产用地。

（6）经批准开山填海整治的土地和改造的废弃土地，从使用的月份起免缴城镇土地使用税 5～10 年。

（7）对非营利性医疗机构、疾病控制机构和妇幼保健机构等卫生机构自用的土地，免征城镇土地使用税。对营利性医疗机构自用的土地，自 2000 年起免征城镇土地使用税 3 年。

（8）企业办的学校、医院、托儿所、幼儿园，其用地能与企业其他用地明确区分的，免征城镇土地使用税。

（9）免税单位无偿使用纳税单位的土地（如公安、海关等单位使用铁路、民航等单位的土地），免征城镇土地使用税。

【例 8-26】 2013 年年底，某会计师事务所与政府机关因各自办公所需共同购得一栋办公楼，占地面积 5000 平方米，建筑面积 40000 平方米，楼高 10 层，政府机关占用 7 层。该楼所在地城镇土地使用税的年税额为 5 元/平方米，则该会计师事务所与政府机关 2014 年共计应缴纳城镇土地使用税（　　）。

A. 7500 元　　　　B. 17500 元　　　　C. 25000 元　　　　D. 200000 元

【答案】 A

【解析】 $5000 \times (1 - 7/10) \times 5 = 7500$（元）。

【例 8-27】 某人民团体有 A，B 两栋办公楼，A 栋占地 3000 平方米，B 栋占地 1000 平方米。2007 年 3 月 30 日至 12 月 31 日该团体将 B 栋出租。当地城镇土地使用税的税率为每平方米 15 元，该团体 2007 年应缴纳城镇土地使用税（　　）元。

A. 3750　　　　B. 11250　　　　C. 12500　　　　D. 15000

【答案】 B

【解析】 $1000 \times 15 \times 9 \div 12 = 11250$（元）。

8.5.3.2　由省、自治区、直辖市地方税务局确定减免土地使用税的优惠

（1）个人所有的居住房屋及院落用地。

（2）免税单位职工家属的宿舍用地。

（3）集体和个人办的各类学校、医院、托儿所、幼儿园用地。

（4）房地产开发公司建造商品房的用地，原则上应按规定计征城镇土地使用税。但在商品房售之前纳税确有困难的，其用地是否给予缓征、减征、免征照顾，可由各省、自治区、直辖市税务局根据从严的原则结合具体情况确定。

（5）企业搬迁后原场地不使用的、企业范围内荒山等尚未利用的土地，免征城镇土地使用税。免征税额由企业在申报缴纳城镇土地使用自行计算扣除，并在申报表附表或备

注栏中做相应说明。

【例 8-28】 下列各项中,《城镇土地使用税暂行条例》直接规定的免税项目是( )。

A. 个人所有的居住房屋及院落用地

B. 宗教寺庙自用的土地

C. 民政部门举办的安置残疾人占一定比例的福利工厂用地

D. 个人办的医院、托儿所和幼儿园用地

【答案】 B

【例 8-29】 某物流企业占地 10000 平方米,其中 9000 平方米为大宗商品仓储设施占地,该设施 90% 自用,10% 出租;1000 平方米为该企业管理服务设施占地。若当地城镇土地使用税年税额为每平方米 12 元,则该企业 2013 年应缴纳的城镇土地使用税为( )元。

A. 66000　　　　　B. 71400　　　　　C. 77200　　　　　D. 80000

【答案】 A

【解析】 该企业 2013 年应缴纳城镇土地使用税 $= 9000 \times 12 \times 50\% + 1000 \times 12 = 54000 + 12000 = 66000$(元)。

8.5.4 征收管理

8.5.4.1 纳税期限

城镇土地使用税按年计算,分期缴纳。

8.5.4.2 纳税义务发生时间

使用城镇土地,一般是从次月起发生纳税义务,只有新征用耕地是在批准使用之日起满 1 年时开始纳税,具体如下:

(1)纳税人购置新建商品房,自房屋交付使用之次月起计征城镇土地使用税。

(2)纳税人购置存量房,自办理房屋权属转移、变更登记手续,房地产权属登记机关签发房屋权属证书之次月起计征城镇土地使用税。

(3)纳税人出租、出借房产,自交付出租、出借房产之次月起计征城镇土地使用税。

(4)房地产开发企业自用、出租、出借本企业建造的商品房,自房屋使用或交付之次月起计征城镇土地使用税。

【例 8-30】 下列各项中,符合城镇土地使用税有关纳税义务发生时间规定的有( )。

A. 纳税人新征用的耕地,自批准征用之月起缴纳城镇土地使用税

B. 纳税人出租房产,自交付出租房产之次月起缴纳城镇土地使用税

C. 纳税人新征用的非耕地,自批准征用之月起缴纳城镇土地使用税

D. 纳税人购置新建商品房,自房屋交付使用之次月起缴纳城镇土地使用税

【答案】 BD

8.5.4.3 纳税地点和征收机构

城镇土地使用税的纳税地点为土地所在地,由土地所在地的税务机关负责征收。

城镇土地使用税的属地性强。

8.6 耕地占用税法

耕地占用税兼具资源税与特定行为税的性质,采用地区差别税率,在占用耕地环节一次性课征,税收收入专用于耕地开发与改良。

现行的耕地占用税法律规范,是 2007 年 12 月 1 日国务院重新颁布的《中华人民共和国耕地占用税暂行条例》(以下简称《耕地占用税暂行条例》)。

8.6.1 纳税义务人与征税范围

8.6.1.1 纳税义务人

耕地占用税的纳税人是占用耕地建房或者从事非农业建设的单位或者个人,包括各类性质的企业、事业单位、社会团体、国家机关、部队以及其他单位,也包括个体工商户以及其他个人。

8.6.1.2 征税范围

耕地占用税的征税范围包括用于建房或从事其他非农业建设而征(占)用的国家所有和集体所有的耕地。

耕地包括从事农业种植的土地,也包括菜地;花圃、苗圃、茶园、果园、桑园等园地和其他种植经济林木的土地;鱼塘。

对于占用已开发从事种植、养殖的滩涂、草场、水面和林地等从事非农业建设,由省、自治区、直辖市确定是否征收耕地占用税。

【例 8-31】 根据耕地占用税有关规定,下列各项土地中属于耕地的有( )。

A. 果园 B. 花圃 C. 茶园 D. 菜地

【答案】 ABCD

【解析】 耕地占用税的征税范围是耕地,所谓耕地是指种植农业作物的土地,包括菜地、园地。其中,园地包括花圃、苗圃、茶园、果园、桑园和其他种植经济林木的土地。

8.6.2 税率、计税依据和应纳税额的计算

8.6.2.1 税率

耕地占用税实行地区差别幅度定额税率。人均耕地面积越少,单位税额越高。

【例 8-32】 经济特区、经济技术开发区和经济发达、人均占有耕地较少的地区,税额可以适当提高,但是最多不得超过规定税额标准的( )。

A. 20% B. 30% C. 50% D. 100%

【答案】 C

8.6.2.2 计税依据和税额计算

耕地占用税以纳税人实际占用的耕地面积为计税依据,按照规定的适用税额标准计

算应纳税额,实行一次性征收。

$$应纳税额＝纳税人实际占用的耕地面积×适用税额标准$$

8.6.3 税收优惠和征收管理

8.6.3.1 税收优惠

1. 免征耕地占用税的情形

(1) 军事设施占用耕地;

(2) 学校、幼儿园、养老院、医院占用耕地。

2. 减税情形

(1) 铁路线路、公路线路、飞机场跑道、停机坪、港口、航道占用耕地,减按每平方米2元的税额征收耕地占用税。

根据实际需要,国务院财政、税务主管部门商国务院有关部门并报国务院批准后,可以对以上情形免征或者减征耕地占用税。

(2) 农村居民占用耕地新建住宅,按照当地适用税额减半征收耕地占用税。

农村烈士家属、残疾军人、鳏寡孤独以及革命老根据地、少数民族聚居区和边远贫困山区生活困难的农村居民,在规定用地标准以内新建住宅缴纳耕地占用税确有困难的,经所在地乡(镇)人民政府审核,报经县级人民政府批准后,可以免征或者减征耕地占用税。

依照《耕地占用税暂行条例》规定,免征或者减征耕地占用税后,纳税人改变原占地用途,不再属于免征或者减征耕地占用税情形的,应当按照当地适用税额补缴耕地占用税。

【例 8-33】 下列各项中,可以按照当地适用税额减半征收耕地占用的是( )。

A. 供电部门占用耕地新建变电站

B. 农村居民占用耕地新建住宅

C. 市政部门占用耕地新建自来水厂

D. 国家机关占用耕地新建办公楼

【答案】 B

【例 8-34】 下列各项中,应征收耕地占用税的有( )。

A. 铁路线路占用耕地　　　　　　B. 学校占用耕地

C. 公路线路占用耕地　　　　　　D. 军事设施占用耕地

【答案】 AC

8.6.3.2 征收管理与纳税申报

耕地占用税由地方税务机关负责征收。

获准占用耕地的单位或者个人应当在收到土地管理部门的通知之日起 30 日内缴纳耕地占用税。土地管理部门凭耕地占用税完税凭证或者免税凭证和其他有关文件发放建设用地批准书。

临时占用耕地先纳税,期限内恢复原状后再退税。

建设直接为农业生产服务的生产设施占用林地、牧草场等规定的农用地的,不征收耕地占用税。

【例 8-35】 下列关于耕地占用税的表述中,正确的有( )。

A. 建设直接为农业生产服务的生产设施而占用农用耕地的,不征收耕地占用税

B. 获准占用耕地的单位或者个人,应当在收到土地管理部门的通知之日起 60 日内缴纳耕地占用税

C. 免征或者减征耕地占用税后,纳税人改变原占地用途,不再属于免征或者减征耕地占用税情形的,应当按照当地适用税额补缴耕地占用税

D. 纳税人临时占用耕地,应当依照规定缴纳耕地占用税,在批准临时占用耕地的期限内恢复原状的,可部分退还已经缴纳的耕地占用税

【答案】 AC

8.7 契税法

契税是以中华人民共和国境内转移土地、房屋权属为征税对象,向产权承受人征收的一种财产税。契税广辟财源,增加地方财政收入,保护合法产权,避免产权纠纷。

现行契税法基本规范是 1997 年 7 月 7 日国务院发布并于同年 10 月 1 日施行的《中华人民共和国契税暂行条例》。

8.7.1 征税对象

契税的征税对象为发生土地使用权和房屋所有权权属转移的土地和房屋。其具体征税范围包括 6 个方面。

(1)国有土地使用权出让。

(2)国有土地使用权转让。

(3)房屋买卖。

视同房屋买卖的特殊情况包括:① 以房产抵债或实物交换房屋;② 以房产作投资或作股权转让;③ 买房拆料或翻建新房。

(4)房屋赠与。受赠人要按规定缴纳契税。

(5)房屋使用权交换。交换房屋的价值相等的不征收契税;价值不相等的,按超出部分由支付差价方缴纳契税。

① 以作价投资、入股方式承受土地、房屋权属的行为,应由产权承受方缴纳契税。

② 以抵偿债务方式承受土地、房屋权属的行为,应由产权承受方缴纳契税。

③ 以获奖方式承受土地、房屋权属的行为,应由产权承受方缴纳契税。

④ 以预购方式或者预付集资建房款方式承受土地、房屋权属,应缴纳契税。

(6)承受国有土地使用权支付的土地出让金。

【例8-36】 下列有关契税的表述中,正确的是（　　）。

A. 买房用以拆料或翻建新房的,应缴纳契税

B. 受让农村土地承包经营权的,应缴纳契税

C. 以实物交换房屋的,应以差价部分作为契税的计税依据

D. 承受国有土地使用权,国家免收土地出让金的,应免于缴纳契税

【答案】 A

【例8-37】 下列行为中,应视同土地使用权转让征收契税的有（　　）。

A. 以土地权属作价投资　　　　　　　B. 以土地权属抵债

C. 以获奖方式承受土地权属　　　　　D. 以预购方式承受土地权属

【答案】 ABCD

8.7.2 契税的纳税人、税率和税额计算

8.7.2.1 纳税人

契税的纳税义务人是指在中华人民共和国境内转移土地、房屋权属,承受的单位和个人。

对于转让房地产权属的行为,转让方和承受方的纳税情况见表8-4。

表8-4　转让房地产过程中的纳税情况

转让方	产权承受方
营业税（转让无形资产、销售不动产）	印花税
城建税和教育费附加	契税
印花税（产权转移书据）	
土地增值税	
企业所得税（或个人所得税）	

【例8-38】 甲房地产企业将一座别墅销售给王某,签订了商品房销售合同。下列有关售房涉及税收的表述中,正确的有（　　）。

A. 甲企业应缴纳契税　　　　　　　　B. 王某应缴纳契税

C. 甲企业应缴纳印花税　　　　　　　D. 王某应缴纳印花税

【答案】 BCD

8.7.2.2 税率

契税税率为3%～5%的幅度比例税率。

具体的执行税率,由省、自治区、直辖市人民政府在规定的幅度内,根据本地区的实际情况确定。

8.7.2.3 应纳税额计算

1. 计税依据

(1) 国有土地使用权出让、土地使用权出售、房屋买卖,其计税依据为成交价格。

(2) 土地使用权赠与、房屋赠与,其计税依据由征收机关参照土地使用权出售、房屋

买卖的市场价格核定。

（3）土地使用权交换、房屋交换，其计税依据是所交换的土地使用权、房屋的价格差额。

2. 应纳税额的计算

计算公式为

$$应纳税额＝计税依据×税率$$

【例8-39】 甲企业在2006年得到政府无偿划拨来的一处房产，2012年补办该房产的土地使用权出让手续，缴纳土地出让金后获得土地使用权，甲企业将房产连同土地使用权转让给乙企业。以下说法正确的有（　　）。

A. 甲企业补办土地出让手续、缴纳土地出让金应缴纳契税

B. 甲企业将房产转让给乙企业应缴纳营业税、城建税

C. 甲企业将房产转让给乙企业应缴纳土地增值税

D. 乙企业取得甲企业转让的房产应缴纳契税

【答案】 ABCD

【例8-40】 居民乙因拖欠居民甲180万元的款项无力偿还，2013年6月经当地有关部门调解，以房产抵偿该笔债务，居民甲因此取得该房产的产权并支付给居民乙差价款20万元。假定当地省政府规定的契税税率为5％，则下列表述中正确的是（　　）。

A. 居民甲应缴纳契税1万元   B. 居民乙应缴纳契税1万元

C. 居民甲应缴纳契税10万元   D. 居民乙应缴纳契税10万元

【答案】 C

【解析】 契税的纳税人为承受房产权利的人，所以应该是居民甲缴纳契税。由于该房产是用180万元债权外加20万元款项构成，故计税依据视为200万元，应纳契税＝（180＋20）×5％＝10（万元）。

8.7.3 税收优惠

契税优惠的一般规定包括：

（1）国家机关、事业单位、社会团体、军事单位承受土地、房屋用于办公、教学、医疗、科研和军事设施的，免征契税。

（2）城镇职工按规定第一次购买公有住房的，免征契税。

（3）因不可抗力丧失住房而重新购买住房的，酌情准予减征或者免征契税。

（4）土地、房屋被县级以上人民政府征用、占用后，重新承受土地、房屋权属的，由省级人民政府确定是否减免。

（5）承受荒山、荒沟、荒丘、荒滩土地使用权，并用于农、林、牧、渔业生产的，免征契税。

（6）经外交部确认，依照我国有关法律规定以及我国缔结或参加的双边和多边条约或协定，应当予以免税的外国驻华使馆、领事馆、联合国驻华机构及其外交代表、领事官员和其他外交人员承受土地、房屋权属的，可免征契税。

【例 8-41】 下列各项中,可以享受契税免税优惠的有(　　　)。

A. 城镇职工自己购买商品住房

B. 政府机关承受房屋用于医疗

C. 遭受自然灾害后重新购买住房

D. 军事单位承受房屋用于军事设施

【答案】 BD

8.7.4 征收管理

契税征收管理要点见表 8-5。

表 8-5　契税征收管理要点

基本要点	主要规定
纳税义务发生时间	签订合同的当天,或者取得其他具有土地、房屋权属转移合同性质凭证的当天
申报缴税期限	合同签订 10 日内
申报地点	土地、房屋所在地征收机关

【例 8-42】 符合契税减免税规定的纳税人,向土地、房屋所在地征收机关办理减免税手续的期限为签订转移产权合同后的(　　　)日内。

A. 5　　　　　　　B. 7　　　　　　　C. 10　　　　　　　D. 30

【答案】 C

8.8　车辆购置税法

车辆购置税是对在境内购置规定车辆的单位和个人征收的一种税,它由车辆购置附加费演变而来。现行车辆购置税法的基本规范是从 2001 年 1 月 1 日起实施的《中华人民共和国车辆购置税暂行条例》(以下简称《车辆购置税暂行条例》)。车辆购置税的纳税人为购置应税车辆(包括购买、进口、自产、受赠、获奖或以其他方式取得并自用的车辆)的单位和个人,征税范围为汽车、摩托车、电车、挂车、农用运输车。

8.8.1 纳税义务人与征税范围

8.8.1.1 纳税义务人

车辆购置税的纳税义务人为境内购置应税车辆的(各类性质的)单位和个人。

车辆购置税的应税行为包括:购买使用行为;进口使用行为;受赠使用行为;自产自用行为;获奖使用行为;以拍卖、抵债、走私、罚没等方式取得并使用的行为。

【例 8-43】 根据《车辆购置税暂行条例》规定,下列行为属于车辆购置税应税行为的有(　　　)。

A. 应税车辆的购买使用行为

B. 应税车辆的销售行为

C. 自产自用应税车辆的行为

D. 以获奖方式取得并自用应税车辆的行为

【答案】　ACD

8.8.1.2　征税对象与征税范围

车辆购置税以列举的车辆为征税对象,未列举的车辆不纳税。其征税范围包括汽车、摩托车、电车、挂车、农用运输车。

车辆购置税的征收范围由国务院决定。

【例 8-44】　下列车辆中属于车辆购置税征税范围的有(　　　　)。

A. 摩托车　　　　B. 无轨电车　　　　C. 半挂车　　　　D. 电动自行车

【答案】　ABC

8.8.2　税率与计税依据

我国车辆购置税实行统一比例税率,税率为 10%。

车辆购置税实行从价定率、价外征收的方法计算应纳税额,应税车辆的价格即计税价格就成为车辆购置税的计税依据。

计税依据的基本规定:

(1) 购买自用应税车辆

$$计税价格＝含增值税的销售价格÷(1＋增值税税率或征收率)$$

$$不含税价格＝(全部价款＋价外费用)÷(1＋增值税税率或征收率)$$

(2) 进口自用应税车辆

$$组成计税价格＝关税完税价格＋关税＋消费税$$

(3) 其他自用应税车辆

按购置该型号车辆的价格确认;不能提供或不能准确提供车辆价格的,由主管税务机关参照国家税务总局规定相同类型应税车辆的最低计税价格核定。

8.8.3　税收优惠

8.8.3.1　车辆购置税的免税

(1) 外国驻华使馆、领事馆和国际组织驻华机构及其外交人员自用车辆免税。

(2) 中国人民解放军和中国人民武装警察部队列入军队武器装备订货计划的车辆免税。

(3) 设有固定装置的非运输车辆免税。

(4) 国务院规定的其他免税情形。

① 防汛部门和森林消防等部门购置的由指定厂家生产的指定型号与用于指挥、检查、调度、报汛(警)联络的设有固定装置的车辆;

② 回国服务的留学人员用现汇购买 1 辆个人自用小汽车;

③ 长期来华定居专家进购 1 辆自用小汽车。

(5) 对城市公交企业,2012 年 1 月 1 日至 2015 年 12 月 31 日购置的公共汽电车辆,免征车辆购置税。

(6) 自 2004 年 10 月 1 日起,对三轮农用运输车免征车辆购置税。

【例 8-45】 按照《车辆购置税暂行条例》的规定,下列车辆中,免征车辆购置税的是
( )。

A. 挂车   B. 电车

C. 农产品运输车   D. 设有固定装置的非运输车辆

【答案】 D

【例 8-46】 我国车辆购置税实行法定减免税,下列不属于车辆购置税减免税范围的
是( )。

A. 外国驻华使馆、领事馆和国际组织驻华机构及其外交人员自用车辆

B. 回国服务的留学人员用人民币现金购买 1 辆个人自用国产小汽车

C. 设有固定装置的非运输车辆

D. 长期来华定居专家进口的 1 辆自用小汽车

【答案】 B

8.8.3.2 车辆购置税的退税

(1) 公安机关车辆管理机构不予办理车辆登记注册手续的,凭公安机关车辆管理机构出具的证明办理退税手续。

(2) 已缴纳车辆购置税的车辆,车辆退回生产企业或者经销商的、符合免税条件的设有固定装置的非运输车辆但已征税的、其他依据法律法规规定应予退税的情形,准予纳税人申请退税。

8.8.4 征收管理

1. 纳税环节

纳税人应在向公安机关等车辆管理机构办理车辆登记注册手续前,缴纳车辆购置税,即最终消费环节缴纳。

2. 纳税地点

纳税人购置应税车辆,应向车辆登记注册地的主管税务机关申报纳税;购置不需办理车辆登记注册手续的应税车辆,应向纳税人所在地主管税务机关申报纳税。车辆登记注册地是指车辆的上牌落籍地或落户地。

3. 纳税期限

(1) 购买自用的应税车辆,自购买之日(即发票上注明的销售日期)起 60 日内申报纳税。

(2) 进口自用的应税车辆,自进口之日(报关进口的当天)起 60 日内申报纳税。

(3) 自产、受赠、获奖和以其他方式取得并自用的应税车辆,自取得之日起 60 日内申报纳税。

(4) 免税车辆因转让、改变用途等原因,其免税条件消失的,纳税人应在免税条件消失之日起 60 日内到主管税务机关重新申报纳税。免税车辆发生转让,但仍属于免税范

围的,受让方应当自购买或取得车辆之日起60日内到主管税务机关重新申报免税。

4．缴税方法

（1）自报核销；

（2）集中征收缴纳；

（3）代征、代扣、代收。

【例 8-47】 关于车辆购置税的申报与缴纳,下列说法正确的有（　　）。

A．底盘发生改变的车辆,纳税人不用重新办理纳税申报

B．车辆购置税是在应税车辆上牌登记注册前的使用环节征收

C．车辆购置税的纳税地点为应税车辆登记注册地或纳税人所在地

D．纳税人购买自用的应税车辆,自购买之日起30日内申报纳税

【答案】 BC

【例 8-48】 关于车辆购置税的纳税地点,下列说法中正确的有（　　）。

A．购置需要办理车辆登记注册手续的应税车辆,纳税地点是纳税人所在地

B．购置需要办理车辆登记注册手续的应税车辆,应当向购买地主管税务机关申报纳税

C．购置需要办理车辆登记注册手续的应税车辆,纳税地点是车辆上牌落籍地

D．购置不需要办理车辆登记注册手续的应税车辆,应当向纳税人所在地主管税务机关申报纳税

【答案】 CD

8.9　车船税法

车船税是指对在我国境内应依法到公安、交通、农业、渔业、军事等管理部门办理登记的车辆、船舶,根据其种类,按照规定的计税依据和年税额标准计算征收的一种财产税。现行车船税法律规范,是2011年2月25日由中华人民共和国第十一届全国人民代表大会常务委员会第十九次会议通过的《中华人民共和国车船税法》(以下简称《车船税法》)。

8.9.1　纳税义务人与征税范围

1．纳税义务人

车船税的纳税义务人,是指在中华人民共和国境内的车辆、船舶(以下简称"车船")的所有人或者管理人。

2．征税范围

车船税的征收范围是车船税法所附税目税额表规定的车辆和船舶。

在现实中,车辆分为机动车辆和非机动车辆;船舶分为机动船舶和非机动船舶。车

船税的征收范围包括机动车辆和船舶,不包括非机动车辆和船舶。

8.9.2 税目与税率

车船税实行定额税率。确定税额总的原则是:非机动车船的税负轻于机动车船;人力车的税负轻于畜力车;小吨位船舶的税负轻于大船舶。

车船税税目、计税单位和基准税额见表8-6。

表8-6 车船税税目、计税单位、基准税额

名称	计税单位	年基准税额/元	备注
乘用车按发动机气缸容量(排气量分挡)	每辆	60~5400	核定载客人数9人(含)以下
商用车	每辆	480~1440	核定载客人数9人(包括电车)
商用车	(整备质量)每吨	16~120	包括半挂牵引车、挂车、客货两用汽车、三轮汽车和低速载货汽车等; 挂车按照货车税额的50%计算
其他车辆	(整备质量)每吨	16~120	不包括拖拉机
摩托车	每辆	36~180	
船舶	(净吨位)每吨	3~6	拖船、非机动驳船分别按机动船舶税额的50%计算
游艇	(艇身长度)每米	600~2000	

【例8-49】 以下关于我国车船税税目、税率的表述,正确的有( )。

A. 车船税实行定额税率

B. 客货两用汽车按照货车征税

C. 半挂牵引车和挂车按照货车征税

D. 拖船和非机动驳船分别按机动船舶税额的70%计算征税

【答案】 ABC

【例8-50】 某船运公司2013年拥有机动船4艘,每艘净吨位为3000吨;拖船1艘,发动机功率为1500千瓦。机动船舶车船税年单位税额规定如下:净吨位为201~2000吨的,每吨4元;净吨位为2001~10000吨的,每吨5元。该船运公司2013年应缴纳车船税( )元。

A. 61800   B. 62010   C. 63000   D. 64020

【答案】 B

【解析】 拖船和非机动驳船按照机动船舶税额的50%计算。拖船按照发动机功率每1千瓦折合净吨位0.67吨计算征收车船税。应缴纳车船税＝3000×4×5＋1500×

$0.67 \times 4 \times 50\% = 62010$（元）。

8.9.3　应纳税额的计算

购置的新车船,购置当年的应纳税额自纳税义务发生的当月起按月计算。

计算公式为

$$应纳税额 = （年应纳税额 \div 12）\times 应纳税月份数$$

【例 8-51】　某单位 2013 年 4 月 3 日购买奥迪轿车一辆。该省规定该排量乘用车每辆适用的车船税年税额为 600 元,计算该单位这辆轿车当年应缴纳的车船税。

【解析】　应缴纳车船税 $= 600 \div 12 \times 9 = 450$（元）。

8.9.4　税收优惠

8.9.4.1　法定减免

法定减免车船税的车辆、船舶包括:

(1) 捕捞、养殖渔船。

(2) 军队、武装警察部队专用的车船。

(3) 警用车船。

(4) 依照法律规定应当予以免税的外国驻华使领馆、国际组织驻华代表机构及其有关人员的车船。

(5) 对节约能源、使用新能源的车船,可以减征或者免征车船税;对严重受自然灾害影响、纳税困难以及有其他特殊原因确需减税、免税的,可以减征或者免征车船税。

(6) 省、自治区、直辖市人民政府根据当地实际情况,可以对公共交通车船,农村居民拥有并主要在农村地区使用的摩托车、三轮汽车和低速载货汽车定期减征或者免征车船税。

8.9.4.2　特定减免

下列情形可减征或免征车船税:

(1) 经批准临时入境的外国车船和香港特别行政区、澳门特别行政区、台湾地区的车船,不征收车船税。

(2) 按照规定缴纳船舶吨税的机动船舶,自《车船税法》实施之日起 5 年内免征车船税。

(3) 依法不需要在车船登记管理部门登记的机场、港口、铁路站场内部行驶或作业的车船,自《车船税法》实施之日起 5 年内免征车船税。

【例 8-52】　下列车船免征车船税的有（　　）。

A. 非机动驳船　　　　　　　　　B. 插电式混合动力汽车

C. 燃料电池汽车　　　　　　　　D. 残疾人专用摩托车

【答案】　BC

【例 8-53】　2013 年度某运输公司拥有载客人数 9 人以下的小汽车 20 辆,载客人数 9 人以上的客车 30 辆,载货汽车 15 辆（每辆整备质量 8 吨）,另有纯电动汽车 8 辆。小汽车适用的车船税年税额为每辆 800 元,客车适用的车船税年税额为每辆 1200 元,货车适用的车船税年税额为整备质量每吨60元。该运输公司2013年度应缴纳车船税（　　）。

  A. 59200元   B. 61600元   C. 65600元   D. 68000元

【答案】 A

【解析】 纯电动汽车免征车船税。

该运输公司应缴纳车船税＝800×20＋1200×30＋8×60×15＝59200（元）。

8.9.5 征收管理

1. 纳税期限

（1）车船管理部门核发的车船登记证书或者行驶证书所记载日期的当月。

（2）未按照规定到车船管理部门办理应税车船登记手续的，以车船购置发票所载开具时间的当月。

（3）未办理车船登记手续且无法提供车船购置发票的，由主管地方税务机关核定纳税义务发生时间。

2. 纳税地点

车船税纳税地点为纳税人所在地。

跨省、自治区、直辖市使用的车船，纳税地点为车船的登记地。

8.10　印花税法

印花税是对经济活动和经济交往中书立、领受具有法律效力的凭证的行为所征收的一种税。它因采用在应税凭证上粘贴印花税票作为完税的标志而得名。印花税的纳税人包括在中国境内书立、领受规定的经济凭证的企业、行政单位、事业单位、军事单位、社会团体、其他单位、个体工商户和其他个人。

现行印花税法律规范是1988年8月6日国务院发布并于同年10月1日实施的《中华人民共和国印花税暂行条例》。

8.10.1　印花税的纳税人

印花税的纳税人，是在中国境内书立、使用、领受印花税法所列举的凭证，并应依法履行纳税义务的单位和个人，包括内、外资企业，各类行政（机关、部队）和事业单位，中、外籍个人。

印花税的纳税人，按照所书立、使用、领受的应税凭证不同，又可分为：立合同人、立据人、立账簿人、领受人、使用人、各类电子应税凭证的签订人。

【例8-54】 甲企业将货物卖给乙企业，双方订立了购销合同，丙企业作为该合同的担保人，丁先生作为证人，戊单位作为鉴定人，则该合同印花税的纳税人为（　　）。

  A. 甲企业和乙企业

  B. 甲企业、乙企业和戊单位

C. 甲企业、乙企业和丙企业

D. 甲企业、乙企业、丙企业、丁先生、戊单位

【答案】 A

8.10.2 税目与税率

8.10.2.1 税目

印花税共 13 个税目,包括 10 类经济合同,产权转移书据,营业账簿,权利、许可证照。

不同合同、凭证的项目范围具有一定的差异:

(1) 出版单位与发行单位之间订立的书刊、音像制品的应税凭证如订购单、订数单等属于购销合同。

(2) 购销合同包括发电厂与电网之间、电网与电网之间(国家电网公司系统、南方电网公司系统内部各级电网互供电量除外)签订的购售电合同。但是,电网与用户之间签订的供用电合同不属于印花税列举征税的凭证,不征收印花税。

(3) 加工承揽合同包括加工、定做、修缮、修理、印刷广告、测绘、测试等合同。

(4) 融资租赁合同属于借款合同,不属于财产租赁合同。

(5) 一般的法律、法规、会计、审计等方面的咨询不属于技术咨询,其所立合同不贴印花。

(6) 财产所有权、版权、商标专用权、专利权、专有技术使用权、土地使用权出让合同、土地使用权转让合同、商品房销售合同、个人无偿赠与不动产登记表都按照产权转移书据征收印花税。

(7) 营业账簿分为记载资金的账簿和其他账簿。

(8) 权利、许可证照仅包括"四证一照":政府部门发给的房屋产权证、工商营业执照、商标注册证、专利证、土地使用证。

【例 8-55】 下列合同中,属于印花税征税范围的有( )。

A. 融资租赁合同

B. 家庭财产两全保险合同

C. 电网与用户之间签订的供电合同

D. 发电厂与电网之间签订的购售电合同

【答案】 ABD

【例 8-56】 下列各项中,应按"产权转移书据"税目征收印花税的有( )。

A. 商品房销售合同   B. 土地使用权转让合同

C. 专利申请权转让合同   D. 个人无偿赠与不动产登记表

【答案】 ABD

8.10.2.2 税率

印花税的税率有两种形式,即比例税率(四档税率: 0.05‰, 0.3‰, 0.5‰, 1‰)和定额税率(每件 5 元)。

其中,比例税率的适用规定如下:

(1) 适用 0.05‰税率的为"借款合同";

(2) 适用 0.3‰税率的为"购销合同""建筑安装工程承包合同""技术合同";

(3) 适用 0.5‰税率的是"加工承揽合同""建筑工程勘察设计合同""货物运输合同""产权转移书据""营业账簿"税目中记载资金的账簿;

(4) 适用 1‰税率的为"财产租赁合同""仓储保管合同""财产保险合同",还有"股权转让书据"(卖出时)。

8.10.3 税额计算及计税金额的规定

印花税税计算公式为

应纳税额＝应税凭证计税金额(或应税凭证件数)×适用税率

印花税税目、计税依据和税率见表 8-7。

表 8-7 印花税税目、计税依据、税率

合同或凭证	计税依据	税率
购销合同	购销金额	0.3‰
加工承揽合同	受托方提供原材料的加工、定做合同,材料和加工费分开记载的,分别按照购销合同和加工承揽合同贴花;未分别记载的,按全部金额依照加工承揽合同贴花。委托方提供原料或主要材料的加工合同,按照合同中规定的受托方的加工费收入和提供的辅助材料金额之和,按加工承揽合同贴花	0.5‰
建设工程勘察设计合同	收取的费用	0.5‰
建筑安装工程承包合同	承包金额	0.3‰
财产租赁合同	租赁金额,如果经计算,税额不足 1 元的,按 1 元贴花	1‰
货物运输合同	运输费用,但不包括所运货物的金额以及装卸费用和保险费用等	0.5‰
借款合同	借款金额,有具体规定	0.05‰
财产保险合同	保险费收入	1‰
技术合同	合同所载金额(不含研究开发经费)	0.3‰
产权转移书据	所载金额	0.5‰
营业账簿	记载资金的账簿计税依据为"实收资本"与"资本公积"两项合计金额	0.5‰
	其他账簿按件计税	5 元/件
权利许可证照	按件计税	5 元/件

【例 8-57】 某中学委托一服装厂加工校服,合同约定布料由学校提供,价值 50 万元,学校另支付加工费 10 万元,下列各项关于计算印花税的表述中,正确的是(   )。

A. 学校应以 50 万元为计税依据,按销售合同的税率计算印花税

B. 服装厂应以 50 万元为计税依据,按加工承揽合同的税率计算印花税

C. 服装厂应以 10 万元加工费为计税依据,按加工承揽合同的税率计算印花税

D. 服装厂和学校均以 60 万元为计税依据,按照加工承揽合同的税率计算印花税

【答案】　C

【例 8-58】　某学校委托一服装加工企业定做一批校服,合同载明原材料金额 80 万元由服装加工企业提供,学校另支付加工费 40 万元。服装加工企业的该项业务应缴纳印花税(　　)。

A. 240 元　　　　　　B. 360 元　　　　　·　C. 440 元　　　　　　D. 600 元

【答案】　C

【解析】　该企业应缴纳印花税＝800000×0.3‰＋400000×0.5‰＝440(元)。

【例 8-59】　某公司受托加工制作广告牌,双方签订的加工承揽合同中分别注明加工费 40000 元,委托方提供价值 60000 元的主要材料,受托方提供价值 2000 元的辅助材料。该公司此项合同应缴纳印花税(　　)。

A. 20 元　　　　　　B. 21 元　　　　　　C. 38 元　　　　　　D. 39 元

【答案】　B

【解析】　该企业应缴纳印花税＝(40000＋2000)×0.5‰＝21(元)。

≫ 练习题

一、问答题

1. 城市维护建设税的纳税人包括哪些?

2. 资源税的纳税义务发生在什么时间?

3. 房产税的计税依据是什么?

4. 土地使用税的优惠政策有哪些?

5. 耕地占用税的征税范围包括哪些?

6. 契税的纳税发生义务时间、申报缴税期限、申报地点分别是怎么规定的?

7. 车辆购置税的退税包括哪些内容?

8. 车船税的征税范围是指什么?

9. 印花税的应税凭证包括哪些?

二、选择题

1. 位于县城的甲企业 2013 年 7 月委托位于市区的乙企业加工化妆品,由乙企业代收代缴消费税 6 万元,则甲企业当月应被代收代缴城市维护建设税(　　)万元。

A. 0.06　　　　　　B. 0.18　　　　　　C. 0.3　　　　　　D. 0.42

2. 位于县城的具有出口经营权的甲企业 2013 年 8 月增值税应纳税额为 −60 万元,出口货物的免抵退税额为 50 万元。当月实际缴纳消费税 30 万元、

被查补企业所得税 40 万元,被加收滞纳金 3 万元,被处罚款 2 万元。则甲企业 2013 年 8 月应缴纳城建税(　　)万元。

A. 0　　　　　B. 0.5　　　　　C. 1.5　　　　　D. 2

3. 下列属于资源税纳税义务人的是(　　)。

A. 出口外购铁矿石的外贸企业　　　B. 销售外购原煤的商贸企业

C. 进口天然气的外贸企业　　　　　D. 销售自产固体盐的国有企业

4. 某独立矿山开采锰矿石的同时也开采铜矿石,2013 年 8 月该独立矿山共发生两笔业务:① 单独销售开采的铜矿石 200 吨;② 将锰矿石和铜矿石捆绑销售 1000 吨,且未分别核算锰矿石和铜矿石的销售数量。已知本单位的锰矿石资源税单位税额为 20 元/吨,铜矿石资源税单位税额为 15 元/吨。则该独立矿山当月应缴纳资源税(　　)元。

A. 18000　　　B. 23000　　　C. 24000　　　D. 3000

5. 2013 年年初,王某在市区拥有两套住房,一套原值为 80 万元的住房供自己和家人居住;另一套原值为 100 万元的住房于 2013 年 7 月 1 日按市场价格出租给李某居住,每月收取租金 8000 元。2013 年王某应缴纳房产税(　　)元。

A. 0　　　　　B. 1920　　　　　C. 5760　　　　　D. 9600

6. 某企业购置一宗面积为 3000 平方米的土地建立厂房,支付土地使用权价款 900 万元,厂房建筑面积为 1200 平方米,固定资产科目账面记录房产造价 2000 万元(不含地价)。若当地省政府规定计算房产余值的减除比例为 20%,则该企业每年应缴纳房产税(　　)万元。

A. 16.8　　　B. 22.57　　　C. 26.11　　　D. 27.84

7. 某批发市场 2013 年年初占地共 20 万平方米,2013 年 6 月 10 日经有关部门批准,新征用非耕地 3 万平方米用于扩建交易场地。2013 年度该批发市场共取得收入 800 万元,其中农产品批发收入 500 万元,其他产品批发收入 300 万元,农产品与其他产品交易场地面积的比例为 6∶4。已知当地城镇土地使用税年税额为 4 元/平方米,则该批发市场 2013 年应缴纳城镇土地使用税(　　)万元。

A. 32　　　　　B. 34.4　　　　　C. 50　　　　　D. 53.75

8. 某物流企业 2013 年年初共占地 65 万平方米,其中办公楼用地 12 万平方米,职工食堂用地 1.5 万平方米,厂区内绿化用地 1 万平方米,厂区外公共绿化用地 0.5 万平方米,大宗商品仓储设施用地 50 万平方米。已知当地城镇土地使用税年税额为 4 元/平方米,则该物流企业 2013 年应缴纳城镇土地使用税(　　)万元。

A. 158　　　　　B. 130　　　　　C. 258　　　　　D. 260

9. 下列关于耕地占用税的说法中,正确的是(　　)。

A. 建设直接为农业生产服务的生产设施占用规定的农用地的,可以按照

当地适用税额减半征收耕地占用税

B. 纳税人临时占用耕地的,不缴纳耕地占用税

C. 纳税人在批准临时占用耕地的期限内恢复所占用耕地原状的,部分退还已经缴纳的耕地占用税

D. 军事设施占用耕地,免征耕地占用税

10. 下列占用耕地中,减按 2 元/平方米的税额征收耕地占用税的是(　　)。

A. 养老院占用耕地　　　　　　　　B. 航道占用耕地

C. 幼儿园占用耕地　　　　　　　　D. 农村居民占用耕地新建住宅

11. 契税纳税人应当自纳税义务发生之日起(　　)内,向(　　)的契税征收机关办理纳税申报,并在契税征收机关核定的期限内缴纳税款。

A. 10 日;纳税人机构所在地或居住地

B. 15 日;纳税人机构所在地或居住地

C. 10 日;土地、房屋所在地

D. 15 日;土地、房屋所在地

12. 2013 年甲企业生产经营用地分布于某市的 A,B 两个区域,A 区域土地使用权属于甲企业,占地面积 10000 平方米,其中企业办医院占地 2000 平方米,厂区内绿化占地 3000 平方米;B 区域的土地使用权属于甲企业与乙企业共同拥有,占地面积共 8000 平方米,实际使用面积各 50%。已知甲企业所在地城镇土地使用税的年税额为每平方米 5 元,则甲企业全年应缴纳城镇土地使用税(　　)元。

A. 60000　　　　B. 75000　　　　C. 90000　　　　D. 100000

13. 甲公司 2013 年 1 月进口一辆小汽车自用,成交价格折合成人民币(下同)400000 元,相关境外税金 30000 元,支付到达我国海关输入地点起卸前的运输费用 40000 元、保险费用 20000 元。已知小汽车适用的消费税税率为 9%,关税税率为 20%,则甲公司当月应缴纳车辆购置税(　　)元。

A. 49000　　　　B. 58800　　　　C. 60659.34　　　D. 64615.38

14. 某国驻我国的外交官甲某将其自用 4 年的一辆国产小轿车转让给我国公民自用,该小轿车从某一般纳税人处购进时支付的全部价款和价外费用合计为 50 万元(含增值税),转让时的成交价格为 30 万元(不含税)。已知该型号小轿车最新核定的同类型新车的最低计税价格为 40 万元,则受让方应当缴纳车辆购置税(　　)万元。

A. 2.4　　　　B. 3　　　　C. 4　　　　D. 5

15. 某运输公司 2013 年年初拥有并使用以下车辆:① 从事运输用的整备质量为 8 吨的挂车 5 辆;② 整备质量为 20 吨的载货汽车 8 辆;③ 整备质量为 10 吨的半挂牵引车 5 辆。当地政府规定,载货汽车车船税年税额为每吨 80 元。该公司全年应缴纳车船税(　　)元。

A. 12000 B. 16400 C. 18400 D. 20000

16. 张某 2010 年 8 月购进一辆排气量 1.2 升的小轿车自用取得购车发票，8 月 10 日到车船管理部门登记，但是一直未缴纳车船税，2013 年缴纳机动车交强险时，保险机构应代收代缴车船税（　　）元。（当地排气量为 1.0～1.6 升乘用车的车船税年税额为 480 元/辆）

A. 1640 B. 1600 C. 1440 D. 1920

17. 某企业 2013 年 1 月与银行签订一年期流动资金周转性借款合同，合同注明 2013 年流动资金最高限额为 400 万元。当年发生借款 6 笔，其中借款金额为 50 万元的有两笔，借款金额为 100 万元的有 3 笔，借款金额为 300 万元的 1 笔。上述借款在 2013 年内均在规定的期限和最高限额内随借随还，且每笔借款均未签订新合同。已知借款合同印花税税率为 0.05‰，则该企业上述业务应缴纳印花税（　　）元。

A. 50 B. 150 C. 200 D. 350

三、计算题

1. 甲油田为增值税一般纳税人，主要从事原油的开采和销售，在开采原油过程中，伴采天然气。2013 年 1 月、2 月发生下列业务：

（1）1 月份

采用分期收款方式向乙企业（增值税一般纳税人）销售自行开采的原油 1200 吨，不含税销售额 540000 元。合同规定，货款分两个月支付，本月支付货款的 70%，其余货款于 2 月 15 日前支付。由于购货方资金紧张，1 月份实际支付给甲油田价税合计金额 315900 元。

采用预收货款方式向丙企业销售原油 1000 吨，价税合计 526500 元，根据合同规定，当月已预收货款 526500 元，甲油田于 2 月 20 日发货并开具增值税专用发票。

开采原油过程中加热、修井使用原油 300 吨。

销售与原油同时开采的天然气 80000 立方米，取得不含税销售额 34400 元。

（2）2 月份

2 月 15 日，乙企业向甲油田支付了剩余款项 224100 元，并按合同约定支付给甲油田延期付款利息 1287 元。

2 月 20 日，甲油田向丙企业发出原油 1000 吨，并开具了增值税专用发票。

当月采取直接收款方式对外零售原油 500 吨，取得零售收入 263250 元；对外零售天然气 50000 立方米，取得零售收入 25155 元。

其他相关资料：已知原油和天然气适用的资源税税率为 5%。

根据上述资料回答下列问题：

（1）计算 2013 年 1 月甲油田应缴纳的资源税。

（2）计算 2013 年 2 月甲油田应缴纳的资源税。

2. 某房地产开发公司 2012 年 1 月受让一宗土地使用权，支付地价款 4000 万元。2012 年 4 月至 2013 年 5 月，该公司将受让土地全部用于开发建造写字楼。在开发过程中，发生拆迁补偿费 200 万元、基础设施费 100 万元、建筑安装工程费 3800 万元，与该开发项目有关的利息费用为 120 万元，不高于同期同类银行贷款利率且能够合理分摊并能提供金融机构的证明。2013 年 6 月，房地产开发公司将开发建造的写字楼总面积的 20% 转为公司的固定资产并对外出租，当年取得租金收入合计 240 万元；其余部分全部出售，取得销售收入 15000 万元。

说明：该公司适用的城市维护建设税税率为 5%，教育费附加征收率 3%，不考虑地方教育附加；契税税率为 4%；其他开发费用扣除比例为 5%。

根据上述资料，按照下列序号计算回答问题，每题需计算出合计数。

（1）计算房地产开发公司 2013 年共计应缴纳的营业税。

（2）计算房地产开发公司 2013 年共计应缴纳的城市维护建设税和教育费附加。

（3）计算房地产开发公司的土地增值税时应扣除的取得土地使用权所支付的金额。

（4）计算房地产开发公司的土地增值税时应扣除的房地产开发成本。

（5）计算房地产开发公司的土地增值税时应扣除的房地产开发费用。

（6）计算房地产开发公司销售写字楼土地增值税的增值额。

（7）计算房地产开发公司销售写字楼应缴纳的土地增值税。

3. 2013 年甲企业拥有的部分房产的具体情况如下：

（1）年初对一栋原值为 150 万元的 A 厂房进行扩建，3 月底完工并办理验收手续，增加房产原值 50 万元。

（2）年初将一栋原值为 180 万元的 B 房产用于对外投资联营，不承担投资风险，当年取得固定收益 60 万元。

（3）5 月 31 日签订房屋租赁合同，将原值为 120 万元的 C 仓库从 6 月 1 日起对外出租，租期为 1 年，每月租金 3000 元。

（4）一栋 D 房产在 2012 年年底被有关部门鉴定为危险房屋，2013 年年初开始停止使用，房产原值 90 万元。

其他相关资料：当地政府规定计算房产余值的扣除比例为 30%。

根据上述资料，按序号回答下列问题：

（1）计算 A 厂房 2013 年应缴纳的房产税。

（2）计算 B 房产 2013 年应缴纳的房产税。

（3）计算 C 仓库 2013 年应缴纳的房产税。

（4）计算 D 房产 2013 年应缴纳的房产税。

4. 甲公司 2014 年 1 月开业，注册资本 500 万元，新启用其他营业账簿 6 本，当年发生经营活动如下：

（1）将闲置仓库出租给乙公司，租赁合同约定每月租金 5000 元，租期未定，签订合同时预收租金 10000 元，双方已按定额贴花。4 月底合同解除，甲公司收到乙公司补交的租金 10000 元。

（2）签订以物易物合同一份，用库存 7000 元的 A 材料换取对方同等金额的 B 材料。

（3）签订技术开发合同一份，合同约定技术开发费金额共计 800 万元，其中研究开发费用和报酬金额之比为 3∶1。

（4）签订建筑安装工程承包合同一份，承包总金额 200 万元，另将其中的 50 万元分包给其他单位，并签订分包合同。

（5）签订采购合同一份，合同所载金额为 6 万元，但因故合同未能兑现。

按顺序回答下列问题，每题均需计算出合计金额，计算结果用元表示：

（1）计算设置营业账簿应缴纳的印花税。

（2）计算签订财产租赁合同应补缴的印花税。

（3）计算签订的以物易物合同应缴纳的印花税。

（4）计算签订技术开发合同应缴纳的印花税。

（5）计算业务（4）应缴纳的印花税。

（6）计算业务（5）应缴纳的印花税。

第 9 章　纳税筹划基本理论

本章学习要点

　　本章主要介绍纳税筹划的基本理论知识,通过学习,应全面理解纳税筹划的概念和特点、纳税筹划的目标和原则;熟悉纳税筹划的分类、纳税筹划的基本步骤等;了解并掌握纳税筹划基本原理和纳税筹划的基本方法,为进一步学习纳税筹划的具体内容打好理论基础。

　　在工作中,你是否遇到过以下情形:公司要缴的税种很多,负担非常重,公司管理层希望财务部门能想办法降低税负;业务部门签订的合同没有明确由境外收款方承担税负,结果在对外支付时,公司不得不为这部分税款买单,额外增加了成本;税务知识较专业,一般财务人员不能很好掌握,且税收政策经常变化,新的规定越来越难读懂;总听说有企业在做纳税筹划,但不清楚到底是怎么开展的,应遵循哪些原则,筹划方法有哪些,从哪些经济活动切入。这些都是纳税筹划的理论问题,也是本章要阐述的纳税筹划基本理论。

9.1　纳税筹划概述

9.1.1　纳税筹划的概念、特点与意义

9.1.1.1　纳税筹划的概念

　　纳税筹划是伴随国家税收产生的一种经济现象,从国家税收出现的那一天起,作为税收负担承担者的纳税人出于自身经济利益的考虑,必然会想方设法减轻税收负担,从而保证自身利益最大化,纳税筹划就担负起帮助纳税人减轻税收负担的历史重任。当然,随着社会的不断进步和发展,纳税筹划的内涵和外延也在不断地丰富和完善,而对纳

税筹划的理解和表述更是众说纷纭,从来没有统一过。

1. 纳税筹划的定义

纳税筹划亦称税收筹划、税务筹划,本书统一采用纳税筹划的表述。对"纳税筹划"概念的定义,目前尚难以从词典和教科书中找出很权威或者很全面的解释,但可以从专家学者的论述中加以概括。

荷兰国际文献局《国际税收辞汇》中是这样定义的:"纳税筹划是指纳税人通过经营活动或个人事务活动的安排,实现缴纳最低的税收。"

印度税务专家 N. J. 雅萨斯威在《个人投资和纳税筹划》一书中说,纳税筹划是"纳税人通过财务活动的安排,以充分利用税收法规所提供的包括减免税在内的一切优惠,从而获得最大的税收利益"。

美国南加州 W. B. 梅格斯博士在与别人合著的、已发行多版的《会计学》中说道:"人们合理而又合法地安排自己的经营活动,使之缴纳可能最低的税收。他们使用的方法可称为纳税筹划……少缴税和递延缴纳税收是纳税筹划的目标所在。"另外他还说:"在纳税发生之前,有系统地对企业经营或投资行为做出事先安排,以达到尽量地少缴所得税,这个过程就是纳税筹划。"

当代著名经济学家萨缪尔森在其《经济学》中分析美国联邦税制时指出:"比逃税更加重要的是合法地规避税赋,原因在于议会制定的法规中有许多漏洞,听任大量的收入不纳税或以较低的税率纳税。"

1935 年英国上议院议员汤姆林爵士针对税务局长诉温斯特大公一案,做了有关纳税筹划的声明:"任何人都有权安排自己的事业,依据法律这样做可以少纳税。为了保证从这些安排中得到利益……不能强迫他多纳税。"汤姆林爵士的观点赢得了法律界的认同,英国、澳大利亚、美国等在以后的税收判例中经常援引这一原则精神。

我国理论界有关纳税筹划概念的理解和认识也不尽相同。

毛夏鸾在其主编的《纳税筹划教程》一书中认为,纳税筹划有广义和狭义之分。从广义上看,只要是在纳税行为发生的前后,纳税人依法进行的任何直接和间接减轻税收负担的行为都属于纳税筹划的范畴;从狭义上看,纳税筹划是指纳税人在税法规定许可的范围内,在国家宏观经济政策的指导下,通过对经营、投资、理财活动事先进行筹划和安排,以减轻税收负担为目的而进行节约税收成本的活动。

盖地在《纳税筹划学》一书中对纳税筹划的定义表述如下:纳税筹划是纳税人依据所涉及的税境,在遵守税法、尊重税法的前提下,规避涉税风险,控制或减轻税负,以有利于实现企业财务目标的谋划、对策与安排。他认为,纳税筹划有狭义与广义之分。狭义的纳税筹划仅指节税;广义的纳税筹划既包括节税,又包括避税和税负转嫁。在纳税筹划实务中,节税与避税往往难以严格划分,因此,其所述纳税筹划是广义的纳税筹划。

根据以上表述,可从做出这样的概括,即纳税筹划是有狭义和广义之分的,狭义的纳税筹划是指在法律规定许可的范围内,通过对经营、投资、理财活动的事先筹划和安排,尽可能地取得"节税"的税收利益,强调的是纳税筹划的合法性。广义的纳税筹划是指纳税人在不违法的前提下所进行的任何直接和间接减轻税收负担的行为,遵守的是纳税筹划的符合税法或不违反税法的守法原则。

本书认为企业的纳税筹划不仅仅是一种"节税"行为,而且是现代企业财务管理活动的重要组成部分,关系到企业的持续经营和稳定发展,在企业决策中占有重要地位。纳税筹划应当利用一切能减轻纳税人税收负担的可能性,最大限度地减轻纳税人负担,包括按照税法的规定进行纳税筹划,也包括利用税法尚未明确的不可为而进行的纳税筹划,即广义的纳税筹划。

根据这样的立意,纳税筹划是指在纳税行为发生的过程中,在不违反税法的前提下,通过纳税主体对其经济活动中涉税事项的事前规划和安排,以达到减轻税负和递延税负目的的一系列筹划活动。

2. 与纳税筹划相关的几个概念辨析

(1) 节税:是指在税法规定的范围内,当存在多种税收政策、计税方法可供选择时,纳税人以税负最低为目的,对企业经济活动进行的涉税选择行为。节税强调的是在符合税法规定的前提下,在税法允许甚至鼓励的范围内进行的纳税筹划行为。

(2) 避税:对避税概念通常有三种不同的认识。

第一种观点认为避税就是节税,其意义与节税相同,即减轻税负必须以合法为前提。

第二种观点认为避税应是纳税人在熟知相关税境的税收法规的基础上,在不直接触犯税法的前提下,利用税法等有关法律法规的疏漏、模糊之处,通过对经济活动涉税事项的精心安排,达到规避或减轻税负目的的行为。

第三种观点对避税的认识则是前两种意义的集合,包括合法的节税和利用税法的疏漏进行的避税。

本书认同第二种观点,即纳税筹划既包括合法意义的节税,也包括不违法为原则的避税。

(3) 税负转嫁:是指纳税人在缴纳税款之后,通过种种途径将自己的税收负担转移给他人的过程。税负转嫁既可以视为避税方法的一种特殊类型(税负转移避税),也可以作为独立的纳税筹划方法。税负转嫁主要针对流转税,因为流转税在一般情况下都具有税负转嫁的特点,纳税人可能不是该税的负税人。

这种行为不是对缴税的回避,也不是对税法不完善及其缺陷的利用,而是在纳税人直接缴纳税款后,再将其税负转移给他人,最终由他人负担。这种转移税负方式的成功与否,关键在于价格定得是否适当。当然,价格高低还要看产品在市场上的竞争能力与供求弹性。

(4) 逃税:是指纳税人故意或无意采用非法手段减轻税负的行为,包括以隐匿收入、虚开或不开相关发票、虚增可扣除的成本费用等方式逃避税收。逃税也有狭义和广义之分。狭义的逃税是指利用非法手段,不按税法规定申报纳税的一种违法行为,如利用漏报、少报、不报应税收入、收益,伪造账证,隐匿财产,甚至贿赂税收官员等非法手段逃避纳税。广义的逃税是指纳税义务人采用各种手段逃避纳税的一种行为,具体包括以下两种:采用非法手段少纳或不纳税的行为,称为"不合法逃税";采用合法手段少纳或不纳税的行为,称为"避税"。

人们对逃税的认识一般属于狭义的概念。

(5) 抗税:以暴力、威胁方法拒不缴纳税款的行为,除由税务机关追缴其拒缴的税款、滞纳金外,依法追究其刑事责任。

(6) 欠税:欠税是欠缴税金的简称,是指税务机关负责征收的应缴而未缴的各项收入,包括呆账税金、往年陈欠、本年新欠、已到限缴日期的未缴税款、缓征税款和应缴未缴滞纳金。欠缴税款既影响国家税款的及时入库,又占用了国家税款,破坏了税法的严肃性,应该承担法律责任。

(7) 骗税:是指以假报出口或者其他欺骗手段,骗取国家出口退税款的行为。

《征管法》第六十六条规定,以假报出口或者其他欺骗手段,骗取国家出口退税款,由税务机关追缴其骗取的退税款,并处骗取税款 1 倍以上 5 倍以下的罚款;构成犯罪的,依法追究刑事责任。

(8) 漏税:是指纳税人无意识地漏缴或者少缴税款的行为。漏税是由于纳税人不熟悉税法规定和财务制度,或者由于工作粗心大意等原因造成的,如错用税率、漏报应税项目、少计应税数量、错算销售金额和经营利润等。漏税与逃税有着性质上的区别,判定漏税的关键是并非故意,因而在处理上也不同。

9.1.1.2 纳税筹划的特点

1. 守法性

税法是处理征纳关系的共同准绳,作为纳税义务人必须依法纳税。纳税筹划是在完全符合税法、不违反税法的前提下进行的,是在纳税义务没有确定、存在多种纳税方法可供选择时,企业做出缴纳低税负的决策。依法行政的税务机关对此不应反对。

2. 事前性

纳税筹划一般都是在应税行为发生之前进行规划、设计和安排的,可以在事先测算纳税筹划的效果,因而具有一定的前瞻性。在经济活动中,纳税义务通常具有滞后性。企业交易行为发生后,才缴纳有关流转税;收益实现或分配后,才缴纳所得税;财产取得或行为发生之后,才缴纳财产税、行为税。这在客观上提供了纳税前进行筹划的可能性。另外,企业经营、投资和筹资活动是多方面的,税法规定也是有针对性的。纳税人和征税对象的性质不同,税收待遇也往往不同,这在另一方面向纳税人显示出可选择较低税负决策的机会。如果涉税行为已经发生,应纳税款已经确定而去"谋求"少缴税款,则不能认为是纳税筹划。

3. 目的性

目的性表示纳税人要取得纳税筹划的税收利益,包括两层意思:一是减轻纳税人税收负担;二是递延纳税,获得资金时间价值的利益。

4. 普遍性

各个税种规定的纳税人、纳税对象、纳税地点、税目、税率、减免税政策及纳税期限等,一般都有差别。这就给所有纳税人提供了纳税筹划的机会,也就决定了纳税筹划的普遍性。

5. 多变性

各国的税收政策,尤其是各税种的实施细则等,随着政治、经济形势的变化会经常发生变化,因此,纳税筹划也就具有多变性。纳税人应随时关注国家税收法规的变动,进行纳税筹划的相应调整。

6. 综合性

综合性是指纳税筹划应着眼于纳税人资本总收益的长期稳定的增长,而不是着眼于个别税种税负的高低或纳税人整体税负的轻重。这是因为,一种税少缴了,另一种税有可能要多缴,整体税负不一定减轻。另外,纳税支出最小化的方案不一定等于资本收益最大化方案。进行投资、经营决策时,除了要考虑税收因素外,还必须考虑其他多种因素,综合决策,以达到总体收益最大化的目的。

7. 专业性

专业性并不是指纳税人的纳税筹划一定需要由财务会计专业人员进行,而是指在面临全球经济一体化,国际经贸业务日益频繁、规模越来越大,而各国税制也越来越复杂的趋势下,仅靠纳税人自身进行纳税筹划已经显得力从不心,作为社会中介的税务代理、税务咨询便应运而生。当今世界各国,尤其是发达国家的会计师事务所、律师事务所、税务事务所和税务咨询公司等纷纷开辟和发展关于税务筹划的咨询业务,这说明纳税筹划呈现出越来越专业的特点。

9.1.1.3　纳税筹划的意义

随着企业利益的独立化和法定范围内企业经营行为的自主化,国家和企业之间利益分配关系的规范化与税收秩序的正常化,纳税筹划已经成为市场经济发展的必然产物,是一种普遍的市场行为。它既具有现实性,也具有可能性,绝不能将企业纳税筹划与漏税、逃税混为一谈。通过纳税筹划,纳税人可以最大限度地减轻税收负担获得财务利益,对政府同样也有着积极意义。

1. 从纳税人宏观上看

(1)纳税筹划有助于增强纳税人的法制观念,提高纳税人的纳税意识。

社会经济发展到一定阶段后,企业开始重视纳税筹划,纳税筹划与纳税意识的增强具有同步性和客观一致性。

企业要想进行纳税筹划,只有深刻理解、掌握税法,才能领会并顺应税收政策导向,做出理性抉择。税收意识增强的基本前提是学习税法,认识税法,实现税法遵从。纳税筹划以经济利益为目标,能引导企业自行完成这一过程。在一般情况下,纳税筹划做得好的企业往往也是纳税意识比较强的企业。

(2)纳税筹划有助于优化产业结构和资源的合理配置。

纳税筹划有利于贯彻国家的宏观调控政策。纳税人根据税法中税基与税率的差别、税收的各项优惠政策,进行投资决策、企业制度改革、产品结构调整等,尽管在主观上是为了减轻企业税负,但在客观上却是在国家税收的经济杠杆作用下,逐步走向了优化产业结构和生产力合理布局的道路,体现了国家的产业政策,有利于促进资本的流动和资源的合理配置。

(3) 纳税筹划有助于不断健全和完善税制。

纳税筹划有的可能是利用现行税制的疏漏和缺陷,这样可以促使国家及时改进和修订税法,从而不断健全和完善税制。

2. 从纳税人微观上看

(1) 纳税筹划有利于实现纳税人财务利益的最大化。

企业作为市场经济的主体,在产权界定清晰的前提下,追求自身利益的最大化是其天性。在总收入一定的情况下,要实现财务利益的最大化,就必须使总成本最小化。纳税筹划是企业财务管理活动的重要组成部分,主要体现在选择和安排企业的投资、经营及交易等事项的过程中。在税法规定的范围内,纳税人往往面临着税负不同的多种纳税方案的选择,纳税人可以避重就轻,选择低税负的纳税方案,合理地、最大限度地减轻企业的税收负担。

纳税筹划不仅可以降低纳税人的纳税费用,还可以防止纳税人陷入税法陷阱。税法陷阱是税法漏洞的对称。税法漏洞的存在给纳税人提供了避税的机会;而税法陷阱的存在又让纳税人不得不非常小心,否则会落入看似漏洞或优惠、实为陷阱的圈套。纳税人一旦落入税法陷阱,就要缴纳更多的税款,影响自身财务利益。纳税筹划可以防止纳税人陷入税法陷阱,提醒其不缴不该缴纳的税款,有利于纳税人财务利益最大化。

(2) 纳税筹划有助于提高企业的财务与会计管理水平。

资金、成本、利润是企业经营管理和会计管理的三大要素。纳税筹划有利于规范企业的行为,做出正确的财务决策,使企业的财务活动健康有序运行,经营活动实现良性循环,即实现资金、成本和利润的最优效果,从而提高企业的经营管理水平。企业进行纳税筹划离不开会计,会计人员既要熟知会计准则、会计制度,也要熟知现行税法,要按照税法要求设账、记账、计税和填报纳税申报表及其附表,这也有利于提高企业的财务与会计管理水平。

(3) 纳税筹划有利于提高企业的竞争力。

企业进行纳税筹划,减轻了企业税负,增强了企业活力,有利于提高企业竞争力。从长远和整体方面看,企业发展了,收入和利润增加了,税源丰盈,国家的收入自然也会随之增加。因此也可以说,纳税筹划不仅不会减少国家的税收总量,甚至可能增加国家的税收总量。

(4) 纳税筹划有利于塑造企业的良好形象。

随着我国法制建设的不断健全和完善,社会成员的法律意识、平等竞争意识日益增强,逃税等违法行为不仅会受到法律的惩处,还会因其破坏平等竞争环境而受到社会各方面的谴责,使其名誉受损。在社会主义市场经济条件下,失去信誉的企业将无法在竞争中生存。因此,企业既要努力保持其在社会上的良好纳税形象,又要最大限度地增加自身税收利益,纳税筹划就是必然的选择。

9.1.2 纳税筹划的动因、目标与原则

众所周知,税收是随着国家和私有财产制度的产生而产生的。正如马克思所指出的:"国家存在的经济体现就是捐税。"可见税收对国家的重要性。但现代意义上的税收应该是在税法规范下的税收,即税收法定主义。这是社会经济发展到一定历史阶段的产物。在这个阶段,要求经济行为人依据一定规则和规范从事相关活动,而这些规则和规范又不会十分完善,难以防止或杜绝经济行为人有效地规避这些规则、规范的管制和约束,从而使其能够有效地规避某些应尽的义务或应承担的法律责任。

纳税筹划是纳税人应有的权益,任何利益都产生于一定的权利。有什么样的社会经济条件,就有什么样的企业义务,就有什么样的企业权利以及由此派生出来的企业利益。

企业权利作为社会经济发展一定时期的产物,其内在质与量的规定性要由这种内容的形式表现并明确。法律对权利的规定是实施权利的前提,但需要企业在遵守法律的同时,主动地实现其需求,即企业对自己采取的主动而有意识的行为及其结果事先要有所了解,能够预测将给企业带来的利益。纳税筹划就是这种具有法律意识的主动行为。

9.1.2.1 纳税筹划的主观动因

税收是国家为满足社会公共需要对社会产品进行的强制、无偿与相对固定的分配。对纳税人来说,既不直接偿还,也不付任何代价,这就促使纳税人产生了减轻自己税负的强烈愿望。为了使这一欲望得以实现,纳税人表现出各种不同的选择:偷税、漏税、逃税、欠税、抗税、避税和节税。在众多的选择中,避税与节税是一种最为"安全"或"保险"的办法;偷税、逃税都是违法的,要受到税法的制裁;漏税必须补交。因此,纳税人自然会力图寻找一种不受法律制裁的办法来减轻或免除其税负,这就是纳税筹划。

在市场经济条件下,企业作为商品生产经营的主体,有自己独立的经济利益,而无论在理论上对维护企业的共同社会利益定义得多么重要或多么必要,也无论税制本身制定得如何公正、公平与合理,对每个企业而言,纳税毕竟是其既得利益的一种直接减少或是政府对其财务成果的一种无偿占有,企业作为主要纳税人,必然要考虑在其纳税后,是否确实有助于产生一种良好的社会效应,这种预期的社会效应何时在何种程度上显现出来。即使产生了预期的社会效应(社会秩序、公共设施和服务市场环境等),本企业是否因此得益,得益多少,这些问题都带有不确定性、隐秘性及非对等性,更大的问题还在于纳税的实际结果与税务理论的偏差,一旦纳税的预期效应未能实现,甚至在某种程度上扰乱了企业内在的运行机制,或因为时滞性而使企业久久感受不到社会秩序市场环境的优化,纳税人会对纳税的必要性产生怀疑。况且,企业得益于社会秩序、市场环境的改善具有非计量性、隐秘性的特点,加之其受益程度与其纳税的多少具有非对等性、非直接相关性,纳税人会认为社会效应对于各个企业通常都是无差别的,对企业的市场地位具有决定意义的还是其自身的竞争实力,上述情况是诱发企业在主观意念上进行纳税筹划的根本动机。

企业纳税和补偿效益很难成比例变化,因此使部分企业产生了抑减纳税的动机。理

论上,国家向企业征税的目的是为了改善市场环境和为企业提供更好的社会服务。事实上,企业纳税后,直接从市场环境的改善和社会服务中感到的效益不明显,其效益具有隐秘性、不能量化,受益程度与纳税的多少不能成比例变化的特点,两者具有非对等的关系。这样,企业在主观意念中就会产生抑减纳税支出的想法。

9.1.2.2 纳税筹划的客观动因

纳税筹划的主观动因并不意味着企业目的能够实现,要想使纳税筹划变为现实,还必须具备某些客观条件。这里所说的客观条件是指税法、税制的完善程度及税收政策导向的合理性、有效性。

税收法制作为贯彻国家权力意志的杠杆,不可避免地会在其立法中体现国家推动整个社会经济运行的导向意图,会在公平税负、税收中性的一般原则下渗透税收优惠政策,如不同类型企业的税负差异,不同产品税基的宽窄,税率的高低,不同行业、不同项目进项税额的抵扣办法,减税、免税、退税政策等。因税收的优惠政策而使同种税在实际执行中有所差异,造成非完全统一的税收法制,无疑为企业选择自身利益最大化的经营理财行为,即进行纳税筹划提供了客观条件。企业利用税收法制的差异或"缺陷"进行旨在减轻税负的纳税筹划,如果仅从单纯的、静态的税收意义上说,的确有可能影响国家收入的相对增长,但这是短期的,因为税制的这些差异或"缺陷"是国家对社会经济结构规模所做的能动的、有意识的优化调整,即力图通过倾斜的税收政策诱导企业在追求自身利益最大化的同时,转换经营机制,实现国家和政府的产业调整意图。从长远发展来看,纳税筹划对企业、对国家都是有利的,这是国家为将来取得更大的预期收益而支付的有限的先期成本。因此,企业利用税制的非完全同一性所实现的税负减轻,与其说是利用了税制的差异或"缺陷",不如说是对税法意图的有效贯彻和执行。

在税收实践中,除了上述税收政策导向性的差异和"缺陷",税收法律制度也会存在自身难以克服的各种纰漏,即真正的缺陷或不合理,如税法、条例、制度不配套,政策模糊、笼统,内容不完整等,这也为企业进行纳税筹划提供了有利条件。对此,不论国家基于维护其声誉、利益的目的而得出怎样的结论,从理论上说,不能认为企业进行的纳税筹划是不合法的,尽管它可能与国家税收立法的意图是背离的,国家只能不断努力完善税收法律、制度。企业也应认识到,纳税筹划应该尽可能地从长远考虑,过分看重眼前利益可能会招致更大的潜在损失。

1. 就国内纳税筹划而言促使纳税人进行纳税筹划的客观条件

(1) 纳税人定义上的可变通性

任何一种税都要对其特定的纳税人给予法律的界定。这种界定理论上包括的对象和实际上包括的对象差别很大,这种差别的原因在于纳税人定义的可变通性,正是这种可变通性诱发纳税人的纳税筹划行为。由于特定的纳税人要缴纳特定的税,如果某纳税人能够说明自己不属于该税的纳税人,并且理由合理充分,那么他自然就不用缴纳该种税。

这里一般有三种情况:一是该纳税人确实转变了经营内容,过去是某税的纳税人,现在成为另一种税的纳税人；二是内容与形式脱离，纳税人通过某种非法手段使其形式上不属于某税的纳税义务人，而实际上却并非如此；三是该纳税人通过合法手段转变了内容和形式，使纳税人无须缴纳该种税。

（2）课税对象金额的可调整性

税额计算的关键取决于两个因素：一是课税对象金额；二是适用税率。纳税人在既定税率的前提下，由课税对象金额派生的计税依据愈小，税额就愈少，纳税人税负就愈轻。为此纳税人想方设法尽量调整课税对象金额使税基变小。如企业按销售收入缴纳营业税时，纳税人尽可能地使其销售收入变小。由于销售收入有可扣除、递延调整的余地，从而使某些纳税人在销售收入内尽量多地增加可扣除项目。

（3）课税对象的可转换性

课税对象的重叠和交叉，使纳税人可以左右逢源，寻找最佳课税对象。课税对象按其性质可以划分为对流转额课税、对收益额课税、对行为课税、对财产课税。对课税对象确定口径的不同，纳税人最终承担的纳税额也就不同。对大多数纳税人来说，财产收益和经营利润收入在一定程度和范围是可以相互转移的，如果国家对财产收益和经营收入采取不同的税率，就会成为纳税人利用这种转换躲避税负的依据。例如，国家规定财产税的税负过重，使财产所有人纳税后的收益达不到社会平均利润水平，就会促使财产所有人出售财产而转为租入财产，进而躲避过重的纳税义务。企业的经营资本通常由两部分组成：一部分是自有资本（权益），另一部分是借入资本（负债）。税法规定股息支付不能作为费用列支，只能在缴纳所得税后的收益中分配；利息支付可作为费用列支，在计算应税所得中允许扣除。这时，纳税人就要认真考虑，是多用自有资本好，还是多利用外借资本好。

（4）税率上的差别性

税制中不同税种有不同税率，同一税种中不同税目也可能有不同税率，这种广泛存在的差别性，为企业和个人进行纳税筹划提供了良好的客观条件。

此外，边际高税率的存在也是纳税筹划的一个客观动因。如果税率较低甚至很低，国家取走的税款对纳税人来说无关紧要，自然也就不会使纳税人绞尽脑汁去研究、实施避税。由于税率过高，纳税人的收入中有较多被政府以税收的形式拿走，才可能引起纳税人的反感和抵制。特别是当边际税率过高时，避税现象更容易发生。边际税率高是指在实行累进税率制度下，税率随纳税人收入级距的增高而以更快的速度增长，也就是说，多收入的增长速度抵不上多纳税的增长速度。纳税人避税的措施主要有两种：一是在收入达到一定水平后，不再工作或减少工作的努力程度，以免使再增加工作获得的收入中有较高的部分被税收拿走，这一点当纳税人收入水平处在税率变化级临界点时十分明显；二是进行收入或利润转移，降低自己的应税收入档次，减少纳税额，高税率往往成为导致纳税人避税的加速器，纳税人不得不保护自己的既得利益而开辟各种减轻税负的途径。

（5）税收的优惠政策

税收中一般都有例外的减免照顾，以便扶持特殊的纳税人。然而，正是这些规定诱使众多纳税人争相取得这种优惠,千方百计使自己也符合减免条件。例如,新产品可以享受税收减免,不是新产品也可以出具证明或使产品具有某种新产品特点来享受这种优惠;新的企业所得税法实行了"产业优惠为主、区域优惠为辅"的新的优惠政策体系,就会使人们利用这些税收优惠及照顾实现少纳税或不纳税的目的;起征点是课税对象金额最低征税额,低于起征点可以免征,而当超过起征点时,应全额征收,因此纳税人总想使自己的应纳税所得额控制在起征点以下。

(6)税法细则与纳税事项吻合度的差异

由于避税正在成为一种十分普遍的社会经济现象,国家为了保证税收的质量,致使其在税收政策与实施细则的内容制定上越来越具体、详细。然而,大千世界的经济事项犹如一个五彩缤纷的万花筒,税法政策与细则再详尽也永远不会将与纳税有关的所有经济事项都十分全面而又详尽地予以规定和限定,不可能把避税的通道全部堵死,政府只得根据变化了的新情况、新问题,再调整有关的法律和规定,这也为纳税人进行纳税筹划提供了客观条件。

2. 国际纳税筹划的客观原因是国家间税制的差别

国际的税筹划的客观原因具体包括以下5点:

(1)纳税人概念的不一致

关于纳税人的纳税义务,国际社会有三个基本原则:一是一个人作为一国居民必须在其居住国纳税;二是一个人如果是一国公民,就必须在该国纳税;三是一个人如果拥有来源于一国境内的所得或财产,在来源国就必须纳税。前两种情况称为属人主义原则,后一种情况称为属地主义原则。由于各国属人主义和属地主义上存在差别以及虽同是属人或属地主义,但在具体规定,如公民与居民概念上存在差别,也为国际纳税筹划带来契机。

(2)课税的程度和方式在各国间不同

绝大多数国家对个人和公司法人所得都要征收所得税,但对财产转让所得则不同,比如有些国家就不征收财产转让税。同样是征收个人和企业所得税,有些国家税率较高,税负较重,有些国家税率较低,税负较轻,甚至有的国家和地区根本就不征税,从而给纳税筹划创造了机会。

(3)税率上的差别

同样是征收所得税,各国规定的税率却大不一样,将利润从高税地区向低税地区转移正是利用这种差别进行纳税筹划的重要手段之一。

(4)税基上的差别

例如,所得税税基为应税所得,但在计算应税所得时,各国对各种扣除项目规定的差异可能很大。显然,给予各种税收优惠会缩小税基,而取消各种优惠则会扩大税基,在税率一定的情况下,税基的大小决定税负的高低。

(5)避免国际双重征税方法上的差别

所谓国际双重征税是指两个或两个以上的国家,在同一时期内,对参与经济活动的同一纳税人或不同纳税人的同一课税对象或税源,征收相同或类似的税收,一般可分为法律意义上的国际双重征税和经济意义上的国际双重征税。为了消除国际双重征税,各国使用的方法不同,较为普遍的是抵免法和豁免法,在使用后一种方法的情况下,可能会产生国际纳税筹划机会。

除此以外,各国使用反避税方法上的差别、税法有效实施上的差别,以及其他非税收方面法律上的差别都会为纳税人进行国际纳税筹划提供一定的条件,这也是国际纳税筹划之所以产生的重要的客观原因。

9.1.2.3　纳税筹划的目标

纳税筹划的基本目标就是减轻税收负担、争取税后利润最大化,其外在表现是纳税最少、纳税最晚,即实现"经济纳税"。为理解纳税筹划的基本目标,可以将纳税筹划目标细化。

1. 恰当履行纳税义务

恰当(得当、适当)履行纳税义务是纳税筹划的基础目标或最低目标,旨在规避纳税风险、避免任何法定纳税义务之外的纳税成本的发生。为此,纳税人应做到纳税遵从,即依法纳税。这是因为税收具有强制性,如果偏离了纳税遵从,企业将面临涉税风险。税制又具有复杂性、频变性,这就意味着纳税义务不能自动履行,纳税人必须不断学习,及时、正确掌握现行税法,并随之进行相应的筹划,才能恰当履行纳税义务。

2. 降低纳税成本

纳税人为履行纳税义务,必然会发生相应的纳税成本。纳税成本包括直接纳税成本和间接纳税成本。前者是纳税人为履行纳税义务而付出的人力、物力和财力,后者是纳税人在履行纳税义务过程中所承受的精神负担、心理压力等。直接纳税成本容易确认和计量,间接纳税成本则需要估算或测算。税制公平,纳税人的心理就比较平衡;税收负担若在纳税人的承受能力之内,其心理压力就小;税收征管越透明、越公正,纳税人对税收的恐惧感便越小。要降低纳税成本,除纳税人应不断提高纳税能力、增强纳税意识等主观因素外,还与税制是否合理、征管人员素质、征管手段、征管方式等有直接关系。应该看到,纳税人纳税成本的降低会使企业利润增加,从而增加应纳税所得额;对税务机关来说,增加了税收收入,降低了其征管成本,这是一种双赢的结果。没有纳税人纳税成本的降低,也就没有税收征管成本的降低。

3. 控制企业纳税风险

企业纳税风险是指企业因涉税行为而引发的风险。企业的涉税行为要具有"合规性",即涉税事宜均须符合税收法律法规的规定。例如,企业经济活动要符合税法规定具有合理的商业目的,符合独立交易原则;对企业涉税事项的会计处理要符合相关会计准则或制度以及相关法律法规;纳税申报和税款缴纳要符合税法规定;税务登记(变更、注销)、凭证账簿管理、税务档案管理及税务资料的准备和报备等要符合税法规定等。

4. 降低企业税收负担

税负最低化目标更多的是从经济观点而非税收角度来谋划和安排,纳税筹划的焦点是现金流量、资源的利用收益、纳税人所得的最大化等。

纳税筹划不能只考虑个别税种缴纳的多与少，不能单纯以眼前税负的高低作为判断标准，而应以企业整体和长远利益作为判断标准，有时可能会选择税负较高的方案。在考虑货币的时间价值时，还要考虑边际税率因素，因为边际税率的改变可能会抵消货币时间价值的作用。

纳税筹划的具体目标不是截然分开的，不同企业可以有不同的具体目标，同一企业在同一时期可能有几种具体目标，其不同时期的具体目标也可能有所不同、有所侧重。

9.1.2.4 纳税筹划的原则

1. 守法原则

纳税筹划的最基本原则是符合税法或者不违反税法，即一定要守法，而不能公然挑战税法，这是其与逃、欠、抗、骗税的本质区别。进行纳税筹划，应该以现行税法及相关法律、国际惯例等为依据，在熟知税法规定的前提下，利用税制构成要素中的税负弹性，选择合理的纳税方案。

2. 保护性原则

保护性原则即要体现自我保护。因此，企业的会计凭证要真实、完整，会计账簿设置和记录要符合税法要求。如我国大部分税种的税率、征收率不是单一税率，有的税种还有不同的扣除率、出口退税率，纳税人要避免多缴税款，在兼营不同税种、不同税率的货物、劳务、出口货物，同时经营应税与免税货物时，要按不同税率（退税率）分别设账、分别核算（它与财务会计的设账原则不同）；在有混合销售行为时，要掌握计税原则。另外，由于增值税实行专用发票抵扣制，依法取得并认真审核、妥善保管专用发票是至关重要的。对纳税人来说，这都是保护性举措，否则，不但不能减轻负担，还可能加重税负。

3. 时效性原则

时效性原则体现在充分利用资金的时间价值上，如销售（营业）收入的确认、准予扣除项目的确认、增值税进项税额的确认与抵扣时间、销售与销项税额的确认时间、出口退税申报时间、减免税期限等，都有时效性问题。

4. 整体性原则

在进行某一税种的纳税筹划时，还要考虑与之有关的其他税种的税负效应，进行整体筹划，综合衡量，以求整体税负最轻、长期税负最轻，防止顾此失彼、前轻后重。综合衡量，从小的方面说，眼睛不能只盯在个别税种的税负高低上，而要着眼于整体税负的轻重。此外，还要从另一个角度看，税金支付的减少不等于资本总体收益的增加。某些设在我国经济特区的外资企业采用转让定价的方法，将利润逆向转移到境外高税区，目的是逃避外汇管制，追求集团总体收益而非税负最轻。最理想的当然是"节税"增收，如果有多种税收政策选择，总体收益最多但纳税并非最少的方案可能被视为最优方案。也就是说，纳税筹划要算大账，弃劣选优，避害趋利，着眼整体利益。

9.1.3 纳税筹划的分类

纳税筹划按照不同的标准从不同的角度可以有以下各种分类。

9.1.3.1 按纳税筹划需求主体不同分类

按纳税筹划需求主体的不同,纳税筹划可分为法人纳税筹划和自然人纳税筹划两大类。

1. 法人纳税筹划

法人纳税筹划主要是对法人的组建、分支机构设立、筹资、投资、运营、核算、分配等活动进行的纳税筹划。由于我国现阶段税制模式是以商品劳务流转税和所得税为主,企业是商品劳务流转税和所得税的纳税主体,因此在法人纳税筹划中,企业纳税筹划是主体部分,其需求量很大。

2. 自然人纳税筹划

自然人纳税筹划主要是在个人投资理财领域进行。自然人数量众多,但目前我国税制模式决定了自然人不是税收的主要缴纳者,虽然涉及自然人的税种不少,但纳税总量不大,因此自然人的纳税筹划需求规模相对企业纳税筹划要小一些。随着经济的发展、个人收入水平的提高、个人收入渠道的增多和我国税制改革的不断完善,我国自然人纳税筹划的需求会有一定增长。

9.1.3.2 按纳税筹划供给主体分类

按纳税筹划供给主体的不同,纳税筹划可以分为自行纳税筹划和委托纳税筹划两大类。

1. 自行纳税筹划

自行纳税筹划是指由纳税筹划需求主体自身为实现纳税筹划目标所进行的纳税筹划。自行纳税筹划要求需求主体拥有掌握纳税筹划业务技能、具备纳税筹划能力的专业人员,能够满足自身纳税筹划的需求。对企业而言,自行纳税筹划的供给主体一般是以财务部门及财务人员为主。由于税收法规和税收政策的复杂性,需求主体很难精通和准确把握全部税法规定,自行纳税筹划的成本和风险是比较大的,因此自行纳税筹划的效果不是很理想。

2. 委托纳税筹划

委托纳税筹划是指需求主体委托税务代理人或纳税筹划专家进行的纳税筹划。由于税务代理人或纳税筹划专家具有丰富的税收专业知识和纳税筹划专业技能,因此,他们制定的纳税筹划方案的成功率相对较高。虽然委托纳税筹划需支付一定的费用、承担一定的风险,但成本与风险相对自行纳税筹划较低,并且即使有风险,也能通过事前的约定由委托方与受托方共同分担,因此委托纳税筹划是效率比较高、效果比较好的一种纳税筹划形式,特别适用于企业大型纳税筹划项目和业务复杂、难度较大的纳税筹划项目。目前我国受托提供纳税筹划服务的机构主要是税务师事务所、会计师事务所和其他提供税务代理服务的中介机构。

9.1.3.3 按纳税筹划设计的区域分类

按纳税筹划涉及的区域,纳税筹划可以分为国内纳税筹划和国际纳税筹划。

1. 国内纳税筹划

国内纳税筹划是指从事生产经营、投资理财的活动的跨国(境)纳税人在国(境)内进行的纳税筹划。国(境)内纳税筹划主要依据的是国内的税收法律法规,目的是为企业谋取正当合法的税收利益。

2. 国际纳税筹划

国际纳税筹划是跨国(境)纳税主体利用国家(地区)与国家(地区)之间的税收政策差异和国际税收协定的条款进行的纳税筹划。随着我国对外开放的扩大,我国纳税人所涉及的跨国纳税筹划需求也越来越多,目前主要是在对外贸易和对外投资领域进行纳税筹划。

9.1.3.4 按纳税筹划适用于企业生产经营不同阶段分类

根据适用于企业生产经营的不同阶段,纳税筹划可以分为企业投资决策中的纳税筹划、企业生产经营过程中的纳税筹划、成本核算中的纳税筹划和企业经营成果分配中的纳税筹划。

1. 投资决策中的纳税筹划

投资决策中的纳税筹划是指企业在投资活动中充分考虑税收影响,从而选择税负最轻的投资方案的行为。企业为了获得更多利润,总会不断扩大再生产进行投资,投资影响因素的复杂多样决定了投资方案的非唯一性,而不同的投资方案显然有不同的税收待遇,因此,企业就有衡量轻重、选择最优方案的机会。

2. 生产经营中的纳税筹划

生产经营中的纳税筹划是指企业在生产经营过程中充分考虑税收影响,从而选择最有利于自己的生产经营方案的行为。生产经营中的纳税筹划主要是通过产品价格的确定、产业结构的决定、生产经营方式的选择等来达到生产经营效果最理想的状态。在进行纳税筹划时,要周密计算各种可能情况下生产经营过程所承担的税负,做出恰当的生产经营决策。

3. 成本核算中的纳税筹划

成本核算中的纳税筹划是指企业通过对和生产成本相关经济形势的预测及其他因素的综合考虑,选择恰当的会计处理方式以获得税收利益的行为。在成本核算中,能对税收缴纳产生重大影响的会计处理方法主要有固定资产折旧方法和存货计价方法的选择,通过纳税筹划可以最大限度地递延纳税时间,从而获得货币时间价值的利益。

4. 企业经营成果分配中的纳税筹划

企业经营成果分配中的纳税筹划是指企业在对经营成果分配时充分考虑各种方案的税收影响,选择税负最轻的分配方案的行为。企业经营成果分配中的纳税筹划主要通过合理归属所得年度来进行。合理归属所得年度是指利用合理手段将所得归属在税负最低的年度里,其途径是合理提前所得年度或合理推迟所得年度,从而达到减轻税负或递延纳税的目的。

9.1.3.5 按纳税筹划涉及的不同税种分类

按纳税筹划涉及的不同税种,纳税筹划可以分为现行税法规定的各个具体税种的纳税筹划,如增值税纳税筹划、消费税纳税筹划、营业税纳税筹划、企业所得税纳税筹划、个人所得税纳税筹划等。

在分税种进行的纳税筹划中,应针对每一税种的计税特点及相关的减免税规定,寻求各自的纳税筹划空间,进而做出相应的纳税筹划方案。

9.1.3.6 按纳税筹划采用的手段不同分类

根据纳税筹划采用的手段不同,纳税筹划可以分为节税筹划、避税筹划和税负转嫁。

1. 节税筹划

节税筹划,也称为“政策派纳税筹划”,此法认为纳税筹划必须在遵循税法的前提下合理地运用国家政策,通过节税的手段减少纳税人的总纳税额。

2. 避税筹划

避税筹划,也称为“漏洞派纳税筹划”,此法认为利用税法漏洞进行纳税筹划,进而在不违法的前提下谋取税收利益。

3. 税负转嫁

税负转嫁是纳税人在缴纳税款后,通过种种途径将税收负担转移给他人,只要某种税收的纳税人和负税人不是同一主体,便有可能发生税负转嫁。因为流转税的纳税人和负税人分离的特点决定了税负转嫁主要针对流转税的纳税筹划。

9.1.4 纳税筹划的基本步骤及应注意的问题

9.1.4.1 纳税筹划的基本步骤

1. 收集纳税筹划必需的信息

(1) 企业涉税情况与需求分析。不同企业的基本情况及纳税要求有所不同,在实施纳税筹划活动时,首先要了解企业以下基本情况:企业组织形式、筹划主体的意图、经营状况、财务状况、投资意向、管理层对风险的态度、企业的需求和目标等。其中,筹划主体的意图是纳税筹划中最根本的部分,是纳税筹划活动的出发点。

(2) 企业相关税收政策与环境分析。全面了解与企业相关的行业、部门税收政策,理解和掌握国家税收政策及精神,争取税务机关的帮助与合作,这对于成功实施纳税筹划尤为重要。有条件的企业,可建立企业税收信息资源库,以备使用。同时,企业必须了解政府的相关涉税行为,就政府对纳税筹划方案可能的行为反应做出合理的预期,以增强筹划成功的可能性。

(3) 确定纳税筹划的具体目标。纳税筹划的最终目标是企业价值最大化。在对上面已经收集的信息进行分析后,便可以确定纳税筹划的各个具体目标,并以此为基准来设计纳税筹划方案。纳税筹划具体目标主要包括实现税负最小化、实现税后利润最大化、获取资金时间价值最大化、实现纳税风险最小化。

2. 设计备选的纳税筹划方案

在掌握相关信息和确立目标之后,纳税筹划的决策者可以着手设计纳税筹划的具体方案。纳税筹划方案的设计一般按以下步骤进行:首先,对涉税问题进行认定,即认定涉税项目的性质,涉及哪些税种等;其次,对涉税问题进行分析,即分析涉税项目的发展态势、引发后果,纳税筹划空间大小,需解决的关键问题等;最后,设计多种备选方案,即针对涉税问题,设计若干可选方案,包括涉及的经营活动、财务运作和会计处理确定配套方案。

3. 分析、评价各个备选方案,并选择一个最佳方案

纳税筹划方案是多种筹划技术的组合运用,同时需要考虑风险因素。方案列示以后,必须进行一系列的分析,主要包括:① 合法性分析。纳税筹划的首要原则是合法性原则,对设计的方案首先要进行合法性分析,规避法律风险。② 可行性分析。纳税筹划的实施,需要多方面的条件,企业必须对方案的可行性做出评估,这种评估包括实施时间的选择、人员素质及未来的趋势预测。③ 目标分析。每种设计方案都会产生不同的纳税结果,这种纳税结果是否符合企业既定的目标,是筹划方案选择的基本依据。对多种方案进行分析、比较和评估后,选择一个最佳方案。

4. 实施该纳税筹划方案

纳税筹划方案选定之后,经管理部门批准,即进入实施阶段。企业应当按照选定的纳税筹划方案,对自己的纳税人身份、组织形式、注册地点、所从事的产业、经济活动及会计处理等做出相应的处理或改变,同时记录筹划方案的收益。

5. 对该纳税筹划方案进行监控、评估和改进

在纳税筹划方案的实施过程中,应及时监控出现的问题,再运用信息反馈制度,对筹划方案的效果进行评价,考核其经济效益与最终结果是否实现纳税筹划目标。在实施过程中,可能因为执行偏差、环境改变或者由于原有方案的设计存在缺陷,从而与预期结果产生差异,这些差异要及时反馈给纳税筹划的决策者,并对方案进行改进。

9.1.4.2 纳税筹划中应注意的问题

(1)纳税筹划是企业财务管理活动的重要组成部分,主要体现在选择和安排企业的投资、经营及交易等事项的过程之中。在税法规定的范围内,纳税人往往面临着税负不同的多种纳税方案的选择,纳税人可以避重就轻,选择低税负的纳税方案,合理地、最大限度地减轻企业的税收负担,这也是增强市场经济环境下企业竞争力的有效手段。

(2)纳税筹划是企业的一种长期行为和事前筹划活动,需要有长远的眼光,不仅要着眼于法律上的考虑,更要着眼于企业总体的管理决策,还要与企业发展战略结合起来,纳税筹划活动的开展需要企业高层管理者的参与。

(3)纳税筹划是一种降低企业经营成本的有效手段,纳税筹划节税与降低产品成本有同等重要的经济价值,对于纳税人来说,税收的无偿性决定了其税款的支出是企业资金的净流出,没有与之直接配比的收入项目,所以节约税收支付等于直接增加企业净收益,与降低其他成本项目具有同样的意义。

(4)纳税筹划是纳税人对税法合理而有效的理解、掌握和运用。充分、正确、有效地运用纳税筹划,依法纳税,是纳税人纳税意识增强、纳税观念提高、纳税方法成熟、纳税效

益明显的一个标志。这不仅有利于纳税人降低风险提高收益水平,而且有利于税务机关和税务人员提高税收征管水平,加强税收工作的有效监督和制约,同时对税收征管制度的完善也会起到积极的促进作用。

(5) 纳税筹划的目的不只是使企业税负最轻,其真正的目的是在纳税约束的市场环境下,使企业税后利润最大化或企业价值最大化。

(6) 纳税筹划活动风险与收益并存。纳税筹划是一种事前行为,具有长期性和预见性的特点,而国家政策、税收法规在今后一段时间内有可能发生变化,所以纳税筹划和其他财务管理决策一样,收益与风险并存。

(7) 纳税筹划活动要充分考虑实际税负水平。在纳税筹划中,企业应提高应收账款的收现速度和有效比重,在不影响经济法规和不损害企业市场信誉的前提下,尽可能延缓税收支出的时间和速度,控制即期现金支付的比重。考虑通货膨胀因素会形成应税收益中的高估不利影响,同时还应注意到通货膨胀也使得企业延缓支付税金会达到抑减税负的效应。

(8) 纳税筹划要考虑边际税率,进而考虑纳税筹划的边际收益和边际成本。对纳税筹划影响较大的税率不是某项税负的平均税率,而是其边际税率。边际税率是对任何税基下一个单位的适用税率,也即对每一新增应税所得额适用的税率。对比例税率而言,边际税率是不变的,始终等于基本税率;对累进税率而言,边际税率随所得额的大小和税率结构的变化而变化。在实践中,往往会出现边际税率越低,税收收入越高,边际税率提高,税收收入反而降低的现象,这反映了边际税率变化对纳税人心理的影响及对经济行为的影响。企业应通过对边际税率的考察,核算纳税筹划的边际收益与边际成本,合理开展纳税筹划活动。

(9) 纳税筹划要有全局观念,以整体观念和系统思维来看待不同的税收方案。纳税筹划要从企业微观经济系统甚至国家宏观经济系统角度全面考虑,细致分析一切影响和制约税收的条件和因素。

9.2　纳税筹划原理与技术

9.2.1　纳税筹划原理

9.2.1.1　绝对收益筹划与相对收益筹划原理

当存在多种纳税方案可供选择时,纳税人以减轻税负为目的,选择税负最低的方案,无论是节税还是避税,都是为了取得最大的税后收益。根据收益效应分类,可以将纳税筹划原理基本归纳为两大类:绝对收益筹划原理和相对收益筹划原理。

1. 绝对收益筹划原理

绝对收益筹划原理是指使纳税人的纳税总额绝对减少,从而取得绝对收益的原理。

它又分为直接收益筹划原理和间接收益筹划原理。直接收益是指直接减少了某一个纳税人的纳税绝对额而取得的收益;间接收益是指某一个纳税人的纳税绝对额并没有减少,但减少了同一税收客体的纳税绝对总额而取得的收益。

2. 相对收益筹划原理

相对收益筹划原理是指纳税人一定时期内的纳税总额并没有减少,但某些纳税期的纳税义务递延到以后的纳税期实现,因此,取得了递延纳税额的时间价值,从而取得了相对收益。该原理主要考虑了货币的时间价值。

9.2.1.2 税基筹划、税率筹划与税额筹划原理

对影响纳税额的因素进行分析,从而决定如何进行纳税筹划。根据筹划的着力点不同,可以把纳税筹划原理分为税基筹划原理、税率筹划原理和税额筹划原理。

1. 税基筹划原理

税基筹划原理是指纳税人通过缩小税基减轻税收负担甚至解除纳税义务的原理。这里将税基看作应纳税所得额,即扣除额已经包括在税基之内。税基是计税的基数,在适用税率一定的条件下,税额的大小与税基的大小成正比。税基越小,纳税人承担的纳税义务越轻。

2. 税率筹划原理

税率筹划原理是指纳税人通过降低适用税率的方式来减轻税收负担的原理。

3. 税额筹划原理

税额筹划原理是指纳税人通过直接减少应纳税额的方式来减轻税收负担或者解除纳税义务的原理,常常与税收优惠中的全部免征或减征、部分免征相联系。

9.2.2 纳税筹划的切入点

纳税筹划是利用税法客观存在的政策空间来进行的,这些空间体现在不同的税种、不同的税收优惠政策、不同的纳税人身份及影响纳税数额的其他基本要素上,因此应该以这些税法客观存在的空间为切入点,研究实施纳税筹划的方法。

1. 选择纳税筹划空间大的税种为切入点

从原则上说,纳税筹划可以针对一切税种,但由于不同税种的性质不同,纳税筹划的途径、方法及其收益也不同。实际操作中,要选择对决策有重大影响的税种作为纳税筹划的重点;选择税负弹性大的税种作为纳税筹划的重点,税负弹性越大,纳税筹划的潜力也越大。一般来说,税源大的税种,税负伸缩的弹性也大。因此,纳税筹划自然要瞄准主要税种。另外,税负弹性还取决于税种的要素构成,主要包括税基、扣除项目、税率和税收优惠。税基越宽,税率越高,税负就越重;或者说税收扣除越大,税收优惠越多,税负就越轻。

2. 以税收优惠政策为切入点

税收优惠是税制设计中的一个重要因素,也是贯彻一定时期一国或地区税收政策的重要手段。国家为了实现税收调节功能,一般在设计税种时,都设有税收优惠条款,企业如果充分利用税收优惠条款,就可享受节税效益。因此,用好、用足税收优惠政策本身就

是纳税筹划的过程。选择税收优惠政策作为纳税筹划突破口时,应注意两个问题:一是纳税人不得曲解税收优惠条款,滥用税收优惠,以欺骗手段骗取税收优惠;二是纳税人应充分了解税收优惠条款,并按规定程序进行申请,避免因程序不当而失去应有权益。

3. 以纳税人构成为切入点

按照我国税法规定,凡不属于某税种的纳税人,不须缴纳该项税收。因此,企业进行纳税筹划之前,首先要考虑能否避开成为某税种纳税人,从而从根本上解决减轻税收负担问题。一般情况下,企业宁愿选择作为营业税的纳税人而非增值税的纳税人,宁愿选择作为增值税一般纳税人而非增值税小规模纳税人。因为,营业税的总体税负比增值税总体税负轻,增值税一般纳税人的总体税负较增值税小规模纳税人的总体税负轻。当然,这不是绝对的。在实践中,要做全面综合的考虑,进行利弊分析。例如,《增值税暂行条例实施细则》第五条规定:"一项销售行为如果既涉及货物又涉及非应税劳务,为混合销售行为。从事货物的生产、批发或零售的企业、企业性单位及个体经营者的混合销售行为,视为销售货物,应当征收增值税;其他单位和个人的混合销售行为,视为销售非应税劳务,不征收增值税。"企业在市场竞争中,由于经营手段和销售方式不断复杂化,同时新手段、新产品的出现使产品的内涵不断扩展,以至于常常出现同一销售行为涉及两税种的混合销售业务,依据混合销售按"经营主业"划分只征一种税的原则,企业有充分的空间进行纳税筹划以获得适合自己企业和产品特点的纳税方式。

4. 以影响应纳税额的几个基本因素为切入点

影响应纳税额因素有两个,即计税依据和税率。计税依据越小,税率越低,应纳税额也越小。因此,进行纳税筹划,无非是从这两个因素入手,找到合理、合法的办法来降低应纳税额。例如,企业所得税的计税依据就是应纳税所得额,税法规定,企业应纳税所得额＝收入总额－允许扣除项目金额,具体计算过程中又规定了复杂的纳税调增、纳税调减项目,因此,企业进行纳税筹划的空间就更大了。

5. 以不同的财务管理过程为切入点

企业的财务管理包括筹资管理、投资管理、资金运营管理和收益分配管理,每个管理过程都可以有纳税筹划的工作可做。例如,按照税法规定,负债的利息作为税前扣除项目,享有所得税利益,而股息支付只能在企业税后利润中分配,因此,债务资本筹资就有节税优势。又如,通过融资租赁,可以迅速获得所需资产,保存企业的举债能力,而且支付的租金利息也可以按规定在所得税前扣除,减少纳税基数。更重要的是租入的固定资产可以计提折旧,可进一步减少企业的纳税基数,因此,融资租赁的税收抵免作用极其显著。

投资管理阶段,选择投资地点时,选择在沿海开发区、高新技术开发区、国家鼓励的西部,会享受到税收优惠。选择投资方式时,如果企业欲投资一条生产线,是全新购建还是收购一家几年账面亏损的企业? 除考虑不同投资方式实际效益的区别外,还应注意到收购亏损企业可带来的所得税的降低。选择投资项目时,国家鼓励的投资项目和国家限制的投资项目,两者之间在税收支出上有很大的差异。在企业组织形式的选择上,内资与中外合资、联营企业与合伙企业、分公司与子公司、个体工商户和私营企业，不同的组织形式所适用的税率是不同的。

经营管理阶段，不同的固定资产折旧方法影响纳税，不同的折旧方法，虽然应计提的折旧总额相等，但各期计提的折旧费用却相差很大，从而影响各期的利润及应纳税所得额。不同的存货计价方法的选择，一般来说，在物价逐渐下降时，采用先进先出法计算的成本较高，利润相对减少；反之，采用后进先出法，则可相对降低企业的所得税负担。采购时，采购对象是不是一般纳税人也有很大的影响。

6. 从纳税环境的选择为切入点

中国正处于经济转型时期，不同地区的政府部门，其执法水平、人员素质和服务意识不同；不同地区的税务机关，其税收征管实践的差异也很大。因此，企业所在地的经营环境就有好坏之分。针对具体企业进行的纳税筹划，必须充分考虑企业特定的经营环境，如果把握不好，很容易增加筹划风险，加大筹划成本。另外，企业的内部环境也很重要，其关键是管理层的法律意识和超前意识，还有企业执行层和决策层之间的企业文化认同程度。

9.2.3　纳税筹划的基本技术

9.2.3.1　减免税技术

1. 免税技术

利用免税筹划，是指在合理的情况下，使纳税人成为免税人，或使纳税人从事免税活动，或使征税对象成为免税对象而免纳税收的纳税筹划方法。免税人包括免税自然人、免税公司、免税机构等。各国一般有两类不同目的的免税：一类是属于税收照顾性质的免税，这对纳税人来说只是一种财务利益的补偿；另一类是属于税收奖励性质的免税，这对纳税人来说则是财务利益的取得。照顾性免税往往是在非常情况或非常条件下才能取得的，而且一般也只是弥补损失，所以纳税筹划不能利用其达到节税目的，只有取得国家奖励性质的免税才能达到节税的目的。

利用免税的纳税筹划方法能直接免除纳税人的应纳税额，技术简单，但适用范围狭窄，且具有一定的风险性。免税是对特定纳税人、征税对象及情况的减免，比如必须从事特定的行业、在特定的地区经营、要满足特定的条件等，而这些不是每个纳税人都有或都愿意做到的。因此，免税方法往往不能普遍运用，适用范围狭窄。在能够运用免税方法的企业投资、经营或个人活动中，往往有一些是被认为投资收益率低或风险高的地区、行业、项目和行为，例如，投资高科技企业可以获得免税待遇，还可能得到超过社会平均水平的投资收益，并且也可能具有高成长性，但风险也极高，非常可能因投资失误而导致投资失败，使免税变得毫无意义。

利用免税方法筹划以尽量争取更多的免税待遇和尽量延长免税期为要点。与缴纳税收相比，免征的税收就是节减的税收，免征的税收越多，节减的税收也越多；许多免税都有期限的规定，免税期越长，节减的税收越多。例如，如果国家对一般企业按普通税率征收所得税，对在 A 地的企业制定有从开始经营之日起 3 年内免税的规定，对在 B 地的企业制定有从开始经营之日起 5 年内免税的规定。那么,如果条件基本相同或利弊基本相抵,一个公司完全可以搬到 B 地去经营,以获得免税待遇,并使免税期最长化,从而在合法、合理的情况下节减更多的税收。

2. 减税技术

利用减税筹划,是指在合法、合理的情况下,使纳税人减少应纳税收而直接节税的纳税筹划方法。我国对国家重点扶持的公共基础设施项目,符合条件的环境保护、节能节水项目,循环经济产业,符合规定的高新技术企业、小型微利企业,从事农业项目的企业等给予减税待遇,是国家为了实现其科技、产业和环保等政策所给予企业税收鼓励性质的减税。各国一般有两类不同目的的减税:一类是照顾性质的减税,如国家对遭遇自然灾害地区的企业、残疾人企业等减税,是国家对纳税人由于各种不可抗拒原因造成的财务损失进行的财务补偿;另一类是奖励性质的减税,如高科技企业、公共基础设施投资企业等的减税,是对纳税人贯彻国家政策的财务奖励,对纳税人来说则是财务利益的取得。

利用减税进行纳税筹划主要是合法、合理地利用国家奖励性减税政策而节减税收的方法。这种方法也具有技术简单、适用范围狭窄、存在一定风险性的特点。

利用这种减税方法筹划就是在合法、合理的情况下,尽量争取减税待遇并使减税最大化和使减税期最长化。比如,A,B,C 三个国家,企业所得税的普通税率基本相同,其他条件基本相似或利弊基本相抵。一个企业生产的商品 90% 以上出口到世界各国,A 国对该企业所得按普通税率征税;B 国为鼓励外向型经济发展,对此类企业减征 30% 的所得税,减税期为 5 年;C 国对此类企业减征 40% 的所得税,而且没有减税期的限制。打算长期经营此项业务的企业,可以考虑将公司或者子公司搬到 C 国去,从而在合法的情况下,使节税的税款最大化。

9.2.3.2　分割技术

分割技术是指在合理、合法的情况下,使所得、财产在两个或更多个纳税人之间进行分割而直接节税的纳税筹划技术。出于调节收入等社会政策的考虑,许多国家的所得税和一般财产税通常都会采用累进税率,计税基础越大,适用的最高边际税率也越高。将所得、财产在两个或更多个纳税人之间进行分割,可以使计税基数降至低税率级次,从而降低最高边际适用税率,节减税收。例如,应税所得额在 30 万元以下的,适用税率是20%;应税所得额超过 30 万元的,适用税率为 25%。

采用分割技术节税的要点在于使分割合理化、节税最大化。利用国家的相关政策对企业的所得或财产进行分割,技术较为复杂,因此,除了要合法外,还应特别注意其合理性。在合法和合理的情况下,尽量寻求通过分割技术使节税最大化。

9.2.3.3　扣除技术

利用税收扣除筹划,是指在合法、合理的情况下,使扣除额增加而直接节税,或调整各个计税期的扣除额而相对节税的纳税筹划技术。在收入相同的情况下,各项扣除额、宽免额、冲抵额等越大,计税基数就会越小,应纳税额也越小,所节减的税款就越大。

利用税收扣除进行纳税筹划,技术较为复杂,适用范围较大,具有相对确定性。各国税法中的各种扣除、宽免、冲抵规定最为烦琐复杂,同时变化也最多、最大。因此,要节减更多的税收就要精通所有有关的最新税法,计算出结果并加以比较,较为复杂;税收扣除适用于所有纳税人的规定,说明扣除技术具有普遍性与适用范围广泛性的特点;税收扣除在规定时期的相对稳定性,又决定了采用扣除技术进行纳税筹划具有相对稳定性。

利用税收扣除进行纳税筹划的要点在于使扣除项目最多化、扣除金额最大化和扣除最早化。在合法、合理的情况下,尽量使更多的项目能得到扣除。在其他条件相同的情况下,扣除的项目越多、金额越大,计税基础就越小,应纳税额就越小,因而节减的税收就越多;在其他条件相同的情况下,扣除越早,早期纳税越少,早期的现金流量就会越大,可用于扩大流动资本和进行投资的资金就会越多,将来的收益也越多,因而相对节税就越多。扣除最早化,可以达到节税最大化。

9.2.3.4 税率差异技术

纳税筹划的税率差异技术,是指在合法、合理的情况下,利用税率的差异而直接节减税收的纳税筹划技术。与按高税率缴纳税收相比,按低税率少缴纳的税收就是节减的税收。

税率差异在各国都普遍存在。一个国家为了鼓励某种产业、某行业以及某种类型的企业、某类地区等的发展,会规定形式各异、高低不同的税率,纳税人可以利用税率差异,通过选择企业组织形式、投资规模、投资方向等,实现少缴纳税款的目的。

利用税率差异进行纳税筹划的适用范围较广,具有复杂性、相对确定性的特点。采用税率差异节税不但受税率差异的影响,有时还受不同计税基数差异的影响。计税基数计算的复杂性使税率差异筹划变得复杂。例如,计算出结果,要进行比较才能得出税负大小的结论;税率差异的普遍存在性,又给了每个纳税人一定的挑选空间,因此,税率差异筹划方法是一种能普遍运用、适用范围较广的纳税筹划方法;税率差异的客观存在性及在一定时期的相对稳定性,又使税率差异筹划方法具有相对确定性。

9.2.3.5 抵免技术

纳税筹划的抵免技术,是指在合法、合理的情况下,使税收抵免额增加而绝对节税的纳税筹划技术。税收抵免额越大,冲抵应纳税额的数额就越大,应纳税额则越小,从而节减的税额就越大。

利用税收抵免技术的要点在于使抵免金额最大化、抵免项目最多化,从而达到节税最大化。在合法、合理的情况下,抵免的金额越大,冲抵应纳税额就越大;冲抵应纳税额的金额越大,应纳税额就越小,因而节减的税收就越多。

9.2.3.6 退税技术

纳税筹划的退税技术,是指在合法、合理的情况下,使税务机关退还纳税人已纳税款而直接节税的纳税筹划技术。在已缴纳税款的情况下,退税无疑是偿还了缴纳的税款,节减了税收。所退税额越大,节减的税收就越多。

退税技术的要点在于尽量争取退税项目最多化和退税额最大化。在合法和合理的前提下,尽量争取更多的退税待遇和更大的退税额度,在其他条件相同的情况下,退税的项目越多、退税额越大,退还的已纳税额就越多,因而节减的税款就越多,从而达到税收收益的最大化。

9.2.3.7　延期纳税技术

纳税筹划的延期纳税技术,是指在合法、合理的情况下,使纳税人延期缴纳税收而相对节税的纳税筹划技术。纳税人延期缴纳本期税收,并不能减少纳税人纳税绝对总额,但等于得到一笔无息贷款,可以增加纳税人本期的现金流量,使纳税人在本期有更多的资金扩大流动资本,可用于资本投资,使将来可以获得更多的税后收益,相对节减税收。

延期纳税如果能够使纳税项目最多化、延长期最长化,则可以达到节税最大化。在合法、合理的情况下,纳税延长期越长,由延期纳税增加的现金流量所产生的收益也将越多,因而相对节减的税收也越多。在合法、合理的情况下,延期纳税的项目越多,本期缴纳的税收就越少,现金流量也越大,可用于扩大流动资本和进行投资的资金也越多,将来的收益也越多,因而相对节减税收就越多。

9.2.3.8　会计政策选择技术

会计政策是指企业管理当局编制财务报表时所采用的原则、基础、管理、规则和程序。目前我国会计政策可分为两大类:一类是强制性会计政策,如会计期间的划分、会计年度的起止日、记账方法、记账本位币、会计要素划分及各会计要素的确认标准等;另一类是可选择的会计政策,如具体会计政策的选择。在现实经济活动中,同一经济业务有时存在着不同的会计处理方法,而不同的会计处理方法又对企业的财务状况有着不同的影响,同时这些不同的会计处理方法又都得到了税法的承认。所以通过对有关会计政策的选择筹划也可以达到获取税收收益的目的。主要的会计政策选择包括:① 存货计价方法的选择;② 固定资产折旧方法的选择;③ 坏账准备的计提方法的选择;④ 股权投资的核算方法的选择等。企业选择不同会计政策,就会产生不同的后果,如存货计价方法,选择不同的存货计价方法会直接影响期末存货价值的确定和销售成本的计算,进而对企业的利润、税收负担现金流量、财务比率等产生影响。这就需要企业必须在对国家会计政策的选择空间进行充分分析的基础上,结合企业自身的特点,制定一套企业会计政策选择的制度程序,保证其会计政策选择的合理性。这些可以选择的会计政策就为纳税筹划提供了可以执行的空间。

企业可以根据自身的生产经营状况和权衡税收相关法规利弊的前提下,选择能够节税的最优会计政策。但同时纳税筹划也对会计政策的选择有所限制,即只能在国家相关法律法规限定的权限内选择会计政策。

》练习题

一、简答题

1. 纳税筹划的客观动因有哪些?

2. 纳税筹划的目标是什么?

3. 纳税筹划应该遵循的原则有哪些？

4. 纳税筹划的基本方法有哪些？

5. 简述纳税筹划的意义。

6. 纳税筹划的切入点有哪些？

7. 如何通过会计处理方法达到纳税筹划的目的？

二、选择题

1. 减少税收成本最有效、最可靠、最可行的途径是（   ）。

A. 避税　　　　　B. 偷税　　　　　C. 纳税筹划　　　　D. 骗税

2. 税务机关发现，某歌星隐瞒参加演出后得到的 50 万收入，没有去缴税。这种行为属于（   ）。

A. 骗税　　　　　B. 欠税　　　　　C. 偷税　　　　　D. 抗税

3. 纳税筹划的目标在直接减轻纳税人负担上，但应更加注重（   ）。

A. 企业的整体经济效益　　　　　B. 企业发展规划

C. 企业形象　　　　　　　　　D. 企业业绩

4. 纳税筹划的最终目的是使纳税人的可支配利益最大化，即税后利益最大化。这称为（   ）原则。

A. 效益　　　　　B. 简便　　　　　C. 整体　　　　　D. 合法

5. 税基筹划、税率筹划、税额筹划是指从（   ）入手进行的筹划。

A. 选择节税空间大的税种　　　　B. 纳税人的构成

C. 影响纳税额的因素　　　　　　D. 税收优惠

6. 纳税筹划是在纳税义务发生（   ）进行的谋划过程。

A. 当时　　　　　　　　　　　B. 之后

C. 之前　　　　　　　　　　　D. 任何时间都合理

7. 纳税筹划的（   ）是指纳税筹划只能在法律许可的范围内进行。

A. 收益性　　　B. 风险性　　　C. 预期性　　　　D. 合法性

8. 某公司因不想纳税组织社会青年数人围攻税务局的税务人员的行为属于（   ）。

A. 偷税　　　　　B. 欠税　　　　　C. 骗税　　　　　D. 抗税

9. 纳税人进行的纳税筹划的基本方法不包括（   ）。

A. 税收负担的回避　　　　　B. 高的纳税义务转换为低的纳税义务

C. 纳税期的递延　　　　　　D. 税收负担的逃避

10. 纳税筹划目标的最终表现是（   ）。

A. 收益性　　　B. 预期性　　　C. 风险性　　　　D. 合法性

第 10 章　企业筹资活动的纳税筹划

本章学习要点

了解企业筹资活动的内容以及分类,熟悉各种企业筹资活动的纳税筹划空间及税负计算,掌握企业筹资活动的纳税筹划的关键点。通过对本章的学习,在企业税务实务中应根据企业的实际情况形成企业筹资活动纳税筹划的基本思路。

筹资在企业的经营过程中占据着非常重要的地位,是企业战略决策的重要组成部分,也是企业一系列生产经营活动的先决条件。如果不能筹集到一定数量的资金,企业就无法取得预期的经济效益。筹资决策是任何处于生存和发展状态中的企业都要考虑的问题,其优劣直接影响企业生产经营的业绩以及企业战略的制定和实施。企业的任何经济活动都必须在法律的框架下进行,其筹资活动亦不例外,纳税筹划也应符合法律的规定。对税法相关条文的熟悉与掌握,能使企业更灵活地运用相关手段进行纳税筹划,使企业的筹资活动能更顺利地进行。

市场经济环境下,企业可以从多种渠道以不同方式筹集所需的资金,而不同的筹资渠道和不同的筹资方式组合将给企业带来不同的预期收益,也将使企业承担不同的税收负担。一般来说,筹集负债资金时支付的借款利息、债券利息、租金等都可计入企业的当期费用,在税前列支,从而可以减少应税所得额,达到节税效果,即发挥负债融资的杠杆效应;而筹集权益资金时所支付给股东的股息、红利必须是税后利润,不能作为当期费用列支,因而会比筹集负债资金多缴纳所得税。但有时税收负担的减少(增加负债资金)并不一定等于所有者收益的增加。当负债的利息率高于息税前的投资收益率时,权益资本的收益会随着债务的增加而下降,此时如果再增加负债,企业的获利能力将大大降低。因此,在筹资过程中进行纳税筹划,还应该考虑资本结构(负债资本与权益资本的比例)的变动对企业预期收益和税负水平的影响,以及怎样的资本配置才能使企业在有效抑制税负的同时,实现企业利益最大化目标。筹资作为一项相对独立的企业活动,其对经营收益的影响主要是借助因资本结构变动产生的杠杆作用实现的。利用不同筹资方式、不同筹资条件对税收的影响,精心设计企业筹资项目,实现税后利润或者股东收益最大化,是纳税筹划的任务和目的。

10.1 企业筹资的渠道

企业的筹资渠道主要包括从金融机构借款、从非金融机构及企业借款、发行债券或可转换债券、发行股票、商业信用、经营租赁或融资租赁、企业自我积累和企业内部集资等,可概括为两大类:债务筹资和权益筹资。不同筹资方式的税法待遇及其所造成的企业实际承受的税收负担不同,取得的税后收益也有差别,为企业纳税筹划提供了空间。然而由于各种筹资方式还会涉及相关筹资成本,因此不能仅仅从税收负担角度来考虑各种筹资方式的优劣。

10.1.1 金融机构借款筹资

向金融机构借款筹资,其成本主要是利息负债。向银行借款支付的利息一般可以在税前冲抵企业利润,从而减少企业所得税。大多数企业与银行没有关联关系,向银行借款在税负的沟通上要比企业自我积累方式差。因此向银行等金融机构借款进行纳税筹划的空间不大。但企业仍可利用在业务过程中与金融机构逐渐建立起来的特殊业务关系,实现一定程度减轻税负的目的。

10.1.2 非金融机构借款筹资

企业向非金融机构及企业借款筹资进行纳税筹划的空间较大,因此国家对向非金融机构及企业借款有较多限制。《企业所得税法》第八条规定:"企业实际发生的与取得收入有关的、合理的支出,包括成本、费用、税金、损失和其他支出,准予在计算应纳税所得额时扣除。"《企业所得税法实施条例》第三十八条规定:"企业在生产、经营活动中发生的下列利息支出,准予扣除:(一)非金融企业向金融企业借款的利息支出……(二)非金融企业向非金融企业借款的利息支出,不超过按照金融企业同期同类贷款利率计算的数额的部分。"说明企业在生产经营过程中向金融机构借款的利息支出准予按照实际发生数扣除,向非金融机构借款符合条件的利息支出也可以在税前冲减企业利润,从而减少企业所得税。

企业间的资金拆借可以为企业纳税筹划提供以下便利条件:

(1)资金拆借的双方一般是关联企业,而关联双方是有"亲缘"关系的,存在密切的供产销、资金重组、融资往来以及担保、租赁等事项。关联双方通过明确供销关系,可以优化资本结构和内部资源配置,提高资产的盈利能力,保证生产的正常进行和快速发展。

(2)通过相互拆借资金,相互担保,及时筹措资金,可以有效地把握投资机会,降低机会成本,提高资金运营效率。

(3)通过充分利用集团内部的生产资源,可以降低交易成本,提高上市公司的运营效率,有利于实现集团公司资本运营的目标。

由此可见,正是由于这种"亲缘"关系的存在,为企业在纳税筹划方面提供了可操作的空间。

10.1.3 发行债券筹资

发行债券或可转换债券属于向社会直接融资,这种方式日益成为大公司筹资的主要方案。债券是经济主体为筹措资金而发行的、用以记载和反映债权债务关系的有价证券。由企业发行的债券称为企业债券或公司债券。

可转换债券是指根据债券合同规定,可以在一定期限之后,按照规定的转换比率或者价格将资金转换成公司股票的债券。可转换债券对投资者和发行公司都有较大的吸引力,它兼有债券和股票的优点,在投资者尚未将资金转换成股票前,可转换债券有利于利息支出而得到避税优势。

债券发行有平价发行、溢价发行和折价发行三种方式。当债券票面利率与发行时市场利率相同时,债券按面值发行,即平价发行;当票面利率高于市场利率时,债券按高于面值的价格发行,即溢价发行,企业对其将来多付的利息事先获得补偿;当票面利率低于市场利率时,债券按低于面值的价格发行,即折价发行,企业对其将来少付的利息事先给予补偿。在债券溢价或折价发行时,必须在发行期内将溢价或折价摊销完毕。

发行债券筹资的筹资对象广、市场大,比较容易寻找降低筹资成本、提高整体收益的方法;由于债券的持有者数量众多,因此有利于债券持有企业利润的平均分担,避免利润过分集中带来较重的税收负担;借款利息可以作为财务费用,也可以作为企业成本的一部分在税前冲减利润,减少所得税税基。可转换债券的筹资成本较低,并且在一定条件下债券可以转换成股份,企业面临的偿还风险较低;由于存在不同的账务处理,可转换债券也不失为一种有效的筹资工具。

10.1.4 商业信用筹资

商业信用筹资是指企业之间在买卖商品时,以商品形式提供借贷活动来达到集资目的,其依靠的是经济活动中一种最普遍的债权债务关系。商业信用的存在对于扩大生产和促进流通起到了十分积极的作用。

企业主要利用如下方式进行商业信用筹资:

(1)应付账款筹资。对于融资企业而言,意味着放弃了现金交易的折扣,同时还需要负担一定的成本,因为往往付款越早,折扣越多。

(2)商业票据融资。商业票据也就是企业在延期付款交易时开具的债权债务票据。对于一些财力和声誉良好的企业,其发行的商业票据可以直接从货币市场上筹集到短期货币资金。

(3)预收货款融资。这是买方向卖方提供的商业信用,是卖方的一种短期资金来源,信用形式应用非常有限,仅限于市场紧缺商品、买方急需或必须商品、生产周期较长且投入较大的建筑业、重型制造等。

商业信用筹资具有以下优点:

（1）筹资便利。利用商业信用筹集资金非常方便,因为商业信用与商品买卖同时进行,属于一种自然性融资,不用做非常正规的安排,也无须另外办理正式筹资手续。

（2）筹资成本低。如果没有现金折扣,或者企业不放弃现金折扣,以及使用不带息应付票据和采用预收货款,则企业采用商业信用筹资没有实际成本。

（3）限制条件少。与其他筹资方式相比,商业信用筹资限制条件较少,选择余地较大,条件比较优越。

10.1.5 租赁筹资

租赁是出资人以收取租金为条件,在契约或合同规定的期限内,将资产租给承租人使用的一种经济行为,作为一种特殊的筹资方式,在市场经济中的运用日益广泛。它涉及四个基本要素:出租人、承租人、租赁资产和租金。通过租赁的方式来筹集资金是企业最经常采用的方式,是一种特殊的融资方式。按租赁业务的性质,租赁筹资活动分为经营租赁和融资租赁两种。

10.1.5.1 经营租赁

经营租赁,又称为业务租赁、服务租赁、管理租赁或操作性租赁,是为了满足经营使用上的临时或季节性需要而发生的资产租赁。经营租赁是一种短期租赁形式,是指出租人不仅要向承租人提供设备的使用权,还要向承租人提供设备的保养、保险、维修和其他专门性技术服务的一种租赁形式。对意向租赁资产的成本计提和利润取得,要经过多次出租才能完成。

经营租赁具有以下特点:

（1）经营租赁是一种服务,适用于更新快、短期使用的设备租赁。出租设备一般由租赁公司根据市场需要选定,购入之后,再寻找承租企业。

（2）与设备资产的经济寿命相比,经营租赁的租期较短,因而承租人可以借此获得使用设备的机会,从而避免在不完全了解设备的情况下盲目购入的风险。

（3）在合理的限制条件下可以中途解约。

（4）经营租赁的租金一般比融资租赁高,但其维修、保养费等由出租人负担。

10.1.5.2 融资租赁

融资租赁,也称为资本租赁,是由出租人(租赁公司)按承租人(承租企业)的要求融资购买设备,并在契约或合同规定的较长时期内提供给承租人使用的信用业务。它通过融物来达到融资的目的,是现代租赁的主要形式。融资租赁具有设备租赁期较长;不得任意中止租赁合同或契约;租金较高;租赁期满后,按事先约定的方式来处置资产,或退还或续租或留购等特点。

融资租赁是企业筹措资金的一种重要方法。采用这种租赁方式,企业可以获得租赁公司提供的设备的使用权,实际上相当于获得了企业购置设备所需的资金,所以融资租赁是一种将资金与设备租赁结合在一起的筹资方法。这一筹资方法由于具有特殊优点,已成为一种国际化的筹资手段。按其业务的特点,融资租赁有以下几种形式。

（1）直接租赁,即典型的融资租赁。它是出租人直接将购买的设备租给承租人,直接签订合同并收取租金。不做特别说明时,通常所说的融资租赁即为直接租赁。典型的融资租赁由三方当事人和两份合同组成,即由出租人与供货人签订的购货合同和出租人与承租人签订的租赁合同组成。在实际操作中,符合下列一项或数项标准的,应当认定为融资租赁:

① 在租赁期届满时,租赁资产的所有权转移给承租人。

② 承租人有购买租赁资产的选择权,所订立的购买价款预计将远低于行使选择权时租赁资产的公允价值,因而在租赁开始日就可以合理确定承租人将会行使这种选择权。

③ 即使资产的所有权不转移,但租赁期占租赁资产使用寿命的大部分。

④ 承租人在租赁开始日的最低租赁付款额现值,几乎相当于租赁开始日租赁资产公允价值;出租人在租赁开始日的最低租赁收款额现值,几乎相当于租赁开始日租赁资产公允价值。

⑤ 租赁资产性质特殊,如果不做较大改造,只有承租人才能使用。

(2) 售后回租。它是指由承租人将所购置的设备出售给出租人,然后承租人租回设备使用。该租赁业务进行的程序是先进行资产买卖交易,再进行资产租赁交易。这种方式既可解决承租人急需资金的问题,使其得到一笔相当于资产市场价格的现金用于其他资产的购置或现金支付,又可使其在租赁期内用每年支付的资金换取原来属于自己的资产的使用权。

(3) 杠杆租赁。杠杆租赁是典型的融资租赁方式以外在国际经济活动中应用最为普遍的一种租赁方式。杠杆租赁,也称为平衡租赁,它是指租赁物购置成本的小部分(一般为 20%~40%)由出租人出资,大部分(一般为 60%~80%)由银行等金融机构提供贷款的一种租赁方式。它一般涉及承租人、出租人和贷款机构三方当事人。从承租程序看,它与其他形式无多大区别,所不同的是,对于出租人而言,出租人只垫支购置资产设备所需现金的一部分(一般为 20%~40%),其余部分则以该资产为担保向金融机构借入款项来支付。因此,在这种情况下,出租人既是资产的出借人,又是贷款的借入人;同时,既要向承租人收取租金,又要向贷款机构偿还债务。由于租赁收益大于借款成本,出租人借此而获得财务杠杆好处,因此,这种租赁形式被称为杠杆租赁。通常,杠杆租赁形式适用于金额较大的设备项目。

20 世纪 60 年代以来,西方许多国家为了鼓励设备投资,纷纷实施了设备购买人投资抵扣、加速折旧等税收优惠。对于出租人而言,采用杠杆租赁,既可以获得贷款人的信贷支持,又可以取得税收优惠待遇;对贷款人而言,其收回贷款的权利优先于出租人取得租金的权利,而且有租赁物作为担保,因此,贷款风险大大降低;对于承租人而言,由于出租人和贷款人都可以获得比普通租赁和贷款更高的利润,因此,他们往往将这部分收益通过降低租金的方式部分转移给承租人,这样承租人也就获得了利益。正是由于杠杆租赁具有众多优势,因此得以在国际租赁市场上迅速推广。国内企业也可以借鉴这种融资方式,以获得最佳的融资收益。

10.1.6 发行股票筹资

发行股票仅仅属于上市公司筹资的选择方案之一,非上市公司没有权利选择这一筹资方式,因此,其使用范围相对比较狭窄。

股票是股份公司发行给股东的所有权凭证,分为普通股和优先股。普通股是指在公司的经营管理和盈利及财产的分配上享有普通权利的股份,代表满足所有债权偿付要求及优先股东的收益权与求偿权要求后对企业盈利和剩余财产的索取权。它构成公司资本的基础,是股票的一种基本形式,也是发行量最大、最为重要的股票。普通股股票持有者按其所持有股份比例享有以下基本权利:

(1)公司决策参与权。普通股股东有权参与股东大会,并有建议权、表决权和选举权,也可以委托他人代表其行使其股东权利。

(2)利润分配权。普通股股东有权从公司利润分配中得到股息。普通股的股息是不固定的,由公司盈利状况及其分配政策决定。普通股股东必须在优先股股东取得固定股息之后,才有权享受股息分配权。

(3)优先认股权。如果公司需要扩张而增发普通股股票,现有普通股股东有权按其持股比例,以低于市价的某一特定价格优先购买一定数量的新发行股票,从而保持其对企业所有权的原有比例。

(4)剩余资产分配权。当公司破产或清算时,若公司的资产在偿还欠债后还有剩余,其剩余部分按先优先股股东、后普通股股东的顺序进行分配。

优先股是公司在筹集资金时,给予投资者某些优先权的股票。这种优先权主要表现在两个方面:① 优先股有固定的股息,不随公司业绩好坏而波动,并且可以先于普通股股东领取股息;② 当公司破产进行财产清算时,优先股股东对公司剩余财产有先于普通股股东的要求权。但优先股一般不参加公司的红利分配,持股人亦无表决权,不能借助表决权参加公司的经营管理。因此,优先股与普通股相比较,虽然收益和决策参与权有限,但风险较小。

公司发行优先股主要出于以下因素考虑:① 清偿公司债务;② 帮助公司渡过财务难关;③ 想增加公司资产,又不影响普通股股东的控制权。

发行股票所支付的股息、红利是在税后利润中进行的,因此无法像债券利息或借款利息那样享受税前抵扣的待遇;而且发行股票筹资的成本相对来讲也比较高,并非是绝大多数企业所能选择的筹资方案。当然,发行股票筹资也有众多优点,比如发行股票无须偿还本金,因而没有债务压力;成功发行股票对企业来讲也是一次非常好的宣传机会,往往会给企业带来其他方面的诸多好处。

10.1.7 自我积累筹资和内部集资

10.1.7.1 自我积累筹资

自我积累筹资是指企业在实现税后利润的前提下,将获得的利润逐年投入企业。这种筹资方式下资金的使用者和所有者合二为一,企业所承担的风险较高。由于其资金来源主要是税后利润,是企业长期经营的成果,因此筹资所需要的时间比较长,无法满足绝大多数企业的生产经营需要。另外,从税收的角度来看,自我积累的资金不属于负债,不存在利息税前扣除的问题。

自我积累是在企业缴纳所得税后形成的,其所有权属于股东。股东将这一部分未分派的税后利润留存于企业,实质上是对企业追加投资。如果企业将自我积累用于再投资,所获得的收益率低于股东自己进行另一项风险相似的投资所获的收益率,企业就应该将原积累的税后利润分派给股东。自我积累筹资成本的估算难于债券筹资成本,这是因为很难对企业未来发展前景及股东对未来风险所要求的风险溢价做出准确的测定。

10.1.7.2　内部集资

企业内部集资是指生产性企业为了加强企业内部集资管理,把企业内部集资活动引向健康发展的轨道,在自身的生产资金短缺时,在本单位内部职工中以债券等形式筹集资金的借贷行为。这种筹资方式应当遵循自愿原则,不得以行政命令或其他手段硬性摊派。

企业在进行内部集资过程中,往往容易走上非法集资和非法吸收公众存款的歧途。对此,需十分注意把握合法与非法的界限。① 集资对象。内部集资必须严格控制在本企业的内部职工范围内,不要扩大到职工的亲朋好友或其他关系人。② 集资用途。内部集资应用于本企业发展生产和扩大经营活动,不要用于诸如向其他企业或个人转贷等。③ 集资利率。内部集资的利率应约定在一个合理的范围之内。根据最高人民法院的司法解释,对民间借贷的利率超过银行贷款利率 4 倍的不予保护。如果民营企业内部集资的利率过高,不仅会增大企业的还贷风险,而且一旦把握不当,就有可能导致社会公众资金的进入,演变为吸收社会公众存款。④ 还款期限。明确还款期限,不要设置存取自由的条款,以避免将借款混同于存款。⑤ 部门审批。经中国人民银行批准后方能认定为合法集资,否则为非法集资。

在法律允许的范围内,企业内部集资的筹资方式具有筹资费用低、操作简便、时间短的优点,企业集资的利息支出还有同贷款一样的减少税基的作用。

10.2　债务筹资的纳税筹划

债务筹资是指企业按约定代价和用途取得且需要按期还本付息的一种筹资方式。就其性质而言,它是不发生所有权变化的单方面资本使用权的临时让渡。债务筹资一般通过金融机构借款、非金融机构及企业借款、商业信用、发行债券或可转换债券、租赁等方式筹集。

债务筹资的特点包括以下几方面:

(1) 债权人与企业仅是债权债务关系,他们有权按期索取利息并到期收回本金,但无权参与企业的经营管理,对企业经营不承担责任。

（2）债务筹资具有期限性，在债务合约下，出资人可以退出，并享有固定收益。

（3）企业可以在约定的期限内使用债务筹资，但必须履行按期还本付息的偿债责任，财务风险较高，由于债权人要求的是固定收益，因而资本成本较低。

10.2.1　借款筹资的纳税筹划

10.2.1.1　短期负债的纳税筹划

短期负债的纳税筹划主要是对各种短期负债筹资方式的资金成本进行比较，以选择成本最小的短期负债筹资方式。

1. 短期负债的形式和特点

短期负债的主要形式是短期借款和商业信用。

短期借款是指企业向银行或其他非银行金融机构借入的期限在 1 年以内的借款。我国目前的短期借款按照借款目的和用途不同，主要有生产周转借款、临时借款、结算借款等。按照国际通行做法，短期借款还可依偿还方式不同，分为一次性偿还和分期偿还借款；依利息支付方式不同，分为收款法借款、贴现法借款和加息法借款；依有无担保，分为抵押借款和信用借款。企业在申请借款时，应根据各种借款的条件和需要加以选择。

商业信用是指在商品交易中由于延期付款或预收货款所形成的企业间的借贷关系。商业信用最大的优点是容易取得。商业信用在短期负债中占相当大的比重。首先，对于多数企业来说，商业信用是一种持续性的信贷形式，且无须办理筹资手续。其次，如果没有现金折扣或使用不带息票据，商业信用筹资不负担成本。其缺陷在于期限较短，在放弃现金折扣时所付出的成本较高。商业信用的具体形式有应付账款、应付票据、预收账款等。

以短期负债筹资方式筹集的资金使用时间较短，一般不超过 1 年。短期负债筹资具有以下特点：

（1）筹资速度快，容易取得。长期负债的债权人为了保护自身利益，往往要对债务人进行全面的财务调查，因而筹资所需时间一般较长，且资金不易取得。短期负债在较短时间内即可归还，故债权人顾虑较少，债务人较容易取得资金。

（2）筹资富有弹性。举借长期负债，债权人或有关方面经常会向债务人提出很多限定性条件或管理规定；而短期负债的限制则相对宽松，使筹资企业的资金使用较为灵活，富有弹性。

（3）筹资成本低。一般来说，短期负债的利率要低于长期负债，短期筹资的成本也相对较低。

（4）筹资风险高。短期负债须在短期内偿还，因而要求筹资企业在短期内拿出足够的资金偿还债务。若企业届时资金安排不当，就会造成财务危机。此外，短期负债利率的波动比较大，有时高于长期负债的水平也是可能的。

2. 短期负债筹资的纳税筹划

（1）短期借款的纳税筹划。税法规定，短期借款的利息和安排借款发生的辅助费用摊销在企业所得税税前直接扣除，因而实际借款成本要低于利息费用支出。企业面对相同的利率,如果适用的所得税税率不同,其短期借款的成本也就不同,企业可以对此进行合理筹划。

（2）商业信用的纳税筹划。对附有现金折扣的商业信用,如果能以低于放弃现金折扣的成本利率借入资金,应在现金折扣期内享受折扣;如果在折扣期内短期投资所得的投资收益率高于放弃现金折扣的成本,则应放弃折扣。税收在其中的影响是借入资金在折扣期内付款,其借款利息可以在企业所得税税前扣除,实际上是降低了借入资金的成本。

预收账款是卖方在交付货物之前向买方预先收取的部分或全部货款,相当于卖方借入资金后用货物抵偿。从税收上讲,它实质上是延期纳税,又不付利息,纳税人可尽可能多地运用。企业还会有一些存在于非商品交易中,也成为自发性融资的应付费用,如应缴税金,也是一种短期筹资形式。企业在遵循税法的前提下,合理运用应缴税金,能起到延期纳税的作用。

（3）短期负债纳税筹划案例。

【例 10-1】 某企业每天赊购 6000 元的商品,赊购条件为 $2/10,n/30$,银行短期贷款年利率为 8％。试比较采用现金折扣筹资与放弃现金折扣而利用银行借款对企业所得税的影响。（该企业适用所得税税率为 25％）

【解析】 （1）享受现金折扣。享受现金折扣可以获得折扣收益,但需要支付借款利息。

折扣收益:每天少付 $6000 \times 2％ = 120$（元）的货币资金,全年节省支出 $120 \times 365 = 43800$（元）。假设年内购货全部消耗,则此举增加利润 43800 元,增加所得税 $43800 \times 25％ = 10950$（元）,增加税后利润 $43800 - 10950 = 32850$（元）。

借款利息:由于借入银行短期资金 $6000 \times 30 - 6000 \times 10 = 120000$（元）来提前付款,每年利息支出增加 $120000 \times 8％ = 9600$（元）,由于可以税前扣除,因此可少缴所得税 $9600 \times 25％ = 2400$（元）,其承担的税后资金成本为 $9600 - 2400 = 7200$（元）,即税后利润下降 7200 元。

综上,该企业因享受现金折扣带来所得税增加 10950 元,而借款利息又减少所得税 2400 元,二者相抵,使所得税净增加 $10950 - 2400 = 8550$（元）。但因享受现金折扣带来的税后利润增加和借款带来的税后利润下降,二者相抵后,税后利润净增加额为 $32850 - 7200 = 25650$（元）。

（2）不享受现金折扣。采购成本增加 $6000 \times 2％ \times 365 = 43800$（元）,假设购货全年耗尽,可以少缴的所得税为 $43800 \times 25％ = 10950$（元）,税后利润减少 $43800 - 10950 = 32850$（元）。

从此例来看,享受现金折扣尽管会带来所得税的增加,但税后利润也增加,对纳税人而言是有效的方案,这是因为用借款提前付款享受现金折扣的代价小于享受现金折扣的好处。

10.2.1.2　长期借款的纳税筹划

1. 长期借款的特点

长期借款是指企业根据借款协议或合同向银行或其他金融机构借入的款项。企业向银行等金融机构借入的期限在 1 年以上的各种借款都归为长期借款,它以企业的生产经营及获利能力为依托,用于满足企业长期投资和永久性流动资产的需要。与债券筹资相比,长期借款具有以下特点:

(1) 筹资速度快。长期借款的手续比发行债券简便得多,得到借款所花费的时间较短。

(2) 借款弹性较大。借款时企业与银行直接交涉,有关条件可谈判确定;用款期间发生变动,亦可与银行再协商。而债券筹资所面对的是社会广大投资者,协商改善筹资条件的可能性较小。

(3) 借款成本较低。长期借款利率一般低于债券利率,且由于借款属于直接筹资,筹资费用也较小,而且利息可以在税前列支。

(4) 银行为确保贷款的安全性,对借款的使用附加了很多约束性条款,制约了企业的生产经营。

2. 长期借款筹资的纳税筹划

根据现行税法规定,纳税人发生的经营性借款费用,符合《企业所得税法实施条例》对利息水平的限定条件的,可以直接扣除。为购置、建造和生产固定资产、无形资产而发生的借款,在有关资产购建期间发生的借款费用,应作为资本性支出计入有关资产的成本;有关资产交付使用后发生的费用,可以在发生当期扣除。纳税人借款未指明用途的,其借款费用应按经营性活动和资本性支出占用资金的比例,合理计算应计入有关资产成本的借款费用和可直接扣除的借款费用。据此,企业可以根据国家对企业不同用途的借款费用政策进行纳税筹划。另外,由于银行对企业长期借款的约束性条款较多,且对不同的还款方案有不同的费用条件,企业可就此进行筹划,选择有利于降低资金成本的还本付息方案。

3. 长期借款纳税筹划案例

【例 10-2】　某公司根据年度财务收支计划,当年资金缺口为 4000 万元,拟通过 1 年期的银行借款来弥补资金缺口。企业当年除了正常的生产经营,为了提高管理的信息化水平,拟请某软件公司为本公司开发应用软件,软件开发期预计为 1 年,当年末即可投入使用,须支付软件费用 2000 万元。假定公司当年及以后两年的息税前利润为 4000 万元,银行 1 年期的正常贷款利率为 10%;企业处于正常的纳税期,没有享受企业所得税减免优惠。那么,应如何对该企业 4000 万元的银行借款进行筹划?

【解析】　(1) 企业以流动资金名义借款,当年扣除借款费用后的应纳税所得额为 $4000-400=3600$(万元),应缴纳所得税为 $3600\times25\%=900$(万元),第二年和第三年应纳企业所得税为 $4000\times25\%=1000$(万元)。

净现值＝(息税前利润－利息－应纳所得税)×复利现值系数

第一年净现值为 $(4000-400-900)\times0.9091=2454.57$ (万元);

第二年净现值为 $(4000-1000)\times0.8264=2479.2$ (万元);

第三年净现值为 $(4000-1000)\times0.7513=2253.9$ (万元)。

3 年净现值累计为 $2454.57+2479.2+2253.9=7187.67$ (万元)。

(2) 假如以组合名义借款,即企业在借款合同中注明 2000 万元用于购置软件,另外 2000 万元用于流动资金,购置软件的借款利息不能直接在税前扣除,计入无形资产成本的借款费用可以在以后两年分期摊销到费用中,第二、三年每年可摊销的费用为 100 万元。企业当年扣除借款费用后的应纳税所得额为 $4000-2000\times10\%=3800$ (万元),应缴纳所得税为 $3800\times25\%=950$ (万元)。由于 400 万元的利息支出(即现金流出)在第一年发生,因此,在计算现金流量的现值时,400 万元全部放在第一年,但其抵税作用发生在第二、三年,即第二、三年的应纳税所得额为 $4000-100=3900$ (万元)。

第一年净现值为 $(4000-400-950)\times0.9091=2409.12$ (万元);

第二年净现值为 $(4000-3900\times25\%)\times0.8264=2499.86$ (万元);

第三年净现值为 $(4000-3900\times25\%)\times0.7513=2272.68$ (万元)。

3 年净现金累计为 $2409.12+2499.86+2272.68=7181.66$ (万元)。

经比较可知,以流动资金的名义借款比以组合名义借款,3 年净现值多 $7187.67-7181.66=6.01$ (万元),因为其利息可以提早在税前扣除,获得了资金的时间价值。

总之,企业在借款时,要根据自身实际情况,按照税法对不同借款费用的处理规定,在合理、合法和有效的前提下做好筹划,以降低借款的筹资成本。

10.2.2 发行债券筹资的纳税筹划

企业发行债券进行筹资,分为发行普通债券和发行可转换债券两种方式。这两种方式各有其特点,也都存在一定的纳税筹划空间。

10.2.2.1 普通债券筹资的纳税筹划

税法规定,纳税人为经营活动需要承担的、与借入资金相关的利息费用,包括发行公司债券所支付的各期利息以及与债券相关的折价、溢价的摊销额,安排借款时发生的辅助费用的摊销额可在税前直接扣除。但扣除有一个限制,即纳税人在生产经营期间,向非金融机构借款的利息支出不得高于按照金融机构同类同期贷款利率计算的数额,否则不予扣除。可见,发行公司债券筹集长期资金,其资金成本比发行股票低,其允许税前扣除的利息抵减利润后,可达到降低所得税税负的目的。

企业债券可以平价发行,也可以溢价或折价发行。在溢价发行或折价发行时,必须在发行期内进行摊销,溢价或折价摊销额计入财务费用,冲减利息费用或增加利息费用。利息费用作为计算所得税应纳税所得额的扣除项目,可以在所得额中扣除,纳税人利息费用的多少直接影响纳税人应纳税所得额的多少。摊销方法有直线摊销法和实际利率摊销法两种。虽然两种方案不影响利息费用的总和,但会影响各年的利息费用摊销额,从而影响各年的应纳税所得额。因此,企业在发行债券筹集资金时,可以以两种方法进行筹划,以实现延期纳税。

1. 企业债券溢价摊销的纳税筹划

（1）企业债券溢价摊销的直线法。企业债券溢价摊销的直线法，是指将债券的溢价按债券的存续年限平均分摊到各年以冲减利息费用的方法。

（2）企业债券溢价摊销的实际利率法。企业债券溢价发行的实际利率法，是以应付债券的现值乘以实际利率计算出来的利息与名义利息比较，将其差额作为溢价摊销额。其特点是摊销溢价，使负债递减，利息也随之递减，溢价摊销额则相应地逐年增加。

2. 企业债券折价摊销的纳税筹划

（1）企业债券折价摊销的直线法。企业债券折价摊销的直线法，是指将债券的折价按债券存续年限平均分摊到各年以增加利息费用的方法。

（2）企业债券折价摊销的实际利率法。企业债券折价摊销的实际利率法，是以应付债券的现值乘以实际利率计算出来的利息与名义利息比较，将其差额作为折价摊销额。其特点是摊销折价，使负债递增，利息也随之递增，折价摊销额则相应地逐年递减。

3. 债券溢价、折价摊销的纳税筹划案例

【例 10-3】 公司某年 1 月 1 日发行债券 200000 万元，期限为 5 年，票面利率为 10%，每年支付一次利息。公司按溢价 216060 万元发行，市场利率为 8%。应如何对该公司进行纳税筹划？

【解析】 该公司债券溢价直线法摊销如表 10-1 所示。

表 10-1 公司债券溢价直线法摊销

元

付息日期	实付利息	利息费用	溢价摊销	未摊销溢价	账面价值
第一年初				16060	216060
第一年末	20000	16788	3212	12848	212848
第二年末	20000	16788	3212	9636	209636
第三年末	20000	16788	3212	6424	206424
第四年末	20000	16788	3212	3212	203212
第五年末	20000	16788	3212	0	200000
合计	100000	83940	16060		

注：实付利息=债券面值×票面利率；利息费用＝实付利息－溢价摊销；溢价摊销＝溢价总额÷5（年）；未摊销溢价＝期初未摊销溢价－本期溢价摊销；账面价值＝期初账面价值－本期溢价摊销。

该公司债券溢价实际利率法摊销如表 10-2 所示。

表 10-2 公司债券实际利率法摊销

元

付息日期	实付利息	利息费用	溢价摊销	未摊销溢价	账面价值
第一年初				16060.0	216060.0
第一年末	20000	17284.8	2715.2	13344.8	213344.8
第二年末	20000	17067.6	2932.4	10412.4	210412.4
第三年末	20000	16833.0	3167.0	7245.4	207245.4
第四年末	20000	16579.6	3420.4	3825.0	203825.0
第五年末	20000	16175.0	3825.0	0	200000
合计	100000	83940.0	16060.0		

注:实付利息=债券面值×票面利率;利息费用=账面价值×市场利率;溢价摊销=实付利息-利息费用;未摊销溢价=期初未摊销溢价-本期溢价摊销;账面价值=期初账面价值-本期溢价摊销。

通过以上数据可以看出,债券溢价摊销方法不同,不会影响利息费用总和,但会影响各年度的利息费用摊销额。在直线摊销法下,每年的利息费用不变;而实际利率法下,前几年的溢价摊销额少于直线法的摊销额,前几年的利息费用大于直线法的利息费用。公司前期缴税较少,后期缴税较多。由于货币时间价值的存在,企业采用实际利率法对债券的溢价进行摊销,可以获得延期纳税的利益。

同理可知,债券折价摊销方法不同,也不会影响利息费用的总和,但会影响各年度的利息费用摊销额。如果采用实际利率法,前几年的折价摊销额少于直线法的摊销额,前几年的利息费用也少于直线法的利息费用。公司前期缴纳的税款较多,后期缴纳的税款较少。由于货币时间价值的存在,企业采用直线法对债券的折价进行摊销,可获得延期纳税的利益。

10.2.2.2 可转换债券的纳税筹划

可转换债券的发行有两种会计方法:一种方法认为转换权有价值,并将此价值作为资本公积金处理;另一种方法不确认转换权价值,而将全部发行收入作为发行债券所得。其理由有两个:一是转换权价值极难确定;二是转换权和债券不可分割,要保留转换权必须持有债券,行使转换权必须放弃债券。

当持有人将债券转换成股票时,也有两种会计处理方法可供选择:账面价值法和市价法。采用账面价值法,将被转换债券的账面价值作为换发股票的价值,不确认损益。赞同这种做法的人认为,公司不能因为发行证券而产生损益,即使有也应作为资本公积或留存收益,或冲抵之。发行可转换债券旨在把债券换成股票,发行股票与转换债券为完整的一笔交易,而非两笔独立的交易,转换时不应确认损益。在市价法下,换得股票的价值基础是其市价或者被转换债券的市价,并以此确认转换损益。采用市价法的理由是,市价较为可靠。根据相关性和可靠性这两个信息质量要求,可单独确认转换损益。采用市价法,股东权益的确认也符合历史成本的原则。

不同的可转换债券账务处理方法,对企业的税收影响是不同的,通过合理筹划,企业完全可以找到合适的会计核算方法,减轻税负。

【例 10-4】 某股份有限公司经批准于 2014 年 1 月 1 日发行 5 年起 1.5 亿元可转换公司债券,每张债券面值为 1000 元,发行价为 1150 元(不考虑发行费用),每年 12 月 31 日付息一次。票面利率与市场利率均为 8%,债券发行两年后可以转换为股份,每 100 元转普通股 4 股,股票面值 1 元。简单起见,暂时不考虑其他债券溢价因素,债券的转换权价值可估计为每张债券 1150−1000＝150(元)。两种会计处理方法如下:

(1) 确认转换权价值

借:银行存款　　　　　150000000÷1000×1150＝172500000(元)

　　贷:应付债券　　　　　150000000 元

　　　　资本公积　　　　　172500000−150000000＝22500000(元)

(2) 不确认转换权价值

借:银行存款　　　　　150000000÷1000×1150＝172500000(元)

　　贷:应付债券　　　　　150000000 元

　　　　应付债券溢价　　　172500000−150000000＝22500000(元)

可见,两种会计处理方法对同一业务的处理结果是不一样的。是否确认债券转换权价值对企业纳税的影响主要体现在利息费用的不同上。如果确认债券转换权价值,不需要摊销债券溢价,债券溢价已经视为转换权价值而计入资本公积项目;如果不确认债券转换权价值,则需要摊销债券溢价。此时,无论采用哪种债券溢价摊销法,企业确认的利息费用都会变大,从而导致应纳税额减少,起到纳税筹划的作用。

假设【例 10-4】中的债券于 2016 年 1 月 1 日全部被转换为普通股,150000000÷100×4＝6000000(股),当时市价为每股 30 元。假设该公司发行债券时不确认转换权价值,并采用直线法摊销债券溢价,每年摊销 4500000 元,合计摊销了 9000000 元,至 2016 年 1 月 1 日尚未摊销溢价 13500000 元。两种会计处理方法如下:

(1) 账面价值法

借:应付债券　　　　　150000000 元

　　应付债券溢价　　　13500000 元

　　贷:股本　　　　　　6000000 元

　　　　资本公积　　　　150000000＋13500000−6000000＝157500000(元)

(2) 市价法

借:应付债券　　　　　150000000 元

　　应付债券溢价　　　13500000 元

　　债券转换损失　　　174000000＋6000000−150000000−13500000＝16500000(元)

　　贷:股本　　　　　　6000000 元

　　　　资本公积　　　　6000000×(30−1)＝174000000(元)

采用账面价值法,被转换债券的账面价值全部作为转换股票的价值,不确认转换损益,而是计入资本公积项目;而采用市价法时,债券转换为股票是以市价为基础的,将转换股票的价值与债券账面价值的差额作为债券转换损益,从而达到纳税筹划的目的。

通过对【例10-4】的分析可知,可转换债券发行时,应采用不确认债券转换权价值的方法进行会计处理,这样可以通过摊销债券溢价来增加利息费用,减少企业应纳税额,实现减轻税负的目的。

可转换债券换成股票时,应采用市价法进行会计处理。因为可转换债券的转换权价值是存在的,出于节税目的,企业在会计处理中并不加以确认,而是将其全部作为债券溢价,从而使转换股票的价值与债券的账面价值存在差额,将这部分差额作为转换损失,可以减少企业的应纳税额。

10.2.3 租赁筹资的纳税筹划

在企业采用租赁筹资的方式,租赁设备进行生产经营时,企业要获得生产经营设备,既可以从银行贷款直接购买,也可以采用租赁的方式,租赁又有经营租赁和融资租赁两种形式。这些不同的获得生产经营设备的方式在税务处理上是有差异的。

企业利用租赁进行纳税筹划时,对于租赁方式获得的设备,承租方支付的租金可以抵税。对于租赁费的扣除,《企业所得税法实施条例》规定,纳税人根据生产、经营需要租入固定资产所支付租金的扣除,分别按照下列规定处理:① 以经营租赁方式租入固定资产而发生的租赁费,可据实扣除;② 融资租赁发生的租赁费不得直接扣除。承租方支付的手续费,以及安装使用后支付的利息等可在支付时直接扣除。因此,经营租赁只有支付的租赁费可以直接在税前扣除,但企业不得对租入的设备计提折旧,租入设备的损耗不能抵税。融资租赁发生的租赁费不得直接扣除。承租方支付的手续费,以及安装使用后支付的利息等可在支付时直接扣除。由于企业可以对融资租入的设备计提折旧,这些折旧可以在税前扣除。企业应将这几种获得设备的方式所承担的税收进行比较,考虑资金的时间价值,选择对企业最为有利的方式。

在租赁筹资方式下,支付的租金可以按规定在税前列支,冲减企业所得税应纳税所得额,减小税基,从而减轻税收负担。同时,对于融资租入的改良支出可以作为递延资产,在不短于5年的时间内摊销;企业自有固定资产的改良支出则作为资本性支出,增加固定资产的原值。而固定资产的折旧年限一般长于5年,这样融资租赁可以进行快速摊销,具有节税效应。

另外,企业还可以通过联合经营的方式进行纳税筹划。如以一个总公司为中心,与有一定生产设备基础的若干企业联合经营,以解决筹资问题。由总公司提供原材料,分公司加工零配件后再卖给总公司,总公司组装完成产品并负责销售,这样就可以充分利用各分公司的场地、劳动力、设备和资源进行规模生产,提高效率。另外,适当利用各分公司之间的关联关系进行利润转移,可以减轻整体的税收负担。世界性的跨国集团都是通过这种全球经营的方式来获得最佳经营效益的,国内企业也可适当借鉴这种联合经营的方式。

10.2.3.1 经营租赁与融资租赁选择的纳税筹划

租赁方式的多样化使企业产生了对租赁方式的选择过程，即企业可选择是采取融资性租赁还是经营性租赁。选择的依据是企业自身生产经营过程、企业自身资本结构状况以及货币供应状况的需要。对于租用时间长、租赁物品品种较多的企业，多采用融资租赁；对于租用时间短、更新快、维修保养技术高的物件，多采用经营性租赁的方式。这两种租赁方式都能达到通过租金的平稳支付减轻税负的目的。

10.2.3.2 负债融资与租赁融资选择的纳税筹划

企业为扩大生产规模，需要引进一项设备，有两种方式可以达到这种效果：一是通过负债的方式筹资，举债购置该设备；二是通过租赁筹资获得该设备的使用权。

到底用哪种方式比较好呢？企业需要添置器械设备等固定资产而又资金不足、无力购置时，可通过融资租赁和债务筹资两种方式取得资产。融资租赁可以及时取得资产使用权，而且能避免资产所有权带来的风险，节约维修费用，租金冲减应税所得额还可以取得税收上的收益。举债购置取得资产使用权和所有权，固定资产超期服役或者超负荷运转可以带来额外收益，同时举债购置也可以取得利息和折旧的所得税收益，甚至可能享受政府投资减税优惠。两者各有利弊，企业可以根据自身的实际情况进行选择。

【例 10-5】 恒昌公司决定上马新项目，需要引进全新生产设备。经过多方的调查论证，项目负责人向董事会提交了两种方案：

方案一：以银行借款直接购置，全套设备市场价为 6000 万元，预计使用年限为 10 年，银行年利率为 8%，分期付息，一次还本。

方案二：向固定资产租赁公司融资租赁，根据租赁公司报价，租赁期 10 年内每年末支付 1000 万元，租赁期满设备归租赁人所有。

该公司资本成本率为 12%，所得税税率为 25%，暂不考虑其他费用，为计算方便，固定资产折旧均采用平均年限法，无残值。

【解析】 方案一：银行借款购置。

年折旧额＝6000÷10＝600（万元）；

年折旧抵税＝600×25%＝150（万元）；

年利息支出＝6000×8%＝480（万元）；

年税后利息支出＝480×(1−25%)＝360（万元）；

税后现金流量现值＝360×(P/A,12%,10)−150×(P/A,12%,10)＋
$$6000×(P/S,12\%,10)$$
$$=360×5.6502−150×5.6502+6000×0.3220$$
$$=3118.54（万元）。$$

方案二：融资租赁。

年折旧额＝6000÷10＝600（万元）；

年折旧抵税＝600×25%＝150（万元）；

年租金＝1000（万元）；

年租金抵税＝1000×25％＝250（万元）；

年税后租金支出＝1000−250＝750（万元）；

税后现金流量现值＝750×（P/A,12％,10）−150×（P/A,12％,10）

$$=750×5.6502−150×5.6502$$

$$=3390.12（万元）。$$

可见,在本案例中,采用举债购置方式的现金流出量少,融资租赁的现金流出量较多。因此,恒昌公司应该选择债务筹资方式购入设备。

10.2.3.3 集团内部的租赁筹划

集团内部公司之间的经营租赁活动有着很大的纳税筹划空间,如果集团公司在可预见的将来范围内有大量利润存在,可以通过向分公司或者下属子公司承租一些资产,向分公司或者子公司支付一部分利息,从而把利润转移到子公司或者分公司中。集团公司和分公司之间也可以通过融资租赁的方式达到税款的转嫁或者转移。

假设某集团公司预计 2014 年会产生应纳税所得额 900 万元,集团公司没有任何优惠政策,而其子公司却正处在优惠政策期限内。这时集团公司可以向子公司承租一部分资产,子公司将资产租赁给集团公司后,根据市场的租赁价格确定收费标准,向集团公司收取租赁费,如果所定收费标准明显超过市场标准,则很显然其属于转换定价。通过双方之间的租赁管理,集团公司可以巧妙地把利润转移给子公司,从而达到转移利润、减少缴纳所得税的目的。不仅在集团公司和子公司之间可以通过经营租赁的方式来减少税负,而且在母公司和子公司之间、子公司和子公司之间以及总公司和分公司之间、分公司和分公司之间都可以采用通过租赁经营的方式来转移利润,减少税负。

如果某分公司利润"余出"较多,而集团公司处于亏损状态,在这种情况下,集团公司可以向分公司融资出租其大宗设备。在出租过程中,集团公司可以向分公司收取较高的融资租赁费,以增加集团公司的融资租赁收入,同时也增加分公司的融资租赁费用,这样能达到税款从分公司转移到集团公司的目的。

【例 10-6】 某集团公司有若干个下属子公司,其中预计子公司甲在某年盈利 1000 万元,而子公司乙同年将亏损 800 万元。集团公司经过筹划,做了经营性调整,将甲公司的一个年盈利能力 800 万元的生产流水线(正好是一个独立的车间)出租给乙公司,并向乙公司收取 200 万元的租赁费,甲、乙公司的所得税税率均为 25％。

【解析】 纳税筹划前：

甲公司应纳所得税为 1000×25％＝250（万元）；

乙公司亏损 800 万元,不缴纳所得税。

纳税筹划后：

甲公司应纳所得税为（1000−800＋200）×25％＝100（万元）；

乙公司亏损 200 万元,不缴纳所得税。

通过筹划,该集团利用这笔租赁业务,减轻甲公司的税收负担 250−100＝150（万元）,同时使乙公司亏损减少。

10.2.4 还款方式与借款阶段选择的纳税筹划

10.2.4.1 还款方式选择的纳税筹划

在长期借款筹资的纳税筹划中,借款偿还方式的不同也会导致不同的税收待遇,从而存在纳税筹划的空间。

【例 10-7】 某公司为了引进一条先进的生产线,从银行贷款 1000 万元,年利率为 10%,年投资收益率为 18%,5 年内还清全部本息。经过纳税筹划,该公司可选择的方案主要有 4 种:

(1)期末一次性还本付息;

(2)每年偿还等额本金和利息;

(3)每年偿还等额本金 200 万元及当期利息;

(4)每年支付等额利息 100 万元,并在第 5 年末一次性还本。

在以上各种不同的偿还方式下,年偿还额、总偿还额、税额、税后现金流出额及其现值都是不同的。通过表 10-3 至表 10-6 所列数据对每种方案进行分析。

【解析】 第一种方案:期末一次还本付息(如表 10-3 所示)。

表 10-3 期末一次还本付息法下的现金流

万元

年份	本年还款	本年本金	本年利息	税后现金流出额	折现系数	税后现金流出额现值
第一年末	0.0	0.0	0.0	0.0	0.91	0.0
第二年末	0.0	0.0	0.0	0.0	0.83	0.0
第三年末	0.0	0.0	0.0	0.0	0.75	0.0
第四年末	0.0	0.0	0.0	0.0	0.68	0.0
第五年末	1610.5	1000.0	610.5	1457.9	0.62	903.9
合计	1610.5	1000.0	610.5	1457.9		903.9

第二种方案:每年偿还等额本金和利息(如表 10-4 所示)。

表 10-4 每年偿还等额本金和利息的现金流

万元

年份	本年还款	本年本金	本年利息	税后现金流出额	折现系数	税后现金流出额现值
第一年末	263.8	163.8	100	238.8	0.91	217.3
第二年末	263.8	180.2	83.6	242.9	0.83	201.6
第三年末	263.8	198.2	65.6	247.4	0.75	185.6
第四年末	263.8	218.0	45.8	252.4	0.68	171.6
第五年末	263.8	239.8	24.0	257.8	0.62	159.8
合计	1319.0	1000.0	319.0	1239.3		935.9

第三种方案:每年偿还等额本金及当期利息(如表 10-5 所示)。

表 10-5　等额本金偿还法下的现金流

万元

年份	本年还款	本年本金	本年利息	税后现金流出额	折现系数	税后现金流出额现值
第一年末	300	200	100	275.0	0.91	250.3
第二年末	280	200	80	260.0	0.83	215.8
第三年末	260	200	60	245.0	0.75	183.8
第四年末	240	200	40	230.0	0.68	156.4
第五年末	230	200	30	222.5	0.62	138.0
合计	1310	1000	310	1232.5		944.3

第四种方案：每年支付等额利息，期末还本（如表 10-6 所示）。

表 10-6　每年支付等额利息，期末还本法下的现金流

万元

年份	本年还款	本年本金	本年利息	税后现金流出额	折现系数	税后现金流出额现值
第一年末	100	0	100	75	0.91	68.3
第二年末	100	0	100	75	0.83	62.3
第三年末	100	0	100	75	0.75	56.3
第四年末	100	0	100	75	0.68	51
第五年末	1100	1000	100	1075	0.62	666.5
合计	1500	1000	500	1375		904.4

　　一般而言，第一种方案给企业带来的节税额最大，但给企业带来的经济效益却是最差的，企业最终所获利润低，而且现金流出量大，不可取。第三种方案尽管使企业缴纳了较多的企业所得税，但其税后收益却是最高的，而且现金流出量也是最小的，因此，是最优方案。第二种方案是次优的，它给企业带来的经济利益小于第三种方案，但大于第四种方案。长期借款筹资偿还方式的一般原则是分期偿还本金和利息，应尽量避免一次性偿还本金或者本金加利息。

10.2.4.2　借款阶段选择的纳税筹划

　　根据现行企业所得税政策，企业在生产经营活动中发生的合理的无须资本化的借款费用，准予扣除。企业为购置、建造固定资产、无形资产和经过 12 个月以上的建造才能达到预定可销售状态的存货发生借款的，在有关资产购置、建造期间发生的合理的借款费用，应当作为资本性支出计入有关资产的成本，并依照《企业所得税法实施条例》的规定扣除。

　　为了尽多、尽早地列支费用，减少早期缴纳的企业所得税额，获取更多的收益，企业应尽量选择盈利年度进行借款，通过借款利息的支出抵消盈利，从而减轻税收负担。

【例 10-8】 根据某公司年度财务收支计划,其当年资金缺口为 4000 万元,拟通过 1 年期的银行借款来弥补资金缺口。企业当年除了正常的生产经营费用,为了提高管理的信息化水平,拟请某软件公司为本公司开发应用软件,软件开发期预计为 1 年,当年末即可投入使用,需支付软件费用 2000 万元。假定公司当年及以后两年的息税前利润为 4000 万元,银行 1 年期的正常贷款利率为 10%;企业处于免税期的最后一年。那么,应如何对该企业 4000 万元银行借款进行筹划?

【解析】 (1)假如该企业以流动资金名义借款,当年扣除借款费用后的应纳税所得额为 3600 万元,由于免税,应缴纳所得税为 0,第二年和第三年应纳企业所得税为 $4000 \times 25\% = 1000$(万元)。

净现值=(息税前利润-利息-应纳所得税)×复利现值系数

第一年净现值为 $(4000-400) \times 0.9091 = 3272.76$(万元);

第二年净现值为 $(4000-1000) \times 0.8264 = 2479.2$(万元);

第三年净现值为 $(4000-1000) \times 0.7513 = 2253.9$(万元)。

3 年净现值累计为 8005.86 万元。

(2)假如该企业以组合名义借款,即企业在借款合同中注明 2000 万元用于购置软件,另外 2000 万元用于流动资金,则购置软件的借款利息不能直接在税前扣除。借入无形资产成本的借款费用可以在以后两年分期摊销到费用中,第二、三年每年可摊销的费用为 100 万元。企业当年扣除借款费用后的应纳税所得额为 $4000-2000 \times 10\% = 3800$(万元),由于免税,应缴纳所得税为 0。由于 400 万元的利息支出(即现金流出)在第一年发生,因此,在计算现金流量的现值时,400 万元全部放在第一年,但其抵税作用发生在第二、三年,即第二、三年的应纳税所得额为 $4000-100 = 3900$(万元)。

第一年净现值为 $(4000-400) \times 0.9091 = 3272.76$(万元);

第二年净现值为 $(4000-3900 \times 25\%) \times 0.8264 = 2490.86$(万元);

第三年净现值为 $(4000-3900 \times 25\%) \times 0.7513 = 2272.68$(万元)。

3 年净现值累计为 8045.3 万元。

经比较可知,该企业借款的当年正处于所得税免税的最后一年,以流动资金名义借款,3 年净现值累计为 8005.86 万元;以组合名义借款,3 年净现值累计为 8045.3 万元。以组合名义借款比以流动资金名义借款 3 年净现值累计多 39.44 万元。因此,以组合名义借款较好。

10.2.5 利息摊销的纳税筹划

10.2.5.1 利息支出的纳税筹划

中国现行税法中明确规定,符合规定的负债融资有关费用是可以摊入成本而减抵税前利润的。而对利息支出如何扣除,税法又根据不同情况做出了不同规定。

纳税人在生产、经营期间,向金融机构借款的利息支出,按照实际发生数扣除;向非金融机构借款的利息支出,按照不高于金融机构同类、同期贷款利率计算的数额以内的部分,准予扣除。所称金融机构,是指各类银行、保险公司及经中国人民银行批准从事金融业务的非银行金融机构;利息支出,是指在建固定资产竣工决算投产后发生的各项利息支出。但是,资本性利息支出,如为建造、购置固定资产(指竣工决算前)或开发、购置无形资产而发生的借款利息,企业开办期间的利息支出等,不得作为费用一次性从应税所得中扣除。

纳税人经批准集资的利息支出,凡不属于同期、同类商业银行贷款利率的部分也允许扣除,超过部分不得扣除。

从事房地产开发业务的纳税人为开发房地产而借入资金所发生的借款费用,在房地产开发完工之前发生的,应计入有关投资的成本,不得作为纳税人的经营费用在税前扣除。

从上述税法相关规定可以发现,利息支出并非可以简单地全部在税前扣除,而必须符合一定的条件,因此在筹划中应仔细斟酌。

10.2.5.2　债券利息摊销的纳税筹划

债券溢价、折价摊销方法有直线法和实际利率法,两种方法计算出的各年摊销额是不同的,从而对企业应纳税所得额的影响也不同。直线摊销法是指将债券的溢价按照债券年限平均分摊到各年冲减利息费用的方法,按照这种方法溢价或者折价,每次摊销的数额是一样的。实际利率摊销法是以应付债券的现值乘以实际利率来计算债券每期应计利息费用的方法。采用实际利率摊销法,由于债券的账面价值随着债券溢价或者折价的分摊而减少或增加,因此计算出来的应计利息费用也随之逐期减少或增加。

1. 债券溢价摊销法的纳税筹划

【例 10-9】　五棵松公司 2012 年 1 月 1 日发行债券 100000 元,期限为 5 年,票面利率为 10%,每年支付一次利息。公司按溢价 108030 元发行,市场利率为 8%。公司财务人员采用什么方法摊销债券溢价更为合适?

【解析】　直线摊销法如表 10-7 所示。

表 10-7　直线摊销法各年数据

元

付息日期	实际利息	利息费用	溢价摊销	未摊销溢价	账面价值
2012.01.01				8030	10800
2012.12.31	10000	8394	1606	6424	106424
2013.12.31	10000	8394	1606	4818	104818
2014.12.31	10000	8394	1606	3212	103212
2015.12.31	10000	8394	1606	1606	101606
2016.12.31	10000	8394	1606	0	100000
合计	50000	41970	8030		

注:实付利息=债券面值×票面利率;利息费用=实付利息-溢价摊销;溢价摊销=溢价总额÷摊销年限(5 年);未摊销溢价=期初未摊销溢价-本期溢价摊销;账面价值=期初账面价值-本期溢价摊销。

实际利率法如表 10-8 所示。

表 10-8　实际利率法各年数据

元

付息日期	实际利息	利息费用	溢价摊销	未摊销溢价	账面价值
2012.01.01				8030.0	10800.0
2012.12.31	10000	8642.4	1357.6	6672.4	106672.4
2013.12.31	10000	8533.8	1466.2	5206.2	105206.2
2014.12.31	10000	8416.5	1583.5	3622.7	103622.7
2015.12.31	10000	8289.8	1710.2	1912.5	101912.5
2016.12.31	10000	8087.5	1912.5	0.0	100000.0
合计	50000	41970.0	8030.0		

注:实付利息＝债券面值×票面利率;利息费用＝账面价值×市场利率;溢价摊销＝实付利息－利息费用;未摊销溢价＝期初未摊销溢价－本期溢价摊销;账面价值＝期初账面价值－本期溢价摊销。

可见,债券溢价摊销法不同,不会影响利息费用总和,但是会影响各个年度的利息费用摊销额。采用实际利率法,前几年的溢价摊销额小于直线法的摊销额,前几年的利息费用大于直线法的利息费用,因而公司前期缴纳税收较少,后期缴纳税收较多。货币是有时间价值的,所以采取实际利率摊销法能延缓纳税。

2. 债券折价摊销法的纳税筹划

【例 10-10】　东山公司 2011 年 1 月 1 日发行债券 100000 元,期限为 5 年,票面利率为 6%,每年支付一次利息。公司按折价 92058 元发行,市场利率为 8%。公司财务人员采用什么方法摊销债券折价更为合适?

【解析】　直线摊销法如表 10-9 所示。

表 10-9　直线摊销法下各年数据

元

付息日期	实际利息	利息费用	折价摊销	未摊销折价	账面价值
2011.01.01				7942.0	92058.0
2011.12.31	6000	7588.4	1588.4	6353.6	93646.4
2012.12.31	6000	7588.4	1588.4	4765.2	95234.8
2013.12.31	6000	7588.4	1588.4	3176.8	96823.2
2014.12.31	6000	7588.4	1588.4	1588.4	98411.6
2015.12.31	6000	7588.4	1588.4	0.0	100000.0
合计	30000	37942.0	7942.0		

注:实付利息＝债券面值×票面利率;利息费用＝实付利息＋折价摊销;折价摊销＝折价总额÷摊销年限(本案例为 5 年);未摊销折价＝期初未摊销折价－本期折价摊销;账面价值＝期初账面价值＋本期折价摊销。

实际利率法如表 10-10 所示。

表 10-10 实际利率法下各年数据

元

付息日期	实际利息	利息费用	折价摊销	未摊销折价	账面价值
2011.01.01				7942.0	92058.0
2011.12.31	6000	7364.6	1364.6	6577.4	93422.6
2012.12.31	6000	7473.8	1473.8	5103.6	94896.4
2013.12.31	6000	7591.7	1591.7	3511.9	96488.1
2014.12.31	6000	7719.0	1719.0	1792.9	98207.1
2015.12.31	6000	7792.9	1792.9	0.0	100000.0
合计	30000	37942.0	7942.0		

注：实付利息＝债券面值×票面利率；利息费用＝账面价值×市场利率；折价摊销＝实付利息－利息费用；未摊销折价＝期初未摊销折价－本期折价摊销；账面价值＝期初账面价值＋本期折价摊销。

可见，债券折价摊销法不同，不会影响利息费用总和，但是会影响各年度的利息费用摊销额。采用实际利率法，前几年的折价摊销额少于直线法的摊销额，前几年的利息费用也少于直线法的利息费用，因而公司前期缴纳税收较多，后期缴纳税收较少。货币是有时间价值的，所以采用直线摊销法对企业纳税更为有利。

总之，债券折价、溢价摊销法不同，不会影响利息费用综合，但是会影响各年度的利息费用摊销额，进而影响各年度的纳税情况。总体来说，债券溢价发行时，选择实际利率法有助于延缓纳税；债券折价发行时，选择直线摊销法则更为有利。

10.3 权益筹资的纳税筹划

企业的权益资金是企业投资者的投资及其增值中留存企业的部分，是投资者在企业中享有权益和承担责任的依据，在企业账面上体现为权益资本。权益资金是通过吸收直接投资、发行股票、自我积累、内部集资等方式取得的，一般成本较高，风险相对较小。

10.3.1 发行股票筹资的纳税筹划

股票是股份公司发行给股东的所有权凭证，可分为普通股和优先股。从税收上讲，股利在税后利润中支付，不像债券那样，其利息作为费用在税前列支，因而不具有抵税作用。我国税法规定，个人股东分得的股利还要缴纳个人所得税。另外，普通股的发行费用一般较高，但可以作为费用在税前列支。因此，设计方案时需要考虑股票和债券的发行数量、年息税前利润额以及债券利率等因素；实际操作中，还要考虑债券本息偿还等财务风险。

【例 10-11】 某股份有限公司利润数据如表 10-11 所示。

表 10-11　某股份有限公司利润

项目	利润
息税前利润/元	10000000
利息/元	400000
税前利润/元	9600000
所得税(税率为 25%)/元	2400000
税后利润/元	7200000
普通股数(每股 1 元)/股	3000000
每股收益/元	2.4

现在有一个项目可增加息税前利润 500 万元,需筹资 2000 万元,企业面临三种筹资方案。

方案一:向银行举借长期借款 2000 万元,年利率为 10%。

方案二:按面值发行公司债券 2000 万元,年利率为 10%;发行费用 50 万元,分 5 年平均摊销。

方案三:溢价发行普通股筹资净额 2000 万元,预计发行总股数为 50 万股。发行费用 100 万元已在溢价中抵减。

【解析】 根据资料计算的三种筹资方案如表 10-12 所示。

表 10-12　三种筹资方案的税收效果比较

项目	方案 1	方案 2	方案 3
息税前利润/元	15000000	15000000	15000000
利息、费用分摊/元	2400000	2500000	400000
税前利润/元	12600000	12500000	14600000
所得税(税率为 25%)/元	3150000	3125000	3650000
税后利润/元	9450000	9375000	10950000
普通股数/股	3000000	3000000	3500000
每股收益/元	3.15	3.125	3.129

从以上分析可知,长期借款筹资优于发行公司债券和股票,每股收益比发行公司债券增加 0.025 元,比发行股票增加 0.021 元;而发行股票又优于公司债券,普通股筹资每股收益比债券筹资增加 0.004 元。如果其他条件不变,发行普通股股数变化,情况就可能发生变化。

10.3.2　吸收直接投资的纳税筹划

10.3.2.1　吸收直接投资的优缺点

吸收直接投资是指企业以协议、合同等形式吸收国家、其他企业、个人和外商等直接投入资金,形成企业资本金的一种筹资方式。它不以股票为媒介,适用于非股份制企业,是非股份制企业筹集股权资本的最主要形式。吸收直接投资有吸收现金投资和非现金投资两种。

1. 吸收直接投资的优点

吸收直接投资是我国大多数非股份制企业筹集资本金的主要方式,它具有以下优点:

(1) 吸收直接投资所筹资本属于股权资本,因此与债务资本相比,它能提高企业对外负债的能力。吸收的直接投资越多,企业举债能力就越强。

(2) 吸收直接投资不仅可以筹集现金,而且能够直接取得所需的先进设备和技术(在投资者以专利权、商标权、非专有技术、土地使用权等无形资产投资的情况下),从而尽快形成企业的生产能力。

(3) 吸收直接投资方式与股票筹资相比,其履行的法律程序相对简单,筹资速度相对较快。

(4) 从宏观层面看,吸收直接投资有利于资产组合与资产结构调整,从而为企业规模调整与产业结构调整提供了客观的物质基础,也为产权交易市场的形成与完善提供了条件。

2. 吸收直接投资的缺点

吸收直接投资方式也存在一定的缺点,主要表现在:

(1) 吸收直接投资成本较高。因为投资者参与利润分红,如果企业有可观的利润,这笔分红将大大高于企业融资的成本。这也就是一些业绩好的企业倾向于举债的原因。

(2) 由于不以证券为媒介,在产权关系不明确的情况下吸收投资,容易产生产权纠纷。同时,由于产权交易市场的交易能力较差,不利于吸引广大的投资者投资,也不利于股权的转让。

10.3.2.2　吸收直接投资的纳税筹划

企业通过吸收直接投资筹集的资金构成企业的权益资金,其支付的红利不能在税前扣除,这与发行普通股所支付的股利在税收效应上是一致的,其纳税筹划的具体方法参见本节有关发行股票筹资的纳税筹划的相关内容。

10.3.3　自我积累筹资的纳税筹划

企业以自我积累的方式进行筹资,由于其资金来源主要是税后利润,是企业长期经营的成果,因此,筹资所需要的时间比较长,无法满足绝大多数企业的生产经营需要。另外,从税收的角度来看,自我积累的资金不属于负债,因此,也不存在利息税前扣除的问题;加之资金的占用和使用融为一体,企业所承担的风险比较高。

在企业自我积累筹资方式中,资金的使用者和所有者合二为一,因此税收难以分摊和抵消,难以进行纳税筹划。而且,将企业自我积累资金投入生产经营之后,税负全部需要由企业自负。这种筹资方式积累速度比较慢,不能适应企业规模的迅速扩大,经过征税的利润再投资获利仍要征税,即存在着双重征税问题。

10.3.4 内部集资的纳税筹划

根据现行企业所得税政策,企业发生的合理的工资、薪金支出,准予扣除。企业在生产经营活动中发生的下列利息支出,准予扣除:

(1) 非金融企业向金融企业借款的利息支出,金融企业的各项存款利息支出和同业拆借利息支出,企业经批准发行债券的利息支出;

(2) 非金融企业向非金融企业借款的利息支出,不超过按照金融企业同期同类贷款利率计算的数额的部分。

通过职工进行筹资可以利用提高工资、薪金的方式间接支付部分利息,使超过银行贷款利率部分的利息得以扣除,从而达到在计算应纳税所得额时予以全部扣除的目的。

【例 10-12】 某企业在生产经营中需要 1000 万元贷款,贷款期限为 3 年。由于各种原因难以继续向银行贷款,企业财务主管提出三种融资方案:第一种,向其他企业贷款,贷款利率为 10%,需提供担保;第二种,向社会上的个人贷款,贷款利率为 12%,无须提供担保;第三种,向本企业职工集资,该企业职工人数为 1000 人,每人集资 10000 元,利率为 12%,其中 7% 的部分以利息方式支付,另外 5% 以职工工资的方式支付。该企业人均月工资为 3400 元,同期银行贷款利率为 7%。该企业应当如何决策?

【解析】 虽然向其他企业贷的利率较低,但需要提供担保,贷款条件和银行基本相当,而且超过银行同期同类贷款利率的利息不得列支,因此不是最佳选择。

如果选择向社会上的个人贷款,企业所支付的超过银行同期贷款利率的利息不能扣除,应当调增应纳税所得额 $1000 \times 10000 \times (12\% - 7\%) = 500000$(元),多缴纳企业所得税 $500000 \times 25\% = 125000$(元),增加了企业的税收负担。同时还应当代扣代缴个人所得税 $10000000 \times 12\% \times 20\% = 240000$(元)。

如果向本企业职工集资,由于将超过银行同期同类贷款利率 7% 以上的 5% 部分的利息以职工工资的方式支付,而且该企业职工月工资为 3400 元,加上 $10000 \times 5\% + 12 = 41.67$(元)的利息,没有超过《个人所得税法》所规定的免征额,职工无须为此缴纳个人所得税。同时,企业将少缴纳 125000 元的企业所得税,而且还减少了企业代扣代缴的个人所得税 $10000000 \times 5\% \times 20\% = 100000$(元)。因此,这种方案不仅能减少企业的税收负担,还能提高职工的税后利益,企业和职工都获得了税收利益,可谓一举两得。

10.4 资本来源结构的纳税筹划

对任何一个企业来说,筹资是其进行一系列经营活动的先决条件。不能筹集到一定数量的资金,就不能取得预期的经济效益。企业从事生产经营活动所需要的资金有负债和权益两种来源,而企业筹资决策的关键是决定各种资金来源在总资金中所占的比例,即资本结构。筹资作为一个相对独立的理财活动,其对企业经营理财业绩的影响,主要是通过资本结构的变动而发生作用的。因而,分析筹资中的纳税筹划时,应着重考察两个方面:资本结构的变动究竟是怎样对企业业绩和税负产生影响的;企业应当如何组织资本结构的配置,才能在节税的同时实现所有者税后收益最大化的目标。

资本结构是由筹资方式决定的,不同的筹资方式形成不同的税前、税后资金成本。筹资决策的目标不仅是要筹集到足够数额的资金,而且要使资金成本最低。由于不同筹资方案的税负在轻重程度上往往存在差异,因此为企业在筹资决策中运用纳税筹划提供了可能。

10.4.1　资本结构纳税筹划的基本思路

10.4.1.1　资本结构纳税筹划分析

现代企业的资金来源除资本金(或权益资本)外,主要就是负债。从资本成本及筹资风险的分析看,发行股票属于增加权益资本,其优点是风险小、稳定、无固定利息负担;不利之处是成本为股利,公司股东的股息必须在缴纳企业所得税以后才能予以扣除,并且股东获得股利后还要缴纳个人所得税或企业所得税。负债筹资具有节税、降低资本成本、使净资产收益率不断提高等杠杆作用和功能。根据现行税法的规定,公司负债的利息在符合税法规定限额的情况下,可以在计算企业所得税时予以税前扣除。因此,当公司需要一笔资金时,采取借债的方式显然比采用股东投资的方式在税法上有利,股东可以利用这一制度设计将部分资金采取借贷的方式投入公司,以减轻税收负担。因此,对外负债是企业采用的主要筹资方式。但负债也有缺点,就是到期必须还本付息,当企业资不抵债时,可能要破产清算,因而风险较大。因此,企业在筹资的过程中,必须注意筹资的财务杠杆效应主要体现在节税和提高权益资本收益率(税前和税后)等方面。其中,节税功能反映为负债利息计入财务费用抵扣应纳税所得额,从而减少应纳所得税额。在息税前收益(或收益率)不低于负债成本总额(或负债成本率)的前提下,负债比率越高,额度越大,其节税效果就越明显。因此,企业利用负债进行纳税筹划时,必须合理确定负债的总规模,将负债控制在一定的范围内,使负债融资带来的利益能够抵消由于负债筹资的比重增大所带来的财务风险及筹资风险成本的增加。

这样,企业就面临着资本结构的选择,可以选择侧重权益资本筹资或者通过举债的方式借入资本。一般而言,在支付利息和所得税前的收益不低于负债成本总额的前提下,负债比率越高,额度越大,节税效果就越明显。另外,在负债比率未超过一定的界限时,权益资本收益率及普通股每股收益额随负债比率的上升而增大,充分体现出负债的税收庇护作用。其纳税筹划技巧是,通过在投资总额中适当压缩注册资本比例,增加贷款所支付的利息,不仅可以节省所得税支出,而且能够享受财务杠杆利益,即提高权益资本的收益水平或普通股每股收益。

债务筹资与权益筹资的比较如表 10-13 所示。

表 10-13 债务筹资与权益筹资比较

项目	权益筹资	债务筹资
筹资渠道	直接投资、发行股票、自我积累、内部集资	金融机构借款、非金融机构及企业借款、商业信用、发行债券或可转换债券、租赁
税法规定	只能扣除筹集费用,股息不能作为费用列支,只能在企业税后利润中分配	筹资费用和利息支出,符合条件的可以在所得税前扣除
规划目的	不同的筹资方式最终形成了不同的资本结构;企业的目的是优化资本结构,实现税负最轻和企业价值最大化	
筹划策略	应该考虑尽量增加债务筹资数量,可是负债过高会导致企业经营风险加大,因此应该将负债控制在一定的范围内,在风险和收益之间进行权衡	

10.4.1.2 企业在不同发展阶段对资本结构的选择

如果企业处于新建或不稳定和低水平发展阶段且预期收入较高,为了避免还本付息的压力,应采取偏重股东权益的资本结构,包括内部筹资、发行股票。因为此时企业收入波动不稳定,企业在正常经营中,对于以负债方式融资的资金,比如发行债券等,其本息支付所面临的时间约束是"硬"的,回旋余地小。如企业不能偿还到期债务,债权人有权启动破产诉讼程序。与之相对应,股本融资方式在支付、清偿方面的时间约束相对较"软",回旋余地较大,企业盈利好则分红多,盈利不好则分红少,甚至可以不分红。

如果企业处于稳定发展阶段,则可能通过发行企业债券或借款等负债筹资方式,充分利用财务杠杆的作用,偏重于负债的资本结构。因为通常以长期负债替换股权,具有较高的长期债务比例和现金红利支付率。这类企业包括在经营领域具有较强的竞争能力和较高而稳定市场份额的企业、实现规模经济的企业、垄断经营的公用事业公司。在现金流稳定较高时,可以通过增加长期债务回购公司股票来增加财务杠杆,在不明显降低资信等级的同时,可以明显降低资本成本,从而在保证债权人权益的同时,增加股东价值。

10.4.2 资本结构纳税筹划的案例分析

可通过案例来更系统地分析解资本结构的纳税筹划。

【例 10-13】 2013 年,T 股份有限公司计划筹措 3000 万元资金用于某高科技产品生产线的建设,相应制定了 A,B,C,D 四种筹资方案。假设该公司的资本结构(债务筹资和权益筹资的比例)如下,四种方案的借款年利率都为 10%,企业所得税税率都为 25%,四种方案扣除利息和所得税前的年利润都为 1000 万元。

方案 A:全部 3000 万元资金都采用权益筹资方式,即向社会公开发行股票,每股计划发行价格为 2 元,共计 1500 万股。

方案 B:采用负债筹资与权益筹资相结合的方式,向商业银行借款筹资 1000 万元,向社会公开发行股票 1000 万股,每股计划发行价格为 2 元。

方案 C:采用负债筹资与权益筹资相结合的方式,但二者适当调整,向银行借款 2000

万元,向社会发行股票 500 万股,每股计划发行价格为 2 元。

方案 D:利用债务筹资全部的 3000 万元,即向商业银行贷款 3000 万元。

【解析】 四种投资方案的投资利润率如表 10-14 所示。

表 10-14 四种投资方案的投资收益对比

项目	方案 A	方案 B	方案 C	方案 D
债务资本∶权益资本	0∶1	1∶2	2∶1	1∶0
权益资本额/万元	3000	2000	1000	0
普通股股数/万股	1500	1000	500	0
债务资本额/万元	0	1000	2000	3000
息税前利润/万元	1000	1000	1000	1000
利息/万元	0	100	200	300
所得税(税率为 25%)/万元	250	225	200	175
税后利润/万元	750	675	600	525
税前投资收益率/%	33.33	45.00	80.00	
税后投资收益率/%	25.00	33.75	60.00	

通过以上分析可以发现,随着负债筹资比例的提高,企业纳税数额呈递减趋势,这表明负债筹资具有节税的效应。在上述四种方案中,单从节税效应看,方案 D 是最佳的纳税筹划方案。但是,是否在任何情况下,采用负债筹资方案都是有利的呢? 这里借鉴企业资本结构决策中的理财方法,利用筹资无差别点,给出分析企业筹资纳税筹划最佳方案的一般方法。

所谓筹资无差别点,是指两种筹资方式下,每股净利润相等时的息税前利润点。它所要解决的问题是,息税前利润是多少时,采用哪种筹资方法更有利。具体计算公式为

[(筹资无差别点 — 筹资方式 A 的年利息)×(1—税率)]÷筹资方式 A 下的普通股股数=[(筹资无差别点—筹资方式 B 的年利息)×(1—税率)]÷筹资方式 B 下的普通股股数

将表 10-14 中方案 A 和方案 B 的相关数据代入公式,有

[(筹资无差别点—0)×(1—25%)]÷1500=[(筹资无差别点—100)×(1—25%)]÷1000

通过计算,可以得到筹资无差别点为 300 万元。即当息税前利润为 300 万元时,负债筹资与权益筹资的每股利润相当;当息税前利润大于 300 万元时,则不应再采用负债筹资的方式。就本例而言,由于息税前利润均为 1000 万元,因此采用权益筹资更为有利。

通过分析,可以看出:

(1)一般而言,企业息税前的投资收益率(即支付利息和缴纳税收之前的收益率)是要高于债务利息率的,负债的增加可以提高权益资本的收益水平。但是,负债的过度增加也会导致负效应的出现,因为债务利息是要定期支付的。如果负债的利息率高于息税前的投资收益率,权益资本的收益会随着债务的增加而呈下降趋势。所以,企业在进行

财务决策的时候,要认真地考虑债务资本和股权资本之间的合理搭配,进行税收和整体利益的比较,做出合理的选择,以实现较高的权益资本收益。

(2)债务资本的筹资费用和利息可以在所得税前扣除,而权益资本只能扣除筹资费用,股息不能作为费用列支,只能在企业税后利润中分配。因此,企业在确定资本结构时必须考虑债务资本的比例。通过举债方式筹集一定的资金,可以获得节税利益。

(3)纳税人进行融资筹划时,除了考虑企业的节税金额和税后利润外,还要通盘考虑企业资本结构。比如,过高的资产负债率除了会带来高收益外,还会增加企业的经营风险。

【例10-14】 某股份有限公司拟筹资9000万元,经过认真的调查研究,设计了5种不同的筹资方案,备选的资本结构方案如表10-15所示。

表10-15 某公司资本结构备选方案

项目	方案A	方案B	方案C	方案D	方案E
负债比率	0	1:1	2:1	3:1	4:1
负债成本率/%		6.0	7.0	9.0	10.5
投资收益率/%	10	10	10	10	10
负债额/万元	0	4500	6000	6750	7200
权益资本额/万元	9000	4500	3000	2250	1800
普通股股数/万股	90	45	30	22.5	18
年息税前利润额/万元	900	900	900	900	900
减:负债利息成本/万元		270.0	420.0	607.5	756.0
年税前净利润/万元	900	630	480	292.5	144
所得税税率/%	25	25	25	25	25
应纳所得税额/万元	225.000	157.500	120.000	73.125	36.000
年税后利润/万元	675.000	472.500	360.000	219.375	108.000
权益资本收益率/%	7.50	10.50	12.00	9.75	6.00
普通股每股收益额/元	7.50	10.50	12.00	9.75	6.00

【解析】 从以上5种备选方案可以看出,方案B、C、D利用了负债筹资的方式,由于其负债利息可以在税前扣除,因此,降低了所得税的税收负担,导致权益资本收益率和普通股每股收益额均高于完全靠权益资金筹资的方案A。

上述方案中假设随着企业负债比率的不断提高,企业筹资的成本也在不断提高,反映在表10-15中是负债成本率不断提高,这一假设是符合现实的。正是由于负债成本率不断提高,增加的债务筹资成本逐渐超过因其抵税作用带来的收益,这时,通过增加负债比率进行纳税筹划的空间就逐渐消失了。上述5种方案所带来的权益资本收益率和普通股每股收益额的变化充分说明了这一规律。从方案A到方案C,随着企业负债比率的不断提高,权益资本收益率和普通股每股收益额也在不断提高,说明税收效应处于明显的优势;但从方案 C 到方案 D 则出现了权益资本收益率和普通股每股收益额逐渐下降的趋势,这就说明此时起主导作用的因素已经开始向负债成本转移,债务成本抵税作用带来的收益增加效应已经受到削弱与抵消,但与完全采用股权性筹资的方案相比,仍是有利可图的。到方案 E 时,债务筹资税收挡板作用带来的收益就完全被负债成本的增加抵消,而且负债成本已经超过节税的效应,因此,方案 E 的权益资本收益率和普通股每股收益额已经低于完全不进行债务融资(即方案 A)时的收益,此时筹资所带来的就不是收益而是成本。

这一案例证明,只有当企业息税前投资收益率高于负债成本率时,增加负债比率才能提高企业的整体效益,否则,就会降低企业的整体效益。在筹资的纳税筹划过程中,必须把降低纳税成本与控制企业的财务风险和经营风险紧密地结合起来,寻求企业的最优负债量,最大限度地降低纳税成本,同时也应确立使股东财富最大化的企业资本结构。

在进行筹资的过程中,还必须注意的一个问题是防止出现资本弱化。资本弱化是指在企业的资本结构安排中,债权资本大于股权资本的现象。企业资本由权益资本和债务资本构成,但企业经营者和投资者为了自身利益最大化或其他目的,在融资和投资方式的选择上,提高贷款的比重,降低股本的比重,从而造成企业负债与所有者权益的比率超过一定的限额。根据经济合作与发展组织(OECD)的解释,企业权益资本与债务资本的比例应为 1∶1,当权益资本小于债务资本时,即为资本弱化。由于各国税法通常规定债权资本所产生的利息可以在所得税前列支,而股息收入必须课税,因此,不少企业把资本弱化作为有效的避税手段,以实现企业价值最大化。

《企业所得税法》规定了防止资本弱化的内容,"企业从其关联方接受的债权性投资与权益性投资的比例超过规定标准而发生的利息支出,不得在计算应纳税所得额时扣除"。因此,企业债权性资本和权益性资本的比例必须符合国家的规定,以减少涉税风险。

➤➤ 练习题

一、问答题

1. 企业筹资的渠道有哪些?请具体说明。

2. 企业债券有哪些摊销方法?它们分别对企业的税负有什么影响?

3. 你推荐企业采用自我积累的方式筹资吗?请从纳税筹划的角度说明理由。

4. 如果企业选择租赁筹资,请从纳税筹划的角度分析其做出这种选择的理由。

5. 在对企业的资本结构进行纳税筹划时,应该着重考虑哪些问题?

6. 在集团内部进行怎样的租赁筹划才能达到纳税筹划的效果？

7. 你推荐企业采用发行普通股的方式筹资吗？请从纳税筹划的角度说明理由。

二、选择题

1. 关联企业通过借款方式进行债务筹资超过（　　）50％的部分不准在税前扣除。

    A. 总资产   B. 当年净利润

    C. 注册资本   D. 国家规定数额

2. 企业采用实际利率法溢价摊销债券导致的结果是（　　）。

    A. 每年摊销额度不变   B. 前期缴税较少，后期缴税较多

    C. 前期缴税较多，后期缴税较少   D. 以上均不正确

3. （　　）是采用发行可转换债券筹资纳税筹划的关键。

    A. 是否溢价发行   B. 是否确认债券转换权价值

    C. 是否平价发行   D. 债券的利率

4. 在租赁筹资过程中发生的支出，不可以在税前扣除的是（　　）。

    A. 经营租赁租入固定资产产生的租赁费

    B. 融资租赁租入固定资产产生的租赁费

    C. 承租方支付的手续费

    D. 融资租赁固定资产计提的折旧

5. 下列选项中，（　　）不是商业信用筹资的特点。

    A. 规定额度内免税   B. 筹资便利

    C. 一般附带现金折扣   D. 筹资成本低

6. 集团公司向分公司融资租赁其大宗设备，增加集团公司的收入及分公司的费用，这样做的最大目的是（　　）。

    A. 增加分公司利润   B. 将税负从集团公司转至分公司

    C. 促进公司间资金流动   D. 将税负从分公司转移至集团公司

7. 从现金流出量上来讲，（　　）是长期借款筹资偿还的最佳方式。

    A. 每年偿还利息和等额本金   B. 期末一次性偿还本息

    C. 每年付息，到期一次还本   D. 每年偿还等额本息

8. （　　）可以在税前扣除。

    A. 为建造固定资产而发生的借款利息支出

    B. 为购置无形资产发生的借款利息支出

    C. 向金融机构借款发生的利息支出

    D. 企业开办期间的借款利息支出

9. 经过纳税筹划，可以通过延缓纳税的方式减轻企业税负，依据的是（　　）。

    A. 货币的时间价值理论   B. 国家法律的漏洞

C. 帕累托最优理论　　　　　　　　D. 企业的财务制度

10. 下列选项中,(　　)不是企业自我积累方式筹资的特点。

A. 风险高　　　　　　　　　　　　B. 存在双重征税问题

C. 时间短,速度快　　　　　　　　D. 难以进行纳税筹划

11. 在企业进行内部集资时,采取(　　)的方式进行纳税筹划可以减轻税负。

A. 减少工资、薪金,提高集资利息

B. 提高工资、薪金,减少集资利息

C. 将利息定在国家规定的金融企业同期同类贷款基准利率以下

D. 将利息定在国家规定的金融企业同期同类贷款基准利率以上

12. 一般的垄断型公用事业公司所采用的是(　　)型资本结构。

A. 偏重长期负债　　　　　　　　　B. 偏重权益筹资

C. 债务筹资和权益筹资相平衡　　　D. 单一权益筹资

13. 只能扣除筹集费用,股息不能作为费用列支,只能在企业税后利润中分配的筹资渠道是(　　)。

A. 融资租赁　　　　　　　　　　　B. 经营租赁

C. 内部集资　　　　　　　　　　　D. 商业信用

14. 如果一个公司出现了资本弱化,那么该公司(　　)。

A. 权益资本大于债务资本

B. 权益资本与债务资本的比为 1∶1

C. 公司资本不足以满足公司发展需要

D. 权益资本小于债务资本

15. 企业发行股票筹资时,相对于普通股,优先股的特点是(　　)。

A. 持有人对其收益免缴所得税

B. 股息、红利在税前扣除

C. 有固定的股息或红利

D. 对公司重大事项,持有人有优先投票表决权

16. 下列筹资方式中,同等条件下纳税筹划空间最大的是(　　)。

A. 向其他企业借款　　　　　　　　B. 发行股票

C. 吸收直接投资　　　　　　　　　D. 向银行借款

17. 关联企业之间可以通过(　　)来实现纳税筹划。

A. 统一员工管理　　　　　　　　　B. 交叉持股

C. 统一品牌管理　　　　　　　　　D. 相互拆借资金

18. 下列有关经营租赁的说法正确的是(　　)。

A. 发生所有权的转移

B. 一般租期较短,为了满足临时性需要

C. 又称作资本租赁

D. 出租人将按照承租人的要求购买资产

19. 下列筹资方式中,同等条件下纳税筹划空间最小的是(   )。

A. 内部集资   B. 融资租赁

C. 发行股票   D. 发行债券

20. 为减轻税收负担,减小税基,企业应尽量选择在(   )的年度借款。

A. 亏损   B. 盈利

C. 收支平衡   D. 更换税务登记证

三、计算分析题

1. 京口三山股份有限公司是中外合资企业,外方投资者为刘子钦,其投资额占合资企业实收资本的 50%。合资企业所有者权益共计 1050 万元,包括实收资本 500 万元、资本公积 200 万元、未分配利润 350 万元。刘子钦准备将其拥有股权的一半转让给陈锦哲,现有以下两种方案。

方案一:刘子钦直接转让股权给陈锦哲,转让价格为 262.5 万元。

方案二:京口三山股份有限公司先分配股息,假设其将未分配利润的 80% 用于股利分配,刘子钦可得 140 万元,然后刘子钦再转让股权给陈锦哲,转让价格为 192.5 万元。

依照目前国家法律法规规定,如不考虑其他情况,个人所得税率为 20%,试计算两种方案下刘子钦应缴纳的个人所得税。

2. 润州情人谷工艺品有限公司在本会计年度初期,准备花费 6000 万元购置新的机器设备进行生产,经董事会研究和讨论,提出了以下四种可选择的方案(公司适用的所得税税率为 25%,股权资本成本率为 12%)。

方案一:增发普通股股票 6000 万股,每股 1 元。

方案二:增发普通股股票 3000 万股,每股 1 元;发行债券 3000 万元,债券票面利率为 6%。

方案三:增发普通股股票 2000 万股,每股 1 元;发行债券 4000 万元,债券票面利率为 7%。

方案四:增发普通股股票 1500 万股,每股 1 元;发行债券 4500 万元,债券票面利率为 9%。

依照目前国家法律法规规定,如不考虑其他情况,试分析润州情人谷工艺品有限公司将做何选择? 请阐述理由。

3. 恒昌农产品有限公司是一家农产品生产加工企业,近期拟新开发一个投资项目,需要资金 600 万元,预计息税前利润为 120 万元,所得税税率为 25%,经公司董事会研究,有以下两种筹资方案。

方案一:通过发行收益率为 16% 的优先股筹集资本。

方案二:以市场利率 16% 举债筹集资本。

请问该公司应该采取哪种方法筹资？为什么？

4. 江大机电设备有限公司为兴建冷库用于出租，需筹集资金 4000 万元，预计冷库出租每年可获租金收入 600 万元，冷库寿命为 20 年，企业所得税税率为 25%。现有两种方案可供选择。

方案一：用 5 年累计留存收益 4000 万元兴建冷库用于出租。

方案二：向银行贷款 4000 万元兴建冷库用于出租，假定银行利率为 8%，银行综合税率为 15%。

如不考虑资金的时间成本，试从纳税筹划的角度出发，分析该企业应该选择何种方案。

5. 苏索普集团有职工 100 人，人均月工资 2000 元，公司发现一项刚投产的项目急需流动资金，但是由于公司负债率过高，无法再从外部筹资，为抓住市场机会，公司董事会决定以内部集资的方式解决资金问题，资金缺口为 90 万元，每人集资 9000元便可满足企业资金需要，为调动职工参与集资的积极性，公司将年利率规定为 20%。如果同期同类金融机构贷款利率为 8%，个人所得税税率为 20%，请问：

（1）在此次集资过程中，苏索普集团的员工每人的收益是多少？

（2）如果你是集团财务总监，为了增加员工实际收益，欲对此次集资进行财务筹划，你会怎么做？

第 11 章　企业投资活动的纳税筹划

本章学习要点

随着现代企业财务制度的建立,纳税筹划对企业的影响日趋扩大。本章主要对企业投资活动中的纳税筹划进行分析论述。在学习本章内容时要求掌握企业设立、投资方式的纳税筹划方法;理解企业投资地点、投资行业、投资规模的纳税筹划;了解企业投资伙伴、投资结构、投资决策、企业清算的纳税筹划。

投资是指投资主体以获得未来预期收益为目的,将货币资金、物资、土地、劳动力、技术及其他生产要素投入社会再生产的过程。企业投资主要是为了维持企业的生存和发展,提升企业的资产价值,增强企业的综合实力。

对于创造价值而言,投资决策是三项决策中最重要的决策。筹资的目的是投资,投资决定了筹资的规模和时间。投资决定了购置的资产类别,不同的生产经营活动需要不同的资产,因此,投资决定了日常经营活动的特点和方式。投资,是指为了将来获得更多现金流入,以选中投资效果最佳的方案。企业投资战略(Investment Strategies of Enterprises)是指根据企业总体经营战略要求,为维持和扩大生产经营规模,对有关投资活动所做的全局性谋划。它是将有限的企业投资资金,根据企业战略目标评价、比较,选择投资方案或项目以获取最佳的投资效果所做的选择。

11.1　企业组织形式的纳税筹划

企业组织的形式不同,相关税收规定也存在差异,因此,在投资活动开始之时,有必要对企业组织的形式进行纳税筹划。其可以分为企业设立时组织形式的纳税筹划和企业扩张时组织形式的纳税筹划两种情况。

11.1.1 企业设立时组织形式的纳税筹划

1. 个人独资企业、合伙企业和公司制企业的纳税筹划

现代企业的组织形式一般有个人独资企业、合伙企业与公司制企业三种,三者之间税收制度的差异主要体现在所得税方面。

在我国,个人独资企业特指依照法律规定在我国境内设立的,由一个自然人投资,财产为投资人所有,投资人以其个人财产对企业债务承担无限责任的经营实体。根据我国现行《个人所得税法》规定,个人独资企业的生产经营所得作为投资者的生产经营所得,不需缴纳企业所得税,按照"生产经营所得"项目,适用5%～35%的五级超额累进税率,计算征收个人所得税。

合伙企业是指自然人、法人和其他组织依照《中华人民共和国合伙企业法》在中国境内设立的普通合伙企业和有限合伙企业。普通合伙企业由两个以上普通合伙人组成,合伙人对合伙企业债务承担无限连带责任。有限合伙企业由 2 个以上 50 个以下普通合伙人和有限合伙人设立,普通合伙人对合伙企业债务承担无限连带责任,有限合伙人以其认缴的出资额为限对合伙企业债务承担责任。合伙企业财产为合伙人共有,合伙企业的利润分配、亏损分担,按照合伙协议的约定办理;合伙协议未约定或者约定不明确的,由合伙人协商决定;协商不成的,由合伙人按照实缴出资比例分配、分担;无法确定出资比例的,由合伙人平均分配、分担。我国现行税法规定,合伙企业的生产经营所得和其他所得,按照国家有关税收规定,由合伙人分别缴纳所得税。合伙人为自然人的,征收个人所得税。我国现行《个人所得税法》规定,合伙企业的投资者分得的所得按照"生产经营所得"项目,适用5%～35%的五级超额累进税率,计算征收个人所得税。合伙人为法人或其他组织的,征收企业所得税,但合伙人在计算缴纳其企业所得税时,不得用合伙企业的亏损抵减其盈利。合伙企业的合伙人按照下列顺序确定应纳税所得额:① 合伙企业的合伙人以合伙企业的生产经营所得和其他所得,按照合伙协议约定的分配比例确定应纳税所得额。② 合伙协议未约定或者约定不明确的,以全部生产经营所得和其他所得,按照合伙人协商决定的分配比例确定应纳税所得额。③ 协商不成的,以全部生产经营所得和其他所得,按照合伙人实缴出资比例确定应纳税所得额。④ 无法确定出资比例的,以全部生产经营所得和其他所得,按照合伙人数量平均计算每个合伙人的应纳税所得额。合伙企业除了要承担所得税外,还要缴纳与企业经营有关的一些税金,如印花税、增值税、消费税、关税等。

公司是依《中华人民共和国公司法》规定在我国境内设立的企业法人,包括有限责任公司和股份有限公司。有限责任公司由 50 个以下的股东共同出资设立,股东以其出资额为限对公司承担责任,公司以其全部资产对公司的债务承担责任。另外,国家授权的机构或国家授权的部门可以单独投资设立国有独资的有限责任公司,即国有独资公司。股份有限公司,其全部资本分为等额股份,股东以其所持股份为限对公司承担责任,公司以其全部资产对公司的债务承担责任。无论是股份有限公司还是有限责任公司或国有独资公司,作为企业法人,都要根据我国现行《企业所得税法》的规定缴纳企业所得税。

公司制企业要在做了相应的扣除和调整后的应纳税所得额的基础上计算所得税。对于投资者而言,公司制的企业需要缴纳两个层次的所得税:首先是企业实现的利润需要缴纳企业所得税(国际上通常称为公司所得税);在利润分配给投资者以后,往往还需要缴纳一项所得税,如果投资者是个人,需要缴纳个人所得税,而如果投资者是企业,则需要缴纳企业所得税。此外,公司还要缴纳印花税、增值税、消费税、关税、财产税等。

2. 企业设立时组织形式的筹划

企业在投资设立时,要考虑纳税主体的身份与税收之间的关系。因为不同身份的纳税主体会面对不同的税收政策。一般来说,企业设立时选择组织形式,应考虑以下几点:

(1) 从总体税负角度考虑,合伙制一般要低于公司制。合伙制企业不存在重复征税问题,只缴纳一次所得税;而公司制企业公司和个人都要缴纳所得税,存在着两个层次的纳税。

(2) 在比较两种企业组织形式的税负大小时,不能仅看名义上的差别,更重要的是要看实际的差别。要比较合伙制和公司制的税基、税率结构,以及企业盈利水平、股利分配政策、合伙人数、税收征管方式和税收优惠待遇等多种因素,因为综合税负是多种因素起作用的结果,不能只考虑一种因素,以偏概全。例如,公司制企业在某些地区或行业会享有个人独资企业及合伙企业所不能享有的税收优惠政策,在进行纳税筹划操作时,必须把这些因素考虑进去,然后再从总额上考查实际税收负担的大小。

(3) 在独资企业、合伙制企业与公司制企业的决策中,还要充分考虑可能出现的各种风险。

【例 11-1】 王先生自办企业,年应税所得额为 300000 元,该企业如按个人独资企业或合伙企业缴纳个人所得税,依据现行税制,税收负担实际为 $300000 \times 35\% - 6750 = 98250$(元)。

若该企业为公司制企业,其适用的企业所得税税率为 25%,企业实现的税后利润全部作为股利分配给投资者,则该投资者的税收负担为 $300000 \times 25\% + 300000 \times (1 - 25\%) \times 20\% = 120000$(元)。

投资于公司制企业比投资于独资或合伙企业多承担所得税 21750 元。在进行公司组织形式的选择时,应在综合权衡企业的经营风险、经营规模、管理模式及筹资额等因素基础上,选择税负较小的组织形式。

11.1.2 企业扩张时组织形式的筹划

1. 子公司税收政策

(1) 母公司为其子公司提供各种服务而发生的费用,应按照独立企业之间公平交易原则确定服务的价格,作为企业正常劳务费用进行税务处理。

(2) 母公司向其子公司提供各项服务,双方应签订服务合同或协议。对服务收费,母公司应将其作为营业收入申报纳税,子公司应将其作为成本费用在税前扣除。

(3) 母公司向其多个子公司提供同类服务,其收取的服务费可以采取分项签订合同方式或协议收取方式;也可以采取服务分摊协议的方式。

（4）母公司以管理费形式向子公司收取费用,子公司向母公司支付的该项费用不得在税前扣除。

（5）子公司申报税前扣除向母公司支付的服务费用,应向主管税务机关提供与母公司签订的服务合同或者协议等与税前扣除该项费用相关的材料;不能提供相关材料的,支付的服务费用不得在税前扣除。

2．分支机构税收政策

（1）居民企业在中国境内跨地区(指跨省、自治区、直辖市和计划单列市,下同)设立不具有法人资格的营业机构、场所(以下称"分支机构")的,该居民企业为汇总纳税企业。

（2）汇总纳税企业实行"统一计算、分级管理、就地预缴、汇总清算、财政调库"的企业所得税征收管理办法。

（3）总机构和具有主体生产经营职能的二级分支机构,就地分期预缴企业所得税;二级分支机构及其下属机构均由二级分支机构集中就地预缴企业所得税;三级及以下分支机构不就地预缴企业所得税,其经营收入、职工工资和资产总额统一计入二级分支机构。

（4）企业计算分期预缴的所得税时,其实际利润额、应纳税额及分摊因素数额,均不包括其在中国境外设立的营业机构。

（5）总机构和分支机构处于不同税率地区的,先由总机构统一计算全部应纳税所得额,然后依照规定的比例计算划分不同税率地区机构的应纳税所得额后,再分别按总机构和分支机构所在地的适用税率计算应纳税额后加总计算出企业的应纳所得税总额,最后按照规定的比例向总机构和分支机构分摊就地预缴的企业所得税款。

（6）分支机构的各项财产损失,应由分支机构所在地主管税务机关审核并出具证明后,再由总机构向所在地主管税务机关申报扣除。

3．母子公司形式下的子公司纳税筹划优缺点

当一个公司拥有另一个公司一定比例以上并足以将其控制的股份时,该公司即为母公司;反之,受控制的公司即为子公司。就法律地位而言,子公司与母公司均为各自独立的法人,各自以其名义独立对外进行经营活动。在财产责任上,母公司与子公司各自以其独立的财产承担责任,互补连带。母公司在控股权基础上对子公司行使权利,享有对子公司重大事务的决定权,实际上控制子公司的经营。一般而言,作为独立法人的子公司,在纳税筹划中有如下优点:

（1）子公司可享有东道国给其居民公司同等的优惠待遇,单独享受税收的减免、退税等权利。

（2）东道国适用税率低于居住国时,子公司的累积利润有递延纳税的优势。

（3）许多国家允许在境内的企业集团内部公司之间的盈亏互抵,子公司可以加入集团以实现整体利益上的纳税筹划。

（4）子公司向母公司支付的诸如特许权、利息、其他间接费等,要比分公司向总公司支付更容易得到税务当局的认可。

（5）子公司利润汇回母公司要比分公司汇回总公司灵活得多,这等于母公司的投资

所得、资本所得可以保留在子公司,或者可以选择税负较轻的时候汇回,从而得到额外的税收利益。

(6) 母公司转售境外子公司的股票利得通常可享有免税照顾,而出售分公司资产取得的资本利得要被征税。

(7) 境外分公司资本转让给子公司时有时要征税,而子公司之间的转让则不征税。

(8) 许多国家对子公司向母公司支付的股息,规定减征或免缴预提税。

(9) 某些国家子公司适用的所得税税率比分公司低。

但是,母、子公司分别是两个资产相互独立的法人,除特殊情况下可合并纳税外,一般情况下对于各项税收的计算、缴纳,子公司均独立于母公司,这样子公司的亏损是不能冲减母公司利润的,在进行纳税筹划时,这一点是设立子公司的不利之处。

4. 总公司形式下的分公司纳税筹划优缺点

按照公司分支机构的设置和管辖关系,可将公司分为总公司和分公司。总公司是指依法首先设立的管辖全部组织的总机构;分公司则是指受总公司管辖的分支机构。分公司可以有自己的名称,但没有法人资格,因此,没有独立的财产,其经营活动所有后果由总公司承担。设立分公司,在纳税筹划中也有自身的优点:

(1) 设立子公司要按照国家法律办理很多手续,并且需要具备一定的条件,在公司成立时需要缴纳一笔注册登记费或印花税,开业以后还要接受当地政府管理部门的监督;设立分公司则没有那么多的手续,许多国家一般不要求分公司在从事业务活动前缴纳注册登记税,总公司拥有分公司的资本,在东道国通常也不必缴纳资本税或印花税。

(2) 分公司交付给总公司的利润通常不必缴纳预提税。

(3) 在经营初期,企业往往出现亏损,分公司的亏损可以冲抵总公司的利润,减轻税收负担。

(4) 分公司与总公司之间的资本转移,因不涉及所有权变动,不必缴纳税款。

综上所述,子公司和分公司各有利弊,不可一概而论。企业在选择分支机构的形式时,需要综合考虑分支机构的经营情况以及总机构与分支机构所享受的税收优惠的差异等各项因素。

【例 11-2】 新华集团 2007 年新成立 A 公司,从事生物制药及高级投资等盈利能力强的项目,2008 年盈利 1000 万元,新华集团将其注册为独立法人公司。新华集团另有一法人公司 B 公司,常年亏损,但集团从整体利益出发不打算将其关闭,B 公司 2008 年亏损 300 万元。

【解析】 按照现有的组织结构模式,A 公司、B 公司都是法人单位,应独立缴纳企业所得税。2008 年 A 公司应缴纳企业所得税 $1000 \times 25\% = 250$(万元);B 公司亏损,应缴纳企业所得税为 0,A 公司与 B 公司合计缴纳企业所得税 250 万元。

若新华集团进行筹划,将 B 公司变更公司登记为 A 公司的分支结构,则 B 公司不再是独立法人公司,就不再作为独立纳税人,A 公司汇总纳税。2008 年 A 公司与 B 公司合计缴纳企业所得税 $(1000 - 300) \times 25\% = 175$(万元),经过纳税筹划节省企业所得税

250－175＝75(万元)。其实,现有企业集团也可参考上述思路,对成员内部公司进行身份变更,以实现公司之间盈亏互抵,降低集团整体税负。

11.2　企业投资地点的纳税筹划

世界各国的发展不是同步的,每个国家内部的发展也不可能是完全平衡的,因此,反映经济发展要求的税法必然会体现出税收政策差异性;也正是由于税收待遇的地区性差异,使企业投资地点的筹划成为可能。例如,我国对在一些特定地区(包括经济特区,沿海开放城市,沿海经济开发区,西部地区,老、少、边、穷地区等)都曾给予过相应的税收优惠措施。因此,在进行纳税筹划时,必须对国家给予各区域的各种税收优惠政策有充分的了解和认识,结合企业的实际情况,做出合理的决策。

11.2.1　注册地点的纳税筹划

1.居民企业与非居民企业税收政策

居民企业是指依法在中国境内成立,或者依照外国(地区)法律成立但实际管理机构在中国境内的企业。居民企业就来源于中国境内、境外的所得缴纳企业所得税。

非居民企业是指依照外国(地区)法律在中国境外成立且实际管理机构也不在中国境内,但在中国境内设立机构、场所的,或者在中国境内未设立机构、场所,但有来源于中国境内所得的企业。非居民企业在中国境内设立机构、场所的,应当就其所设机构、场所取得的来源于中国境内的所得,以及发生在中国境外但与其所设机构、场所有实际联系的所得,缴纳企业所得税。非居民企业在中国境内未设立机构、场所的,或者虽设立机构、场所,但取得的所得与其所设机构、场所没有实际联系的,应当就其来源于中国境内的所得缴纳企业所得税。

2.注册地点的选择

【例 11-3】　美国居民公司 A,在中国投资建立一个生产基地 B。某年 A 公司准备转让一项专利技术给中国的居民企业 C,转让价为人民币 2000 万元。已知 B 基地当年在中国获得利润总额 2500 万元,其中包括单独核算技术转让所得 800 万元。

有以下三种方案:

方案一:B 在中国注册成立,为中国居民企业,适用 25％的企业所得税税率。由 B 成立研发部门组织开发该专利技术,发生研发支出 1200 万元,再由 B 将该专利技术转让给 C。

方案二:B 是 A 设在中国的生产机构,没有在中国注册,其实际管理机构在美国,不具备中国居民身份。由 B 成立研发部门组织开发该专利技术,发生研发支出 1200 万元,再由 B 将该专利技术转让给 C。

方案三:B 在中国注册成立,为中国居民企业。由 A 在美国成立研发部门组织开发该专利技术,发生研发支出1200万元,然后直接转让给C。

【解析】 方案一:根据相关规定,对B发生的研发支出可以加计扣除;且其技术转让所得不超过500万元的部分可以免征企业所得税,超过500万元的部分减半征收企业所得税。

$$B在中国应纳税额=(2500-1200×50\%-800)×25\%+(800-500)×25\%×50\%$$
$$=275+37.5=312.5(万元)。$$

方案二:由于B为中国非居民企业,不能享受上述加计扣除和减免所得税优惠,但对B视同居民企业,其所得按25%的税率征税。

$$B在中国应纳税额=2500×25\%=625(万元)。$$

方案三:该技术转让收入不是通过A在中国境内的B取得的,应全额征收预提所得税。

$$A在中国应纳预提所得税额=2000×10\%=200(万元)$$,同时B在中国应纳企业所得税额$$=2500×25\%=625(万元)$$,合计在中国纳税825万元。

显然,通过中国境内的居民企业转让该专利技术税负最低,由境外居民企业直接转让该专利技术税负最高。

但在筹划时需考虑:① 境内的居民企业或机构是否有研发能力;② 境外居民企业是否在中国境内已有分支机构,因为新建一个机构、场所或注册成立一个新居民企业均要符合一定条件。

11.2.2 跨国投资区域的纳税筹划

从全球范围看,各国税收制度的差别为跨国公司进行纳税筹划提供了必要的外部条件。跨国公司在选择境外投资地点时,除了要考虑市场、资源、人力成本等因素外,也需要考虑税收因素,选择合适的国家或地区进行投资,以尽可能获取税收利益。

1. 跨国投资的税收政策

对纳税人来源于境外的所得已经在境外缴纳企业所得税的,允许进行税额抵免,包括直接抵免和间接抵免。

股息红利等权益投资所得,除国务院财政、税务主管部门另有规定外,按照被投资方做出利润分配决定的日期确认收入的实现,即对股息红利收益的确认允许推迟课税。当被投资方没有做出利润分配的决定时,投资方就不能确认股息红利所得,也不能对其征税。

特别纳税调整:居民企业,或者由居民企业和中国居民控制的设立在实际税负明显低于《企业所得税法》第四条第一款规定税率水平(即低于12.5%)的国家(地区)的企业,并非由于合理的经营需要而对利润不作分配或者减少分配的,上述利润中应归属于该居民企业的部分,应当计入该居民企业的当期收入。

2. 跨国投资区域的选择

在选择跨国投资地点时,应该尽可能选择税负较低的国家或地区投资,以减轻税收总体负担。其主要步骤如下:

（1）选择在公司所得税税率低于 25%、高于 12.5%，与我国签订税收协定，可以享受较低的预提税率的国家建立控股公司，如受控金融公司、销售公司、保险公司、专利持权公司、运输公司等。

（2）通过转让定价等手段将税前所得尽可能多地在控股公司实现。

（3）控股公司实现的利润不分配或少分配。

【例 11-4】 A 和 B 是跨国关联公司，A 公司为中国居民企业，适用所得税税率为 25%，B 公司所在国的税率为 15%。某年度，A 公司生产集成电路板 100 万张，全部要出售给关联的 B 公司，再由 B 公司向外销售。该批集成电路板 A 公司生产销售成本为每张 10 美元，国际市场售价为每张 16～22 美元。假设 A，B 两个公司均有其他支出 100 美元。

有两种方案：

方案一：A 公司按照每张 18 美元的价格将这批集成电路板出售给 B 公司，然后 B 公司再按每张 22 美元的市场价格将这批集成电路板出售给一个非关联的客户。

方案二：A 公司按每张 16 美元的价格向 B 公司出售这批产品，然后 B 公司再按每张 22 美元的市场价格将这批集成电路板出售给一个非关联的客户。

【解析】 方案一：A 公司实现应税所得＝$100 \times 18 - 100 \times 10 - 100 = 700$（万美元）；

应纳税额＝$700 \times 25\% = 175$（万美元）。

B 公司实现应税所得＝$100 \times 22 - 100 \times 18 - 100 = 300$（万美元）；

应纳税额＝$300 \times 15\% = 45$（万美元）。

A，B 合计应纳税额＝$175 + 45 = 220$（万美元），合计税后利润＝$(700 - 175) + (300 - 45) = 525 + 255 = 780$（万美元）。

方案二：A 公司实现应税所得＝$100 \times 16 - 100 \times 10 - 100 = 500$（万美元）；

应纳税额＝$500 \times 25\% = 125$（万美元）。

B 公司实现应税所得＝$100 \times 22 - 100 \times 16 - 100 = 500$（万美元）；

应纳税额＝$500 \times 15\% = 75$（万美元）。

A，B 合计应纳税额＝$125 + 75 = 200$（万美元），合计税后利润＝$(500 - 125) + (500 - 75) = 375 + 425 = 800$（万美元）

由于 A 公司位于高税国，而 B 公司位于低税国。A 公司降低对 B 公司的转让价格会使两个公司的纳税总额下降 $220 - 200 = 20$（万美元），税后利润总额则从原来的 780 万美元增加到 800 万美元，提高了 20 万美元。可见，A 公司通过转让定价就可以比较容易地将 $700 - 500 = 200$（万美元）从 A 公司所在的高税国转移到 B 公司所在的低税国。

这种策略不仅适用于关联企业之间的产品销售，而且也适用于关联企业之间的其他各类交易，如劳务提供、贷款和无形资产转让等。

在纳税筹划时应注意以下几点：

① 选择投资地区时，B 公司所在国家的所得税实际税收负担应该为 12.5%～25%，关税税率较低或不征进口关税；

② 关联方交易价格在国际市场平均价格水平范围内；

③ A公司所在国对母公司的海外利润实行推迟课税,否则,母公司来源于受控子公司的股息和红利无论是否汇回都要申报纳税,那么跨国公司利用转让定价向受控子公司转移利润就达不到减轻税负的目的。

11.3　企业投资行业的纳税筹划

国家为优化产业结构,制定了各种行业性税收优惠政策,纳税人在选择投资行业时应充分利用好这些政策,精心进行投资方向的纳税筹划和测算,使企业在当前及一段时期内的整体税负水平降到最低限度。在选择企业投资行业时应该了解我国行业之间税收政策的差异。

11.3.1　高新技术企业的税收政策

1. 关于增值税

(1) 一般纳税人销售其自行开发生产的计算机软件产品,可按法定17%的税率征收后,对实际税负超过3%的部分实行即征即退。

(2) 属于生产企业的小规模纳税人,生产销售计算机软件按6%的征收率计算缴纳增值税;属于商业企业的小规模纳税人,销售计算机软件按4%的征收率计算缴纳增值税,并可由税务机关分别按不同的征收率代开增值税发票。

(3) 对随同计算机网络、计算机硬件、机器设备等一并销售的软件产品,应当分别核算销售额。如果未分别核算或核算不清,按照计算机网络或计算机硬件以及机器设备等的适用税率征收增值税,不予退税。

(4) 计算机软件产品是指记载有计算机程序及其有关文档的存储介质(包括软盘、硬盘、光盘等)。对经过国家版权局注册登记,在销售时一并转让著作权、所有权的计算机软件征收营业税,不征收增值税。

2. 关于营业税

对单位和个人(包括外商投资企业、外商投资设立的研究开发中心、外国企业和外籍个人)从事技术转让、技术开发业务和与之相关的技术咨询、技术服务业务取得的收入,免征营业税。

3. 关于所得税

(1) 对社会力量,包括企业单位(不含外商投资企业和外国企业)、事业单位、社会团体、个人和个体工商户(下同),资助非关联的科研机构和高等学校研究开发新产品、新技术、新工艺所发生的研究开发经费,经主管税务机关审核确定,其资助支出可以全额在当年度应纳税所得额中扣除。当年度应纳税所得额不足抵扣的,不得结转抵扣。

(2) 软件开发企业实际发放的工资总额,在计算应纳税所得额时准予扣除。

4. 关于外商投资企业和外国企业所得税

外商投资企业和外国企业资助非关联科研机构和高等学校研究开发经费,参照《中华人民共和国外商投资企业和外国企业所得税法》中有关捐赠的税务处理办法,可以在资助企业计算企业应纳税所得额时全额扣除。

11.3.2　农、林、牧、渔业的税收政策

农业生产者销售的自产初级农业产品,可以免征增值税。企业从事下列项目的所得,免征企业所得税:① 蔬菜、谷物、薯类、油料、豆类、棉花、麻类、糖料、水果、坚果的种植;② 农作物新品种的选育;③ 中药材的种植;④ 林木的培育和种植;⑤ 牲畜、家禽的饲养;⑥ 林产品的采集;⑦ 灌溉、农产品初加工、兽医、农技推广、农机作业和维修等农、林、牧、渔服务业项目;⑧ 远洋捕捞。

企业从事下列项目的所得,减半征收企业所得税:① 花卉、茶以及其他饮料作物和香料作物的种植;② 海水养殖、内陆养殖。

11.3.3　国家重点扶持的公共基础设施项目的税收政策

(1) 企业从事国家重点扶持的公共基础设施项目的投资经营的所得,自项目取得第一笔生产经营收入所属纳税年度起,第一年至第三年免征企业所得税,第四年至第六年减半征收企业所得税。

第一笔生产经营收入,是指公共基础设施项目已建成并投入运营后所取得的第一笔收入。

国家重点扶持的公共基础设施项目,是指《公共基础设施项目企业所得税优惠目录》规定的港口码头、机场、铁路、公路、城市公共交通、电力、水利等项目。

(2) 对饮水工程运营管理单位从事《公共基础设施项目企业所得税优惠目录》规定的饮水工程新建项目投资经营的所得,自项目取得第一笔生产经营收入所属纳税年度起,第一年至第三年免征企业所得税,第四年至第六年减半征收企业所得税。

所称饮水工程,是指为农村居民提供生活用水而建设的供水工程设施。所称饮水工程运营管理单位,是指负责农村饮水安全工程运营管理的自来水公司、供水公司、供水(总)站(厂、中心)、村集体、在民政部门注册登记的用水户协会等单位。

11.3.4　科教文卫行业的税收政策

(1) 下列项目可以免缴增值税:

① 避孕药品和用具;② 向社会收购的古旧图书;③ 国家规定的科学研究机构和学校(主要指省、部级单位所属的专门科研机构和国家教委承认学历的大专以上全日制高等院校),在合理数量范围内,进口国内不能生产的科研和教学用品(如仪器、仪表、计算机),直接用于科研和教学的(同时免征关税、消费税);④ 经国务院批准成立的电影制片厂销售的电影拷贝;⑤ 党报、党刊将其发行、印刷业务及相应的经营性资产剥离组建的文化企业,自注册之日起所取得的党报、党刊发行收入和印刷收入。

(2) 下列项目可以免缴营业税:

① 托儿所、幼儿园提供的养育服务;② 医院、诊所和其他医疗机构提供的医疗服务;

③ 学校和其他教育机构提供的教育劳务,学生勤工俭学提供的劳务;④ 农业技术服务和技术培训业务;⑤ 纪念馆、博物馆、文化馆、美术馆、图书馆、文物保护单位举办文化活动的门票收入。

（3）经营性文化事业单位转制为企业,自转制注册之日起免缴企业所得税。

（4）幼儿园、学校、医院用地,可以免征耕地占用税。

（5）由财政部门拨付事业经费的文化单位转制为企业,自转制注册之日起对其自用房产免缴房产税。

11.3.5　环境保护、节能节水项目的税收政策

1. 增值税优惠

对销售下列自产货物实行免征增值税政策:① 再生水;② 以废旧轮胎为全部生产原料生产的胶粉;③ 翻新轮胎;④ 生产原料中掺兑废渣比例不低于30％的特定建材产品。

对污水处理劳务免征增值税。

对销售下列自产货物实行增值税即征即退的政策:① 以工业废气为原料生产的高纯度二氧化碳产品;② 以垃圾为燃料生产的电力或者热力;③ 以煤炭开采过程中伴生的舍弃物油母页岩为原料生产的页岩油;④ 以废旧沥青混凝土为原料生产的再生沥青混凝土;⑤ 采用旋窑法工艺生产并且生产原料中掺兑废渣比例不低于30％的水泥。

销售下列自产货物实现的增值税实行即征即退50％的政策:① 以退役军用发射药为原料生产的涂料硝化棉粉;② 对燃煤发电厂及各类工业企业产生的烟气、高硫天然气进行脱硫生产的副产品;③ 以废弃酒糟和酿酒底锅水为原料生产的蒸汽、活性炭、白炭黑、乳酸、乳酸钙、沼气;④ 以煤矸石、煤泥、石煤、油母页岩为燃料生产的电力和热力;⑤ 利用风力生产的电力;⑥ 部分新型墙体材料产品。

销售自产的综合利用生物柴油实行增值税先征后退政策。

2. 所得税优惠

从事符合条件的环境保护、节能节水项目的所得,自项目取得第一笔生产经营收入所属纳税年度起,第一年至第三年免征企业所得税,第四年至第六年减半征收企业所得税。

企业购置用于环境保护、节能节水、安全生产等专用设备的投资额,可以按该专用设备投资额的10％从企业当年的应纳税额中抵免;当年不足抵免的,可以在以后5个纳税年度结转抵免。

企业综合利用资源,生产符合国家产业政策规定的产品所取得的收入,可以在计算应纳税所得额时按90％计入收入总额。

11.3.6　金融、保险、证券业的税收政策

（1）对保险公司开展的一年期以上返还性人身保险业务的保费收入免征营业税。

（2）金融机构往来业务免征营业税。

（3）鼓励证券投资基金发展的优惠政策。

对证券投资基金从证券市场中取得的收入,包括买卖股票、债券的差价收入,股权的

股息、红利收入,债券的利息收入及其他收入,暂不征收企业所得税。

对投资者从证券投资基金分配中取得的收入,暂不征收企业所得税。

对证券投资基金管理人运用基金买卖股票、债券的差价收入,暂不征收企业所得税。

11.3.7　创业投资企业的税收政策

创业投资企业从事国家需要重点扶持和鼓励的创业投资,可以按投资额的一定比例抵扣应纳税所得额。创业投资企业采取股权投资方式投资于未上市的中小高新技术企业 2 年以上的,可以按照其投资额的 70%,在股权持有满 2 年的当年抵扣该创业投资企业的应纳税所得额;当年不足抵扣的,可以在以后纳税年度结转抵扣。

11.3.8　进出口产品的税收政策

(1) 对企业(包括外商投资企业、外国企业)为生产《国家高新技术产品目录》所列产品而进口所需的自用设备及按照合同随设备进口的技术及配套件、备件,除按照财政部、国家发展改革委、海关总署、国家税务总局公告 2012 年第 83 号所公布的《国内投资项目不予免税的进口商品目录》所列商品外,免征关税和进口环节增值税。

(2) 对企业(包括外商投资企业、外国企业)引进属于《国家高新技术产品目录》所列的先进技术,按合同规定向境外支付的软件费,免征关税和进口环节增值税。

(3) 对列入科技部、外经贸部《中国高新技术商品出口目录》的产品,凡出口退税率未达到征税率的,经国家税务总局核准,产品出口后,可按征税率及现行出口退税管理规定办理退税。

(4) 直接用于科学研究、科学实验和教学的进口仪器、设备,外国政府、国际组织无偿援助的进口物资和设备,免征增值税。小规模纳税人增值税征收率为 3%。

(5) CRT 彩电、部分电视机零件、光缆、不间断供电电源(UPS)、有衬背的精炼铜制印刷电路用覆铜板、电视用发送设备、缝纫机等商品的出口退税率提高到 17%;将纺织品、服装的出口退税率提高到 16%;罐头、果汁、桑丝等农业深加工产品,电动齿轮泵、半挂车等机电产品,光学元件等仪器仪表,胰岛素制剂等药品,箱包、鞋帽、伞、毛发制品、玩具、家具等商品的出口退税率提高到 15%;将六氟铝酸钠等化工制品、香水等香化洗涤、聚氯乙烯等塑料、部分橡胶及其制品、毛皮衣服等皮革制品、信封等纸制品、日用陶瓷、显像管玻壳等玻璃制品、精密焊钢管等钢材、单晶硅片、直径大于等于 30 cm 的单晶硅棒、铝型材等有色金属材、部分凿岩工具、金属家具、部分塑料、陶瓷、玻璃制品、部分水产品、车削工具等商品的出口退税率提高到 13%;将甲醇、部分塑料及其制品、木制相框等木制品、车辆后视镜等玻璃制品等商品的出口退税率提高到 11%;将碳酸钠等化工制品、建筑陶瓷、卫生陶瓷、锁具等小五金、铜板带材、部分搪瓷制品、部分钢铁制品、仿真首饰、合金钢异性材等钢材、钢铁结构体等钢铁制品、剪刀等商品的出口退税率提高到 9%;将商品次氯酸钙及其他钙的次氯酸盐、硫酸锌、玉米淀粉、酒精的出口退税率提高到 5%。

11.3.9　安置残疾人员的税收政策

对安置残疾人的单位,实行由税务机关按单位实际安置残疾人的人数,限额即征即退增值税或减征营业税的办法。

（1）实际安置的每位残疾人每年可退还的增值税或减征的营业税的具体限额,由县级以上税务机关根据单位所在区县（含县级市、旗,下同）适用的经省级（含自治区、直辖市、计划单列市,下同）人民政府批准的最低工资标准的 6 倍确定,但最高不得超过每人每年 3.5 万元。

（2）主管国税机关应按月退还增值税,本月已缴增值税额不足退还的,可在本年度（指纳税年度,下同）内以前月份已缴增值税扣除已退增值税的余额中退还,仍不足退还的可结转本年度内以后月份退还。主管地税机关应按月减征营业税,本月应缴营业税不足减征的,可结转本年度内以后月份减征,但不得从以前月份已缴营业税中退还。

（3）所称单位,是指税务登记为各类所有制企业（包括个人独资企业、合伙企业和个体经营户）、事业单位、社会团体和民办非企业单位。

11.4　企业投资方式的纳税筹划

投资方式不同,企业设立程序就不同,享受的实际税收待遇也不相同,有的甚至存在很大差别。按投资物的性质,一般可将投资方式分为三类,即有形资产、无形资产和现汇投资。按投资对象的不同和投资者对被投资企业的生产经营是否实际参与控制与管理的不同,投资可分为直接投资和间接投资。按投资期限将投资方式分为分期投资和一次性投资。

11.4.1　有形资产、无形资产和现汇投资方式

1. 有形资产投资方式

我国现行税法规定:按中外合资经营企业中外双方所签合同中规定作为外方出资的机械设备、零部件及其他物件,合营企业以投资总额内的资金进口的机械设备、零部件及其他物件,以及经审批、合营企业以增加资本新进口的国内不能保证供应的机械设备、零部件及其他物件,可以免征关税和进口环节的增值税。这种规定是国家为了鼓励中外合资经营企业引进国外先进机械设备而制定的,其同时也可作为一种节税的投资方式。这种有形资产投资方式的选择要点在于企业自身具体情况以及对相关税法规定的具体分析和把握。

2. 无形资产投资方式

无形资产不具备有形资产的实物形态,但同样也能为企业带来经济效益。无形资产一般是指企业长期使用而不具备实物形态的资产,包括专利权、商标权、著作权、非专利技术、土地使用权、商誉等。依据无形资产投资方式,不仅可以获得一定的超额利润,还能达到节税的目的。例如,甲、乙代表中外两方投资者欲投资开办一家中外合资企业。创办过程中,甲需要向乙购买一项技术,价值 50 万美元,须缴纳 10 万美元的预提所得税。如在纳税筹划过程中决定该技术转由乙作为无形资产投资,则巨额的预提所得税便可省去。

3. 现汇投资方式

现汇投资方式一般是指以货币进行投资的方式。虽然在纳税筹划时可以考虑用现汇购买享有税收优惠的有形资产,但毕竟会受到购买范围的限制。在投资方式纳税筹划过程中,一般都是采用有形资产投资和无形资产投资两种方式。这其中的原因是多方面的:首先,有形资产投资方式中的设备投资折旧费及无形资产摊销额可在税前扣除,从而达到削减所得税税基的节税效果;其次,在变动有形资产和无形资产产权时,必须进行资产评估,评估方法选择的不同会导致高估资产价值,这样既可以节省投资成本,又能通过多列折旧费及摊销额缩小企业所得税税基。

11.4.2 直接投资和间接投资方式

1. 直接投资与间接投资的税收政策

直接投资是指将资产直接投入投资项目,从而拥有被投资企业一定的经营权、所有权。直接投资的形式较多,涉及的税收因素也比较多。直接投资还要考虑企业面临的各种税收待遇。如《企业所得税法》规定的免税收入、减免所得、降低税率、加计扣除、减计收入、定期优惠、加速折旧、投资抵免、税额抵免、授权减免等。

间接投资是通过购买股票、债券以获取收益的投资方式。其考虑的税收因素较少,一般只涉及股息或利息的所得税和进行证券交易缴纳的印花税。

2. 直接投资与间接投资的选择

不同投资方式的税收因素不同,投资收益、投资风险、投资的变现能力等因素也不同。有些投资方式尽管可以少纳税,但投资收益非常差,或者投资风险非常大,投资的变现能力非常弱,也是不可取的。因此,在进行纳税筹划时,必须全面考虑投资收益、投资风险和投资的变现能力。

【例 11-5】 敏华公司为中国居民企业,适用 25% 的所得税税率,有闲置资金 1500 万元准备对外投资,现有两个投资方案可供选择。

方案一:与其他公司联营,共同出资创建一个新的高新技术企业 A 公司(在中国境内注册成立)。敏华公司拥有 A 公司 30% 的股权。预计 A 公司每年可盈利 300 万元,税后利润全部分配。

方案二:敏华公司用 1500 万元购买国债,年利率为 6%,每年可获得利息收入 90 万元。

【解析】 如果采用方案一,A 公司设立后被认定为国家重点扶持的高新技术企业,适用 15% 的所得税税率。则敏华公司分回税后股息 $=300\times(1-15\%)\times30\%=76.5$(万元),还原为税前收益为 $76.5\div(1-15\%)=90$(万元)。

由于我国对居民企业之间的股息红利性收益采取免税法,以避免重复征税。因此,敏华公司从中国居民企业 A 公司取得的 76.5 万元股息,属于免税收入,无须补税,故敏华公司取得实际投资收益 76.5 万元。

如果采用方案二,企业投资国债获得的利息收入也属于免税收入,无须缴纳企业所得税。利息收入为税前收益,直接免税,敏华公司获得的实际投资收益即为 90 万元,比

方案一多 $90-76.5=13.5$（万元）。

两种方案都免于缴纳企业所得税,但方案一是税后收益,方案二是税前收益,给敏华公司带来的收益金额不同。因此,如果从税负角度考虑,敏华公司应选择方案二。当然,公司在选择投资方式时,应综合考虑各种因素,选择税负最低、收益最高的方案,以实现企业投资收益最大化的目标。

11.4.3　分期投资和一次性投资方式

在投资方式选择中,一般选分期投资。我国现行税法规定:中外合营企业合营双方应在合营合同中注明出资期限,并按合营合同规定的期限缴清各自出资额;合同中规定一次缴清出资的,合营双方应自营业执照签发之日起 6 个月内缴清;合同中规定分期缴付出资的,双方第一期出资额不得低于各自认缴出资额的 15％,且应自营业执照签发之日起 3 个月内缴清,其最后一期出资可自营业执照签发之日起 3 年内缴清。依据上述规定,分期出资可以获得资金的时间价值,而且未到位的资金可通过金融机构或非金融机构融通解决,其利息支出可以部分地准许在税前扣除。这样,分期投资方式不但能缩小所得税税基,甚至在盈利的经济环境下还能实现少投资本、充分利用财务杠杆的效应。

11.5　企业投资伙伴的纳税筹划

企业在投资决策过程中,如果因为资金等原因而需要与人合资建立新的公司时,就必须考虑投资伙伴的问题。选择一个适当的投资伙伴会对投资收益大有帮助。在选择投资伙伴时主要考察两个方面的因素:一是合作伙伴的税收待遇;二是合作伙伴的实力。

排除合资人资金、信誉方面的情况,只就合资者的身份进行考虑,便会有不同的税收待遇。如能与外国人及我国港、澳、台地区投资者合作,便能享受不少税收优惠。因此,在选择投资合作时,投资者必须就该因素加以充分考虑。选择好的投资伙伴应充分考察对方的实力,因为能力低下的投资伙伴往往轻则毁掉联合投资项目,重则使联营双方"同归于尽"。

11.6　企业投资规模的纳税筹划

确定企业投资规模的合理水平是企业投资决策的重要内容。投资规模扩大是企业发展壮大的标志,往往可以带来规模效益,但若不顾具体情况而过度膨胀,往往会导致资源的浪费。投资规模小,一般可以使企业具有灵活运行的优点。但企业的投资规模太小,往往难以取得规模效益,而且缺乏经济实力,在残酷的市场竞争中容易被淘汰。

11.6.1　企业投资规模的确定

(1) 对企业自身运营能力进行分析,即通过对存量投资重组、潜能开发及增量投资优化组合的分析,确定投资的既有能力、潜在能力和追增能力。

(2) 把握企业外部环境变动情况。如果预测产品在市场上供不应求,且供需缺口大,投资项目建成投产后生产出来的产品在市场上能够及时销售出去,形成相应的效益,则项目规模可以大一些。反之,如果预测产品供过于求,或虽然供不应求,但供需缺口很小,则不宜上项目或只能上小的项目。

(3) 对税前收益最大化的投资规模(经济规模)进行分析。常用的方法有最小费用法(单位产品成本最低的规模)、方案比较法(先确定最小与最大项目规模的范围)和规模效益曲线法(盈利区间法,在最高与最低两个盈亏平衡点之间)。

11.6.2　影响企业投资规模的因素

影响企业投资规模的因素很多,有产品的市场需求情况、行业的技术特点、原材料和燃料及动力的保证程度、专业化分工水平、可筹集到的资金数量和外部协作配套条件等,其中税收也是影响项目规模的重要因素之一。

企业投资规模不仅会受到资金使用的成本和企业投资机会的影响,企业自身的财务状况,如资本结构、内部现金流量和流动性等也会对企业投资规模造成显著影响,而税收则会对企业内部的现金流量产生重大影响。

投资规模对企业纳税的影响有两个方面:

(1) 投资规模的大小决定增值税纳税人纳税身份的界定。投资者可在分析、比较小规模纳税人和一般纳税人的税负后,对拟定的投资规模进行调整,使其符合低税负纳税人身份的条件。

(2) 投资规模影响企业纳税的绝对水平。确定投资规模时,必须充分考虑纳税现金支付的刚性约束,即合理确定纳税目标约束下的投资规模,避免因投资规模过大导致税前账面收益过大,由此发生应纳税金额超过企业现金供给的情况,给企业带来不利影响。

11.7　企业投资结构的纳税筹划

投资结构是指企业投资的构成及各种构成之间的相互关系。相同数量的资金,因投资结构不同,所承担的税负也不同。企业投资时,必须对现有投资结构进行筹划,选择能使企业价值最大化的结构,这也是纳税筹划的真正意义所在。投资结构最终决定企业应税收益的构成,从而最终影响企业的纳税负担。投资结构对企业税负以及税后利润的影响主要体现在税基宽窄、税率高低、纳税成本大小三个方面。

11.7.1　税基宽窄

税基宽窄对企业纳税负担的影响主要表现为名义税率和实际税率的差异。由于某一课税对象的法定税基和实际税基(有效税基)往往存在一定的差异,并且后者通常小于前者,因此,企业的实际税负一般比法定(名义)税负低。其原因主要是政府出于某种经济意图或社会意图,通过税收杠杆的倾斜政策所致。这必然在客观上给企业提供了一个有利机遇:在税前收益增加或者不变的前提下,通过比较不同纳税对象有效税基比重的大小,合理安排投资结构,将资金投入较为有利的纳税项目,借以谋求纳税负担相对于应税收益差量金额最大、比重最低的增收节税效应。

【例 11-6】 某外贸企业持有的 100 万元资金,欲投资于产品 A 或产品 B(两种产品均适用于 17% 的增值税和 25% 的所得税)。产品 A 的购进价税总额与销售价税总额分别为 90 万元、140 万元,各项费用总额为 10 万元,全部用于国内销售;产品 B 的购进价税总额与销售价税总额分别为 92 万元和 137 万元,其中出口比重为 90%,各项费用总额为 8 万元。设增值税退税率为 17%。

【解析】 不考虑其他因素,通过计算,可以得出如下数据。

产品 A:

应纳增值税 $= [140 \div (1+17\%)] \times 17\% - [90 \div (1+17\%) \times 17\%] = 7.27$(万元);

税前利润 $= 140 \div (1+17\%) - 90 \div (1+17\%) - 10 = 32.74$(万元);

应纳所得税 $= 32.74 \times 25\% = 8.18$(万元);

纳税现金支出 $= 8.18 + 7.27 = 15.45$(万元);

税后利润 $= 32.74 - 8.18 = 24.56$(万元);

现金流入净增加额 $= 140 - 90 - 10 - 15.45 = 24.55$(万元)。

产品 B:

销项税额 $= [137 \times (1-90\%) \div (1+17\%)] \times 17\% = 1.99$(万元);

进项税额 $= 92 \div (1+17\%) \times 17\% = 13.37$(万元);

应纳增值税 $= 1.99 - 13.37 = -11.38$(万元);

出口免抵退税额 $= [92 \times 90\% \div (1+17\%)] \times 17\% = 12.03$(万元);

出口退税额 $= 11.38$(万元);

免抵额 $= 12.03 - 11.38 = 0.65$(万元);

税前利润 $= 137 \div (1+17\%) - 92 \div (1+17\%) - 8 = 30.46$(万元);

应纳所得税 $= 30.46 \times 25\% = 7.62$(万元);

纳税现金支出 $= 7.62 + 0.65 = 8.27$(万元);

税后利润 $= 30.45 - 7.62 = 22.83$(万元);

现金流入净增加额 $= 137 - 92 - 8.27 = 36.73$(万元)。

产品 B 比产品 A 现金净流入量相对增加 $36.73 - 24.55 = 12.18$(万元),纳税减少 $15.45 - 8.27 = 7.18$(万元)。

可见,尽管产品 A 账面的税前利润与税后利润都比产品 B 大,然而 B 产品的现金净流入量反而比 A 产品增加了 12.18 万元,即产品 A 与产品 B 各自的再投资规模将由原来的 100 万元分别增加到 124.55 万元和 136.73 万元。因而,从现金流入量增加优于账面收益的增加原则出发,经营产品 B 较之产品 A 对企业更为有利。不仅产品 B 的现金净流入量得以更大地增加,而且其税负也比产品 A 减少 7.18 万元,从而极大地降低了因企业纳税现金需要量的压力。其主要原因就在于产品 B 的课征增值税的有效税基仅为名义税基的 10%,即其增值税负担相对降低了 90%;而产品 A 则不然,其有效税基与法定税基完全相符,因而增值税负担未得到抑减。

11.7.2　税率高低

即使在有效税基比例相等、内涵一致的情况下,如果法定税率存在差异,必然也会影响企业实际税负。甚至出现有效税基比例较低的企业由于承受了较高的法定税率,其实际的纳税负担反而重于有效税基相对高的企业。从实务看,税率的差异往往比有效税基比例高低对企业税负的影响更大。

【例 11-7】　A,B 两企业均拥有资金 1500 万元,当年实现的税前利润都是 300 万元,其中 A 企业尚有 75 万元的以前年度未弥补亏损。A,B 企业由于税收优惠政策的不同,所得税率分别为 25% 和 15%。

【解析】　A 企业有效税基比例为 75%,应纳所得税 $=(300-75)\times25\%=56.25$(万元),税负水平为 18.75%;B 企业有效税基比例为 100%,但其应纳所得税税额仅有 $300\times15\%=45$(万元),反而大大轻于 A 企业的税收负担。由此可见,税率的高低是影响企业税负的决定性因素,因而也成为企业投资配置过程中进行纳税筹划必须考虑的问题。

11.7.3　纳税成本大小

一般认为,纳税成本是企业为计税、缴税、退税等所发生的各项成本费用。这只不过是一种由于外在意义或会计概念下的直接纳税费用,并不能在更深层次上对企业的纳税成本进行分析和把握。实际上,纳税通常会给企业带来或加重投资风险、经营损失风险和纳税支付有效现金不足风险,这些方面的纳税成本损失,并不能直接通过会计核算资料得出。因为这些方面的成本损失往往表现为潜在的机会成本,是否必然会发生以及程度如何,通常是难以确定的,所以,它对企业的影响也更大。纳税成本大小是企业合理安排投资结构、进行纳税筹划、抑减纳税负担过程必须充分考虑的重要内容。

11.8　企业固定资产投资的纳税筹划

鉴于固定资产投资在企业生产经营、生存发展道路上处于重要地位,而且其纳税筹划空间大,所以本节专门讨论固定资产投资的纳税筹划。固定资产投资的纳税筹划可以依据固定资产投资耗资多、时间长、风险大、回收慢的特点从以下几个方面考虑。

11.8.1　利用固定资产计提折旧可以冲减利润的办法进行节税

投资于固定资产可以依据税法享受到折旧抵税的税收优惠,从而减轻企业的整体税负。成本和利润共同组成营业额,当营业额一定时,成本与利润是互为消长的关系。当成本增大时,企业的利润变小,企业的应税所得变小,税基减小,税额自然下降。若是选择不提折旧的项目,那么企业的所得税会因无折旧冲抵而大大增加。新《企业所得税法》规定,固定资产按照直线法计算的折旧,准予扣除,固定资产计算折旧的最短年限如下:房屋、建筑物,为20年;飞机、火车、轮船、机器、机械和其他生产设备,为10年;与生产经营活动有关的器具、工具、家具等,为5年;飞机、火车、轮船以外的运输工具,为4年;电子设备,为3年。企业的固定资产由于技术进步等原因,确需加速折旧的,可以缩短折旧年限(不低于规定折旧年限的60%)或者采取加速折旧的方法(可采用双倍余额递减法或年数总和法)。企业在进行固定资产投资时,应尽可能考虑采用加速折旧,尽管折旧期限的改变未改变企业所得税税负的总和,但考虑到资金的时间价值,折旧年限的缩短对企业更为有利。

11.8.2　固定资产购置的纳税筹划

购置固定资产之后,主要是在增值税抵扣和所得税折旧上进行筹划。我国现行增值税条例规定,购进固定资产的进项税金不予抵扣,而维修固定资产所购配件的进项税金可以抵扣,所以现行增值税税制具有延缓固定资产更新的作用。而所得税条例规定,固定资产出售的净损失可以在税前列支,从这一点来看,所得税制又具有促进固定资产更新的作用,鼓励企业采用效率更高、更先进的设备。这就需要企业结合自身实际,利用好增值税和所得税优惠政策,综合加以筹划。

按照对购入固定资产的不同处理方法,可把各国的增值税分为三大类型,即生产型增值税、收入型增值税及消费型增值税。其中生产型增值税是对购入固定资产的进项税额不允许抵扣,其折旧额仍作为增值额的一部分课税,我国现行增值税除试点消费型增值税的地区和行业以外都属于此种类型。大多数发展中国家,为了保证财政收入、发展本国经济,都采用这种类型的增值税。收入型增值税是对购入的固定资产,允许按固定资产的使用年限分期扣除,即从生产型法定增值额中减去当期折旧额。消费型增值税是对当期购进的固定资产总额,允许从当期增值额中一次扣除。这相当于只对消费品部分进行课税,故称之为消费型增值税。三种类型的增值税,依据其法定增值额(即增值税税基)的大小区分依次为消费型最小、收入型较大、生产型最大。考虑到我国经济发展的现实情况,再加上世界上大多数国家采用消费型增值税,今后税制改革的趋势应是建立消费型增值税,这已经被列入我国税制改革的日程,并已在东北老工业区和中部地区的某些省试行。在进行固定资产投资纳税筹划时,如果能够准确预测到税制改革的时间和方向,采取主动的态度,积极适应税制改革的动态趋势,会使固定资产的法定增值额最小化,其直接效果便是,即使增值税率不变,增值税额也会因为税基的变窄而减少。在增值税一般纳税人企业中,有些企业每年的固定资产修理项目多、金额大,如果操作得当,同样可以增加进项税的抵扣。根据《增值税暂行条例》规定,下列项目的进项税额不得从销项税额中抵扣:① 购进固定资产;② 用于非应税项目的购进货物或者应税劳务;③ 用于免税项目的购进货物或者应税劳务;④ 用于集体福利或者个人消费的购进货物或者应税劳务;⑤ 非正常损失的购进货物;⑥ 非正常损失的产品、成品所耗用的购进货物或者应税劳务。对修理费包含的进项税能否抵扣的关键是看修理费支出是否属于资本性支出，如果属于资本性支出，则其包含的进项税不允许抵扣；如果可以从当期的费用中列支，则其包含的进项税额可以抵扣。根据上述有关政策，可进行相应的纳税筹划，达到减轻税收负担的目的。

【例 11-8】　北京某企业采购一台设备，价值 100 万元，随同该设备购入的，还有与该设备有关的零部件、附属件，价值 30 万元。假定该企业适用的增值税税率为 17％。

【解析】　方案一：零部件、附属件，随同设备计入固定资产。

方案二：零部件、附属件作为低值易耗品入账。

两种方案在企业所得税前扣除的金额没有差异，但是方案二的扣除速度快于方案一，企业可以获得货币时间价值。

如果企业发生的某项成本费用可以在存货与期间费用之间选择，则从所得税的角度而言，应该将其计入期间费用，这是因为期间费用可以在当期扣除。

11.8.3　合理安排大修理节税

对固定资产进行大修理存在一个政策界限的掌握问题，即将相关费用作为修理费用还是按大修理处理，因为两者在税收上的待遇是不同的。新《企业所得税法》及《企业所得税法实施条例》规定，固定资产的大修理支出，是同时符合下列条件的支出：① 修理支出达到取得固定资产时的计税基础 50％以上；② 修理后固定资产的使用年限延长 2 年以上。固定资产的大修理支出按照固定资产尚可使用年限分期摊销。

从以上规定可以总结出如下信息：如果企业能合理安排固定资产修理，不是等到其瘫痪了才修理或更换，而是将固定资产大修理尽可能分解为几次小修理（当然要根据企业生产经营的实际需要，不能顾此失彼），便能获得可观的经济收益。因为固定资产大修理支出属于固定资产在建工程的范畴，其所耗用的配件、材料的进项税额不得抵扣，况且大修理支出符合条件的要计入固定资产原值，即使日后可以计提折旧也存在时间价值的问题，而修理费用可在支出发生月份直接扣除，这样可以使企业所得税费用列支提前。

【例 11-9】　某工业企业 2008 年 6 月 30 日对一台生产设备进行大修理（7 月底完工），该设备的原值为 80 万元，发生的修理费用合计 41 万元，其中购买大修理配件、材料取得增值税专用发票注明的货款为 34 万元，增值税额为 4.76 万元，支付工人工资及其他费用 2.34 万元（按规定不能抵扣）。

【解析】　对于这一笔大修理费用，应作为固定资产修理支出处理，按照固定资产尚可使用年限分期摊销。如果在进行大修理之前进行纳税筹划，将修理费用控制在该固定资产原值的 50％以内，即不超过 40 万元，那么该笔修理费用就可以作为日常修理产生如下经济效益：费用中所含的增值税金 4.76 万元可以列入进项税额进行抵扣，也就是说，企业可以少缴增值税 4.76 万元，少缴城市维护建设税及教育费附加 4760 元；修理费用当期扣除与日后分期摊销相比，可获得所得税支付上的时间价值。

【例 11-10】　甲企业对旧生产设备进行大修，大修过程中所耗材料费、配件费 80 万元，增值税 13.6 万元,支付工人工资 6.4 万元,总花费 100 万元,而整台设备原值为 198 万元。

【解析】 总的修理支出大于设备原值(计税基础)的 50%,按照税法规定,凡修理支出达到取得固定资产时的计税基础的 50% 以上的,一律作为大修理支出,按照固定资产尚可使用年限分期摊销。因此应将 100 万元费用计入该设备原值,在以后的使用期限内逐年摊销。

但注意到固定资产原值(计税基础)的 50% 为 99 万元,与现有花费相当,如果进行纳税筹划节约税金,具体安排如下:节省修理支出至 99 万元以下,就可以视为日常维修处理,增值税 13.6 万元可以列入进项税额进行抵扣,即企业可少缴增值税 13.6 万元,少缴城市维护建设税及教育附加费 1.36 万元,同时 99 万元修理支出可以计入当期损益在企业所得税前扣除,获得递减纳税的好处。

11.9 企业投资决策的纳税筹划

投资决策是指对一个投资项目的各种方案的投资支出和投资后的收益进行对比分析,以选择投资效果最佳的方案。

11.9.1 投资决策的现金流量构成

从投资过程中现金流量发生的时间看,现金流量由以下三部分构成。

1. 初始现金流量

假定固定资产变现价值大于其折余价值,则有如下计算公式:

投资现金流量=投资在固定资产的资金+固定资产的变现价值-(固定资产的变现价值-原固定资产的折余价值)×所得税税率+投资在流动资产上的资金

2. 营业现金流量

年营业现金流量=营业收入-付现成本-所得税=税后利润+折旧=销售收入×(1-所得税税率)-付现成本×(1-所得税税率)+折旧×所得税税率

3. 项目终止现金流量

项目终止现金流量=固定资产的实际残值收入-(固定资产的实际残值收入-预定残值)×所得税税率+原投资在流动资产上的资金

在不考虑货币时间价值时,净现金流量=初始现金流量+营业现金流量+项目终止现金流量。

11.9.2 税收对投资决策现金流量的影响

(1) 税收对投资决策现金流量的影响表现在税收直接构成投资的现金流量。

① 对投资交易行为进行课税。只要发生投资交易行为,就要对交易中的交易额征税,如增值税、营业税等。

② 对投资交易的利得进行课税。这是对所得课税,从各国的实践来说,这种课税大

致有三种形式:第一种是将资本利得作为普通所得的一部分,统一征收公司所得税;第二种也是将资本利得作为普通所得的一部分,但在征收公司所得税时给予一定优惠政策;第三种是征收独立的资本利得税。

③ 对投资交易的资本收益进行课税。这是对投资收益如股息、债券利息等征税,也是一种所得税。一般来说,债券利息作为普通所得的一部分,与营业利润合并征收公司所得税。

(2) 税收对投资决策现金流量的影响表现在税收政策会影响固定资产成本、折旧等的确认,从而影响投资现金流量。如前面所提及的投资抵免政策会直接使固定资产少缴所得税,减少投资的现金流出量。公司所得税中的损失结转方法会影响企业实际应纳所得税额,从而影响投资的现金流量。

(3) 税收对投资决策现金流量的影响还表现在税收影响投资的现金流量所发生的时间不同,整个投资项目收益的净现值不同,从而影响投资决策的正确性。

11.9.3 投资决策的纳税筹划分析方法

11.9.3.1 静态分析方法

1. 投资利润率

投资利润率是指项目达到生产能力后的一个正常生产年份的年利润总额与项目总投资的比率。对生产期内各年的利润总额变化幅度较大的项目,应计算生产期年平均利润总额与总投资的比率。其计算公式为

$$投资利润率=(年利润总额或平均利润总额/总投资)\times100\%$$

投资利润率指标反映项目效益与代价的比例关系。一般来说,项目的投资利润率越高,效益越好;反之越差。

如果公式中的分子使用税后净利润,也可计算投资净利润率。在市场经济条件下,计算投资净利润率,对企业更具有现实意义,这是因为税收也是企业的一种支出。

2. 资本金利润率

资本金利润率是指项目达到设计生产能力后的一个正常生产年份的年利润总额或项目生产经营期内的年平均利润总额与资本金的比率,反映拟建项目的资本金盈利能力。其计算公式为

$$资本金利润率=(年利润总额或年平均利润总额/资本金)\times100\%$$

资本金利润率越高,项目的效益越好。同样,若把该式的分子改为税后净利润,也可计算出资本金净利润率。

3. 投资回收期

投资回收期是指项目净现金流量抵偿全部投资所需要的时间。其表达式为

$$\sum_{t=1}^{P_t} CI_t = CO$$

式中:P_t 为投资回收期,以年表示;CI_t 为第 t 年项目净现金流量;CO 为初始现金流出量。

计算求出的投资回收期 P_t 与部门或行业的基准投资回收期 P_c 比较,当 $P_t \leqslant P_c$ 时,

则认为项目具有较强的投资回收能力。投资回收期越短,项目的效益越好。

4. 综合税负水平

综合税负水平指项目正常生产年份应税总额或年平均应税总额与年应税收益总额或年平均应税收益总额的比率关系。其计算公式为

$$综合税负水平 = \frac{年应税总额或年平均应税总额}{年应税收益总额或年平均应税收益总额}$$

该指标反映项目获得的收益在企业与国家之间的分配比例关系。综合税负水平越高,企业的税后收益额越小;反之,综合税负水平越低,企业的税后收益额越大。

11.9.3.2 动态分析方法(现值法)

1. 净现值(NPV)

净现值是反映项目在计算期内获利能力的动态指标。它是指按预期报酬率将项目计算期内各年净现金流量折现到建设期初的现值之和。其表达式为

$$NPV = \sum_{t=1}^{n} \frac{CI_t}{(1+k)^t} - CO_p$$

式中:CI_t 为第 t 年的净现金流量;k 为预期报酬率;CO_p 为初期现金流出量现值。

如果某投资项目的净现值为零或比零大,则该项目是可以接受的;如果净现值比零小,则应放弃该项目。

2. 现值指数(PVI)

现值指数是项目未来净现金流量的现值与初始现金流出量现值之比,即单位投资现值的净现金流量现值。它是反映项目单位投资效益的评价指标。其表达式为

$$PVI = \sum_{t=1}^{n} \frac{CI_t}{(1+k)^t} / CO_p$$

式中:CI_t 为第 t 年的净现金流量;k 为预期报酬率;CO_p 为初始现金流出量现值。

用现值指数衡量项目的优劣,应选择现值指数等于或大于 1 的项目。现值指数越大,单位投资创造的效益越大,项目效益越好。

3. 内部收益率(IRR)

内部收益率是项目计算期内各年净现金流量现值累计等于初始现金流出量现值时的折现率。内部收益率不受外生变量的影响,决定于项目本身的收益状况。其表达式为

$$\sum_{t=1}^{n} \frac{CI_t}{(1+IRR)^t} = CO_p$$

式中:CI_t 为第 t 年的净现金流量;k 为预期报酬率;CO_p 为初始现金流出量现值。

内部收益率与预期报酬率比较,当内部收益率大于或等于预期报酬率时,应认为项目的投资效益较好,可以接受;如果内部收益率没有超过预期报酬率,则投资项目不能接受。内部收益率越高,项目效益越好。

4. 动态投资回收期(P_t')

动态投资回收期是项目计算期内各年净现金流量现值抵偿初始现金流出量现值所经历的时间。其表达式为

$$\sum_{t=1}^{P_t'} \frac{CI_t}{(1+k)^t} = CO_p$$

式中：CI_t 为第 t 年的净现金流量；k 为预期报酬率；CO_p 为初期现金流出量现值。

动态投资回收期越短，项目效益越好。

11.10 企业清算的纳税筹划

市场竞争是残酷无情的，在竞争中，有的企业能盈利并得以发展壮大，有的企业可以维持自身的生存，而有的企业则可能在市场竞争中失败，不得不进行破产清算。由于企业的生产经营是连续的过程，纳税往往滞后于生产经营环节，因此在进行企业清算的时候，税收工作还得进行，原因就在于企业清算时还未履行完其纳税义务。税收是具有强制性和固定性的，并不会因为企业处于清算的悲惨境地而免于征收。在这种情况下，企业要想尽量减少支出，方法只有一个，即在企业清算方面进行纳税筹划。

企业清算是企业出现法定解散事由或者章程所规定的解散事由后，依法清理企业债权债务并向股东分配剩余财产，终结企业所有法律关系的行为。企业清算分为破产清算和非破产清算。企业清算是企业解体过程中的重要业务事项，在清算期间，企业法人资格续存，但企业及其职能部门的原有地位要由清算人所取代。所以，企业法人资格在企业清算后消失，但少纳税款却是符合自利动机的。

纳税人开始清算时，应视为会计年度终了，要编制和报送财务会计报表。清算期间发生的费用、收益和损失通过清算费用和清算损益账户进行核算。企业清算中发生的财产盘盈盘亏、资产变现净损益、无法归还的债务、坏账损失以及清算期间的经营损益，均计入清算损益。如果清算损益大于零，则为清算净收益，在依照税法规定弥补以前年度亏损后，依法缴纳企业所得税；如果清算损益小于零，则为清算净损失，无须缴纳企业所得税。

11.10.1 企业清算的税收政策

企业清算所得的处理，是指企业在不再持续经营，发生结束自身业务、处置资产、偿还债务，以及向所有者分配剩余财产等经济行为时，对清算所得、清算所得税、股息分配等事项的处理，具体包括以下内容：① 全部资产均应按可变现价值或交易价格，确认资产转让所得或损失；② 确认债权清理、债务清偿的所得或损失；③ 改变持续经营核算原则，对预提或待摊性质的费用进行处理；④ 依法弥补亏损，确定清算所得；⑤ 计算并缴纳清算所得税；⑥ 确定可向股东分配的剩余财产、应付股息等。

企业依法清算时，应当在办理注销登记前，以清算期间作为一个纳税年度，就其清算所得向税务机关申报并依法缴纳企业所得税。

应纳税额＝清算所得×适用税率

清算所得＝企业的净资产或剩余财产－企业累计未分配利润－税后提取的各项基金结余－企业的资本公积金、盈余公积金＋企业法定财产估价增值＋企业接受捐赠的财产价值－企业的注册资本金

清算所得＝资产变现收入＋清算资产盘盈－资产计税基础的账面净值－清算费用－债权损失＋无法偿还的债务收益－税前可弥补亏损

清算所得＝(资产变现收入＋清算资产盘盈)－清算费用－债权损失－[未付职工工资＋欠税＋(尚未偿付的其他各类债务－无法偿还的债务)]－累计未分配利润－资本公积－注册资本－税前可弥补亏损

剩余财产＝全部资产的可变现价值或交易价格－清算费用－未付职工工资、社会保险费用和法定补偿金等－未结清税费－其他公司债务

未结清税费＝清算前未缴税费＋清算过程中产生的除企业所得税以外的相关税费＋清算所得应纳所得税税额

清算所得与剩余财产的主要区别是,清算所得要减去资产的计税基础;而剩余资产则不需要减除计税基础,但应减去清算所得税。

投资转让所得(损失)＝剩余资产－股息所得－投资成本

股息所得为剩余资产中相当于被清算企业累计未分配利润和累计盈余公积中按该股东所占股份比例计算的部分。

被清算企业的股东从被清算企业分得的资产应按可变现价值或实际交易价格确定计税基础。

企业在清算期间,不仅要缴纳企业所得税,企业发生的销售产品、变卖机器设备和房屋等固定资产以及转让商标权、专利权等无形资产业务,也要相应缴纳增值税、消费税和营业税。

11.10.2　企业清算的纳税筹划

我国《企业所得税法》明确规定:纳税义务人在依法进行企业清算以后,其清算所得应按照规定缴纳企业所得税。税法已经对企业清算所得征税有明文规定,那么究竟如何在企业清算中进行纳税筹划呢? 一般有以下两种方式:

(1) 改变解散企业的日期。这种方式主要是为了减少清算期间的应税所得额。其具体途径是尽量造成亏损,冲减利润。

【例 11-11】　庆丰公司于 5 月下旬讨论,准备于 6 月 1 日解散企业,但发现公司 1－5 月的盈利预计有 10 万元,若清算开始日定于 6 月 1 日,则 1－5 月应纳所得税税额为 $10 \times 25\% = 2.5$(万元)。于是,庆丰公司决定推迟解散日期,于 6 月 20 日宣告解散,随后进行企业清算。在 6 月份,公司发生费用 18 万元,盈利 8 万元。因此,清算日改为 6 月 20 日后,1－5 月亏损 8 万元,6 月份清算所得为 8 万元,抵减上期亏损后,无须缴纳所得税。两种清算方案的税负差别达到 2.5 万元。

(2) 增大所得税的抵减额。这种方式主要集中在资本公积项目。由于财产评估增值及接受捐赠财产价值在清算时要并入所得课税,所以基本思路是使增值额、评估值通过

纳税筹划变小。另外,还可以创造一定条件进行评估,以评估增值后的财产价值作为折旧计提基础而尽量多地计提折旧,从而减轻税负。

» 练习题

一、问答题

1. 企业扩张时应如何进行组织形式的筹划?

2. 企业投资地点的纳税筹划包括哪些方面?

3. 企业投资行业的纳税筹划包括哪些方面?

4. 企业投资方式的纳税筹划包括哪些方面?

5. 企业在选择投资伙伴时主要考察哪两个方面的因素?

6. 影响企业投资规模的因素有哪些?

7. 投资结构对企业税负及税后利润的影响主要体现在哪些方面?

8. 固定资产购置时如何做好纳税筹划?

9. 企业投资决策的纳税筹划包括哪些方面?

10. 企业清算的税收政策包括哪些?

二、选择题

1. 王某为今年刚毕业的大学生。他决定自己创业,办一家餐饮店,需注册资金 50000 元,经初步测算,年应税所得额为 30000 元。如果他选择注册为个体工商户,则应纳税额为(　　)元。

A. 2250　　　　B. 6000　　　　C. 20000　　　　D. 20250

2. 企业所得税的纳税义务人不包括(　　)。

A. 国有、集体企业　　　　　　B. 联营、股份制企业

C. 私营企业　　　　　　　　　D. 个人独资企业和合伙企业

3. 下列选项中,(　　)不是体现投资结构的纳税筹划。

A. 税率高低　　B. 税基宽窄　　C. 投资规模　　D. 纳税成本大小

4. 没有在中国设立机构场所的非居民企业来源于中国境内的所得,减按(　　)征收预提所得税。

A. 5%　　　　　B. 10%　　　　C. 15%　　　　D. 20%

5. 按(　　),一般可将投资方式分为三类,即有形资产、无形资产和现汇投资。

A. 投资期限

B. 投资物的性质

C. 投资对象的不同

D. 投资者对被投资企业的生产经营是否实际参与控制与管理的不同

6. 以下选项中,不免增值税的项目是( )。

A. 各类药品、医疗器械

B. 向社会收购的古书

C. 避孕药品和用具

D. 国际组织无偿援助的进口物资

7. 下列关于跨国纳税筹划说法错误的是( )。

A. 甲国实行地域税收管辖权,乙国实行居民税收管辖权时,甲国的居民从乙国获得的所得就可以躲避所有的纳税义务

B. 两个国家同时实行所得来源管辖权,但确定所得来源的标准不同时,两国认为这笔所得的支付者与获得者不属于本国自然人或法人时,该笔所得就可以躲避纳税义务

C. 两国同时行使居民管辖权,但对自然人和法人是否为本国居民有不同的确认标准时,跨国纳税人可以根据有关国家的标准设置总机构和登记注册,以达到国际避税的目的

D. 甲国实行居民税收管辖权,乙国实行地域税收管辖权时,跨国纳税人若在两个国家均无住所,就可以同时躲避在两国的纳税义务

8. 企业安置残疾人员的,可在支付给残疾职工工资据实扣除的基础上,按照支付给残疾职工工资的( )加计扣除。

A. 100% B. 90% C. 80% D. 70%

9. 增值税一般纳税人从农民专业合作社购进的免税农业产品,可按( )的扣除率计算抵扣增值税进项税额。

A. 3% B. 7% C. 10% D. 13%

10. 对国家需要重点扶持的高新技术企业,按( )的税率征收企业所得税。

A. 5% B. 10% C. 15% D. 20%

11. 企业购置用于环境保护、节能节水、安全生产等专用设备的投资额,可以按该专用设备的投资额的10%从企业当年的应纳税额中抵免;当年不足抵免的,可以在以后( )个纳税年度结转抵免。

A. 1 B. 2 C. 4 D. 5

12. 集成电路生产企业的生产性设备,经主管税务机关核准,其折旧年限可以适当缩短,最短可为( )年。

A. 1 B. 2 C. 3 D. 4

13. 东湖公司今年实现盈利2000万元,准备在南京设立分支机构A。预计分支机构在设立之后最初两年会亏损,第一年为−200万元,第二年为−50万元,以后每年盈利300万元,有效期为10年,所得税税率为25%,贴现率为6%。假设东湖公司今后每年可实现应税所得额2000万元,分别设立非独立核算的

分公司和子公司进行计算,则子公司比分公司多盈利( )万元。

A. 56.295　　　 B. 57.285　　　 C. 58.295　　　 D. 59.295

14. 下列选项中,不属于分公司税收政策的是( )。

A. 统一计算　　 B. 分级管理　　 C. 服务分摊　　 D. 汇总清算

15. 企业综合利用资源,生产符合国家产业政策规定的产品所取得的收入,可以在计算应纳税所得额时减按( )计入收入总额。

A. 60%　　　　 B. 70%　　　　 C. 80%　　　　 D. 90%

16. 下列选项中,不属于法人的是( )。

A. H 市的市政府　　　　　　　 B. 股份有限公司

C. 合伙企业　　　　　　　　　 D. 有限责任公司

17. 企事业单位购进软件,凡符合固定资产或无形资产确认条件的,可以按照固定资产或无形资产进行核算,经主管税务机关核准,其折旧或摊销年限可以适当缩短,最短可为( )年。

A. 1　　　　　 B. 2　　　　　 C. 3　　　　　 D. 4

18. 下列选项中,不是减半征收企业所得税的是( )。

A. 花卉、茶及其他饮料作物和香料作物的种植

B. 海水养殖

C. 内陆养殖

D. 农作物新品种的选育

19. 如果企业作为一般纳税人,其购进货物的含税价格为 117 元,增值税税率为 17%,完工产品的含税售价为 234 元,增值税税率也为 17%。如果作为小规模纳税人,征收率为 3%。另外假定城建税及教育费附加征收率之和为 10%,所得税税率为 25%。作为一般纳税人和作为小规模纳税人税后利润相同时,产品折扣为( )。

A. 93.05%　　　 B. 94.05%　　　 C. 95.05%　　　 D. 96.05%

三、计算分析题

1. 深圳新营养技术生产公司,为扩大生产经营范围,准备在内地兴建一家芦笋种植加工企业,在选择芦笋加工企业组织形式时,该公司进行了如下有关税收方面的分析:

芦笋是一种根基植物,在新的种植区域播种,达到初次具有商品价值的收获期大约需要 4~5 年,这样使企业在开办初期面临很大的亏损,但亏损会逐渐减少。经估计,此芦笋种植加工公司第一年亏损额为 200 万元,第二年亏损额为 150 万元,第三年亏损额为 100 万元,第四年亏损额为 50 万元,第五年开始盈利,盈利额为 300 万元。

该新营养技术生产公司总部设在深圳,属于国家重点扶持的高新技术公司,适用的公司所得税税率为 15%。该公司除在深圳设有总部外,在内地还有

一子公司 H,适用的税率为 25%。经预测,未来五年内,新营养技术生产公司总部的应税所得均为 1000 万元,H 子公司的应税所得分别为 300 万元、200 万元、100 万元、0 万元、一150 万元。

经分析,现有三种组织形式方案可供选择。

方案一:将芦笋种植加工企业建成具有独立法人资格的 M 子公司。

方案二:将芦笋种植加工企业建成非独立核算的分公司。

方案三:将芦笋种植加工企业建成内地 H 子公司的分公司。

要求:分析比较三种组织形式,选出最优组织形式。

2. 某公司董事会于某年 5 月 20 日向股东提交解散申请书,股东大会于 5 月 25 日通过,并做出决议,5 月 31 日解散,于 6 月 1 日开始正常清算。但公司在开始清算后发现,1—5 月底预计公司可盈利 8 万元(适用税率 25%)。于是,在尚未公告的前提下,股东会再次通过决议把解散日期改为 6 月 15 日,于 6 月 16 日开始清算。公司在 6 月 1 日至 6 月 14 日共发生清算费用 14 万元。清算日期变更后,假设该公司清算所得为 9 万元。

要求:分别计算将 6 月 1 日和 6 月 16 日作为清算开始日的公司清算所得税额。

3. 李某为今年刚毕业的大学生。他决定自己创业,开办一家餐饮店,需注册资金 50000 元,经初步测算,年应税所得额为 30000 元。现有两种方案可供选择。

方案一:注册成立私营企业。

方案二:注册为个体工商户。

问题:(1) 小李应选择哪种方案?

(2) 如果年应税额达到 100000 元,小李应选择哪种方案?

4. 某年 5 月,中国居民企业 M(一般纳税人)准备与英国某企业联合投资,在中国注册成立中外合资企业 N,投资总额为 8000 万元,注册资本为 4000 万元:中方出资 1600 万元,占 40%;外方出资 2400 万元,占 60%。中方有 5 种出资方式。

方案一:以货币资金 1600 万元作为注册资本。

方案二:以 M 企业存货作价 1600 万元作为注册资本。该批存货的购进价格为 1200 万元,进项税额 204 万元,取得专用发票,已经通过认证。

方案三:以上年 11 月 20 日购进的机器设备作价 1600 万元作为注册资本。该设备原价为 1800 万元,已经提取折旧 220 万元。

方案四:以专利技术作价 1600 万元作为注册资本。该专利购进原价 2000 万元,账面余额 1600 万元。

方案五:以厂房作价 1600 万元作为注册资本。该厂房原价为 2500 万元,已经提取折旧 1000 万元。

要求:计算分析选出最优方案。

5. 有 5 个个人投资者,计划每人出资 5000000 元设立一个水产批发企业,投资总额为 25000000 元,预计企业应纳税所得额为 2000000 元。企业在设立时有两个组织形式的方案可供选择。

方案一:订立合伙协议,设立合伙企业,合计出资总额为 25000000 元。

方案二:设立有限责任公司,注册资本为 25000000 元。

要求:对以上两种方案的纳税情况进行分析并选择最优方案。

第 12 章　企业经营活动的纳税筹划

本章学习要点

本章主要论述企业如何在经营活动过程中,在不违反税法及会计制度的前提下,进行纳税筹划,以便在税收政策发生调整或带有明显政策导向时,企业能够及时调整或重新制定发展战略。在学习本章内容时,应当掌握企业在采购、生产、销售等环节的涉税处理方法,熟悉企业在经营环节所涉及的纳税筹划方法以及了解不同纳税筹划方案的区别。

纳税筹划是一种理财行为,是纳税人的一项基本权利。企业如果想在激烈的市场竞争中立于不败之地,除了产品要有良好的市场前景,还必须不断降低产品成本。纳税筹划不能仅仅依靠财务人员,更需要全体管理者的关注和参与。因此,纳税筹划不仅体现在财务安排上,而且贯穿企业整个经营决策及日常生产经营活动过程中。

在购货活动中要考虑购货对象的选择、购货规模与结构的选择、购货时间的选择及采购结算时间的选择;在生产过程中要考虑是扩大生产规模还是维持现状更能为企业带来最大收益;在销售活动中要考虑销售方式的选择、销售结算方式的选择、销售价格的制定及销售地点的选择等问题。不同的选择会为企业带来不同的影响。因此,企业在制定发展战略时,势必要考虑纳税筹划。纳税筹划既可围绕企业经济运行的不同方式来展开,也可围绕具体税种类别来展开,没有固定的模式和套路,形式多种多样。因此,在纳税筹划过程中,要具体问题具体分析,选择最合适的纳税筹划方案。此外,还要树立长远的眼光,进行综合规划。有的纳税筹划方案在某一时期税负最低,但不利于长远发展;有的筹划能减少流转税却增加了所得税,有的筹划减少了税负却增加了其他费用;有的筹划使得近期税收快速减少,而未来税收急剧增加,虽然可以获取货币时间价值,但大起大落的剧烈变化使企业承受的损失严重;等等。因此,在纳税筹划过程中,应权衡利弊得失,综合进行分析,有选择地借鉴和参考各种筹划方案而择其最优,或者学会适当放弃,以避免成本性风险。有条件的可聘请纳税筹划专家进行筹划,以提高权威性和可靠性。

12.1 企业采购活动中的纳税筹划

12.1.1 购货对象的纳税筹划

从不同的纳税人手中购得货物,所承担的税收负担是不同的,这就为利用购货对象进行纳税筹划提供了可能。在货物不含税价格不变的情况下,纳税人取得 17%,13%,3% 的增值税发票和不能取得专用发票时的纳税总额是依次递增的。但这种假设并不现实,因为货物不含税价格相同时,小规模纳税人和个体工商户将无法生存,若要在市场中生存,必然要降低销售价格,才能与一般纳税人竞争。因此,采购时,无论是从一般纳税人还是从小规模纳税人处购进货物,都要计算比较销售价格以及增值税的影响。

根据纳税人与购货对象经济性质的不同,可以将纳税人与购货对象的关系分为四种:一般纳税人从一般纳税人处购进货物;一般纳税人从小规模纳税人处购进货物;小规模纳税人从一般纳税人处购进货物;小规模纳税人从小规模纳税人处购进货物。

12.1.1.1 一般纳税人选择购货对象的纳税筹划

一般纳税人企业在采购货物的时候,既可以选择增值税一般纳税人,也可以选择小规模纳税人作为供货商;在税率相同的前提下,按照能否到税务机关申请开具增值税专用发票,小规模纳税人又可以进一步划分为能开具增值税发票的小规模纳税人和只能开具普通发票的小规模纳税人。一般纳税人选择的供货商不同,企业负担的税收不同。一般纳税人企业在采购货物的时候,无论是从一般纳税人还是从小规模纳税人处购进,都要计算比较销售价格以及增值税的影响,并将从哪些单位采购能更多地获得税后利润作为选择的总体原则。

假设从一般纳税人购进货物金额(含税)为 A,从小规模纳税人处购进货物金额(含税)为 B,销售额为不含税销售额;本企业适用的增值税税率为增值税税率 1,供货方作为一般纳税人适用的增值税税率为增值税税率 2,供货方作为小规模纳税人申请税务机关代开专用发票适用的增值税税率为增值税税率 3;L_0 为税负均衡下实际含税价格比。

1. 从一般纳税人处购进货物的净利润

净利润额 R_1 = 销售额 - 购进货物成本 - 城建税及教育费附加 - 企业所得税

= (销售额 - 购进货物成本 - 城建税及教育费附加) × (1 - 所得税税率)

= {销售额 - A ÷ (1 + 增值税税率 2) - [销售额 × 增值税税率 1 - A ÷ (1 + 增值税税率 2) × 增值税税率 2] × (城建税税率 + 教育费附加征收率)} × (1 - 所得税税率)

2. 从小规模纳税人处购进货物的净利润

(1) 若小规模纳税人只能开具普通发票,则

净利润额 R_2 = 销售额 - 购进货物成本 - 城建税及教育费附加 - 企业所得税

$$=（销售额－购进货物成本－城建税及教育费附加）×（1－所得税税率）$$

$$=[销售额－B－销售额×增值税税率1×（城建税税率＋教育费附加征收率）]×（1－所得税税率）$$

（2）若小规模纳税人能申请代开增值税专用发票，则

净利润额 R_3 ＝销售额－购进货物成本－城建税及教育费附加－企业所得税

$$=（销售额－购进货物成本－城建税及教育费附加）×（1－所得税税率）$$

$$=\{销售额－B÷（1＋增值税税率3）－[销售额×增值税税率1－B÷（1＋增值税税率3）×增值税税率3]×（城建税税率＋教育费附加征收率）\}×（1－所得税税率）$$

当 $R_1＝R_2$ 时， $L_0＝B÷A＝\{[1－增值税税率×（城建税税率＋教育费附加征收率）]÷（1＋增值税税率）\}$ ；

当 $R_1＝R_3$ 时， $L_0＝B÷A＝\{（1＋增值税税率3）×[1－增值税税率2×（城建税税率＋教育费附加征收率）]\}÷\{（1＋增值税税率2）×[1－增值税税率3×（城建税税率＋教育费附加征收率）]\}$ 。

当一般纳税人选择供货对象时，若实际含税价格比小于 L_0 ，则应当选择购进小规模纳税人的货物；若实际含税价格比大于 L_0 ，则应当选择购进一般纳税人的货物；若实际的含税价格比等于 L_0 ，仅从税的角度，两者均可，但应考虑时间价值。从一般纳税人处购进货物时支付的进项税额占用的资金较多，在下个月缴税时实际缴纳的税款较少，而从小规模纳税人处购进货物时支付的进项税额较少，在下个月缴税时实际缴纳的税款较多，虽然总的现金流出量不变，但是后者显然可以获得比前者更多的货币时间价值。

将增值税税率、增值税征收率、城建税税率及教育费附加征收率代入上述公式，可以得到不同纳税人含税价格比率（ L_0 ），计算结果如表12-1所示。

表 12-1 不同纳税人含税价格比率

%

一般纳税人适用的增值税税率	小规模纳税人适用的增值税征收率	小规模纳税人开具增值税专用发票后的含税价格比率	小规模纳税人开具普通发票后的含税价格比率
17	3	86.80	84.02
13	3	90.24	87.35

【例 12-1】 甲企业为一般纳税人，7月份欲购进某种商品，销售价格为30000元（含税）。在采购时，甲企业可以选择三种不同性质的纳税人作为购货对象：增值税一般纳税人 A；能开具增值税专用发票的小规模纳税人 B；能开具普通发票的小规模纳税人 C。假定从 A，B，C 公司进货的价格分别为25000元、24000元、23500元（均含税）。该企业应如何选择供货单位？

【分析】 当增值税税率为17%，小规模纳税人征收率为3%时，小规模纳税人开具增值税专用发票后的含税价格比率为86.80%，而实际含税价格比率为 $24000÷25000＝$

96％,后者大于前者,适宜选择 A 企业作为进货方。

当增值税税率为 17％,小规模纳税人征收率为 3％时,小规模纳税人开具普通发票后的含税价格比率为 84.02％,而实际含税价格比率为 23500÷25000＝94％,后者大于前者,也适宜选择 A 企业作为进货方。

【解析】 方案一:以一般纳税人 A 为进货方。

应纳增值税＝30000÷(1+17％)×17％－25000÷(1+17％)×17％＝726.50(元);

应纳城建税及教育费附加＝726.50×(7％+3％)＝72.65(元);

应纳企业所得税＝[30000÷(1+17％)－25000÷(1+17％)－72.65]×25％
　　　　　　＝1050.21(元);

税后净利润＝[30000÷(1+17％)－25000÷(1+17％)－72.65]×(1－25％)
　　　　　　＝3150.64(元)。

方案二:以能开具增值税专用发票的小规模纳税人 B 作为进货方。

应纳增值税＝30000÷(1+17％)×17％－24000÷(1+3％)×3％＝3659.95(元);

应纳城建税及教育费附加＝3659.95×(7％+3％)＝366.00(元);

应纳企业所得税＝[30000÷(1+17％)－24000÷(1+3％)－366.00]×25％
　　　　　　＝493.51(元);

税后净利润＝[30000÷(1+17％)－24000÷(1+3％)－366.00]×(1－25％)
　　　　　　＝1480.54(元)。

方案三:以只能开具普通发票的小规模纳税人 C 作为进货方。

应纳增值税＝30000÷(1+17％)×17％＝4358.97(元);

应纳城建税及教育费附加＝4358.97×(7％+3％)＝435.90(元);

应纳企业所得税＝[30000÷(1+17％)－23500－435.90]×25％＝426.28(元);

税后净利润＝[30000÷(1+17％)－23500－435.90]×(1－25％)＝1278.84(元)。

由此可知,选择一般纳税人作为进货方时,税负最轻,申请代开增值税专用发票的小规模纳税人次之,只能开具普通发票的小规模纳税人税负最重。考虑净利润和当期净现金流量作为一般纳税人,选择一般纳税人为进货方时,现金流量最大,开具增值税专用发票的小规模纳税人次之,只能开具普通发票的小规模纳税人最小。因而,企业应选择一般纳税人 A 为进货方。

另外,如果一般纳税人采购的货物是用于在建工程、集体福利、个人消费等非应税项目,其选择方法同上,由于不能进行抵扣,因而只要比较各自的含税价格即可。

12.1.1.2 小规模纳税人选择购货对象的纳税筹划

对于小规模纳税人来说,是从一般纳税人还是从小规模纳税人处购得货物,其选择都是比较容易的。小规模纳税人可以获得增值税专用发票,但不能进行进项税额的抵扣,只需比较一下购货对象的含税价格,从中选择价格较低的一方即可。

12.1.2 购货规模与结构的纳税筹划

企业的采购活动和产销活动是紧密相连的,不同的采购规模与结构形成不同的产销规模与结构,同时也享受不同的税收待遇。

12.1.2.1　合理确定采购固定资产的比例

固定资产计提折旧是企业所得税税基减小的重大因素。例如购进免税的进口先进设备,因为该设备不仅生产效率高,而且抵扣较多,甚至不需要承受重税。

另外,在产权重组时,存在一个固定资产价值的评估问题,所以在购买时应考虑固定资产的耐用程度。资产评估时,如果资产评估价值较高,在清算所得时抵扣也就较多,对自己缴税也就越有利。

12.1.2.2　技术引进

企业技术改造常常需要引进技术。技术引进也属于企业的采购行为,只是采购的商品形式比较特殊而已。在技术引进时,一般可以改变企业自身身份,通过挂靠途径来享受技术引进的优惠。

实际上,技术引进还包括对国内企业转让技术的采购,对这类行为进行纳税筹划就更方便了,如建立关联企业等。

12.1.2.3　劳动力的购置

企业的劳动力规模与结构应该依据企业的生产和营运能力来设置。劳动力的购置一定要坚持两个思想:一是有效生产,即劳动力配置能最佳地创造生产成果;二是费用节省,即劳动力配置应尽量节约工资支出,避免人浮于事。

劳动力的配置是与企业税负有关的,如果劳动力配置不合理,企业极有可能把仅有的一点利润用来缴纳大量的应纳税款。

劳动力购置、安排的纳税筹划主要体现在对不同劳动者薪金报酬的设计上。

12.1.2.4　购货规模与结构的水平

同产销规模与结构一样,购货规模与结构也存在一个大小及合理与否的问题。市场需求决定了企业的产销规模与结构;而产销规模与结构又制约着企业的采购规模与结构。企业不能花钱购进利用率低下甚至闲置的产品,存货管理的要求便是以最少的资本控制最大的资产。

另外,我国是属于生产型增值税国家,购买固定资产的资金是需要计征增值税的,所以为了减轻税负,有效利用资产,企业应该根据生产需求及自身的生产营运能力确定适当的采购规模和合理的采购结构。

12.1.3　购货运费的纳税筹划

《财政部 国家税务总局关于在全国开展交通运输业和部分现代服务业营业税改征增值税试点税收政策的通知》(财税〔2013〕37 号)规定:自 2013 年 8 月 1 日起,在全国范围内开展交通运输业和部分现代服务业营改增试点。"营改增"的具体税率如下:提供有形动产租赁服务,税率为 17%;提供交通运输业服务,税率为 11%;提供部分现代服务业服务,税率为 6%;财政部和国家税务总局规定的应税服务,税率为零。即在中华人民共和国境内(以下简称"境内")提供交通运输业和部分现代服务业服务(以下称"应税服务")的单位和个人,为增值税纳税人。纳税人提供应税服务,应当缴纳增值税,不再缴纳营业税。

12.1.3.1 自备车队运输与外购一般纳税人运输公司运输劳务的选择

根据税法的规定,对一般纳税人外购货物和销售货物所支付的运输费用,准予按运费结算单据所列运费11%的扣除率计算抵扣进项税额;对一般纳税人自营车辆来说,运输工具耗用的油料、配件及正常修理费支出等项目,可按专用发票抵扣17%的增值税,即抵扣率为 $17\% \times r$(r为运费中可抵扣税的物耗比,物耗比=运输工具耗用的油料、配件及正常修理费支出等物质消耗÷运费收入,即自备车队运输中的可抵扣物耗金额占运费的比重为 r)。若外购一般纳税人运输企业的运输劳务,获得货物运输增值税发票,可抵扣11%的进项税。

假定自备车队运输中的可抵扣物耗金额占运费的比重为 r,运费总额为 M。

① 外购独立运输公司运输劳务的方式下,可抵扣税额 $=M \times 11\%$;

② 自备车队运输方式下,可抵扣税额 $=M \times r \times 17\%$;

当两种方式的抵扣税额相等时,即 $M \times 11\% = M \times r \times 17\%$,有 $r = 64.7\%$。

因此,当运费结构中可抵扣物耗金额占运费的比重 $r = 64.7\%$ 时,自备车队运输与外购独立运输公司运输劳务方式的税负相同;当 $r > 64.7\%$ 时,自备车队运输方式可抵扣税额较大,税负较轻;当 $r < 64.7\%$ 时,购货企业可以考虑将自备车队单独出来设立运输子公司,外购自己独立运输公司运输劳务,以降低企业整体税负。

12.1.3.2 代购货方垫付运费

若企业无自有车辆,请外面的运输公司运输货物,则这类业务的付费方式分为支付运费或代购货方垫付运费两种形式。如果要降低税负,可以采用代垫运费的方式。企业以正常的产品价格与购货方签订产品购销合同,并商定:运输公司的运输发票直接开给购货方,并由企业将该发票转交给购货方,企业为购货方代垫运费。此外,与运输公司签订代办运输合同的,企业在货物运到后向运输公司支付代垫运费。

【例 12-2】 某钢铁生产企业(增值税一般纳税人)与购货方签订销售合同,钢铁以280 元/吨卖给购货方(包含 35 元/吨的运输费用)。该企业每年销售钢铁 10 万吨。该企业没有运输车辆,请运输公司以 35 元/吨的价格运送。企业进项税额为 180 万元(不含运输发票可抵扣的进项税额)。请问该企业应如何进行纳税筹划,使税收负担更轻?

【解析】 如果按这种方式,企业应纳增值税 $= 10 \times 280 \times 17\% - (180 + 10 \times 35 \times 11\%) = 257.5$(万元)。

如果企业和运输公司以代垫运费的方式签订运输合同,每吨价格为 35 元,同时对原销售合同进行修改,将代垫运费从销售价格中分离出来,钢铁每吨价格从 280 元降为 245元。经过上面的纳税筹划后,企业整体利润并未减少,但企业应纳增值税 $= 10 \times 245 \times 17\% - 180 = 416.5 - 180 = 236.5$(万元),可节约税金 $257.5 - 236.5 = 21$(万元)。

12.1.4 购货时间的纳税筹划

企业在满足材料及时供应的前提下,根据生产经营的需要,可以合理选择适当的购货时间,以尽可能降低购货过程中的税收负担。在安排购货时间时,具体应考虑以下几个方面：

首先，利用商品供求关系进行纳税筹划。企业应在不影响正常生产的情况下，选择在供大于求时进行采购。因为在所需采购物品供大于求时，采购方往往可以大幅度压低价格，容易使企业自身实现税负转嫁。

其次，密切关注税制未来的变化趋势，利用税制变化进行纳税筹划。税制的稳定性决定了税制改革往往采取过渡的方式，过渡措施的存在为利用税制变化进行纳税筹划提供了空间。对负有纳税义务的企业来讲，及时掌握各类商品税收政策的变化，包括征税范围、税率等的变化，就可以在购货时间上做相应的筹划安排，从而使税负减轻。

最后，密切关注税制的规定，寻找税款抵扣时间差以减轻当期税收负担。增值税一般纳税人购进材料主要用于增值税应税项目，但是也有一些部分用于非应税项目、集体福利或个人消费。《增值税暂行条例》规定，进项税额不得从销项税额中抵扣，仅指"用于"，也就是在领用的时候要转出进项税额，不"用于"时就无须转出。一般情况下，材料在购进和领用之间都存在一个时间差，企业往往最容易忽视这段时间差的重要性。如果能充分利用材料购进和领用的时间差，也可以减轻企业税收负担，获得颇为可观的经济效益。

【例 12-3】 一大型煤炭生产企业，下属有医院、食堂、宾馆、浴室、学校、幼儿园、托儿所、工会、物业管理等常设非独立核算的单位和部门，另外还有一些在建工程项目和日常维修项目。这些单位、部门及项目耗用的外购材料金额也是相当巨大的，为了保证正常的生产、经营，必须不间断地购进材料以补充被领用的部分，保持一个相对平衡的余额。

【解析】 假设企业购买的这部分材料平均余额为 1170 万元，如果单独成立"材料"科目记账，将取得的进项税额直接计入材料成本，那么就不存在进项税的问题，从而简化了财务核算；但是，如果所有购进的材料都不单独记账，而是准备作为用于增值税应税项目，在取得进项税时就可以申报从销项税中抵扣，领用时作为进项税额转出，虽然核算复杂了一些，但是企业在生产经营期间可以减少税款。

12.1.5　采购结算方式的纳税筹划

企业，特别是生产型企业，一般面对两个市场：一个是生产资料的市场，在这个市场中，生产型企业是消费者；另一个是产品销售市场，在这个市场中，生产型企业是销售者。

企业在两个不同市场扮演不同的角色，这就决定它为了自身利益，必然会做出方式上相对矛盾的纳税筹划选择。结算方式的纳税筹划便是如此。

采购产品大致可分为两种方式：一是赊购；二是现金采购。

一般来讲，销售结算方式由销售方自主决定，采购结算方式的选择权则取决于采购方与销售方两者之间的谈判结果。如果产品供应量充足甚至过剩，再加上采购方信用度高、实力强，在结算方式的谈判中，采购方往往可以占据主动地位。

具体到产品采购结算方式的纳税筹划，最为基础的一点便是尽量延迟付款，为企业赢得一笔无息贷款。

这里谈及的销售结算方式纳税筹划，是指站在购买方的角度促使销售方采用对购买方有利的销售结算方式,以利于采购方的节税目标的实现。显然,这种结算方式能否实现还要经购销双方协商确定。

销售结算方式的纳税筹划一般可以从以下几方面着手:

(1)未付出货款,先取得对方开具的发票。

(2)使销售方接受托收承付与委托收款结算方式,尽量让对方先垫付税款。

(3)采取赊销和分期付款方式,使出货方垫付税款,而自身获得足够的资金调度时间。

(4)尽可能少使用现金支付等。

以上结算方式的纳税筹划并不能涵盖采购结算方式纳税筹划的全部。总之,企业应该掌握"借鸡生蛋再还鸡"的技巧。当然,企业在进行类似纳税筹划时不能有损自身的商誉,丧失销售方对自己的信任。

【例 12-4】 某商业企业于 4 月 5 日从某服装厂购进一批服装,按双方协议,该商业企业一周内付款,并取得对方由防伪税控系统开具的增值税专用发票一份。该商业企业在 5 月申报抵扣了专用发票上列明的进项税额 13.6 万元,但未将该份专用发票向当地国税机关申请认证。6 月底,当地国税机关在对该商业企业增值税一般纳税人进行增值税日常稽核时,以该公司未对防伪税控系统开具的增值税专用发票向当地税务机关申请认证为由,责令其转出已抵扣的进项税额 13.6 万元。那么,税务机关的处理意见是否正确呢?

【解析】 企业购进货物,必须在货物付款后才能申报抵扣进项税额,尚未付款的,其进项税额不得作为纳税人当期进项税额予以抵扣。增值税一般纳税人申请抵扣的防伪税控系统开具的增值税专用发票,必须自该发票开具之日起 180 日内到税务机关认证;增值税一般纳税人认证通过的防伪税控系统开具的增值税专用发票,应在认证通过的当月按照增值税有关规定核算当期进项税额并申报抵扣,否则不予抵扣进项税额。该商业企业因没有对取得的增值税专用发票到税务机关认证而导致本该抵扣的进项税额当期不能抵扣,因此,税务机关的处理意见正确。

企业可以按如下方法进行筹划:一方面,在签订采购合同时,与对方协议采用赊购的方式或分期付款的方式,以尽可能延缓货币资金流出的时间,取得货币资金的时间价值;另一方面,与对方协商尽可能早地取得防伪税控系统开具的增值税专用发票,使进项税额的抵扣时间提前,减少当期的增值税义务。企业可以在减少当期现金流出的前提下,达到节税目的。

12.1.6 购货合同的纳税筹划

企业在采购过程中,为明确与供货方的权利和义务关系,需要与供货方签订购货合同。由于购货对象的确定、购货时间的早晚、结算方式的选择等最终都会具体反映在购货合同中,任何一项内容的差错都可能导致整个采购筹划的失败,因此可以说企业采购合同的筹划是企业采购筹划的落脚点。合同一旦签订,就意味着其他筹划活动的结束,购货合同签订的质量会对企业的生存与发展产生重要影响。在签订购货合同前,应向有关方面的专家进行咨询。在合同签订后应加强合同管理,适时检测销售方的生产经营情况,确保销售方能够按期交货,以尽可能规避合同风险。

购货合同筹划可以分为两个层次:第一个层次,不出现失误,这是最基本的要求。如在签订合同时,应该在价格中确定各具体款项包含什么内容、税款的缴纳如何处理等,不能用词含糊。第二个层次,使合同有利于自身防范合同中的税收陷阱,降低税收负担,获取最大的税后利益。如避免在采购合同中出现诸如"全部款项付完后,由供货方开具发票"的条款。因为在实际工作中,由于质量、标准等方面的原因,采购方往往不会付全款,而根据合同,这种情况将无法取得发票,不能进行抵扣。对此,只要将合同条款改为"根据实际支付金额,由供货方开具发票",就不会存在这样的问题。

【例 12-5】 某集团公司于 5 月 10 日签订一份工业品买卖合同,购买护窗等产品,价税合计 11700 元,规定交(提)货时间为 5 月并安装完毕,这种规定就有一定的弹性空间,如果对方在 5 月(最后一天)安装完毕,那么合同规定经验收合格付款,有可能 6 月初验收后,到 6 月底才付款。如果该集团公司 4 月取得增值税专用发票,除货款之外,该企业可晚垫付给供货方一笔无法抵扣的资金——进项税额 1700 元,之所以说无法抵扣,是因为该集团为二级核算单位,更特殊的是其进项税额一直远远高于销项税额。如果该企业在 5 月底之前付款并将增值税发票拿到手,但由于当月的销项税额不足以抵减进项税额,故在 5 月底付款和在 6 月底付款对企业来讲有较大的差别。在 6 月底付款,企业可以充分利用 11700 元(含 1700 元)在 1 个月货币时间内为企业创造更多的价值。

另一种假设就是对方企业即使在 5 月(最后一天)开票,但该集团公司也有可能不能及时到税务机关认证,那么即使当月有足够的销项税额也同样不能抵扣,滞压 1 个月的资金。因此,在该集团公司无法及时抵扣进项税额的情况下,尽可能推迟付款时间或采用分期付款方式,推迟取得增值税发票是该企业增值税纳税筹划的宗旨。

【解析】 如果考虑货币时间价值(1 个月):此合同价税合计 11700 元,增值税税率为 17%,扣除增值税后的价款 = 11700 ÷ (1 + 17%) = 10000(元)。那么,增值税额 = 11700 − 10000 = 1700(元)。如果考虑货币时间价值,1 个月后 1700 元的价值 = 1700 × (F/P,0.1875%,1) = 1703.19(元)(0.1875% 是目前银行存款 1 个月的利率),而货款 10000 在 1 个月后的价值 = 10000 × (F/P,0.1875%,1) = 10018.75(元)。这样,实际可节省资金 = 10018.75 + 1703.19 − 1700 − 10000 = 21.94(元)。

因该合同总价款不多,节税金额并不明显。但对大型集团公司而言,一般合同金额都比较大,其节税效果还是比较可观的。

12.2　企业生产过程中的纳税筹划

12.2.1　企业产销规模测算理论方法的初步分析

企业产销量在增长的过程中,至少会存在两个盈亏分界点。随着企业产销量的增长,企业到达第一个盈亏分界点,这个分界点使企业利润由亏转盈;当企业产销量超过一定的限度,则企业到达又一个盈亏分界点,这次却是使企业由盈转亏。在这两个分界点内,企业产销量的增长会增加企业的盈利;而在这两个分界点之外,无论企业是扩大生产还是缩小生产,都不会增加企业盈利。

依托企业的变现能力、获利能力及营运能力,明确盈亏分界点,进而寻求利润最大化的产销业务规模,成为企业财务决策的重要工作之一。

通常,利润定义为收入与成本的差额。假定一家厂商生产 n 种产品 $y_1, \cdots, y_n$,使用 m 种投入品 $x_1, \cdots, x_m$,产品的价格分别为 $p_1, \cdots, p_n$,投入品的价格分别为 $w_1, \cdots, w_m$。

厂商获得的利润为 $\Pi = \sum p_i y_i - \sum w_i x_i$,式中,第一项为收入,第二项为成本。

结论:任何产品的生产与销售都有一定的周期性规律。在其不同的生产阶段,收入与成本呈现出差异的变动特征,即与业务量的变动反映为曲线的对应关系。

假设某厂商只购进一种材料、生产一种产品,其成本函数为 $C(Q) = aQ^2 + bQ + c$,则其利润函数为 $\Pi = pQ - (aQ^2 + bQ + c)$。

上述公式中,p 为产品的价格;a, b, c 为参数,可以根据企业历史资料及同行平均水平的若干组产销业务量与收入、成本的对应数组予以具体确定。

当 $\Pi = pQ - (aQ^2 + bQ + c) = 0$ 时,两个盈亏临界点为

$$Q_1 = \{(p-b) + [(p-b)^2 - 4ac]^{1/2}\}/2a$$
$$Q_2 = \{(p-b) - [(p-b)^2 - 4ac]^{1/2}\}/2a$$

一阶条件为 $Q = (p-b)/2a$,即利润最大化条件下的产销量;$\Pi_{max} = (p-b)^2/4a - c$。

【例 12-6】　今日公司经营甲产品(增值税率为 17%,企业所得税税率为 25%),产品的单价为 180 元,产品的成本函数为 $0.5Q^2 + 50Q + 1300$(Q 的单位为万件),则公司利润最大为多少?

【解析】　经测算,其利润函数为

$$\Pi = 180Q - 0.5Q^2 - 50Q - 1300$$

则该产品的盈亏分界点产销量为

$$Q_1 = 10(万件), Q_2 = 250(万件)。$$

因此,在 $(10, 250)$ 范围内,最大利润为 7150 万元,最佳产销量为 130 万件。

企业应做出这样的产销安排:目标利润 7150 万元,最佳产销量 130 万件,销售收入 23400 万元(不含增值税),成本费用总额 16250 万元,应纳所得税 $7150 \times 25\% = 1787.5$(万元)。

12.2.2　企业产销规模及结构测算的现实方法

企业的产销规模理论并不一定完全变为现实。这是因为理论产销规模的测算抽象掉了许多具体的条件,而现实经济活动是复杂多样的。由于市场、价格、原料等种种原因,企业或者生产规模达不到,或者生产出来的产品不能完全销售出去,都会给企业带来不利影响。在实际生产经营过程中,企业还必须结合自身特点,确定适当的产销结构。

12.2.2.1　投产决策中的纳税筹划

从广义上讲,决策就是人们在实践活动中为解决当前或未来可能发生的问题,选择最优行动方案的一种过程。在进行决策时要考虑很多因素,有内在因素和外在因素。内在因素包括企业自身生产规模、技术人员的配备、产品质量的高低、资金的充沛程度、企业对市场需求的灵敏度、投资回收期的长短等;而外在因素包括市场对产品的需求量、市场信息传递的顺畅性、资金借贷的成本、国家的税收政策等。企业在做出决策时要认真考虑,加以量化。

12.2.2.2　是否进一步扩大生产经营规模的纳税筹划

在持续经营期的企业,若想扩大生产规模,必须要考虑投产后产品的销路如何;投产后产品的生产成本如何;投产后税收是否有所增加,税收对利润的影响如何等。对于一些企业而言,盲目扩大生产经营规模,对企业不一定有利。

【例 12-7】　一个街道办企业,2008 年盈利 290000 元,当年应纳企业所得额为 $290000 \times 20\% = 58000$(元)。2009 年该企业准备扩大生产经营规模,年盈利增加到 305000 元,盈利比上年增加 20000 元。该企业是否应进一步扩大经营规模?

【解析】　按现行税法规定,所谓小型微利企业,是指从事国家非限制和禁止行业,并符合下列条件的企业:(1)如果是工业企业,则界定为年度应纳税所得额不超过 30 万元,从业人数不超过 100 人,资产总额不超过 3000 万元;(2)如果是其他企业,则为年度应纳税所得额不超过 30 万元,从业人数不超过 80 人,资产总额不超过 1000 万元。小型微利企业适用 20% 的税率,否则,适用 25% 的税率。

如果该企业扩大经营规模,则其应纳企业所得税为 76250 元,税后留利为 228750 元,比 2008 年的税后利润 232000 元低 3250 元。在这种情况下,企业扩大生产经营规模反而会减少企业税后利润,因此,做出不扩大生产经营规模的决策对企业更为有利。

那么,企业在哪种情况下扩大生产经营规模可以增加税后利润呢?可分四种情况分别讨论。先假设企业扩大生产经营规模前的年留利为 x 万元,扩大生产经营规模后的年留利为 y 万元。且扩大生产经营规模后必然带来年留利水平的提高,即 y 始终大于 x。

根据《国家税务总局关于扩大小型微利企业减半征收企业所得税范围有关问题的公告》规定,自 2014 年起,凡符合条件的小型微利企业,无论采取查账征收还是核定征收方式征收企业所得税,均可按规定享受小型微利企业所得税优惠政策。其中,对年应纳税所得额低于 30 万元(含 30 万元)的小型微利企业,其所得减按 20% 的税率缴纳企业所得税;自 2014 年 1 月 1 日至 2016 年 12 月 31 日,对年应纳税所得额低于 10 万元(含 10 万元)的小型微利企业,其所得减按 50% 计入应纳税所得额,按 20% 的税率缴纳企业所得税,即所得实际按 10% 缴纳企业所得税。

(1) 当 $x<10,y<10$ 时,扩产前后的税后利润分别为 $x(1-10\%)$,$y(1-10\%)$。因为 $y>x$,所以 $y(1-10\%)>x(1-10\%)$。故企业扩产是有利可图的。

(2) 当 $x<10,10<y<30$ 时,扩产前后的税后利润分别为 $x(1-10\%)$,$y(1-20\%)$,则有如下几种可能:

① $x(1-10\%)=y(1-20\%)$,此时 $y=1.125x$,表示扩产后增长率为 12.5% 时,扩产前后税后留利相等。由于扩产前后税后利润都一样,因而企业扩产不扩产都没多大影响。

② $x(1-10\%)>y(1-20\%)$,此时 $y<1.125x$,表示扩产后年留利增长率小于12.5% 时,扩产后税后留利小于扩产前留利,扩产对企业不利。

③ $x(1-10\%)<y(1-20\%)$,此时 $y>1.125x$,表示扩产后年留利增长率大于12.5% 时,扩产后税后留利大于扩产前留利,故扩产对企业有利。

(3) 当 $10<x<30,y<30$ 时,扩产前后的税后利润分别为 $x(1-20\%)$,$y(1-20\%)$。因为 $y>x$,所以 $y(1-20\%)>x(1-20\%)$。故企业扩产是有利可图的。

(4) 当 $10<x<30,y>30$ 时,扩产前后税后利润分别为 $x(1-20\%)$,$y(1-25\%)$,则有如下几种可能:

① $x(1-20\%)=y(1-25\%)$,此时 $y=1.067x$,表示扩产后增长率为 6.7% 时,扩产前后税后留利相等。由于扩产前后税后利润都一样,因而企业扩产不扩产都没多大影响。

② $x(1-20\%)>y(1-25\%)$,此时 $y<1.067x$,表示扩产后年留利增长率小于6.7% 时,扩产后税后留利小于扩产前留利,故扩产对企业不利。

③ $x(1-20\%)<y(1-25\%)$,此时 $y>1.067x$,表示扩产后年留利增长率大于6.7% 时,扩产后税后留利大于扩产前留利,故扩产对企业有利。

12.2.3　会计处理方法的选取在纳税筹划的运用

12.2.3.1　存货计价方法的筹划

《企业会计准则第 1 号——存货》(财政部令第 33 号)规定,企业可以选择的存货计价方法有先进先出法、月末一次加权平均法、移动平均法、个别计价法。

1. 先进先出法

先进先出法的假设前提是先购进的存货先发出,其优点是使企业不能够随意挑选存货计价以调整当期利润,缺点是工作比较烦琐,特别是对于存货的进出量比较频繁的企业更是如此。与此同时,当物价上涨时,采用先进先出法,会高估企业的当期利润,企业的应纳税所得额以及所得税负也会随之增加;反之,则会低估企业的当期利润和存货价值,企业的应纳税所得额以及所得税负也会随之减少。

2. 月末一次加权平均法

月末一次加权平均法是在确定存货的单价时,以期初存货数量和本期各批购入存货的数量作为权数的存货计价方法。

加权平均单价＝（期初结存金额＋本期购入金额）/（期初结存数量＋本期购入数量）

本期出售或者领用金额＝本期出售或者领用数量×加权平均单价

期末结存金额＝期末结存数量×加权平均单价

月末一次加权平均法的优点是简化了核算工作,而且当市场价格变化(上涨和下跌)时所计算出来的单位成本被平均化,对存货的实际成本的分摊较为折中。但从纳税筹划角度讲,当原材料价格持续上涨时,选择加权平均法比选择先进先出法更有利于递延所得税的缴纳;反之,先进先出法比加权平均法更有利于递延所得税的缴纳。

3. 移动平均法

采用移动平均法,每次购入存货以后,根据库存数量以及库存金额计算出新的平均单价,随后发出存货的数量按这一平均单价计算发出存货的金额,即每购入一次存货就计算一次平均单价。

移动平均单价＝（本次购入之前结存存货金额＋本次购入存货的金额）/（本次购入之前结存数量＋本次购入存货的数量）

本次发出存货金额＝本次发出存货的数量×当前移动平均单价

期末结存存货金额＝期末结存存货数量×当前移动平均单价

移动平均法的优点是采用这种方法计算出的平均单价比较真实、准确,便于管理者及时了解存货的结存情况。缺点是每次收到存货都要计算一次平均单价,对于收发货业务频繁的企业不适用,核算的工作量比较大。

从纳税筹划角度说,移动平均法同样可以缓解市场价格变化对单位成本的影响,而且比月末一次加权平均法折中得更为及时、频繁。因此,对企业利润及应纳税所得额产生的影响与月末一次加权平均法的方向是一样的,但程度却因价格变化的幅度和具体时间而有一定差别。

4. 个别计价法

个别计价法也称为个别认定法、具体辨认法、分批实际法,其假设前提是存货的成本流转与实物流转相一致。

按照各类存货的批次,逐一辨认各批发出存货的购进批次或者生产批次,分别按其购入或者是生产时确认的单位成本作为各批发出存货和期末存货的单位成本。

个别计价法适用于容易识别、单位成本较高、存货品种和数量不多的存货计价。采用此法,计算出的发出存货成本和期末存货成本比较合理、准确,不会对企业利润及应纳税所得额产生高估或低估的影响。

在会计处理中,企业存货成本的计算公式为

存货成本＝期初存货＋本期购入存货－期末存货

由上述公式可知,期初存货、本期购入存货数量大小与存货成本的高低呈正方向变化,而期末存货数量大小恰好与存货成本的高低呈反方向变化,对企业的利润额进而对应纳税所得额产生影响。

【例 12-8】 胜利百货公司 2013 年度某商品的购货和销货记录如下:

(1) 2013 年月 1 月 3 日,购进该商品 100 件,单价 20 元。

(2) 2013 年月 2 月 1 日,销售该商品 80 件,单价 20 元。

(3) 2013 年月 3 月 15 日,购进该商品 40 件,单价 25 元。

(4) 2013 年月 6 月 2 日,购进该商品 50 件,单价 30 元。

(5) 2013 年月 10 月 4 日,购进该商品 40 件,单价 35 元。

(6) 2013 年月 12 月 5 日,销售该商品 100 件,单价 60 元。

假设企业所得税税率为 25%,企业的销售费用为 1000 元。

【解析】 (1) 在先进先出法下所确定的各项指标如下:

销售收入 $=80\times20+100\times60=7600$(元);

销售成本 $=1600+400+1000+1200=4200$(元);

销售毛利 $=7600-4200=3400$(元);

期末存货成本 $=300+1400=1700$(元);

企业销售收入应纳所得税额 $=(3400-1000)\times25\%=600$(元)。

(2) 在月末一次加权平均法下所确定的各项指标如下:

加权平均单价 $=(2000+3900)/(100+130)=25.65$(元);

销售收入 $=80\times20+100\times60=7600$(元);

销售成本 $=(80+100)\times25.65=4617$(元);

销售毛利 $=7600-4617=2983$(元);

期末存货成本 $=50\times25.65=1282.50$(元);

企业销售收入应纳所得税额 $=(2983-1000)\times25\%=495.75$(元)。

移动平均法和个别计价法计算过程略。

综合结果如表 12-1 所示。

表 12-1 各计价方法对比表

计价方法	期末存货/元	销售收入/元	销售成本/元	销售毛利/元	应纳税额/元	有利排序
先进先出法	1700.0	7600	4200	3400	600.0	4
月末一次加权平均法	1282.5	7600	4617	2983	495.8	1
移动平均法	1433.5	7600	4467	3133	533.3	3
个别计价法	1350.0	7600	4550	3050	512.5	2

在实务操作中,采取哪种存货计价方法,应当根据具体情况具体分析:

当物价上涨时,采用月末一次加权平均法(或移动平均法)。采用该方法比采用先进先出法计算出来的期末存货价值低,相应的销售成本较高,当期的利润较少,企业的应纳税所得额随之减少。

当物价呈下降趋势时,采用先进先出法计算出的存货价值较低,当期的利润往往被低估,企业的应纳税所得额较少,所得税负也最轻。

当企业处于企业所得税的免税期时,可以选择先进先出法计算期末存货的价值,以减少当期成本,扩大当期利润,企业获得的利润越多,得到的免税额也就越多,这样就充分地利用了免税期的税收优惠政策。

与此相应的,当企业处于高税负期时,应当采用月末一次加权平均法或移动平均法,将当期的成本尽可能地扩大,最大限度地减少利润以减少应纳税所得额,从而达到降低税负的目的。

12.2.3.2　固定资产折旧方式的纳税筹划

固定资产折旧实际上是将固定资产的价值以特定费用的形式,通过销售产品的价值或其他形式收回的一种手段。

固定资产折旧额的大小,会影响企业当期产品成本的大小,进而影响企业利润水平和应缴纳的企业所得税税额。

税法给予企业固定资产折旧方法和折旧年限的选择权,企业运用不同折旧方法计算出来的折旧额在数量上存在不同,相应地,分摊到各期的固定资产的成本也存在较大差异,进而影响企业各期的成本和利润,这为企业所得税的纳税筹划提供了可能。

1. 固定资产折旧方法

企业应当根据与固定资产有关的经济利益的预期实现方式,合理选择折旧方法。可选用的折旧方法包括年限平均法、工作量法、双倍余额递减法和年数总和法等。其中,双倍余额递减法和年数总和法是加速折旧法。需要注意的是,企业无论采用何种固定资产折旧方法,都必须经税务机关认可并批准,不能擅自变更折旧方法,否则会有偷税的嫌疑。

不同的固定资产折旧方法,将对企业的企业所得税负产生不同的影响。因为不同的折旧方法造成的年折旧提取额的不同直接影响了利润额抵减的程度,所以,企业可以通过选择不同的折旧方法,在税法和财务制度规定允许的范围内,最大限度地减少税收。但无论采取何种折旧方法,对于一个特定的固定资产来说,在使用年限内所提取的折旧总额是相同的。

一般来说,企业在享受定期减免税优惠情况下,采用加速折旧法是不合算的。

2. 折旧年限选择的纳税筹划

采用不同的固定资产折旧年限,对企业的企业所得税负产生不同的影响。折旧年限的选择取决于固定资产能够使用的年限,它是一个估计的经验值,包含了许多人为的成分,因而为企业的纳税筹划提供了可能性。

目前税法与财务制度对固定资产的折旧年限给予了一定的选择空间:电子设备的折旧年限为 5～10 年,运输设备的折旧年限为 5～10 年,房屋的折旧年限为 20～40 年,等等。

一般地,当企业处于正常的生产经营期时,尽量缩短折旧年限,加速固定资产成本的回收与资金的周转,使在固定资产使用过程中的后期成本费用前移,前期利润后移,往往能够获得递延纳税的好处;相反地,当企业处于减免税优惠期时,企业可以延长折旧年限,从而使可以计提的折旧递延到减免税期之后,获得增加成本、减少利润,进而减少税收的好处。

当企业处于盈利期时,应尽量缩短折旧年限,最大限度地列支折旧费用,充分发挥折旧费用的抵税作用;当企业处于亏损期时,折旧年限的选择必须充分地考虑企业亏损的税前弥补情况,如果企业的某一年度亏损额在今后的纳税年度不能弥补或者不能充分地得到弥补,则折旧费用的抵税效应就得不到充分发挥。

【例 12-9】 某企业有一辆价值 100000 元的货车,残值按原价的 4% 估算,该货车预计使用年限为 8 年。该企业按直线法计提折旧,企业适用所得税税率为 25%。如果该企业享受"三免三减半"的税收优惠政策,货车为该企业获得经营收入的第一个年度购入的,可供选择的折旧年限为 8 年或 6 年,问企业应当采用哪个折旧年限会有利于企业的纳税筹划?

【解析】 (1)当折旧年限为 8 年时,

企业计提的年折旧额 $=100000\times(1-4\%)/8=12000$(元);

企业的节税额 $=12000\times(12.5\%\times3+25\%\times2)=10500$(元)。

(2)当折旧年限为 6 年时,

企业计提的年折旧额 $=100000\times(1-4\%)/6=16000$(元);

企业的节税额 $=16000\times12.5\%\times3=6000$(元)。

通过计算可知,在企业享受定期减免税优惠的情况下,固定资产折旧年限越长,在减免税期间提取的折旧额就越少,应纳税所得额就越大,实际上享受的减免税优惠力度也越大。而且,由于使一部分折旧额计入非减免税时期成本,冲抵了该时期的应纳税所得额,减少了应纳税所得额,从而使该固定资产全部使用期间抵税效应更大,可以节约的税收支出金额更大。

12.3 企业销售过程中的纳税筹划

12.3.1 销售方式的纳税筹划

12.3.1.1 销售结算方式

销售货物纳税义务发生时间,按销售结算方式的不同,具体分为以下几种。

(1)采取直接收款方式销售货物,不论货物是否发出,均为收到销售额或取得索取销售额的凭据,并将提货单交给买方的当天。

(2)采取托收承付和委托银行收款方式销售货物,为发出货物并办妥托收手续的当天。

(3)采取赊销和分期收款方式销售货物,为合同约定的收款日期的当天。

(4)采取预收货款方式销售货物,为货物发出的当天。

（5）委托其他纳税人代销货物，为收到代销单位销售的代销清单的当天。

（6）销售应税劳务，为提供劳务同时收讫销售额或取得索取销售额凭据的当天。

（7）纳税人发生下列视同销售货物行为：设有两个以上机构并实行统一核算的纳税人，将货物从一个机构移送至其他机构用于销售（不含相关机构设在同一县市的企业）；将自产或委托加工的货物用于非应税项目；将自产、委托加工或购买的货物作为投资，提供给其他单位或个体经营者；将自产、委托加工或购买的货物分配给股东或投资者；将自产、委托加工的货物用于福利或个人消费；将自产、委托加工或购买的货物无偿赠送他人的。以上行为均按视同销售货物行为中货物移送的当天确定纳税义务发生时间。

企业销售产品进行纳税筹划方法选择时，应注意以下几点：

（1）应尽量避免采用托收承付和委托银行收款结算方式。因为这两种结算方式中销售方发出货物就意味着交易成立，纳税义务相应发生，就应在税法规定的期限内缴纳增值税。

（2）最理想的销售结算方式是预收货款和直接收款方式。采用这两种方式可有效避免上述情况的发生。但企业要采用这两种方式又可能遇到一定困难，需要购买方资金实力雄厚、信誉好，同意这么做才可行。

（3）可采用赊销、分期收款结算方式。这两种方式都以合同约定日期为纳税义务发生时间，是纳税人普遍采取的方式。销售方可按购销合同规定的收款额开具相应的增值税专用发票。

（4）采用委托代销结算方式。委托代销商品是指委托方将商品交付给受托方，受托方根据合同要求，将商品出售后，开具销货清单，交给委托方时，委托方才确认销售收入的实现。这样可以根据其实际收到的货款分期计算销项税额，从而延缓纳税。

【例 12-10】 某企业属于增值税一般纳税人，当月发生销售业务 5 笔，共计应收货款 1800 万元（含税价）。其中，有 3 笔共计 1000 万元，货款两清；一笔 300 万元，两年后一次付清；另一笔 500 万元，一年后付 250 万元，一年半后付 150 万元，余款 100 万两年后结清。试问该企业应采用直接收款方式还是赊销和分期收款方式？

【解析】 （1）企业若采取直接收款方式，则应在当月全部计算销售，计提销项税额 = $1800 \div (1 + 17\%) \times 17\% = 261.54$（万元）；

若对未收到款项业务不记账，则违反了税法规定，少计销项税额 = $800 \div (1 + 17\%) \times 17\% = 116.24$（万元），这属于偷税行为。

（2）企业若对未收到的 300 万元和 500 万元应收账款，分别在货款结算中采取赊销和分期收款结算方式，就可以延缓纳税。因为这两种结算方式都是以合同约定日期为纳税义务发生时间。

两年后结清的销项税额 = $(300 + 100) \div (1 + 17\%) \times 17\% = 58.12$（万元）；

一年半后付清的销项税额 = $150 \div (1 + 17\%) \times 17\% = 21.79$（万元）；

一年后付清的销项税额 = $250 \div (1 + 17\%) \times 17\% = 36.32$（万元）。

$58.12 + 21.79 + 36.32 = 116.23$（万元）。

由此可以看出,采用赊销和分期收款方式,可以为企业获得资金的时间价值,为企业节约大量的流动资金。

12.3.1.2 各种销售方式的纳税筹划

1. 一般业务中混合销售与兼营行为的纳税筹划

如果一个企业既有增值税的业务,又有营业税的业务,就可能发生混合销售行为和兼营行为。在这种情况下,就要考虑是缴纳增值税还是缴纳营业税的问题。在现实中,这些问题往往会被忽略,不利于企业降低营销成本,同时,也不利于减轻企业的税收负担,应比较两种税的税负高低。

增值率=(销售额-可抵扣购进项目金额)÷销售额

可抵扣购进项目金额=销售额×(1-增值率)

应纳增值税税额=销项税额-进项税额

$$= 销售额×增值税税率-可抵扣购进项目金额×增值税税率$$

$$= 销售额×增值税税率-销售额×(1-增值率)×增值税税率$$

$$= 销售额×增值率×增值税税率$$

应纳营业税税额=含税销售额×营业税税率

$$= 销售额×(1+增值税税率)×营业税税率$$

当两者税负相等时,其增值率为均衡增值率,即

应纳增值税税额=应纳营业税税额

销售额×增值率×增值税税率=销售额×(1+增值税税率)×营业税税率

均衡增值率=增值率=(1+增值税税率)×营业税税率/增值税税率

兼营行为的产生有两种可能:一是增值税的纳税人为加强售后服务或扩大自己的经营范围,涉足营业税的征税范围,提供营业税的应税劳务;二是营业税的纳税人为增强获利能力转而销售增值税的应税商品或提供增值税的应税劳务。

在第一种情况下,若该企业是增值税一般纳税人,由于在提供应税劳务时,允许抵扣的进项税额较小,选择分开核算、分别纳税有利;若该企业是增值税小规模纳税人,则要比较一下增值税的含税征收率,选择不分开核算有利。

在第二种情况下,由于企业原来是营业税的纳税人,转而从事增值税的货物销售或提供应税劳务时,一般是按增值税小规模纳税人的征收方式来征税的。它与小规模纳税人提供营业税的应税劳务的筹划方法一样。

另外,还要注意:① 销售行为是否属于混合销售,需要主管税务机关认定;② 必须考虑筹划对象的成本变化,同时必须考虑产品售价的定价是否合理。

【例 12-11】 某锅炉生产厂有职工 280 人,每年产品销售收入为 2800 万元,其中安装、调试收入为 600 万元。该厂除生产车间外,还设有锅炉设计室负责锅炉设计及建安设计工作,每年设计费为 2200 万元。另外,该厂下设 6 个全资子公司,其中有 A 建安公司、B 运输公司等,实行汇总缴纳企业所得税。请对该厂进行纳税筹划。

【解析】 该厂被主管税务机关认定为增值税一般纳税人,对其发生的混合销售行为

一并征收增值税。这主要是因为该厂属于生产性企业，而且兼营非应税劳务销售额未达到总销售额的 50％。

由此，该企业每年应缴增值税的销项税额＝（2800＋2200）×17％＝850（万元）；

增值税进项税额为 340 万元，应纳增值税税额＝850－340＝510（万元）；

增值税负担率＝510÷（2800＋2200）×100％＝10.2％。

由于该厂增值税负担率较高，限制了其参与市场竞争，经济效益连年下滑。为了改变现状，应对企业税收进行重新筹划。

由于该厂是生产锅炉的企业，其非应税劳务销售额，即安装、调试、设计等收入很难达到销售总额的 50％ 以上，因此，要解决该厂的问题，必须调整现行的经营范围及核算方式。具体筹划思路如下：将该厂设计室划归 A 建安公司，随之设计业务划归 A 建安公司，由建安公司实行独立核算，并由建安公司负责缴纳税款。将该厂设备安装、调试人员划归 A 建安公司，将安装调试收入从产品销售的收入中分离出来，归建安公司统一核算缴纳税款。

通过上述筹划，其结果如下：

该锅炉厂产品销售收入＝2800－600＝2200（万元）；

应缴增值税销项税额＝2200×17％＝374（万元）；

增值税进项税额为 340 万元，应纳增值税＝374－340＝34（万元）；

A 建安公司应就锅炉设计费、安装调试收入一并征收营业税，应缴纳税额＝（600＋2200）×5％＝140（万元）。

此时，税收负担率＝（34＋140）÷5000×100％＝3.48％，比筹划前的税收负担率降低了 6.72 个百分点。

2. 还本销售中的纳税筹划

还本销售是指纳税人在销售货物后，到一定期限由销售方一次或分次退还给购货方全部或部分价款的销售方式。其销售额就是货物的销售价格，不得从销售额中减除还本支出。

【例 12-12】 某企业以还本销售方式销售货物，价格为 500 万元（含税），规定 5 年内每年还本 100 万元，该货物的市场价格为 200 万元（含税）。假定该企业当期允许抵扣的进项税额为 0，该企业有以下两种筹划方案可供选择。

方案一：还本销售方式。

方案二：该企业以市场价格销售货物，价格为 200 万元（含税），同时向购方借款 300 万元，利率为 10％，规定 5 年内每年还本付息 90 万元。

请问企业应该选择哪种方案？

【解析】 方案一：还本销售方式。由于还本销售的销售额就是货物的销售价格，不得从销售额中减除还本支出。因此，该企业应缴纳增值税（实为销项税额，下同）为［500÷（1＋17％）×17％］＝72.65（万元）。

方案二：该企业以市场价格销售货物，价格为 200 万元（含税），同时向购方借款 300

万元,利率为 10%,规定 5 年内每年还本付息 $300÷5+300×10\%=90$(万元),本息共计 $90×5=450$(万元)。该企业应缴纳增值税 $200÷(1+17\%)×17\%=29.06$(万元)。

因此,方案二比方案一可少缴纳税款 43.59 万元,企业应选择方案二。

3. 以物易物中的纳税筹划

以物易物是指购销双方不以货币结算,而以同等价款的货物相互结算,实现货物购销的一种方式。税法规定,以物易物的双方都应作购销处理,以各自发出的货物核算销售额并计算销项税额,以各自收到的货物按规定核算购货额并计算进项税额(双方必须开具增值税专用发票)。

【例 12-13】 甲、乙企业是增值税一般纳税人,甲企业为促销欲采用以物易物的销售方式:甲企业以 A 设备换入乙企业的 B 设备,其市场价均为 100 万元(不含税)。假设 A、B 设备的折旧年限都为 5 年,且均采用直线法计提折旧,甲企业资金成本为 10%,残值为 20 万元。假定该企业当期允许抵扣的进项税额为 0,该企业有三种筹划方案可供选择。

方案一:以 100 万元作为交换价格。

方案二:以 80 万元作为交换价格。

方案三:以 120 万元作为交换价格。

请问那一种方案为最优方案?

【解析】 方案一:以 100 万元作为交换价格。

甲、乙企业双方各需缴纳增值税 $100×17\%=17$(万元)。同时,设备年折旧额为 $(100-20)÷5=16$(万元)。折旧额可抵减企业所得税,折合为现值$=16×25\%×(P/A,10\%,5)=16×25\%×3.791=15.164$(万元)。

方案二:以 80 万元作为交换价格。

甲、乙企业双方各需缴纳增值税 $80×17\%=13.6$(万元)。同时,设备年折旧额为 $(80-20)÷5=12$(万元)。折旧额可抵减企业所得税,折合为现值$=12×25\%×(P/A,10\%,5)=12×25\%×3.791=11.373$(万元)。

方案二比方案一可少缴纳增值税 $17-13.6=3.4$(万元),少抵减企业所得税 $15.164-11.373=3.791$(万元)。

可见,方案二比方案一多缴税 $3.791-3.4=0.391$(万元)。

方案三:以 120 万元作为交换价格。

甲、乙企业双方各需缴纳增值税 $120×17\%=20.4$(万元)。同时,设备年折旧额为 $(120-20)÷5=20$(万元)。折旧额可抵减企业所得税,折合为现值$=20×25\%×(P/A,10\%,5)=20×25\%×3.791=18.955$(万元)。

可见,方案一比方案三可少缴纳增值税 $20.4-17=3.4$(万元),少抵减企业所得税 $18.955-15.164=3.791$(万元)。

最终结果是方案三比方案一少缴税 $3.791-3.4=0.391$(万元)。

综上所述,方案三为最优方案。

4. 代销方式中的纳税筹划

代销就是委托销售，一般发生在工业企业与商业企业之间。工业企业委托他人为自己代销商品，而商业企业为他人代销。对商业企业来说，采用代销方式销售商品是一种明智的选择，本身能减轻销售等方面的风险，同时又可以获得一定的经营利润；对于工业企业，也可以通过此次委托适当降低营销成本，同时能迅速拓宽销售市场。根据税法规定，代销行为分为两种：

（1）视同买断的代销行为。委托方根据签订的协议价格将货物交付受托方，受托方自行确定实际售价。货物售出后，委托方按协议价收取价款，受托方获得实际售价与协议价的差额。双方比照销售进行增值税会计处理，分别按不含税协议价和不含税实际售价计量收入，确定销项税额。受托方同时将委托方收取的增值税，作为进项税额予以抵扣。

（2）收取手续费的代销行为。委托方按双方签订的协议规定确定代销货物的售价，受托方按其定价代销，并按售价的百分比收取手续费。双方同样按不含税售价计算销项税额，委托方将其销售货物的价款记作收入，受托方则作应付账款；受托方将委托方开来的专用发票上的进项税额用于抵扣，同时收到手续费时，按手续费金额的多少计算应缴纳的营业税。

两种代销方式对于企业的税收负担影响不同，企业应选择适合的方式加以运作。

【例 12-14】 甲公司为拓展 A 地的市场业务，经寻找决定委托 A 地的乙公司代销其产品，但是要求乙公司不论采取何种销售方式，甲公司的产品在 A 地的市场上都要以 1000 元/件的价格销售。经过协商，甲公司和乙公司最终签订代销协议，协议规定乙公司以 1000 元/件的价格对外销售甲公司的产品，根据代销数量，向甲公司收取 20% 的代销手续费，即乙公司每代销一件甲公司的产品，收取 200 元手续费，支付给甲公司 800 元。到 2001 年年末，乙公司共售出该产品 1 万件。

对于这项业务，双方的收入和应缴纳流转税分别如下：甲公司收入增加 800 万元，增值税销项税额为 $1000 \times 17\% = 170$（万元）；乙公司收入增加 200 万元，增值税销项税额与进项税额相等，因而，该项业务的应缴增值税为 0，但乙公司这种收取手续费的代销方式属于营业税范围的代理业务，应对其收入缴纳营业税 $200 \times 5\% = 10$（万元）。这样，甲公司与乙公司合计，收入增加了 1000 万元，应缴流转税税额 180 万元。双方都从这项业务中获得了收益。但是，从节税的角度考虑，这是否是最佳的代销方式呢？

【解析】 现在假设案例中的甲公司和乙公司采用视同买断的代销方式，签订的协议如下：乙公司每售出一件产品，甲公司按 800 元的协议价收取货款，乙公司在市场上仍要以 1000 元/件的价格销售甲公司的产品，实际售价与协议价之间的差额，即 200 元/件归乙公司所有。假定到年末乙公司仍售出该产品 1 万件。对于这项业务，双方的收入和应缴流转税如下：甲公司收入增加 800 万元，增值税销项税额增加 $800 \times 17\% = 136$（万元）；乙公司收入增加 200 万元，增值税销项税额为 $1000 \times 17\% = 170$（万元），进项税额为 $800 \times 17\% = 136$（万元），相抵后，该项业务的应缴增值税为 34 万元。甲公司与乙公司合计,收入增加了 1000 万元,应缴流转税 170 万元。

采取这种代销方式与原来采取的收取手续费的代销方式相比,甲公司收入不变,应缴税额减少 170－136＝34(万元);乙公司收入不变,应缴税额增加 34－10＝24(万元)。甲公司与乙公司合计,收入不变,应缴税额减少 180－170＝10(万元)。由此可见,从双方的共同利益出发,甲、乙两公司应选择视同买断的代销方式,这种方式与第一种方式相比,在最终售价一定的条件下,双方合计缴纳的增值税是相同的,但在收取手续费的方式下,受托方还要就其手续费收入缴纳营业税。显然,采用买断的方式更有利于降低双方的整体税负,具有节税的效果,企业在选择代销方式时应尽可能采取此种方式。

从上面的分析可以看出,与采取收取手续费方式相比,在视同买断的方式下,双方虽然共节约税款 10 万元,但甲公司节约 34 万元,乙公司要多缴 24 万元。所以甲公司如何分配节约的 34 万元,可能会影响乙公司选择这种方式的积极性。甲公司可以考虑首先要全额弥补乙公司多缴的 24 万元,剩余的 10 万元也要让利给乙公司一部分,这样才可以鼓励受托方选择适合双方的代销方式。通过本案例可以看出,不同的代销方式对纳税的影响,在实际工作中,应根据具体情况选择适当的代销方式,从而达到降低纳税成本的目的。

12.3.1.3　促销方式

1. 折扣销售方式中的纳税筹划

在企业销售活动中,折扣销售方式已经日益被众多企业采用。在企业采取折扣方式销售时,折扣方式的选择对企业的税收负担会产生直接的影响。

【例 12-15】 假设某企业是增值税一般纳税人,适用 17％的增值税税率。目前该企业产品的市场销售价格为每件 100 元。该企业制定的促销方案中规定,凡一次购买该厂产品 10 件以上的,给予 10％的折扣。2007 年 12 月,该企业共通过以上折扣销售方式销售产品 5000 件。那么,企业应该如何开具销售发票?

【解析】 如果该企业将全部折扣销售均在销售实现后单独向购货方开具红字专用发票,而未将销售额和折扣在同一张专用发票上分别注明,那么该企业应按照折扣前的销售额计算增值税。销项税额＝5000×100×17％＝85000(元)。

如果该企业严格按照税法的规定,将全部折扣额和有关销售额在同一张发票上分别注明,那么该企业可以按照折扣后的余额作为销售额计算增值税。销项税额＝5000×100×(1－10％)×17％＝76500(元)。

因此,企业应该将全部折扣额和有关销售额在同一张发票上分别注明。

2. 实物折扣的纳税筹划

如果将实物折扣"转化"为价格折扣,则可进行合理的纳税筹划。

例如,某客户购买 10 件商品,应给 1 件的折扣,在开具发票时,按销售 1 件开具销售数量和金额,然后在同一张发票上的另一行用红字开具折扣 1 件的折扣金额。这样处理后,按照税法的相关规定,折扣的部分在计税时就可以从销售额中扣减,节约了纳税支出。

3. 销售折扣的纳税筹划

税法不允许将销售折扣从销售额中减除，企业可通过其他途径达到纳税筹划目的。首先可以通过预估折扣率来进行纳税筹划，其次可以通过合同约定来达到纳税筹划的目的。

【例 12-16】 某纯净水生产企业与多家代理商合作，共同销售自己的产品。为调动经销商的销售积极性，纯净水生产企业规定，年销售纯净水在 10 万桶以下的，每桶可享受 0.2 元的折扣；年销售纯净水在 10～50 万桶的，每桶可享受 0.3 元的折扣；等等。在一年当中，由于纯净水生产企业不知道也不可能知道每家代理商到年底究竟能销售多少桶纯净水，也就不能确定每家代理商应享受的折扣率。所以，只能到年底或第二年的年初，一次性地结算应给予代理商的折扣总金额，单独开具红字发票。根据税法规定，企业这种折扣是不能冲减产品销售收入的，这导致企业多缴纳了税款。那么，该企业应如何进行纳税筹划？

【解析】 企业可以采取预估折扣率的办法来解决这一问题。比如纯净水生产企业可以按最低折扣率(0.2 元/桶)或根据上一年每一家经销代理商的实际销售量初步确定一个折扣率，在每一份销售发票上都预扣一个折扣率和折扣额，这样企业就可以理所当然地将折扣额扣除后的收入记入"产品销售收入"账户了。到年底或第二年年初，每一家经销代理商的销售数量和销售折扣率确定后，只要稍做一些调整即可。调整部分的折旧额即使不能再冲减销售收入，但绝大部分的销售折扣已经在平时的销售中直接冲减了销售收入，从而实现节税的目的。

12.3.2　销售价格的纳税筹划

与筹划有关的企业定价策略有两种表现形式：一种是与关联企业间合作定价，目的是为了减轻企业间的整体税负；一种是主动制定一个稍低的价格，以获得更大的销量，从而获得更多的收益。

12.3.2.1　利用转让定价技术筹划税收

转让定价是指在经济生活中，有经济联系的各方为转移利润而在产品交换或买卖活动过程中，不按照市场买卖规则和市场价格进行交易，而是根据他们的共同利益，或者为了最大限度地维护他们之间的收入而进行的产品或非产品转让。在这种转让过程中，产品的价格根据双方的意愿，可高于或低于市场上由供求关系决定的价格。

12.3.2.2　主动调整商品的价格

企业在制定价格时，应该特别注意价格的高低对企业税负可能造成的影响。在现实生活中，产品的销售价格提高，会导致销量减少，也有可能导致总收入下降。同时，考虑到税收征管中的临界点因素，价格过高可能会导致税负大幅增加。因此，根据企业的经营情况灵活调整商品价格是进行销售价格筹划的主要方式。

12.3.3　销售地点的纳税筹划

利用销售地点进行纳税筹划往往要涉及其他企业或公司。关联企业之间的纳税筹划往往会运用销售地点这一因素。一般实行销售地点纳税筹划的公司主体，应在税负相互有差别的不同地区,否则这种筹划便失去了意义。

一国之内存在低税区和保税区,全球范围内更是存在很多避税地、避税港。这些地区一般只对少量物品征税,而且税率也很低,这又为跨国销售地点的纳税筹划提供了空间。其一般做法是跨国纳税企业在国际避税地、避税港设立分支机构,通过转让定价的方法将高税区的利润转移至分支机构,从而降低企业的整体税负。

》练习题

一、问答题

1. 税负转嫁的基本形式有哪些?

2. 简述增值税一般纳税人和小规模纳税人的划分标准。

3. 简述混合销售与兼营收入的计税规定。

4. 企业是否进一步扩大生产经营规模需考虑的因素有哪些?

5. 企业销售结算方式主要有哪几种?

6. 企业在销售产品时,可采用的纳税筹划方法有哪些?

7. 企业销售价格的纳税筹划有哪些?

二、选择题

1. 因企业聘请中介进行纳税筹划,而导致内部商业机密的泄漏,这种风险称为(　　)。

A. 故意偷税风险　　　　　　　　B. 空白漏税风险

C. 弹性寻租风险　　　　　　　　D. 纳税筹划风险

2. 内资企业(　　)为供货商。

A. 可以开具增值税专用发票(17%)的一般纳税人

B. 能到税务所申请开具不同于 17% 的其他增值税专用发票的纳税人

C. 只能开具普通发票的纳税人

D. 只愿以更低的价格出卖货物,而不会开具任何发票的纳税人

3. 甲企业为一般纳税人,3月份欲购进某种商品,销售价格为 20000 元(含税)。在采购时,甲企业可以选择三种不同性质的纳税人作为购货对象:增值税一般纳税人 A;能开具增值税专用发票的小规模纳税人 B;能开具普通发票的小规模纳税人 C。假定从 A,B,C 公司进货的价格分别为 18000 元、17000 元、16500 元(均含税)。该企业应选择(　　)作为供货单位。

A. A 公司　　　B. B 公司　　　C. C 公司　　　D. 都一样

4. 假设某商贸公司采购一批商品,进价为 200 万元(含增值税),销售价为 240 万元(含增值税)。在选择采购对象时,若选择不能开增值税专用发票的小规模纳税人为供应商,应缴纳增值税(　　)万元。

A. 5.81　　　　　　B. 29.05　　　　　　C. 34.87　　　　　　D. 29.06

5. 宏伟家具生产厂(增值税一般纳税人)外购木材作为加工产品原材料,现有两个供应商甲、乙。甲为增值税一般纳税人,可以开具税率为17%的增值税专用发票,该批木材报价50万元(含税价款);乙为小规模纳税人,可以出具由其所在主管税务局代开的征收率为3%的增值税专用发票,木材报价46.5万元(已知城市维护建设税税率为7%,教育费附加征收率为3%)。从企业利润核算的角度看,应该从(　　)处购进该批木材。

A. 甲　　　　　　B. 乙　　　　　　C. 甲或乙

6. 如果非增值税劳务和销售的商品之间不存在业务上的必然联系,则这种销售定义为(　　)。

A. 兼营　　　　　　B. 混合销售　　　　　　C. 搭售　　　　　　D. 批发

7. 国美电器不仅出售空调,而且还出售空调安装的服务,这种销售方式是(　　)。

A. 兼营　　　　　　B. 混合销售　　　　　　C. 搭售　　　　　　D. 批发

8. 对混合销售的纳税筹划说法不正确的是(　　)。

A. 混合销售强调同一项销售行为中存在着两类经营项目的混合

B. 混合销售的销售货款以及劳务价款是从一个购买方同时取得的

C. 采取的纳税筹划措施为设立技术咨询服务公司

D. 可采用分开核算不同业务进行纳税筹划

9. 下列各项中,属于增值税混合销售行为的是(　　)。

A. 咨询公司既提供咨询劳务收入又提供设计劳务收入

B. 建材商店销售建筑材料,兼有装饰装修服务

C. 生产厂商销售货物后向同一客户提供的技术培训收入

D. 汽车制造厂商既生产汽车,又提供汽车销售

10. 增值税条例规定,纳税人采取托收承付方式销售货物,其纳税义务发生时间是(　　)。

A. 货物发出的当天　　　　　　B. 收到销货款的当天

C. 发出货物并办妥托收手续的当天　　　　D. 签订合同的当天

11. 按合同约定采用分期收款方式销售货物的增值税纳税义务发生时间为(　　)。

A. 收到货款的当天　　　　　　B. 货物发出的当天

C. 合同规定的收款日期的当天　　　　D. 全部价款收到的当天

12. 下列关于销项税额确认时间的说法正确的是(　　)。

A. 托收承付、委托银行收款方式销售的,为收到货款的当天

B. 直接收款方式销售的,为发货当天

C. 预收货款方式销售的,为收款当天

D. 将资产货物用于集体福利和个人消费的,为货物移送当天

13. 以下关于特殊销售方式下的增值税一般纳税人的销售额的确定,说法不正确的是(　　)。

A. 采取以旧换新方式销售货物的,应按新货物的同期销售价格确定销售额,不得扣减旧货物的收购价格

B. 采取还本销售方式销售货物,其销售额就是货物的销售价格,不得从销售额中减除还本支出

C. 采取以物易物方式销售的,交易双方都应作购销处理,以各自发出的货物核算销售额并计算销项税额

D. 发生销售折让的,可以按照折让后的货款为销售额

14. 今日公司经营甲产品(增值税率为 17%,企业所得税率为 25%),产品的单价为 280 元,产品的成本函数为 $Q^2+40Q+2300$(Q 的单位为件)。经测算,其利润最大为(　　)元。

A. 21500　　　　B. 33600　　　　C. 12100　　　　D. 12000

15. 某百货批发企业,2014 年 3 月 1 日采用折扣销售方式销售一批货物,价款为 30 万元,折扣率为 5%,开出的发票上未分别予以注明,而是将折扣额另开在红字发票(成本为 22 万元)。由于商品销路很好,3 月 7 日又销售一批相同货物。价款与折扣率同前,不同的是,企业将销售额与折扣额在同一张发票上分别予以注明。企业所得税的税率是 25%。假设不考虑其他因素,企业 3 月份应纳的企业所得税税额为(　　)元。

A. 32500　　　　B. 2000　　　　C. 36250　　　　D. 40000

16. 某卫生纸厂,2013 年 7 月向 A 市某商场销售卫生纸,其计应收货款 117 万元,货款结算采用销售后付款的形式。10 月份收到货款 70 万元。若该厂选择委托代销货物的形式,按委托代销结算方式进行税务处理,则 10 月份应计提的销项税额为(　　)万元。

A. 10.17　　　　B. 17　　　　C. 10　　　　D. 17.7

17. 下面促销方式的应缴企业所得税相同的是(　　)。

A. 100 元商品八折销售和买 100 元商品返还 20 元购物券

B. 100 元商品八折销售和买 100 元商品返还 20 元现金

C. 买 100 元商品返还 20 元购物券和买 100 元商品返还 20 元现金

D. 上述三种促销方式都相同

18. 某百货商场是一家服装专业零售企业,是增值税一般纳税人。公司以世界名牌服装零售为主,在当地拥有一定的知名度。公司销售部决定在当年国庆节"黄金周"期间展开一次促销后动,以提升该公司的盈利能力。对于这项活动,公司决策层以 10000 元销售额、平均成本为 6000 元为基数,提出四种不同的促销方案。

方案一:购物在商品原价的基础上打7折(折扣金额开在一张发票上);

方案二:购物满100元赠送价值30元的商品(赠品成本18元,均为含税价格);

方案三:购物满100元赠送30元优惠券(不可兑换现金,下次购物可代币结算);

方案四:购物满100元返还30元现金。

仅考虑增值税、企业所得税和个人所得税,因城市维护建设税和教育费附加对计算结果影响较小,忽略不计。假定各种促销方式消费者都能接受,消费者在当月实现所有购买行为。

(1)采取( )企业缴纳所得税最少。

A.方案一　　　　B.方案二　　　　C.方案三　　　　D.方案四

(2)采取( )企业缴纳增值税最多。

A.方案一　　　　B.方案二　　　　C.方案三　　　　D.方案四

(3)采取( )企业所获税后利润最多。

A.方案一　　　　B.方案二　　　　C.方案三　　　　D.方案四

19.下列说法正确的是( )。

A.折扣销售是指销货方在销售货物或应税劳务后,为了鼓励购货方及早偿还货款,而协议许诺给予购货方的一种折扣优待

B.对销售折让可以按折让后的货款为销售额

C.折扣销售不仅限于价格折扣,还用于实物折扣

D.销售折扣是指货物销售后,由于其品种、质量等原因购货方未予退货,但销货方需给予购货方的一种价格优惠

20.某超市为增值税一般纳税人,企业所得税实行查账征收方式。超市决定店庆时开展促销活动,拟定"满98送18",即每销售98元的商品,送出18元的优惠或相应的折扣。假定98元的商品进价为58元,具体方案有三种。

方案一:顾客购物满98元,超市给予8折的商业折扣优惠;

方案二:顾客购物满98元,超市赠送18元折扣券(不可兑换现金,下次购物可代币结算);

方案三:顾客购物满98元,超市另行赠送价值18元的礼品。

现假定超市单笔销售了98元商品,则以上方案中税务最轻的为( )。

A.方案一　　　　B.方案二　　　　C.方案三　　　　D.都一样

三、计算题

1.A公司为增值税一般纳税人,适用增值税税率为17%,购买原材料时,有以下几种方案可供选择:一是从一般纳税人B公司购买,每吨含税价格为12000元,B公司适用增值税税率为17%;二是从小规模纳税人D公司(属于商业企业)购买,则可取得由税务所代开的征收率为3%的专用发票,每吨含税价

格为 11000 元；三是从小规模纳税人 D 公司购买，只能取得普通发票，每吨含税价格为 9000 元。A 公司用此原材料生产的产品每吨不含税销售额为 20000 元，其他相关费用 3000 元。请运用净利润法对 A 公司购货对象选择进行纳税筹划。（其中，城建税税率为 7％，教育费附加征收率为 3％）

2. 一个街道办企业，第一年年度应纳税所得额 295000 元，按现行税法规定，符合年应税所得不超过 30 万元，从业人员不超过 80 人，资产总额不超过 1000 万元的其他企业，属于小型微利企业，减按 20％ 的税率征收企业所得税，试判断，第二年该企业扩大生产经营规模使得年应纳税所得额增加到 305000 元是否合理？

3. 某电子显示屏销售公司（增值税一般纳税人），2013 年 2 月发生电子显示屏销售业务 3 笔，共计应收货款 2500 万元（含税价）。其中，第 1 笔计 1000 万元，现收现付交易，货款两清；第 2 笔 700 万元，两年后一次付清；第 3 笔计 800 万元，其中，500 万元一年后支付，200 万元一年半后支付，余款 100 万元两年后结清。请问该企业应如何对结算方式进行纳税筹划？

4. 某公司是一家综合性经营企业（增值税一般纳税人），下设 3 个非独立核算的业务部门：零售商场、供电器材加工厂、工程安装施工队。前两个部门主要是生产和销售货物，工程安装施工队主要对外承接供电线路的架设、改造和输电设备的安装、维修等工程作业。并且，此安装工程所用的设备和材料，都是由企业提供给委托方的，即人们所说的包工包料的安装。假设包工包料的营业收入为 300 万元（不含税收入），其中建筑材料收入为 200 万元，安装工时费收入为 100 万元，企业可抵扣的进项税额为 15 万元，则该企业应如何进行纳税筹划？

5.（从净收益来分析）某大型商场为增值税一般纳税人，企业所得税实行查账征收方式。假定每销售 100 元商品，其平均商品成本为 60 元。年末商场决定开展促销活动，拟定"满 100 送 20"，即每销售 100 元商品，送出 20 元的优惠。具体方案有如下几种选择：

（1）顾客购物满 100 元，商场送 8 折商业折扣的优惠；

（2）顾客购物满 100 元，商场赠送 20 元折扣券（不可兑换现金，下次购物可代币结算）；

（3）顾客购物满 100 元，商场另行赠送价值 20 元礼品；

（4）顾客购物满 100 元，商场返还现金"大礼" 20 元；

（5）顾客购物满 100 元，商场送加量，顾客可再选购价值 20 元商品，实行捆绑式销售，总价格不变。

试分析商场"满就送"的最佳方案。

本章学习要点

本章主要介绍企业存续过程中可能面临的一些特殊经济活动。通过对本章的学习，要求了解企业存续过程中的特殊经济活动、自由贸易区等基本知识，熟悉企业收购、合并和分立等纳税筹划要点，并重点掌握债务重组、企业收购、合并分立等特殊性税务处理以及进出口业务的纳税筹划。

企业存续过程涉及经济活动的方方面面，包含企业从创立、发展到壮大必然要涉及的众多的纳税与企业战略活动。因此，企业的纳税筹划除了在筹资、投资、经营等一般常见活动外，还会涉及一些特殊的纳税筹划事项、国际业务等战略活动。本章主要关注这些特殊情景的纳税筹划，以便企业更好地实现其战略意图。企业特殊活动，是指企业在日常经营活动以外发生的法律结构或经济结构重大改变的交易，特殊活动包括企业法律形式改变、债务重组、股权收购、资产收购、合并、分立六种，这六种类型基本上涵盖了资本运作的所有基本形式。按照财税〔2009〕59 号文件规定，符合条件的企业重组可以选择一般性税务处理或特殊性税务处理，本章也基本按照这一规定对有关业务进行纳税筹划处理。

13.1　企业法律形式改变的纳税筹划

根据财税〔2009〕59 号文件的规定，企业由法人转变为个人独资企业、合伙企业等非法人组织，或将登记注册地转移至中华人民共和国境外（包括港、澳、台地区），应视同企业进行清算、分配，股东重新投资成立新企业。企业的全部资产以及股东投资的计税基础均应以公允价值为基础确定。

13.1.1　企业组织形式

企业的组织形式,是指法律规定的企业内部组织结构及其运作、财产构成及其归属,以及出资人对外承担责任的形式。企业的组织形式主要有公司、个人独资企业、合伙企业。

公司,是指依照《中华人民共和国公司法》在中国境内设立的有限责任公司和股份有限公司。公司是企业法人,有独立的法人财产,享有法人财产权。公司以其全部财产对公司的债务承担责任。有限责任公司的股东以其认缴的出资额为限对公司承担责任;股份有限公司的股东以其认购的股份为限对公司承担责任。

个人独资企业,是指依照《中华人民共和国个人独资企业法》在中国境内设立,由一个自然人投资,财产为投资人个人所有,投资人以其个人财产对企业债务承担无限责任的经营实体。

合伙企业,是指自然人、法人和其他组织依照《中华人民共和国合伙企业法》在中国境内设立的普通合伙企业和有限合伙企业。普通合伙企业由普通合伙人组成,合伙人对合伙企业债务承担无限连带责任。有限合伙企业由普通合伙人和有限合伙人组成,普通合伙人对合伙企业债务承担无限连带责任,有限合伙人以其认缴的出资额为限对合伙企业债务承担责任。

13.1.2　企业法律形式的纳税处理

法人组织改为非法人组织、登记注册地转移至中华人民共和国境外(包括港、澳、台地区),即应视同企业进行清算、分配,股东重新投资成立新企业。

【例 13-1】　甲公司于 2014 年 1 月开始将其变更为乙合伙企业。甲公司、乙企业如何进行税务处理?

【解析】　根据规定,甲公司应视同清算进行税务处理,计算清算所得,缴纳企业所得税。该公司清算所得为甲公司全部资产可变现价值或交易价格,减除资产的计税基础、清算费用、相关税费,加上债务清偿损益等后的余额。如果甲公司清算所得为 80 万元,其应缴清算所得税 20 万元。

乙企业的税务处理:在对某 A 公司进行依法清算、分配后,乙合伙企业的资产和股东投资应以公允价值确定计税基础。

【例 13-2】　甲企业将登记注册地转移至美国且实际管理机构不在中国境内,应如何进行税务处理?

【解析】　如果甲公司将登记地转移至美国。根据规定,甲企业应视同企业进行清算、分配,股东重新投资成立新企业,甲公司应当办理注销税务登记;企业在办理注销税务登记前,应当向税务机关结清应纳税款、滞纳金、罚款、缴销发票、税务登记证件和其他税务证件。

企业发生其他法律形式简单改变的,可直接变更税务登记,除另有规定外,有关企业所得税纳税事项(包括亏损结转、税收优惠等权益和义务)由变更后企业承继,但因住所发生变化而不符合税收优惠条件的除外。

【例 13-3】 位于镇江市的甲企业,2014 年因经营需要将公司迁至西部地区,应如何进行税务处理?

【解析】 企业变更后住所在境内但因住所发生变化而符合税收优惠条件的,将可以享受税收优惠。假设甲企业符合财税〔2011〕58 号的规定:自 2011 年 1 月 1 日至 2020 年 12 月 31 日,对设在西部地区的鼓励类产业企业减按 15％ 的税率征收企业所得税,则甲企业可以减按 15％ 的税率征收企业所得税。

13.2 企业债务重组的纳税筹划

债务重组,是指在债务人发生财务困难的情况下,债权人按照其与债务人达成的书面协议或者法院裁定书,就其债务人的债务做出让步的事项。债务重组的概念中强调了债务人处于财务困难的前提条件,并突出了债权人做出让步的实质内容。债务重组不同于一般、简单的抵债行为,必须有发生财务困难的前提,如果企业正常经营,资金充裕,债权人也不可能对债务做出让步,在此基础上以避税为目的进行的以非货币资产偿债不能按债务重组对待。本节将通过一般性税务处理或特殊性税务处理的分析,对企业债务重组的纳税筹划进行讨论。

13.2.1 一般性税务处理

企业债务重组交易,一般性税务处理应按以下规定处理:

(1) 以非货币资产清偿债务,应当分解为转让相关非货币性资产、按非货币性资产公允价值清偿债务两项业务,确认相关资产的所得或损失。

(2) 发生债权转股权的,应当分解为债务清偿和股权投资两项业务,确认有关债务清偿所得或损失。

(3) 债务人应当按照支付的债务清偿额低于债务计税基础的差额,确认债务重组所得;债权人应当按照收到的债务清偿额低于债权计税基础的差额,确认债务重组损失。

(4) 债务人的相关所得税纳税事项原则上保持不变。

【例 13-4】 甲公司欠乙公司货款 2000 万元。由于甲公司发生财务困难,短期难以支付乙公司的货款。经双方协商,甲公司以其一批 A 产品偿还债务部分货款,该批 A 产品实际成本为 1000 万元,市场价为 1200 万元(不含税价)。甲公司和乙公司均为增值税一般纳税人,适用增值税 17％。两公司应如何进行税务处理?

【解析】 (1)甲公司有关账务处理

借:应付账款	2000 万元
贷:主营业务收入	1200 万元
应缴税费——应缴增值税(销项税额)	204 万元
营业外收入——债务重组利得	596 万元

同时结转存货成本：

借：主营业务成本　　　　　　　　　　　　　1000 万元

　贷：库存商品　　　　　　　　　　　　　　　1000 万元

债务重组的账面价值与计税基础相同，均为 2000 万元；转让库存商品的计税基础为 1000 万元，税法上应确认资产转让所得＝1200－1000＝200（万元）。

（2）乙公司有关账务处理

借：库存商品　　　　　　　　　　　　　　　1200 万元

　　应缴税费——应缴增值税（进项税额）　　　204 万元

　　营业外支出——债务重组损失　　　　　　　596 万元

　贷：应收账款　　　　　　　　　　　　　　　2000 万元

债权重组的计税基础为 2000 万元，应确认债务重组损失＝2000－1200－204＝596（万元）。

企业债务重组符合一般性税务处理，应准备以下相关资料，以备税务机关检查：① 以非货币资产清偿债务的，应保留当事各方签订的清偿债务的协议或合同，以及非货币资产公允价格确认的合法证据等；② 债权转股权的，应保留当事各方签订的债权转股权协议或合同。

13.2.2　特殊性税务处理

企业债务重组交易符合特殊性税务处理的条件如下：

（1）具有合理的商业目的，且不以减少、免除或者推迟缴纳税款为主要目的；

（2）被收购、合并或分立部分的资产或股权比例符合相关规定的比例；

（3）企业重组后的连续 12 个月内不改变重组资产原来的实质性经营活动；

（4）重组交易对价中涉及股权支付金额符合相关规定比例；

（5）企业重组中取得股权支付的原主要股东，在重组后连续 12 个月内，不得转让所取得的股权。

在符合上述条件后，可以适用特殊性税务处理，其税务处理的具体内容如下：

企业债务重组确认的应纳税所得额占该企业当年应纳税所得额 50％以上，可以在 5 个纳税年度的期间内，均匀计入各年度的应纳税所得额。债务重组确认的应纳税所得额包括两部分：相关资产所得和债务重组所得。企业应首先测算企业债务重组确认的应纳税所得额是否占当年应纳税所得额 50％以上，如果已达到该比例，可分 5 年平均摊入各年度应纳税所得额中。

企业发生债权转股权业务，对债务清偿和股权投资两项业务暂不确认有关债务清偿所得或损失，股权投资的计税基础以原债权的计税基础确定。企业的其他相关所得税事项保持不变。对债转股业务，暂不确认债务清偿所得或损失，这意味着只要债转股企业未将股份转让，就可享受暂免税的优惠政策。

【例 13-5】　接【例 13-4】。如果甲公司当年的应纳税所得额为 1000 万元，其中包括债务重组利得 596 万元。两公司应如何进行税务处理？

【解析】 根据有关规定,企业债务重组确认的应纳税所得额占该企业当年应纳税所得额 50% 以上,可以在 5 个纳税年度的期间内,均匀计入各年度的应纳税所得额,或者企业可分 5 年平均摊入各年度应纳税所得额中。其中,债务重组确认的应纳税所得额包括两部分:相关资产所得和债务重组所得。

由计算可知,债务重组收益占当年的应纳税所得额 $= 596 \div 1000 = 59.6\% > 50\%$。

这样,甲企业就有两个选择来安排企业今后 5 年的纳税规划。一种情况是甲公司自当年起 4 年内的所得税税率不变或者下降,那么甲公司可以选择在 5 个纳税年度的期间内,均匀计入各年度的应纳税所得额。另一种情况是甲公司自当年起 4 年内的所得税税率上升,如甲公司享受特殊税收优惠到期,那么甲公司可能会选择将重组收益直接计入当年的应纳税所得额。

企业发生符合规定的特殊性税收处理条件并选择特殊性税务处理,发生债务重组所产生的应纳税所得额占该企业当年应纳税所得额 50% 以上的,债务重组所得要求在 5 个纳税年度的期间内,均匀计入各年度应纳税所得额的,应准备以下资料:① 当事方的债务重组的总体情况说明(如果采取申请确认的,应为企业的申请),情况说明中应包括债务重组的商业目的;② 当事各方所签订的债务重组合同或协议;③ 债务重组所产生的应纳税所得额、企业当年应纳税所得额情况说明;④ 税务机关要求提供的其他资料证明。

如果发生债权转股权业务,债务人对债务清偿业务暂不确认所得或损失,债权人对股权投资的计税基础以原债权的计税基础确定,应准备以下资料:① 当事方的债务重组的总体情况说明,情况说明中应包括债务重组的商业目的;② 双方所签订的债转股合同或协议;③ 企业所转换的股权公允价格证明;④ 工商部门及有关部门核准相关企业股权变更事项证明材料;⑤ 税务机关要求提供的其他资料证明。

13.3 企业收购的纳税筹划

企业收购,是指企业通过一定的程序和手段取得某一企业的部分或全部所有权的投资行为。购买者一般可通过现金或股票完成收购,取得被收购企业的实际控制权。企业收购各方不仅要考虑有关资源上的整合和发展方向,还应充分关注收购的相关税务问题。如何通过适当的税务安排使得企业收购交易过后的税负减轻,以及收购交易的税收成本最低,是收购方在企业收购事宜过程中必须充分考虑的问题。

13.3.1 股权收购的纳税筹划

股权收购,是指一家企业(以下称为"收购企业")购买另一家企业(以下称为"被收购企业")的股权,以实现对被收购企业控制的交易。收购企业支付对价的形式包括股权支付、非股权支付或两者的组合。本节也将通过一般性税务处理或特殊性税务处理的分析,对企业股权收购的纳税筹划进行讨论。

1. 一般性税务处理

股权收购不影响被收购企业的资产计税价值变动。它涉及的税收是股权转让是否有所得，是否缴纳所得税的问题。如果股权被收购后，股权转让发生所得，则个人股东需要缴纳个人所得税(上市股权除外)，企业股东需要缴纳企业所得税。股权损失可以按规定税前扣除。

企业股权收购交易的一般性税务处理的规定包括：

(1) 被收购方应确认股权转让所得或损失，依法缴纳企业所得税；

(2) 收购方取得股权的计税基础应以公允价值为基础确定；

(3) 被收购企业的相关所得税事项原则上保持不变。

【例 13-6】　甲物流企业是由乙投资公司出资设立的子公司，其计税基础为 6000 万元。丙集团看好物流行业的发展前景，准备收购甲物流公司的全部股权。丙集团支付了本公司股票 3500 万股(面值 1 元，发行价 2 元)，并支付公允价值为 2000 万元的有价证券给乙投资公司，购买甲物流公司 100% 的股权。收购各方应如何进行税务处理？

【解析】　该收购方案对收购各方的影响分析如下：乙投资公司将甲企业全部股权转让给丙公司，其中由于股权支付/交易支付总额 $= 2 \times 3500 \div 9000 = 77.78\% < 85\%$，股权支付占交易支付总额的比重不符合特殊性重组的规定，只能按照一般性税务处理的规定。所以，乙公司取得的丙集团股权的计税基础为 7000 万元；乙投资公司转让甲企业股权的应纳税所得额为：股权的公允价值－股权的初始计税基础 $= 9000 - 6000 = 3000$(万元)，此为非股权支付额，需要缴纳所得税；丙公司取得的甲物流企业股权的计税基础为 9000 万元(现金和股权支付总额)。

企业采用一般性税务处理的股权收购重组业务，应准备好当事各方所签订的股权收购业务合同或协议和相关股权、资产公允价值的合法证据，以备税务机关检查。

2. 特殊性税务处理

税法规定，收购企业购买的股权不低于被购买企业全部股权的 75%，且收购企业在该股权收购发生时的股权支付金额不低于其交易支付总额的 85%，同时满足：

(1) 具有合理的商业目的，且不以减少、免除或者推迟缴纳税款为主要目的；

(2) 股权收购后的连续 12 个月内不改变重组资产原来的实质性经营活动；

(3) 资产收购中取得股权支付的原主要股东，在重组后连续 12 个月内，不得转让所取得的股权。

在符合上述条件后，可以适用特殊性税务处理，其税务处理的具体内容如下：

(1) 企业股权收购同时具备上述条件的，对交易中的"股权支付"暂不确认有关资产的转让所得或损失；

(2) "非股权支付"仍应在交易当期确认相应的资产转让所得或损失，并调整相应资产的计税基础；

(3) 被收购企业的股东取得收购企业股权的计税基础，以被收购股权的原有计税基础确定；

（4）收购企业取得被收购企业股权的计税基础，以被收购股权的原有计税基础确定；

（5）收购企业、被收购企业的原有各项资产和负债的计税基础和其他相关所得税事项保持不变。

非股权支付对应的资产转让所得或损失＝（被转让资产的公允价值－被转让资产的计税基础）×（非股权支付金额÷被转让资产的公允价值）

【例 13-7】 甲物流企业是由乙投资公司出资设立的子公司，其计税基础为 6000 万元。丙集团看好物流行业的发展前景，准备收购甲公司的全部股权。丙集团定向增发本公司股票给乙投资公司 4000 万股（面值 1 元，发行价 2 元），其市场价值为 8000 万元，另外支付给乙投资公司公允价值为 1000 万元的有价证券，取得甲公司 100％的股权。收购各方应如何进行税务处理？

【解析】 该收购方案对收购各方的影响分析如下：股权支付/交易支付总额＝（2×4000）÷9000＝88.89％＞85％，符合特殊性税务处理的条件，可以按照特殊性税务处理进行企业所得税的处理。所以，丙公司取得的甲物流企业股权的计税基础为 6000 万元（甲物流公司股权的原计税基础）；乙投资公司取得现金确认相应的股权转让所得为：（被转让股权的公允价值－被转让股权的初始计税基础）×（现金÷被转让股权的公允价值）＝（9000－6000）×（1000÷9000）＝333.33（万元），其为非股权支付额，需要缴纳所得税；乙公司取得的丙公司股权的计税基础为：被转让股份的初始计税基础－（现金－股权转让所得）＝6000－（1000－333.33）＝5333.33（万元）。

企业发生符合规定的特殊性税务处理条件并选择特殊性税务处理的，当事各方应在该重组业务完成当年企业所得税年度申报时，向主管税务机关提交书面备案资料，证明其符合特殊性股权收购规定的条件。企业应准备以下资料：

（1）当事方的股权收购业务总体情况说明，情况说明中应包括股权收购的商业目的；

（2）双方或多方所签订的股权收购业务合同或协议；

（3）由评估机构出具的所转让及支付的股权公允价值；

（4）证明重组符合特殊性税务处理条件的资料，包括股权比例，支付对价情况，以及 12 个月内不改变资产原来的实质性经营活动和原主要股东不转让所取得股权的承诺书等；

（5）工商等相关部门核准相关企业股权变更事项证明材料；

（6）税务机关要求的其他材料。

企业未按规定书面备案的，一律不得按特殊重组业务进行税务处理。

13.3.2 资产收购的纳税筹划

资产收购，是指一家企业（以下称为"受让企业"）购买另一家企业（以下称为"转让企业"）实质经营性资产的交易。即一家企业必须是购买另一家企业内部某些生产经营活动或资产的组合，该组合一般具有投入、加工处理过程和产出能力，能够独立计算其成本费用或所产生的收入。值得注意的是，企业在购买这些资产组合后，必须实际经营该项资产，以保持经营上的连续性。本节也将通过一般性税务处理或特殊性税务处理的分析,对企业资产收购的纳税筹划进行讨论。

1. 一般性税务处理

企业在资产收购重组过程中,应当在交易发生时确认有关资产的转让所得或者损失,相关资产应当按照交易价格重新确定计税基础。一般税务处理应按以下规定处理:

(1) 被收购方应确认资产转让所得或损失;

(2) 收购方取得资产的计税基础应以公允价值为基础确定;

(3) 被收购企业的相关所得税事项原则上保持不变。

【例 13-8】　甲物流企业是由乙投资公司出资设立的子公司,其计税基础为 6000 万元。丙集团看好物流行业的发展前景,准备收购甲物流公司的全部资产。丙集团支付了本公司公允价值为 7000 万元的股票,并支付 2000 万元的现金给乙投资公司,购买甲物流公司 100％的资产。暂不考虑其他税种,收购各方应如何进行税务处理?

【解析】　该收购方案对收购各方的影响分析如下:乙投资公司将甲企业全部资产转让给丙公司,其中由于股权支付/交易支付总额＝7000÷9000＝77.78％＜85％,股权支付占交易支付总额的比重不符合特殊性重组的规定,只能按照一般性税务处理的规定。所以,乙公司取得的买方股权的计税基础为 7000 万元(取得股权的公允价值);乙投资公司转让子企业资产的应纳税所得额为:资产的公允价值－股权的初始计税基础＝9000－6000＝3000(万元);丙公司取得的甲物流企业资产的计税基础为 9000 万元(现金和股权支付总额)。

在一般性税务处理下,资产收购的所得税处理和一般意义上的企业资产买卖交易的税务处理原则是完全一致的,即被收购方按资产的市场价格或公允价值与计税基础的差额确认资产转让所得或损失;收购方如果是用非货币性资产进行交换的,应分两步走,先按公允价值销售确认非货币性资产转让所得或损失,再按公允价值购买资产。由于资产收购不涉及企业法律主体资格的变更,因此,被收购企业的相关所得税事项原则上保持不变。

2. 特殊性税务处理

税法规定,收购企业购买的股权不低于被收购企业全部股权的 75％,且收购企业在该股权收购发生时的股权支付金额不低于其交易支付总额的 85％;同时满足:

(1) 具有合理的商业目的,且不以减少、免除或者推迟缴纳税款为主要目的;

(2) 企业重组后的连续 12 个月内不改变重组资产原来的实质性经营活动;

(3) 企业重组中取得股权支付的原主要股东,在重组后连续 12 个月内,不得转让所取得的股权。

在符合上述条件后,可以适用特殊性税务处理。其税务处理的具体内容如下:

(1) 被收购企业的股东取得收购企业股权的计税基础,以被收购股权的原有计税基础确定;

(2) 收购企业取得被收购企业股权的计税基础,以被收购股权的原有计税基础确定;

(3) 收购企业、被收购企业的原有各项资产和负债的计税基础,以及其他相关所得税事项保持不变。

重组交易各方对交易中股权支付暂不确认有关资产的转让所得或损失的，其非股权支付仍应在交易当期确认相应的资产转让所得或损失，并调整相应资产的计税基础。

非股权支付对应的资产转让所得或损失＝（被转让资产的公允价值－被转让资产的计税基础）×（非股权支付金额÷被转让资产的公允价值）

【例 13-9】 甲物流企业是由乙投资公司出资设立的子公司，其计税基础为 6000 万元。丙集团看好物流行业的发展前景，准备收购甲公司的全部资产。丙集团定向增发本公司股票给乙投资公司市场价值 8000 万元的股票，另外支付给乙投资公司 1000 万元现金，取得甲公司 100％的资产。收购各方应如何进行税务处理？

【解析】 该收购方案对收购各方的影响分析如下：股权支付/交易支付总额＝8000÷9000＝88.89％＞85％，符合特殊性税务处理的条件，可以按照特殊性税务处理进行企业所得税的处理。所以，丙公司取得的甲物流企业资产的计税基础为 6000 万元（甲物流公司股权的原计税基础）；乙投资公司取得现金确认相应的资产转让所得为：（被转让资产的公允价值－被转让股权的初始计税基础）×（现金÷被转让资产的公允价值）＝（9000－6000）×（1000÷9000）＝333.33（万元），此为非股权支付额，需要缴纳所得税；乙公司取得的丙公司股权的计税基础为：被转让股份的初始计税基础－（现金－股权转让所得）＝6000－（1000－333.33）＝5333.33（万元）。

企业发生符合规定的特殊性税收处理条件并选择特殊性税务处理的，当事各方应在该重组业务完成当年企业所得税年度申报时，向主管税务机关提交书面备案资料，证明其符合特殊性资产收购规定的条件。企业应准备以下资料：

(1) 当事方的股权收购业务总体情况说明，情况说明中应包括股权收购的商业目的；

(2) 双方或多方所签订的股权收购业务合同或协议；

(3) 由评估机构出具的所转让及支付的股权公允价值；

(4) 证明重组符合特殊性税务处理条件的资料，包括股权比例，支付对价情况，以及 12 个月内不改变资产原来的实质性经营活动和原主要股东不转让所取得股权的承诺书等；

(5) 工商等相关部门核准相关企业股权变更事项证明材料；

(6) 税务机关要求的其他材料。

企业未按规定书面备案的，一律不得按特殊重组业务进行税务处理。

13.3.3 资产收购与股权收购的税负比较

选择采用股权收购还是资产收购，其中一个重要因素是税收负担。由于股权收购只涉及所得税和印花税，而资产收购除这两种税外，往往还涉及营业税、增值税、土地增值税、契税、城市维护建设税和教育费附加等多项其他税费。但是，如果通过比较税种的个数，显然是不科学的，实际情况要比这复杂很多。尽管很多时候股权收购的税负的确要小于资产收购，但也不尽然，需要具体情况具体分析。

1. 股权收购税负

(1) 所得税。根据规定，公司转让股权应确认转让收益或损失：股权转让收益或损失＝股权转让价－股权成本。需要强调的是,如果转让方转让的是其全资子公司或者持股 95％以上的企业,则转让方应分享的目标公司累计未分配利润和累计盈余公积应确认为转让方股息性质的所得,为避免重复征税,转让收入应减除上述股息性质的所得。

(2) 印花税。股权收购过程中,转让双方均应按产权转移书据科目缴纳印花税,税率为 0.5‰。如有增资情况发生,投资人和目标公司原股东均无须缴纳印花税,但目标公司应就增资额按 0.5‰的税率缴纳印花税。

2. 资产收购税负

(1) 所得税。在资产收购交易中,产生转让收益或损失的转让方也要缴纳所得税。

(2) 印花税。资产收购过程中,如股权收购类似,也要依法缴纳印花税。

(3) 营业税。资产收购过程中,被转让的资产涉及不动产或无形资产,转让方应缴纳营业税,计税依据为营业额(即转让方销售不动产向对方收取的全部价款和价外费用),税率为 5％。

(4) 增值税。资产收购有时还会涉及的其他有形资产,主要是固定资产和存货。因此,固定资产转让时,也会有计算增值税问题。

13.4　企业分立的纳税筹划

分立,是指一家企业(以下称为"被分立企业")将部分或全部资产分离转让给现存或新设的企业(以下称为"分立企业"),被分立企业股东换取分立企业的股权或非股权支付,实现企业的依法分立。其中,分立可以采取存续分立和新设分立两种形式。存续分立是指被分立企业存续,而其一部分分出设立为一个或数个新的企业。新设分立是指被分立企业解散,分立出的各方分别设立为新的企业。本节也将通过一般性税务处理或特殊性税务处理的分析,对企业分立的纳税筹划进行讨论。

13.4.1　一般性税务处理

企业分立,一般性税务处理应按以下规定处理:

(1) 被分立企业对分立出去的资产应按公允价值确认资产转让所得或损失,即被分立企业要按(分立出去资产公允价值—分立出去资产)计税基础缴纳所得税,如果公允价值高,则会额外增加税收负担,但被分立企业所增加负担部分,可由分立企业在税前抵扣。

(2) 分立企业应按公允价值确认接受资产的计税基础(分立企业不会额外增加税收负担,相反可增加税前抵扣)。

(3) 被分立企业继续存在时,其股东取得的对价应视同被分立企业分配进行处理。

(4) 被分立企业不再继续存在时,被分立企业及其股东都应按清算进行所得税处理。

(5) 企业分立相关企业的亏损不得相互结转弥补。

【例 13-10】 甲企业是由乙投资公司出资设立的子公司,其计税基础为 6000 万元,公允价值为 10000 万元。甲企业净资产总额的计税基础是 6000 万元,公允价值是 10000 万元。乙投资公司现将甲企业平均分立为甲企业和丙企业两家,分立后乙公司获得了 1000 万元现金和 4000 万元丙企业的股权。各方应如何进行税务处理?

【解析】 该分立方案对各方的影响分析如下:股权支付/交易支付总额 = 4000 ÷ 5000 = 80%＜85%,股权支付占交易支付总额的比重不符合特殊性税务处理的规定,只能按照一般性税务处理的规定。因此,甲企业被分立给丙企业的资产的应纳税所得额 = 公允价值－甲企业净资产的原计税基础 = 5000－4000 = 1000(万元);分立后丙企业的计税基础(公允价值)为 5000 万元;乙企业取得的 5000 万元支付对价应当视为甲企业的分配;甲企业的亏损不得结转给丙企业。

值得注意的是,企业分立,分立企业涉及享受《税法》第五十七条规定中就企业整体(即全部生产经营所得)享受的税收优惠过渡政策尚未期满的,仅就存续企业未享受完的税收优惠,按照财税〔2009〕59 号文件第九条规定执行;注销的被分立企业未享受完的税收优惠,不再由存续企业承继;分立而新设的企业不得再承继或重新享受上述优惠。

适用一般性税务处理的企业分立,被分立企业不再继续存在,应按照规定进行清算。被分立企业在报送《企业清算所得纳税申报表》时,应附送以下资料:

(1) 企业分立的工商部门或其他政府部门的批准文件;

(2) 被分立企业全部资产的计税基础以及评估机构出具的资产评估报告;

(3) 企业债务处理或归属情况说明;

(4) 主管税务机关要求提供的其他资料证明。

13.4.2 特殊性税务处理

企业分立符合特殊性税务处理的条件:

(1) 被分立企业所有股东按原持股比例取得分立企业的股权,分立企业和被分立企业均不改变原来的实质经营活动,且被分立企业股东在该企业分立发生时取得的股权支付金额不低于其交易支付总额的 85%;

(2) 具有合理的商业目的,且不以减少、免除或者推迟缴纳税款为主要目的;

(3) 企业重组后的连续 12 个月内不改变重组资产原来的实质性经营活动;

(4) 企业重组中取得股权支付的原主要股东,在重组后连续 12 个月内,不得转让所取得的股权。

在符合上述条件后,可以适用特殊性税务处理,其税务处理的具体内容如下:

(1) 分立企业接受被分立企业资产和负债的计税基础,以被分立企业的原有计税基础确定;

(2) 被分立企业已分立出去资产相应的所得税事项由分立企业承继;

(3) 被分立企业未超过法定弥补期限的亏损额可按分立资产占全部资产的比例进行分配,由分立企业继续弥补;

(4) 被分立企业的股东取得分立企业的股权(称为"新股"),如需部分或全部放弃原持有的被分立企业的股权(称为"旧股"),"新股"的计税基础应以放弃"旧股"的计税基础确定。如不需放弃"旧股",则其取得"新股"的计税基础可从以下两种方法中选择确定:① 直接将"新股"的计税基础确定为零;② 以被分立企业分立出去的净资产占被分立企业全部净资产的比例先调减原持有的"旧股"的计税基础,再将调减的计税基础平均分配到"新股"上。

(5) 暂不确认有关资产的转让所得或损失的,其非股权支付仍应在交易当期确认相应的资产转让所得或损失,并调整相应资产的计税基础。

非股权支付对应的资产转让所得或损失=(被转让资产的公允价值-被转让资产的计税基础)×(非股权支付金额÷被转让资产的公允价值)

【例 13-11】 甲企业由 A 和 B 共同投资成立,公司的投资总额为 1000 万元,A 与 B 分别占 70% 和 30% 的股份。为满足扩大经营的需要,2014 年 3 月甲企业分立成甲企业和乙企业,分立时,甲企业资产总额为 3000 万元(公允价值为 3800 万元),负债 2000 万元(公允价值为 2000 万元),净资产 1000 万元(公允价值为 1800 万元),此外企业尚有未超过法定弥补期限的亏损 360 万元。甲企业剥离的资产账面价值 800 万元(公允价值为 1000 万元)、剥离负债的账面价值 200 万元(公允价值为 200 万元),净资产的账面价值 600 万元(公允价值为 800 万元),并在工商管理部门办理了 300 万元的减资手续。乙企业的注册资本为 800 万元,并确认 A 和 B 的投资额分别为 504 万元和 216 万元,同时乙企业分别向 A 和 B 支付银行存款 56 万元和 24 万元。各方应如何进行税务处理?

【解析】 该分立方案对各方的影响分析如下:股权支付金额占交易支付总额的比例为(504+216)÷(504+216+56+24)×100%=90%>85%,该分立业务符合特殊性税务处理的条件。因此,甲企业应确认的资产转让所得=(被转让资产的公允价值-被转让资产的计税基础)×(非股权支付金额÷被转让资产的公允价值)=(1000-800)×[(56+24)÷1000]=16(万元);甲企业弥补的亏损金额为 360×[(3800-1000)÷3800]=265.26(万元);乙企业取得被分立资产的计税基础=被分立资产的原计税基础-非股权支付额+甲企业已确认的资产转让所得=800-(56+24)+16=736(万元);乙企业可以继续弥补的亏损为 360×(1000÷3800)=94.74(万元)。

企业分立发生符合规定的特殊性税务处理条件并选择特殊性税务处理的,当事各方应在该重组业务完成当年企业所得税年度申报时,向主管税务机关提交书面备案资料,证明其符合各类特殊性重组规定的条件。企业应准备以下资料:

(1) 当事方企业分立的总体情况说明,情况说明中应包括企业分立的商业目的。

(2) 企业分立的政府主管部门的批准文件。

(3) 被分立企业的净资产、各单项资产和负债账面价值和计税基础等相关资料。

(4) 证明重组符合特殊性税务处理条件的资料,包括分立后企业各股东取得股权支付比例情况、12 个月内不改变资产原来的实质性经营活动、原主要股东不转让所取得股权的承诺书等。

(5) 工商部门认定的分立和被分立企业股东股权比例证明材料;分立后,分立和被分立企业工商营业执照复印件;分立和被分立企业分立业务账务处理复印件。

（6）税务机关要求提供的其他资料证明。

企业未按规定书面备案的,一律不得按特殊重组业务进行税务处理。

13.5 企业合并的纳税筹划

合并,是指一家或多家企业(以下称为"被合并企业")将其全部资产和负债转让给另一家现存或新设企业(以下称为"合并企业"),被合并企业股东换取合并企业的股权或非股权支付,实现两个或两个以上企业的依法合并。企业合并包括吸收合并和新设合并。吸收合并是指两家或更多家企业合并成一家企业。经过吸收合并,参与合并的企业通常只有其中一家继续保留其法人地位,另外一家或几家企业在合并后丧失法人地位,不复存在。新设合并,是指创建新企业的合并。经过新设合并,原有的各家企业不复存在,而是合并成一家新的企业。

13.5.1 一般性税务处理

企业合并,一般性税务处理应按以下规定处理:

（1）合并企业应按公允价值确定接受被合并企业各项资产和负债的计税基础;

（2）被合并企业及其股东都应按清算进行所得税处理;

（3）被合并企业的亏损不得在合并企业结转弥补。

【例 13-12】 甲企业合并乙企业,合并后甲企业存续,乙企业解散。乙企业的股权计税基础为 6000 万元,公允价值为 10000 万元。乙企业净资产总额的计税基础是 6000 万元,公允价值是 10000 万元。合并后乙的股东获得了 2000 万元的现金和 8000 万元的甲企业的股权。各方应如何进行税务处理?

【解析】 该分立交易对各方的影响分析如下:股权支付/交易支付总额＝8000÷10000＝80%<85%,股权支付占交易支付总额的比重不符合特殊性税务处理的规定,只能按照一般性税务处理的规定。因此,乙企业原股东取得甲企业股权的计税基础(公允价值)为 8000 万元;合并后甲企业取得乙企业净资产的计税基础(公允价值)为 10000 万元;乙企业应缴纳的应纳所得税＝乙企业净资产的公允价值－乙公司净资产的原计税基础＝10000－6000＝4000(万元)。

适用一般性税务处理的企业合并,被合并企业应按照有关规定进行清算。被合并企业在报送《企业清算所得纳税申报表》时,应附送以下资料:

（1）企业合并的工商部门或其他政府部门的批准文件;

（2）企业全部资产和负债的计税基础以及评估机构出具的资产评估报告;

（3）企业债务处理或归属情况说明;

（4）主管税务机关要求提供的其他资料证明。

13.5.2 特殊性税务处理

企业合并符合特殊性税务处理的条件：

(1) 企业股东在该企业合并发生时取得的股权支付金额不低于其交易支付总额的 85%。

(2) 同一控制下且不需要支付对价的企业合并，同时符合下列条件，适用特殊性税务处理规定：① 具有合理的商业目的，且不以减少、免除或者推迟缴纳税款为主要目的；② 企业重组后的连续 12 个月内不改变重组资产原来的实质性经营活动；③ 企业重组中取得股权支付的原主要股东，在重组后连续 12 个月内，不得转让所取得的股权。

同一控制下的企业合并，是指参与合并的企业在合并前后均受同一方或相同的多方最终控制且该控制并非暂时性的。企业之间的合并是否属于同一控制下的企业合并，应综合构成企业合并交易的各方面情况，按照实质重于形式的原则进行判断。通常情况下，同一控制下的企业合并是指发生在同一企业集团内部企业之间的合并。除此之外，一般不作为同一控制下的企业合并。

非同一控制下的企业合并，是指参与合并各方在合并前后不受同一方或相同的多方最终控制的合并交易，即除判断属于同一控制下企业合并的情况以外其他的企业合并。

企业合并的特殊性税务处理内容如下：

(1) 合并企业接受被合并企业资产和负债的计税基础，以被合并企业的原有计税基础确定。

(2) 被合并企业合并前的相关所得税事项由合并企业承继。合并后的企业性质及适用税收优惠条件未发生改变的，可以继续享受合并前各企业剩余期限的税收优惠。合并前各企业剩余的税收优惠年限不一致的，合并后企业每年度的应纳税所得额，应统一按合并日各合并前企业资产占合并后企业总资产的比例进行划分，再分别按相应的剩余优惠计算应纳税额。

(3) 可由合并企业弥补的被合并企业亏损的限额＝被合并企业净资产公允价值×截至合并业务发生当年年末国家发行的最长期限的国债利率。

(4) 被合并企业股东取得合并企业股权的计税基础，以其原持有的被合并企业股权的计税基础确定。

(5) 重组交易各方对交易中股权支付暂不确认有关资产的转让所得或损失的，其非股权支付仍应在交易当期确认相应的资产转让所得或损失，并调整相应资产的计税基础。

非股权支付对应的资产转让所得或损失＝(被转让资产的公允价值－被转让资产的计税基础)×(非股权支付金额÷被转让资产的公允价值)

【例 13-13】 甲企业合并乙企业，合并后甲企业存续，乙企业解散。乙企业的股权计税基础为 6000 万元，公允价值为 10000 万元。乙企业净资产总额的计税基础是 6000 万元，公允价值是 10000 万元。合并后乙的股东获得了 1000 万元的现金和 9000 万元的甲企业的股权。各方应如何进行税务处理？

【解析】 该企业合并交易对各方的影响分析如下:股权支付/交易支付总额＝9000÷10000＝90％＞85％,股权支付占交易支付总额的比重符合特殊性税务处理的规定,适用于特殊性税务处理的规定。因此,乙企业原股东取得甲企业股权的计税基础(以原股东持有乙公司股权的计税基础)为6000万元;乙企业股东应就收到的现金部分确认转让所得＝(乙企业资产的公允价值－乙企业资产的初始计税基础)×(收到的现金÷乙企业资产的公允价值)＝(1000－6000)×(1000÷1000)＝400(万元);乙企业股东取得甲企业股权的计税基础＝乙企业股权的初始计税基础－(非股权支付额－应纳税所得额)＝6000－(1000－400)＝5400(万元)。

企业发生符合规定的特殊性重组条件并选择特殊性税务处理的,当事各方应在该重组业务完成当年企业所得税年度申报时,向主管税务机关提交书面备案资料,证明其符合各类特殊性重组规定的条件。企业应准备以下资料:

(1) 当事方企业合并的总体情况说明,情况说明中应包括企业合并的商业目的;

(2) 企业合并的政府主管部门的批准文件;

(3) 企业合并各方当事人的股权关系说明;

(4) 被合并企业的净资产、各单项资产和负债及其账面价值和计税基础等相关资料;

(5) 证明重组符合特殊性税务处理条件的资料,包括合并前企业各股东取得股权支付比例情况、12个月内不改变资产原来的实质性经营活动、原主要股东不转让所取得股权的承诺书等;

(6) 工商部门核准相关企业股权变更事项证明材料;

(7) 主管税务机关要求提供的其他资料证明。

企业未按规定书面备案的,一律不得按特殊重组业务进行税务处理。

13.6 跨国业务的纳税筹划

随着经济全球化的不断深入,加之我国经济进一步与世界经济融合,国内企业走出国门,组建越来越多的跨国公司,参与全球经济竞争。税收作为影响企业竞争力的重要因素之一,在当今跨国投资和经营中备受关注。国外企业大都有着强烈的纳税筹划意识,已形成了在财务决策活动中纳税筹划先行的习惯性做法。

跨国业务的纳税筹划就是,企业灵活恰当地运用国际税负之间的差异来合理安排跨境交易,使资本流动和商业活动的整体税负较低而合法。纳税筹划的过程伴随着跨国业务交易,从产生利润的国家起,到最终归属国为止。纳税筹划可以有效帮助跨国业务交易双方消减税收的累计影响,国际纳税筹划的主要目的是以最低的成本和风险取得税后的境外所得。

13.6.1　跨国纳税筹划的概念

在跨国税收业务中,一方面,国家投资者在进行国际的可行性研究或选择最优投资方案时,总是会把有关国家的税负大小作为其是否进行跨国业务的一个重要因素;另一方面,对于跨国业务的国际投资经营行为,各国政府也多半会给予某些方面特定的税收优惠待遇。正因如此,各国在征税范围、税收税负以及税收管理方面的差异,为跨国业务的纳税筹划提供了机会,使得跨国业务交易双方拥有了选择纳税方案的条件,从而实现跨国公司纳税筹划的收益。

1. 跨国业务纳税筹划的特征

(1) 合法性。合法性是跨国业务纳税筹划最基本的特性。税法是政府明确纳税人权利和义务的法律准绳,因此,跨国业务纳税筹划是在遵守各国税法的前提下,利用各国税法差异做出纳税方案选择,以避免法定纳税义务之外的任何纳税成本的发生,从而保护自身利益的一种税务决策的手段。如果纳税筹划活动偏离了合法性,就可能演变为避税或偷逃税,跨国业务交易双方将面临涉税风险,可能被有关政府制裁,遭受经济和名誉的双重损失,显然这不是纳税筹划。

(2) 目的性。跨国业务纳税筹划的目的就是要在跨国业务中实现交易税负最低、跨国业务整体利益最大化。当然,不同企业或同一企业在不同的经营阶段的具体目标可能有所不同。所以,跨国业务的纳税筹划的目标通常包括:通过对跨国业务在各个国家的纳税筹划来降低整体的税负;通过对跨国业务纳税时间的筹划,延缓纳税,以获得税款资金的时间价值;跨国业务交易双方要保证账目清晰,纳税及时足额,恰当履行纳税义务,避免与各国税务机关发生税务纠纷而受处罚,从而规避税务风险。

(3) 专业性。跨国业务涉及不同国家的税收环境,且交易双方内部涉税的各生产经营环节、各公司之间的税负、各税种的税基均有不同程度的关联税,这决定了跨国业务纳税筹划的复杂化和专业性。这对纳税筹划人员提出了相当高的专业要求:其一,要深入了解各个国家的税法及国情,并能充分预计其税法变动趋势;其二,要熟悉各国的财务会计制度及其与税法的关系;其三,要掌握各公司生产经营状况及其涉税事项;其四,要熟悉各公司之间的税务联系及各税基间的相互关系。事实上,随着业务的数量和规模的扩大、国际税收环境日趋复杂、各国税法日益呈现复杂性和频变性,有时仅依靠跨国公司内部人员进行纳税筹划已显得力不从心,并且纳税筹划成本也十分高昂。在这种情况下,从事跨国业务的税务代理、咨询及筹划业务的专业人员和专业机构就应运而生,对于跨国业务,交易双方既可以降低纳税筹划成本,也可以获得更好的纳税筹划方案。

2. 跨国业务纳税筹划的条件

(1) 税收管辖权差异。应当看到,当今世界各国对本国税收管辖权的规定有所不同,大多数国家在实行收入来源地管辖权的同时,有的兼行居民管辖权,即兼对从事经营活动的本国居民企业、经济组织和居民个人来自本国境内外的全部收入一并纳税;有的兼行公民管辖权,即兼对本国公民来自各国的收入进行纳税;有的国家或地区只实行收入来源地管辖权;还有一些国家则实行了上述三种税收管辖权。

（2）税种税率差异。税率是税收的核心，反映了税收负担的基本情况。但由于各国的国情不同，所设税种的种类、名称不尽相同，同一税种的税率也高低不一。例如美国的税种就名目繁多，相比之下，我国的税种要少得多；有的虽然税种名称相同，但征税对象和计税方法有很大差别；有的国家采用比例税率，有的采用超额累进税率；有的国家企业所得税税率高达50％以上，有的则低于30％。这些差异使得高税率地区的纳税人会设法利用这种差异，将其所得转移到低税率地区去，获得较低税负的好处，这也正是跨国公司纳税筹划的主要切入点。

（3）税收优惠措施和国际避税地。在国际社会中客观存在高税区和低税区，寻找低税区或避税地已成为跨国业务纳税筹划重要的方式。某些地区和国家为了吸引外资，以免征某些税收或压低税率的办法，为国外投资者提供纳税优惠条件，使其税负由此远低于其他国家和地区，从而为跨国纳税筹划提供了条件和机会。

（4）避免国际双重征税上的差异。为了促进国际经济贸易的发展，各国税制或税收协定中规定了避免国际双重征税的一些措施或方法。有的采用免税法，使国外所得免于征税；有的采用扣除法，将国外已纳税所得从应税所得中扣除；有的采用抵免法，将国外已纳税额从应纳税额中扣除。由此，就可能为纳税人创造了纳税筹划的机会。

【例13-14】 某公司在A国收购原料，临时在A国港口停留20天，将收购的原料加工成产品M，将原料的残料加工后又返售给A国。按照A国税法，非居民公司在A国居留只有超过半年才负有纳税义务，因此，该公司获得的残料加工收入就无须向A国政府纳税。

【解析】 跨国纳税人利用海上作业，就地收购原料，就地加工，就地出售，缩短了生产周期，避免承担收入来源地的纳税义务。

【例13-15】 A国跨国公司甲公司，在避税地百慕大设立了一个子公司。甲公司向B国出售一批货物，销售收入为2000万美元，销售成本为800万美元，A国所得税税率为30％。甲公司将此笔交易获得的收入转到百慕大公司的账上。因百慕大没有所得税，此项收入无须纳税。

【解析】 按照正常交易原则，甲公司在A国应纳公司所得税＝（2000－800）×30％＝360（万元），而甲公司通过"虚设避税地营业"，并未将此笔交易表现在本公司A国的账面上。百慕大的子公司虽有收入，也无须缴税，若该子公司利用这笔账面收入投资，获得收益也可免缴资本所得税；若该子公司将这笔收入赠与其他公司、企业，还可不缴纳赠与税。

13.6.2 跨国业务的纳税筹划

随着越来越多的中国企业进入国际市场，从事更多的跨国业务，进出口业务成为跨国业务中不可避免的环节。

1. 出口业务的纳税筹划

企业出口业务中涉及的主要税种包括增值税和消费税。按照国际惯例，一个国家在国内对商品征收流转税，当商品出口时，政府可对出口商品在国内各个环节征收的流转税退还给纳税人,使商品能够以不含税的价格进入国际市场,以此来增加本国商品的国际竞争力。

出口业务的纳税筹划具体做法包括:

(1)利用产品出口避免缴纳增值税。例如我国《增值税暂行条例》的规定,纳税人出口货物的适用税率为零税率,纳税人应在向海关办理出口手续后,凭出口报关单等有关凭证,按月向税务机关申报办理该项出口货物的退税。也就是说,出口货物不仅自身不计算销项税额,而且税务机关还要给出口产品的生产企业退回已缴纳的生产该产品所消耗的原材料等流动资产的进项税额。

(2)利用产品出口避免缴纳消费税。如我国《消费税暂行条例》的规定,纳税人出口应税消费品免征消费税,其中生产企业直接组织出口的应税消费品在报关出口时可不计算应缴的消费税;而通过外贸企业出口的应税消费品实行先征后退的办法,缴多少退多少。但是,企业应将不同消费税税率的出口应税消费品分开核算和申报,凡划分不清适用税率的,一律从低适用税率计算应退消费税税额。

(3)利用产品出口压低产品销售价格,减少应纳所得税。按照我国有关税收政策的规定,纳税人销售货物或者应税劳务的价格明显偏低并无正当理由的,由主管税务机关核定其销售额。但是,有时税务机关很难判定其销售价格是否偏低:一是因为产品出口价格不仅受国内市场供求状况的影响,还要受到国际市场上许多因素的影响和制约;二是因为国家为了鼓励企业产品外销,在价格上往往放宽。这就为企业避税提供了契机。

(4)利用产品出口中的银行结汇,减少销售收入。减少应纳所得税就是将进出口贸易中中外双方的有关费用互抵,中方为外方承担外方在中国境内的有关费用,而外方为中方承担中方在中国境外的有关费用,以此减少银行结汇数额,减少计税所得额。

【例 13-16】　某生产企业,自营出口销售货物的离岸价为 4000 万元,内销货物的销售收入为 2000 万元,以上价格均不含增值税。该企业货物征税率为 17%,退税率为 13%,企业可抵扣的进项税额为 700 万元,上期无留抵的进项税额。

【解析】　方案一:该企业直接办理出口退税。

当期不予退税的税额 $=4000\times(17\%-13\%)=160$(万元);

当期免抵退税额 $=4000\times13\%=520$(万元);

当期应纳税额 $=1000\times17\%-(700-160)=-370$(万元)。

由于 370<520,所以应退税额为 370 万元。

方案二:该企业将货物以 3400 万元的价格出售给关联外贸企业,然后再由外贸企业以 4000 万元的价格出口。

该企业应纳增值税 $=(1000+3400)\times17\%-700=48$(万元)。

根据规定,外贸企业享受出口免税并退税。

外贸企业应退税额 $=3400\times13\%=442$(万元)。

比较两种方案,发现方案二可节约税收成本 $442-48-370=24$(万元)。这是由于该企业出口货物征税率为 17%,退税率为 13%,退税不完全,企业承担了 4% 的税收负担。

如方案一中,该企业以 4000 万元的价格出口,所承担的税负为 $4000 \times 4\% = 160$(万元)。而方案二中,生产企业按 3400 万元缴纳增值税,税率为 17%,外贸企业按 3400 万元依据 13% 的退税率计算退税额,两个企业的税收负担合计 $3400 \times 4\% = 136$(万元),即两种方案的退税额相差 24 万元。

2. 进口业务的纳税筹划

进口业务主要考虑的是关税问题,关税税负的高低主要与两个因素有关:一是进口税率,二是完税价格。我国对进口货物的关税税率设有普通税率和优惠税率两种。对于原产地已与我国定有关税互惠协议的国家或地区的进口货物,采用优惠税率;对于原产地与我国未定有关税互惠协议的国家或地区的进口货物,采用普通税率。

(1)关税税率及完税价格的纳税筹划

分析关税税率的相关规定,可以发现原材料、零部件的关税通常要低于产成品的关税税率。因此企业在直接进口产成品或者原材料、零部件进行加工选择上,可以进行纳税筹划,以降低税负。根据《中华人民共和国海关法》有关规定,进口货物的完税价格,由海关以该货物的成交价格为基础审查确定;成交价格不能确定时,完税价格由海关依法估定。进口货物的完税价格包括货物的货价,货物运抵境内输入地点起卸前的运输及其相关费用、保险费。因此,企业在直接进口产成品或者进口原材料、零部件进行加工选择上,抑或同类产品的完税价,都可以进行纳税筹划,以降低税负。

【例 13-17】 某钢铁企业需要进口 100 万吨铁矿石原料,现有两个可供选择的进货渠道:一是从 A 进口铁矿石,价格为 19 美元/吨,运杂费用为 200 美元;二是从 B 进口铁矿石,其价格为 20 美元/吨,但是运杂费仅为 50 美元。如果两者关税都是 10%,不考虑其他因素,该企业应如何选择?

【解析】 A 铁矿石完税价 $= (19 \times 100 + 200) \times 10\% = 210$(万美元);

B 铁矿石完税价 $= (20 \times 100 + 50) \times 10\% = 205$(万美元)。

显然,应选择从 B 进口铁矿石,其缴纳的关税比从 A 进口铁矿石节约关税成本 5 万美元。

(2)原产地的纳税筹划

因关税税率有普通税率和优惠税率之分,来源于不同原产地的货物适用于不同的税率。对于原产地的确认,有两个标准:一是全部产地标准,即对于完全在一个国家内生产或制造的进口货物,其生产或制造国就是该货物的原产国;二是实质性加工标准,指经过几个国家加工制造的进口货物,以最后一个对货物进行经济上可以视为实质性加工的国家作为有关货物原产国。所谓实质性加工,是指产品经过加工后,在《中华人民共和国海关进出口税则》中不再按原有的税目税率征税,而应归入另外的税目征税,或者其加工增值部分所占新产品总值的比例已经超过 30% 以上的。

【例 13-18】 接【例 13-17】,假设从 B 进口的铁矿石适用 12% 的关税税率,而从 A 进口的铁矿石适用 10% 的关税税率,其他条件不变,该企业应如何选择?

【解析】 从 A 进口铁矿石完税价 $= (19 \times 100 + 200) \times 10\% = 210$(万美元);

从 B 进口铁矿石完税价＝（20×100＋50）×12％＝246（万美元）。

显然，从 A 进口铁矿石比从 B 进口铁矿石节约关税成本 36 万美元，应从 A 进口铁矿石。

13.6.3 跨国业务纳税筹划的关键点

经济全球化、贸易自由化、金融市场自由化的发展，使得跨国经营成为企业发展的必然趋势。世界各国（或地区）的税种、税率、税收优惠政策等千差万别，这为企业开展国际纳税筹划提供了广阔的空间。同时在科技进步、通信发达、交通便利的条件下，跨国业务的资金、技术、人才和信息等生产资料的流动更为便捷，这也为进行国际纳税筹划提供了条件。为了维护企业自身整体的长远利益出发，利用国际税法规则，对生产经营活动事先进行安排和运筹进行国际纳税筹划，使企业既依法纳税又能充分享有国际税法所规定的权利和优惠政策，以获得最大的税收利益。

1. 税收协定

国际税收协定是指两个或两个以上的主权国家为了协调相互间在处理跨国纳税人征纳事务方面的税收关系，本着对等原则，通过政府间谈判所签订的确定其在国际税收分配关系的具有法律效力的书面协议或条约，也称为国际税收条约。它是国际税收重要的基本内容，是各国解决国与国之间税收权益分配矛盾和冲突的有效工具。国际税收协定按参加国多少，可以分为双边税收协定和多边税收协定。双边税收协定是指只有两个国家参加缔约的国际税收协定，是目前国际税收协定的基本形式。多边税收协定是指有两个以上国家参加缔约的国际税收协定，现在国际上还不多，但代表了国际税收协定的发展方向。

国际税收协定在很大程度上受《OECD 协定范本》和《UN 协定范本》的影响及制约，其主要作用在于为各国签订相互间税收协定树立一个规范性样本，保证各国签订双边或多边税收协定程序的规范化和内容的标准化，并为解决各国在税收协定谈判签订中遇到的一些技术性困难提供有效的帮助，为各国在处理税收协定谈判签订中出现的矛盾和问题提供协调性意见和办法。从各国所签订的一系列双边税收协定来看，其结构及内容基本上与两个范本一致。

2. 常设机构

在国际税收协定中，常设机构是指企业进行全部或部分经营活动的固定场所。绝大多数国家将常设机构作为对非居民公司征税的依据，故此界定常设机构是列入征税范围的先决条件。如果构成常设机构的，就可以认定其所得来源于该国境内，可以行使地域管辖权，对该所得征税；不构成常设机构的，就不对其所得征税。在国际税收协定中，常设机构是指企业进行全部或部分经营活动的固定场所。一般常设机构包括：

（1）管理场所、分支机构、办事处、工厂、车间或作业场所；

（2）矿场、油井或气井，采石场或其他开采自然资源的场所；

（3）建筑工地或建筑，装配或安装工程及与其有关的监督管理活动，但这种工地、工程或活动，应以连续超过一定时间为限；

（4）企业通过雇员或其他非独立代理人在非居住国从事经常的营业活动，即使并未设立固定营业场所，也应视为设有常设机构；

（5）企业通过授权非独立代理人在对方国家经常代表该企业签订合同的，也可视为设有常设机构。

当然，在许多税收协定中，还有一些不视为常设机构征税的特殊规定，这些特殊规定为纳税筹划提供了机会。

【例 13-19】 中国公司甲通过美国的推销商乙在纽约零售自己的产品。乙推销商是独立的推销商，对甲公司的产品不拥有所有权，它的工作仅是使美国的消费者及时拿到甲公司的购货单。

【解析】 乙推销商对甲公司产品不做广告宣传，不将甲的商品推销到市场，也不开展售后服务，它仅在中国甲公司和美国消费者之间起一个中介作用。因此，甲公司没有被认为在美国境内从事商务经营活动，从而也不承担美国的所得税。

13.7　自由贸易区的纳税筹划

建设自由贸易区，是顺应全球经贸发展新趋势，促进转变经济增长方式和优化经济结构，实行更加积极主动开放贸易的一项重大举措。通过签订自由贸易协定，可以取消绝大部分货物的关税和非关税壁垒，取消绝大多数服务部门的市场准入限制，开放投资，从而促进商品、服务和资本、技术、人员等生产要素的自由流动，体现优势互补，促进共同发展，实现贸易和投资的自由化。

13.7.1　自由贸易区概述

1. 自由贸易区的概念

自由贸易区（Free Trade Zone，FTZ）通常是指两个以上的国家或地区，通过签订自由贸易协定，相互取消绝大部分货物的关税和非关税壁垒，取消绝大多数服务部门的市场准入限制，开放投资，从而促进商品、服务和资本、技术、人员等生产要素的自由流动，实现优势互补，促进共同发展；有时它也用来形容一国国内，指一个或多个消除了关税和贸易配额、并且对经济的行政干预较小的区域。

2. 自由贸易区的类型

事实上，世界上出现的第一个自由贸易区距今已有近 470 年。目前，世界上已有近千个具有各种功能的自由贸易区分布在五大洲，其中三分之二在经济发达的国家和地区。

（1）对自由贸易区进行分类

① 贸易型。这类自由贸易区主要从事进出口国际贸易和转口贸易。

② 出口加工型。这类自由贸易区主要从事出口加工制造业及伴随的仓储业等。

③ 贸工混合型。这类自由贸易区既能从事进出口贸易，又能进行出口加工制造业。

但随着世界经济一体化及经济发展多样化的不断深入，自由贸易区的规划和建设不能这样简单，它必须是复合型的、多功能型的、创新型的综合体，才能满足社会与经济合作的新型国际关系。

（2）从功能特点上对自由贸易区重新整合

① 转口集散型。现行欧洲的大多数自由贸易区都属于这种类型，这是由于欧共体的自然地理条件所致。这种类型的自由贸易区主要是港口装卸、货物储存、货物商业性加工和货物转运，如汉堡自由港和不来梅自由区、瑞士布克斯货物集散地、巴塞罗那自由区、马赛自由区、巴拿马科隆自由贸易区和热那亚自由贸易区等都属于转口集散型的自由贸易区。

② 贸工综合型。目前世界上的自由贸易区多数属于这种类型，其既有技术创新和发明作为新产品的进出口贸易，又有加工和制造。这种既有贸易，又有加工的综合型自由贸易区在发展中国家有扩大蔓延之势，如菲律宾马里韦莱斯自由贸易区、土耳其的伊斯坦布尔、危地马拉圣托马德卡斯蒂利亚、左立克工商自由区、越南新建的 5 个出口加工区以及中国台湾高雄自由贸易区等都有这些特征。据商务部有关研究报告分析，20 世纪90 年代在罗马尼亚建设和开发的康斯坦察南港自由区则更具有综合性的功能，这个自由区是该国在苏利纳自由区建立后再次更为大胆的尝试：在财税政策方面，给予 5 年内免除所得税；在市场方面，对商品实行最大程度的自由流通；在管理方面，对程序、标准化表格和简化手续做出规范。罗马尼亚法律还规定，自由区投资者可享受如下待遇：来自其他国家或出口他国的交易工具、产品出入自由区可免除海关税和其他税收；企业运行期间免征特别消费税、商品流通税及所得税；对用于生产活动的罗马尼亚产的材料及附件免除关税；物资在自由区的流动免除海关税等。

③ 出口加工型。这种类型的自由贸易区是以出口加工为主，辅之以国际贸易、储运服务功能。该类型的自由贸易区多出现在亚太地区，如菲律宾的 15 个、马来西亚的 10个、韩国的 2 个、中国台湾的 3 个、印度的 2 个、印尼的 2 个出口加工区都属于出口加工型，主要从事以出口为导向的制造业。

④ 保税仓库型。在欧共体，一般把这种类型的区域称为"自由区"或"保税仓库区"，它主要起保税作用，允许外国货物不办理进口手续就可以连续长时间处于保税状态。在保税仓库内处于保税状态的商品可允许进行再包装、分级、挑选、抽样、混合、处理等业务活动。设立保税仓库区的目的在于发展转口贸易，给予贸易商以经营上的便利，便于使保税货物待机出售。如意大利的巴里免税仓库、雷格亨免税仓库、罗马保税仓库、西班牙的阿利坎特免税仓库、桑坦德免税仓库，阿根廷的布宜诺斯艾利斯免税货仓、埃塞萨保税仓库等，都属于保税仓库型。

⑤ 商业零售型。有的自由贸易区中专门辟有商业区，可从事展示和零售业务。允许在区内搞零售业务的是智利伊基克自由贸易区，这是它区别于其他自由贸易区的一大特色。在美国的对外贸易区里，一般是不允许经营零售贸易的，但是在征得贸易区经营者

允许并经管理局批准的情况下例外。某些零售或与某些已完税和免税商品有关的活动是可以进行的。如专门供贸易区内工作人员消费已完税和免税商品及非酒精饮料的寄售贸易可以经营，也不必得到管理局的批准。但是，确定某种商品是否能在当地零售要由地区海关关长负责确认，而管理局在经营者的分理要求下进行检查。总而言之，自由贸易区并非一概禁止零售贸易。

13.7.2 国外著名自由贸易区介绍

1. 北美自由贸易

北美自由贸易区（North American Free Trade Area，NAFTA）由美国、加拿大和墨西哥三国组成，三国在 1992 年 8 月 12 日就《北美自由贸易协定》达成一致意见，并于 1992 年 12 月 17 日正式签署协议，1994 年 1 月 1 日，协定开始生效，北美自由贸易区正式成立。美、加、墨三国签订《北美自由贸易协定》的宗旨是取消贸易壁垒，创造公平竞争的条件，增加投资机会，保护知识产权，建立执行协定和解决贸易争端的有效机制。三国的目标是将北美自由贸易区建成一个取消所有商品和贸易障碍的自由贸易区，实现生产要素的完全自由流动。二十多年来，北美自由贸易区促进了地区进出口贸易增长并吸引外资的大量流入，增强了北美地区的经济活力，也创造出更多的就业机会，带动了三国的经济增长，两个发达国家美国和加拿大保持经济强势地位，发展中国家墨西哥经济高速发展、收益明显，三方的合作范围不断扩大。北美自由贸易区成为世界上一个极具经济竞争力和经济最为繁荣的区域。从历史上看，在差距如此巨大的国家之间组成自由贸易区，北美自由贸易区是第一个。因此，北美自由贸易区是发达国家和发展中国家在区域内组成自由贸易区的第一次尝试，北美自由贸易区的成功给区域经济合作提供了很好的模板与启示。

《北美自由贸易协定》的税收政策包括以下几点：

（1）降低并最终取消关税。从协定生效之日起，美国、加拿大、墨西哥三国之间取消 80% 商品进口关税和其他非关税壁垒；在 5～15 年内，分阶段取消另外 20% 的商品进口关税。协议规定，美国对进口墨西哥生产的纺织品、成衣、钟表、帽子等免税，墨西哥则向美国的化工产品、钢铁制品、玩具等商品开放其市场。

（2）金融市场的开放和国民待遇。墨西哥在 7 年内解除对美国、加拿大的银行及保险公司的限制，在 10 年内取消对证券公司的限制。成员方一致给予所有的北美金融公司"国民待遇"。

（3）采取原产地规则。成员方靠进口非成员方原料和零件进行简单加工或组装后形成的制造品无法享有协定所列的政策和税收优惠，这样的规定是为了防止非成员方的商品通过转口方式进入自由贸易区内享受关税优惠和国民待遇，冲击成员方之间的自由贸易利益。

2. 泛太平洋自由贸易区

泛太平洋战略经济伙伴协定（the Trans-Pacific Partnership Agreement，TPP）是由新加坡、新西兰、文莱和智利四国发起的一个早期的最优关税协定（以下简称"P4 协定"）

发展而来,目前已经成为亚太地区乃至整个世界范围内一个重要的区域贸易协定。2008年金融危机后,更多的国家把目光"重新"转移到区域经济发展领域。原本"小众"的"P4协定"由于美国的加入,迅速发展壮大,澳大利亚、秘鲁、越南、墨西哥、加拿大等国也先后加入。在美国的推动下,TPP从一个小型多边贸易协定转型为经济作用更强、贸易更自由、覆盖面更广的自由贸易协定。

TPP 的税收政策如下:

(1) 协定规定,TPP 各成员分阶段实现贸易自由化,在协定生效之际,对其他缔约国的关税全部废除。最终废除关税的期限是新加坡在 2006 年、新西兰和文莱在 2015 年、智利在 2017 年。而且,TPP 最重要的是没有例外品目,全部商品实现贸易自由化。

(2) 随着新的成员方加入,TPP 的谈判愈加复杂,关税设置也各不相同,除了出于保护的越南和马来西亚,其他成员方的平均关税水平相较而言还是比较低的,新加坡更是全部零关税。这样的关税水平是极具竞争力的。

(3) 根据规定,贸易自由化的产品必须符合原产地规则。TPP 成员方如果想享受出口关税优惠,其原料必须为本国生产或从其他成员方进口。符合原产地规则的产品,一是本国完全取得而生产的产品,二是符合标准或累计附加价值超过 45% 的进口产品。

(4) 非关税壁垒和市场准入壁垒降低(包括取消进口限额制、进口许可证制,取消对进口货征收国内税等)是带给成员方的另一大优惠政策,这将为 TPP 成员方之间进出口扫除诸多障碍。

3. 中国-东盟自由贸易区

中国-东盟自由贸易区(CAFTA)是中国与东盟十国组建的自由贸易区。中国和东盟对话始于 1991 年,并于当年成为东盟的全面对话伙伴国。2010 年 1 月 1 日,贸易区正式全面启动,双方约有 7000 种产品将享受零关税待遇,实现货物贸易自由化。也就是说,双方 90% 的贸易产品将实现零关税。自贸区建成后,东盟和中国的贸易占世界贸易的 13%,成为一个涵盖 11 个国家、19 亿人口、GDP 达 6 万亿美元的巨大经济体,是目前世界人口最多的自贸区,也是发展中国家间最大的自贸区。

(1) 关税措施。CAFTA 实施"共同有效普惠关税"(CEPT)。该关税措施是一项东盟会员国间的合作协议,约定各会员方选定共同产品类别,具体排定减税的程序及时间表,并自 1993 年 1 月 1 日起计划在 15 年内,逐步将关税全面降低至 0~5%,以达成设立自由贸易区的目标,即东盟会员方将在区域内彼此间实施 CEPT,但对非东盟会员国家的关税则仍由各国自行决定。

(2) 原产地规定。东盟为使区内成员方较非成员方享有较多贸易优惠或较低关税,在 1977 年东盟各国签订的《东盟普惠贸易安排协定》的基础上,1992 年 12 月 11 日 AFTA 理事会在雅加达研订《CEPT 原产地条规》(Rules of Origin for CEPT)。在 CEPT 协议下,会员方自另一会员方直接进口东盟国家产制成分比率不低于 40% 的产品,经出口国家主管机关(AFTA Units)核发产地证明者,可享有优惠关税。

(3) 东盟工业合作计划(AICO)。具体措施包括经过核准的产品可享有 0~5% 的优惠关税;参与 AICO 计划的国家所制造出的产品视为国内产品,可纳入其国内自制率内,自其他当事国进口同一申请计划的半成品或原料,视同进口国制造的产品,可列入进口国自制率计算;可享受其他非关税优惠措施,如进口数量限制等。

13.7.3　中国(上海)自由贸易区的建立

1. 中国(上海)自由贸易区

中国(上海)自由贸易区的范围涵盖上海市外高桥保税区、外高桥保税物流园区、洋山保税港区和上海浦东机场综合保税区四个海关特殊监管区域,包括外高桥港、洋山港、浦东空港三个枢纽港,目前上海已经形成四区三港的发展格局,总面积为 28.78 平方公里。与国外主要的自由贸易区相比,上海自贸区的面积远大于 3.84 平方公里的巴拿马科隆自由贸易区、0.65 平方公里的荷兰阿姆斯特丹港自由贸易区、15 平方公里的德国汉堡港自由贸易区以及 8.41 平方公里的美国纽约港第 49 号对外贸易区,但与阿联酋迪拜港自由港区的 135 平方公里相比则小很多。

中国(上海)自由贸易区是根据本国(地区)法律法规在本国(地区)境内设立的区域性经济特区。这种贸易方式属一国(或地区)境内关外的贸易行为,即某一国(或地区)在其辖区内划出一块地盘作为市场对外做买卖(贸易),对该市场的买卖不过多地插手干预且不收或优惠过路费(关税),并且规则自己制定,不须经多方协议。而传统的自由贸易区是根据多个国家之间协议设立的包括协议国(地区)在内的区域经济贸易集团,指多个国家或地区(经济体)之间做买卖生意(贸易),为改善买卖市场,彼此给予各种优惠政策;至于怎样做买卖,不是某一国说了算,而是在国际协议的基础上多国合作伙伴一起商议制定规则,按多国共同制定的规则进行。

2. 上海自由贸易区的背景

上海自由贸易区产生的背景有三个。第一个也是最大的背景是全球的贸易竞争。中国在 2001 年加入了 WTO,但中国在 WTO 是一个非自由经济体国家,有 15 年的期限,也就是到 2016 年自动成为一个自由经济体国家,到那个时候中国的国际贸易竞争还是个未知数。所以在 WTO 之外,中国现在有三个协议正在谈判,第一个是 TPP,它是由美国带领 12 个国家,在太平洋周围成立一个《跨太平洋伙伴关系协议》;第二个协议是 TTIP,即《跨大西洋贸易与投资伙伴关系协定》,是美国和欧盟建立的一个自由贸易区;第三个是 PSA,即《多边服务业协议》。这三个协议都是"排斥"中国的。现在中国还在维持做 WTO 贸易,但是这三个协议建立起来之后,很多国家就会在那个贸易协议范围之内进行交易,中国的国际市场将越来越小,甚至没有市场,面对未来世界贸易规则、格局的可能改变,中国将面临严峻的"二次入世"危险。第二个背景是中国经济自身改革的要求。在中国经济换挡关口、国际需求疲弱及劳动力成本升高导致产业转移下,严重依赖出口已不可行,且国内市场经济效率仍较低,中国经济需经改革来谋出路。第三个背景是人民币的国际化。人民币占全球的外币流通量的总量只有 2.2%,甚至排在墨西哥后面。

3. 建立上海自由贸易区的目的

上海自由贸易区建立的目的主要有对内、对外两方面。对内,推动政府从审批型向监管服务型转变,要素价格市场化(包括利率、汇率等),推动央企和国企改革。对外,尽快完成从 2008 年开始的中国双边投资协定谈判(BIT 谈判),促使发达国家认可中国市场经济地位,尽快加入新一波区域资本、贸易和服务的协定谈判中,包括 TPP 协议以及另一个重要的 PSA 协议。自贸区的最终使命是推动中国经济体制的整体改革。中国当下面临改革深水区、中等收入陷阱,搞得好变欧美,搞不好变拉美。关于这方面的论述已经很多,此处不再赘言。李克强总理对现在的局面也很清楚,所以他下定决心建立上海自贸区,剑锋所指的是比触动人类灵魂还要困难的触动既得利益集团,上海自贸区的成败直接决定了改革的下一步能否顺利进行。

4. 建立上海自由贸易区的意义

中国(上海)自由贸易试验区的建设是国家战略,是先行先试、深化改革、扩大开放的重大举措,是中央经济改革的"试验田",其意义深远。这项重大改革是以制度创新为着力点,重在提升软实力,各项工作影响大、难度高。自由贸易试验区或将成为中国主动开放市场,尤其是开放服务市场和资本市场的先行者。中国(上海)应在自由贸易试验区内进一步扩大开放,推动完善开放型经济体制机制。

中国(上海)自由贸易试验区的建设,是顺应全球经贸发展新趋势,实行更加积极主动开放战略的一项重大举措。其主要任务是要探索我国对外开放的新路径和新模式,推动加快转变政府职能和行政体制改革,促进转变经济增长方式和优化经济结构,实现以开放促发展、促改革、促创新,形成可复制、可推广的经验,服务全国的发展,有利于培育我国面向全球的竞争新优势。

对于上海而言,自由贸易试验区获批推行,获得机会的不仅是贸易领域,对于航运、金融等方面均有"牵一发而动全身"的作用:

(1) 将使上海突破已有的条框,放宽税收、外汇使用等优惠政策,有利于跨国公司内部的全球调拨,会有更多的金融机构在上海注册开业。

(2) 自由贸易试验区的推进将使海上保险等航运服务业务在上海得以培育和集中,解决航运中心建设中金融支持的问题,这将使得上海获得更多的制度红利。

(3) 国务院 2012 年底批复同意,自 2013 年 1 月 1 日起,经浦东和虹桥国际机场中转第三国的 45 个国家外籍旅客将享受 72 小时过境免签政策,再加上自由贸易区的项目,自贸区将有望成为贸易和购物零关税的自由港。

(4) 免税和自由港将有利于吸引高端制造业,而贸易区将有利于吸引更多的加工、制造、贸易和仓储物流企业聚集,叠加中国的产业升级。因此,自由贸易区对于物流的集聚效应将更加显著。

13.7.4 中国(上海)自由贸易区的税收优惠政策

1. 上海自由贸易区现行的税收政策

目前上海自贸区税收相关问题的政策依据主要来于《国务院关于印发中国(上海)自由贸易试验区总体方案的通知》(以下简称《通知》)。该《通知》表示,将探索与试验区相配套的税收政策。

首先,实施促进投资的税收政策。注册在试验区内的企业或个人股东,因非货币性资产对外投资等资产重组行为而产生的资产评估增值部分,可在不超过 5 年期限内,分期缴纳所得税。对试验区内企业以股份或出资比例等股权形式给予企业高端人才和紧缺人才的奖励,实行已在中关村等地区试点的股权激励个人所得税分期纳税政策。(根据《加快建设中关村人才特区行动计划(2011—2015 年)》(京发〔2011〕8 号)提出的股权奖励个人所得税政策:"对于科技创新创业企业转化科技成果,以股份或出资比例等股权形式给予本企业相关技术人员的奖励,技术人员一次性缴纳税款有困难的,经主管税务机关审核,可在 5 年内分期缴纳个人所得税。")

　　其次,实施促进贸易的税收政策。将试验区内注册的融资租赁企业或金融租赁公司在试验区内设立的项目子公司纳入融资租赁出口退税试点范围。对试验区内注册的国内租赁公司或租赁公司设立的项目子公司,经国家有关部门批准从境外购买空载重量在 25 吨以上并租赁给国内航空公司使用的飞机,享受相关进口环节增值税优惠政策。对设在试验区内的企业生产、加工并经"二线"销往内地的货物照章征收进口环节增值税、消费税。根据企业申请,试行对该内销货物按其对应进口料件或按实际报验状态征收关税的政策。在现行政策框架下,对试验区内生产企业和生产性服务业企业进口所需的机器、设备等货物予以免税,但生活性服务业等企业进口的货物以及法律、行政法规和相关规定明确不予免税的货物除外。完善启运港退税试点政策,适时研究扩大启运地、承运企业和运输工具等试点范围。

　　此外,在符合税制改革方向和国际惯例,以及不导致利润转移和税基侵蚀的前提下,积极研究完善适应境外股权投资和离岸业务发展的税收政策。在很多国家,这些税收政策都是发展全球离岸业务、促进金融创新的重要举措。但是,这样的税收立法在我国基本属于空白,如何借鉴中国香港、新加坡等国家和地区离岸税收管理的实践,探索出我国境外股权投资和离岸税源管理的新思路、新方法和新模式,将会是一个长期的摸索过程。

　　目前上海自由贸易区共推出 7 项税收政策,其中鼓励投资的有 2 项,促进贸易的政策有 5 项,此外还有 2 项正在商榷。其中,鼓励投资的 2 项政策如下:

　　(1) 自由贸易区内企业对境外投资收益可以分期缴纳所得税。注册在自贸区内的企业或个人股东,因非货币性资产对外投资,资产重组行为而产生的资产评估增值部分,可在不超过 5 年时间内分期缴纳所得税。

　　(2) 股权激励政策。对试验区的企业以股份或出租比例等股权形式给予企业的高端人才和紧缺人才的奖励,实行已经在中关村等地区试点的股权激励所得税纳税的政策。

　　5 项促进贸易的政策具体包括:

　　(1) 将在试验区内注册的融资租赁企业或金融租赁公司在试验区内设立项目子公司,纳入融资租赁出口退税试点范围。

　　(2) 对试验区内注册的国内租赁公司或租赁公司设立项目子公司,经国家有关部门批准,从境外购买的空载在 25 吨以上的给航空公司使用的飞机,享受进口环节的增值税政策。

（3）选择性征税政策。对设立在试验区内的生产企业加工的货物,根据企业的申请,试行对内销货物,按照对应的关税政策。

（4）在现行的政策框架下,对试验区内的生产企业和生产性服务企业,进口所需的机器设备等货物予以免税,但生活性的服务企业进口的货物,以及法律法规和相关规定明确不以免税的政策除外。

（5）给予自由贸易区退税政策,完善有关启运港退税的政策。

2．上海的优惠返税政策

上海返税优惠政策是大陆其他省份或城市难以比拟的,是吸引国内及海外投资的重要因素。上海的税收是各级分成的,除了国家部分的税收保留外,地方税收是由市政府、区政府、开发区、企业进行分成。表 13-1 和表 13-2 中数据具体体现了国家与地方的税收的分成,以及上海市的税收到底有多优惠以致它那么吸引国内及海外的投资。

表 13-1　税收分成

国家与地区税收分成体系			
国家/地方	增值税	营业税	所得税
国家财政	75%	0	60%
地方(省/市)财政	25%	100%	40%
上海市税收分成体制			
区域	市财政	区财政	开发区	企业
崇明	0	20%～30%	70%～80%	40%以上
其他郊区	40%	20%～30%	30%～40%	20%～30%
市区	40%	20%～30%	30%～40%	15%～22%
上海公司税收返还税比例			
返还等级	区域	增值税	营业税	所得税
最高等级	崇明	返 10%以上	返 45%以上	返 18%以上
中等等级	金山、奉贤等	返 6%～8%	返 15%～30%	返 10%～18%
最低等级	市区	返 1.5%～4%	返 6%～15%	返 2.4%～6%

表 13-2　上海市内税收优惠　　　　　　　　　　　　万元

区域	增值税缴税100 万元返税额	营业税缴税100 万元返税额	所得税缴税100 万元返税额
崇明	≥10	≥45	≥18
金山、奉贤等	6～8	15～30	10～18
市区	1.5～4	6～15	2.4～6

一般开发区或招商代理公司所宣称的"返地方所得税收的多少",其实是很模糊的说法。地方所得税收既可以指除国家外的地方税收,也可指区所留税收,还可以指开发区

所留税收,而且不同级别的开发区所留税收是不一样的。因而,在考虑注册在哪个区或哪家开发区时,一定要明白其给企业真实的返税是多少,一般用"返实际缴税额的多少"比较科学。

返税一般是开发区或招商公司将税收直接返给企业,一般按季度、半年度、年度返还给企业,先征后返。注册公司前,需了解注册所在地的税收优惠政策,以便享受最优惠的税收政策,节约公司成本。由此可知,上海的税收缴得多,返还得也多,确实很吸引国内外的投资商。

» 练习题

一、问答题

1. 简述股权收购与资产收购的区别。
2. 企业债务重组符合特殊性税务处理的条件是什么?
3. 同一控制下合并与非同一控制下合并有什么区别?
4. 谈谈你对国际税收协定的理解。
5. 简述自由贸易区的概念及类型。

二、选择题

1. 一家企业将其全部资产和负债转让给另一家现存或新设企业,以换取相应的股权或非股权支付的重组方式属于( )。

A. 债务重组   B. 股权收购   C. 资产收购   D. 合并

2. 企业重组业务所支付的对价中,属于股权支付形式的是( )。

A. 所持有的子公司的股份   B. 所持有的子公司的债权

C. 所持有的非控股公司的股权   D. 固定资产

3. 资产收购重组中,不属于采用特殊性税务处理条件的是( )。

A. 受让企业收购的资产不低于转让企业全部资产的75%

B. 受让企业在该资产收购发生时的股权支付金额不低于其交易支付总额的85%

C. 企业重组后的连续24个月内不改变重组资产原来的实质性经营活动

D. 企业重组中取得股权支付的原主要股东,在重组后连续12个月内,不得转让所取得的股权

4. 下列选项中,不属于债务重组的是( )。

A. 以等于债务账面价值的货币资金清偿债务

B. 修改债务条件,减少债务本金并降低利率

C. 债务人借新债还旧债

D. 债务人改组

5. 甲企业进行资产重组,转让资产的账面净值 450 万元,计税基础为 500 万元,公允价值为 800 万元。收到的对价中股权公允价值为 720 万元,货币资金为 80 万元。此项重组符合特殊性税务处理的条件,且选择了特殊性税务处理,甲企业此项重组业务中应计入应税所得的资产转让收益为(　　)。

A. 0　　　　　　　　B. 30 万元　　　　　　C. 35 万元　　　　　　D. 80 万元

6. 下列各项以非现金资产清偿全部债务的债务重组中,属于债务人债务重组利得的是(　　)。

A. 非现金资产账面价值小于其公允价值的差额

B. 非现金资产账面价值大于其公允价值的差额

C. 非现金资产公允价值小于重组债务账面价值的差额

D. 非现金资产账面价值小于重组债务账面价值的差额

7. 在确定完税价格时,出口货物的销售价格如果包括离境口岸至境外口岸之间的运输、保险费,(　　)。

A. 不可扣除　　　　　　　　　　　　B. 单独列出可扣除

C. 应当扣除　　　　　　　　　　　　D. 未单独列明的则不允许扣除

8. 甲公司发生分立,成立了 A 公司与 B 公司。对甲公司未缴清的税款,以下说法正确的是(　　)。

A. A 公司与 B 公司不需要履行未履行的纳税义务,由甲公司股东继续履行

B. 由甲公司股东继续履行,A 公司与 B 公司承担连带责任

C. A 公司和 B 公司对未履行的纳税义务承担连带责任

D. A 公司和 B 公司履行未履行的纳税义务,甲公司股东承担连带责任

9. 下列处理方式不属于债务重组的特殊税务处理的是(　　)。

A. 重组确认的应纳税所得额占该企业当年应纳税所得额达到 75% 以上,才可以在 5 个纳税年度的期间内,均匀计入各年度的应纳税所得额

B. 企业发生债权转股权业务,对债务清偿业务暂不确认有关债务清偿所得或损失

C. 企业发生债权转股权业务,债权人的股权投资的计税基础以原债权的计税基础确定

D. 企业债务重组确认的应纳税所得额占该企业当年应纳税所得额 50% 以上,可以在 5 个纳税年度的期间内,均匀计入各年度的应纳税所得额

10. 重组业务中以下处理方式符合一般性税务处理的是(　　)。

A. 企业由法人转变为个人独资企业,应视同企业进行清算、分配,企业的全部资产以及股东投资的计税基础均应以公允价值为基础确定

B. 债务人应当按照支付的债务清偿额低于债务计税基础的差额,确认债务重组所得

C. 股权收购企业取得被收购企业股权的计税基础,以被收购股权的原有计税基础确定

D. 被合并企业合并前的相关所得税事项由合并企业承继

11. 下列不属于常设机构的是( )。

A. 管理场所　　　　　　　　　　B. 办事处

C. 专为存储的场所　　　　　　　D. 作业场所

12. A企业合并B企业,B企业尚未弥补的亏损为100万元,B企业净资产公允价值为500万元,A企业的净资产公允价值为1500万元,截至合并业务发生当年年末国家发行的最长期限的国债利率为4%,假定该业务适用特殊性税务处理的方式,则可以由合并后的企业弥补的亏损为( )万元。

A. 20　　　　　B. 40　　　　　C. 60　　　　　D. 100

13. 一般情况下,债务人以现金清偿某项债务的,则债权人应将重组债权的账面余额与收到现金之间的差额计入( )。

A. 营业外收入　　B. 管理费用　　C. 资本公积　　D. 营业外支出

14. 在债务重组的会计处理中,执行新企业会计准则的债权人应将债务重组损失计入( )。

A. 销售费用　　B. 其他业务支出　　C. 营业外支出　　D. 投资损失

15. 国际纳税筹划的主要特点不包括( )。

A. 合法性　　　　　　　　　　　B. 低风险性和高效益性

C. 策划性　　　　　　　　　　　D. 无偿性

16. 北美自由贸易区是由美国、加拿大和( )三国组成。

A. 古巴　　　　　B. 墨西哥　　　　　C. 格陵兰　　　　　D. 哥斯达黎加

17. 企业重组时适用特殊性税务处理规定的条件之一是企业重组中取得股权支付的原主要股东,在重组后连续12个月内,不得转让所取得的股权。这里的原主要股东,是指原持有转让企业或被收购企业( )以上股权的股东。

A. 15%　　　　　B. 20%　　　　　C. 25%　　　　　D. 50%

18. 出口加工型与贸易型有所不同,自由贸易区( )。

A. 以发展出口加工工业、取得工业方面的收益为主

B. 以发展转口贸易、取得商业收益为主

C. 由海关设置或批准注册

D. 不享受关税优惠

19. 属于最惠国待遇条款适用范围的是( )。

A. 内河航行　　　　　　　　　　B. 边境贸易

C. 沿海贸易　　　　　　　　　　D. 过境商品关税

20. 中国自由贸易区建立在( )。

A. 上海　　　　　B. 北京　　　　　C. 深圳　　　　　D. 青岛

三、计算分析题

1. 某商业批发企业,年应纳增值税销售额 200 万元,会计核算健全,符合一般纳税人条件。但是该企业可抵扣的进项税额较少,仅仅占到销项税额的 40%。预计企业未来一段时间,企业规模不会有较大变化,现欲将企业分立成 A,B 两个企业,其销售额分别为 120 万元和 80 万元,成为小规模纳税人,则适用小规模纳税人的税率为 3%。试问此项企业分立是否能节约税收成本?

2. A 国的跨国甲公司在 B 国和 C 国有乙、丙两家子公司。乙公司当年盈利 3000 万元,按 5% 的固定股利率,年终应向甲公司支付股息 3000×5%=150(万元);丙公司当年盈利 2000 万元,按 4% 的固定股利率,年终应向甲公司支付股息征收 20% 的所得税。为逃避这部分税收,乙公司、丙公司将市场价值 400 万元和 200 万元的商品分别以 250 万元、120 万元卖给了甲公司,以代替股息支付。试分析其是否合理?

3. 某市 C 公司成立时的注册资本为 8000 万元,B 公司的出资金额为 6000 万元,出资比例为 75%,D 公司的出资金额为 2000 万元,出资比例为 25%。为了更好地发展,A 公司欲通过定向增发股票收购 C 公司,现有两套方案:一是向 C 公司的实际控制人 B 公司发行 3000 万股 A 股股票,收购其持有的 C 公司 60% 的股权;二是向 C 公司的实际控制人 B 公司发行 3750 万股 A 股股票,收购其持有的 C 公司 75% 的股权。增发价为 8 元/股,收购完成后,C 公司将成为 A 公司的控股子公司。请分析此次股权收购的企业所得税问题。

4. 甲公司因购货欠乙公司货款 1000 万元。由于甲公司财务发生困难,经双方协商,甲公司以其子公司的部分股权偿还债务。该股权账面价值与计税基础均为 500 万元,公允价值为 700 万元。试分析该债务重组的影响。

5. 甲汽车生产有限责任公司,坐落地在上海崇明,主要经营汽车的组装生产业务,具有外贸出口经营权。在 2014 年 5 月 8 日,甲公司在自贸区中顺利注册分公司。假设当年只发生以下业务:

(1)进口原材料不含税的价格为 100 万元,假设不考虑运费,关税税率为 20%,进口增值税税率为 17%。

(2)10 月进口机器设备一台,不含税价格为 100 万元;12 月份,由于生产线改动,设备不再适用,于是企业转让给境内的其他汽车生产商,不含税价格为 80 万元。

(3)将进口的原材料运往母公司的工厂加工完成 100 辆小轿车,通过自贸区销售 80 辆,不含税销售价 20 万元/辆。

假设企业当年一共发生各类成本费用总额为 1200 万元,相关发票均已经开具并通过税务机关认证。消费税税率为 5%,城市维护建设税税率为 7%,教育费附加为 3%,企业所得税税率为 25%,不考虑其他税费。请对该公司进行纳税筹划分析。

参 考 文 献

［1］中国注册会计师协会:《税法》,经济科学出版社,2013 年。

［2］国家税务总局:《税务代理业务规程(试行)》,国税发〔2001〕117 号。

［3］国家税务总局:《中华人民共和国税收征收管理法实施细则》,国务院令〔2002〕362 号。

［4］国家税务总局:《个体工商户个人所得税计税办法》,国家税务总局令第 35 号。

［5］王曙光:《税法》(第五版),东北财经大学出版社,2012 年。

［6］毛晓军:《税法》(第六版),立信会计出版社,2012 年。

［7］蔡昌,李为人:《税收筹划理论与实务》,中国财政经济出版社,2014 年。

［8］李军:《纳税筹划》(第二版),经济科学出版社,2014 年。

［9］查方能:《纳税筹划》(第三版),东北财经大学出版社,2012 年。

［10］李成:《税收筹划》,清华大学出版社,2010 年。

［11］张亮:《税法》,江苏大学出版社,2012 年。

［12］财政部,国家税务总局:《财政部 国家税务总局关于在全国开展交通运输业和部分现代服务业营业税改征增值税试点税收政策的通知》,财税〔2013〕37 号。

［13］财政部,国家税务总局:《财政部 国家税务总局关于小型微利企业所得税优惠政策有关问题的通知》,财税〔2014〕34 号。

［14］国家税务总局:《国家税务总局关于扩大小型微利企业减半征收企业所得税范围有关问题的公告》,国家税务总局公告 2014 年第 23 号。

［15］盖地:《税务筹划学》(第二版),中国人民大学出版社,2011 年。

［16］黄衍电:《税收筹划》(第二版),经济科学出版社,2009 年。

［17］王宏军:《税法案例评选》,对外经贸大学出版社,2011 年。

［18］翟继光:《新企业所得税法及实施条例实务操作与筹划指南》,中国法制出版社,

2008 年。

[19] 庄粉荣:《销售业务纳税筹划操作实务》,机械工业出版社,2009 年。

[20] 万理:《浅谈会计处理方法与纳税筹划》,《中国外资》,2012 年第 2 期。

[21] 滕晔:《关于购货合同税收筹划的几点思考》,《对外经贸财会》,2006 年第 1 期。

[22] 刘昌稳,陈玉洁:《税务筹划常见问题有问有答》,人民邮电出版社,2014 年。

[23] 陈茂芬:《企业纳税业务与税务筹划示范大全》,人民邮电出版社,2014 年。

[24] 王忖,张雅彬:《税务会计与纳税筹划》,北京理工大学出版社,2012 年。

[25] 王彦:《税务筹划方法与实务》,机械工业出版社,2009 年。

[26] 张秀中:《纳税筹划宝典》,机械工业出版社,2006 年。

[27] 赵连志:《税务筹划操作实务》,中国税务出版社,2007 年。

[28] 李大明:《税收筹划》,中国财政经济出版社,2005 年。

[29] 计金标:《税收筹划》(第四版),中国人民大学出版社,2012 年。

[30] 张巧良,曾良秀:《税法与税务会计实用教程》,中国农业大学出版社,2009 年。

[31] 吴坚真,柳建启:《税法与税务会计》,广东高等教育出版社,2013 年。

[32] 王宏军:《税法案例选评》,对外经济贸易大学出版社,2011 年。

[33] 张松:《税法原理》,立信会计出版社,2008 年。

[34] 熊运儿,胡蓉,陈晶:《税法与税务会计》,北京理工大学出版社,2010 年。

[35] 蒋大鸣:《新编税收学:税法实务》,南京大学出版社,2010 年。

[36] 国家税务总局:《税法大全》,中国财政经济出版社,1989 年。

[37] 陶其高:《税法基础知识》,经济科学出版社,2008 年。

[38] 赵恒群:《税法教程》(第三版),清华大学出版社,2013 年。

[39] 吴辛愚,宋粉鲜:《税法》,中国人民大学出版社,2010 年。

[40] 罗新运:《税法与纳税会计》,科学出版社,2008 年。

[41] 陈少英:《税法基本理论专题研究》,北京大学出版社,2009 年。

[42] 王素荣:《税务筹划与国际税务》,机械工业出版社,2014 年。

[43] 陈晓峰:《税务筹划法律风险管理策略》,法律出版社,2011 年。

[44] 梁俊娇:《公司税法》,中国人民大学出版社,2009 年。

[45] 梁俊娇,孙亦军:《税法》,中国人民大学出版社,2013 年。

[46] 施正文,徐孟洲:《税法通则立法基本问题探讨》,《税务研究》,2005 年第 4 期。

[47] Kaplow Louis. The Theory of Taxation and Public Economics. Princeton University Press,2010.

[48] Deborah Schanz, Sebastian Schanz. Business Taxation and Financial Decisions. Springer-Verlag Berlin and Heidelberg GmbH & Co. K;2011,2010.

[49] Lynda M. Applegate, Robert D. Austi, Deborah L. Soule. Corporate Information Strategy and Management:Text and Cases (8th edition). Irwin/McGraw-Hill,2008.

[50] Clive J. Sutton. Economics and Corporate Strategy. Cambridge University Press,1980.

[51] Daniel R. Gilbert. Ethics Through Corporate Strategy. Oxford University Press Inc,1996.

[52] Myron S. Scholes,Mark A. Wolfson,Merle M. Erickson. Taxes and Business Strategy: A Planning Approach. Prentice Hall,2009.

[53] David J. Collis,Cynthia A. Montgomery. Corporate strategy. McGraw Hill Higher Education(2nd Revised edition),2005.

[54] Fillebrown C. Bowdoin. Taxation. Hardpress Publishing,2013.

[55] Kenneth R. Andrews. The Concept of Corporate Strategy. Irwin Professional Publishing(Custom ed),1994.

[56] David A. Aaker. Developing Business Strategies(6th edition). Wiley,2001.